Über den Herausgeber

Ulrich Profitlich, geb. 1936, ist Professor für Neuere deutsche Literaturwissenschaft an der Freien Universität Berlin. Verfasser von Monographien und Aufsätzen zur Geschichte der deutschen Literatur des 18. und 20. Jahrhunderts, insbesondere zur Dramatik seit 1945 sowie zur Theorie des Dramas.

Über die Mitherausgeber

Peter-André Alt, geb. 1960, ist Professor für Neuere deutsche Literaturwissenschaft an der Ruhr-Universität Bochum. Buchpublikationen zu Fragen der Poetik und Ästhetik des 17. und 18. Jahrhunderts, zur Dramengeschichte und Gattungstheorie. Zuletzt erschienen «Tragödie der Aufklärung» (1994); «Aufklärung» (1996).

Karl-Heinz Hartmann, geb. 1938, ist Privatdozent an der Freien Universität Berlin. Veröffentlichungen zur Erzähl- und Romantheorie sowie zur Literatur nach 1945. Mitherausgeber der Historisch-kritischen Ausgabe der Werke Friedrich Maximilian Klingers.

Michael Schulte, geb. 1946, ist Wissenschaftlicher Mitarbeiter an der Freien Universität Berlin. Arbeitsschwerpunkte im Bereich der Literatur und Philosophie des frühen 19. Jahrhunderts. Wichtigste Publikation: «Die ‹Tragödie im Sittlichen›. Zur Dramentheorie Hegels» (1992).

Ulrich Profitlich (Hg.)
in Zusammenarbeit mit Peter-André Alt,
Karl-Heinz Hartmann und Michael Schulte

Komödientheorie

Texte und Kommentare
Vom Barock bis zur Gegenwart

rowohlts enzyklopädie

rowohlts enzyklopädie
Herausgegeben von Burghard König

Originalausgabe
Veröffentlicht im Rowohlt Taschenbuch Verlag GmbH,
Reinbek bei Hamburg, August 1998
Copyright © 1998 by Rowohlt Taschenbuch Verlag GmbH,
Reinbek bei Hamburg
Umschlaggestaltung Jens Kreitmeyer
Satz Aldus und Optima PostScript, PageOne
Gesamtherstellung Clausen & Bosse, Leck
Printed in Germany
ISBN 3 499 55574 3

Inhalt

IV. Vom Naturalismus bis zum Ende des Zweiten Weltkriegs

VI. Die Nachkriegsjahrzehnte im Westen

Vorbemerkung

Welche Erwartungen hat man an eine «Theorie der Komödie»? Wie müssen Aussagen über «die Komödie» beschaffen sein, um als Beiträge zu einer solchen «Theorie» verstanden zu werden? Die Betrachtung der Texte lehrt, daß wir es mit drei Arten von Sätzen zu tun haben. Es sind:

1. explizit oder implizit *normative* Äußerungen vom Typus «Komödien sollen (nicht) verfaßt werden» («Die Komödie ist ein bzw. kein zeitgemäßes Genre») oder vom Typus «Die (heutige) Komödie soll die Eigenschaften a, b, c haben». Zur Begründung dienen entweder Feststellungen über die Beschaffenheit der jeweils gegenwärtigen Wirklichkeit (z. B. Dürrenmatt: Unsere Gegenwart ist «ungestaltet»; darum kommt ihr «nur noch die Komödie bei»[1]) oder die Erklärung, unter den gegebenen Umständen sei eine bestimmte Wirkung auf den Zuschauer angemessen und erwünscht, eine andere unangemessen (z. B. Heiner Müller im Jahre 1974: Auf die DDR-Gegenwart ausschließlich mit der immer wieder beschworenen «Heiterkeit» zu reagieren, sei «ein bißchen eine Ausflucht»; eine Komödie «über unsere Verhältnisse» zu schreiben, könne man sich daher derzeit nicht leisten[2]).

2. *deskriptive* Aussagen über das gesamte Genre. An erster Stelle gehören hierhin Thesen über die Bedingungen, unter denen «Komödien» entstehen, befördert oder behindert werden (z. B. Frisch: Die Komödie «setzt ein öffentliches Wertbekenntnis voraus»[3]), oder abermals über ihre Wirkungen und Funktionen (z. B. Schiller: «Unser Zustand in der Comödie ist ruhig, klar [...], wir schauen an»[4]). – Häufiger als solche Äußerungen sind andere, die schon auf der Grenze der Komödien*theorie* zur Komödien*geschichte* stehen, z. B. synthetisierende Thesen höchster Abstraktionsstufe, die den *Wandel* «der Komödie» konstatieren (z. B. J. M. R. Lenz: Die Komödie

vollzieht – mit Rückschlägen und immer neuen Anläufen – einen Prozeß zunehmender Moralisierung, der Ablösung des Grobkomischen durch zartere Sittlichkeit[5]). Auch hier wird man es vorziehen, von einer «Theorie» nur dann zu sprechen, wenn solche Thesen in ein Gefüge anderer (begründender) Sätze eingebettet sind.[6]

3. Definitionen des *Begriffs* ‹Komödie› (z. B. J. M. R. Lenz: «Ich nenne durchaus Komödie [...] eine Vorstellung, die für jedermann ist.»[7]). Auch Definitionen können – in einem weiteren Sinn[8] – als Bestandteil der auf das Genre bezogenen «Theorie» verstanden werden. Festgehalten sei aber gleich hier, daß diejenigen, die von «Komödie» reden, sich mit Begriffsklärungen selten aufhalten. Das Geschäft, den Sinn zu fixieren, in dem sie den Ausdruck «Komödie» jeweils benutzen, ist meist dem Leser überlassen. Gleichgültig, wie erfolgreich dieser dabei ist, in jedem Fall erlebt er «Komödie» als eine Vokabel mit erheblichem Bedeutungsspielraum, beobachtet fortwährende Verschiebungen ihres Sinns nicht nur von Autor zu Autor, sondern oft von Essay zu Essay oder gar von Satz zu Satz eines und desselben Autors – mit der Folge, daß komödientheoretische Thesen gleichen oder ähnlichen Wortlauts in Wahrheit Unvereinbares besagen, während scheinbar konträre Thesen mitunter dasselbe meinen.[9]

Die zutage tretenden Mehrdeutigkeiten – Resultat der auch in der Literaturtheorie herrschenden Gewohnheit, zur Bezeichnung neuer Phänomene und Konzepte nicht neue Termini, sondern überlieferte in neuer Bedeutung zu verwenden – sind offenbar vielen Verfassern komödientheoretischer Thesen selber bewußt, erkennbar an ihrem Bemühen um Distinktionen in der Nomenklatur. Neben dem einfachen Wort «Komödie» führen sie zusammengesetzte Ausdrücke ein: z. B. «Komödie im engeren (strengen) Sinn», «Komödie im üblichen Verständnis», «die wahre (echte, wirkliche) Komödie», «die typische Komödie». Konsequenz im Sprachgebrauch ist allerdings die Ausnahme; meist lehrt die Betrachtung des Kontextes, daß auch der nicht näher qualifizierte Ausdruck «Komödie» keineswegs die gesamte Klasse der als «Komödien» überlieferten Dramen meint, vielmehr bald einen historisch eingegrenzten Typus (den Komödientypus der Aufklärung u. ä.), bald einen sog. Idealtypus im Verständnis Max Webers[10], bald einen bestimmten positiv bewerteten Typus, nämlich den, der dem Autor als seiner Gegenwart angemessen vorschwebt, den er womöglich selber praktisch zu verwirklichen sucht. Dabei muß es keineswegs ein willkürliches Usurpieren sein, wenn ein Autor bei der Suche nach einem Namen für diesen Typus zu dem überlieferten Wort «Komödie» greift. Oft wird man sagen können, er lehne sich mit seiner Terminologie an denjenigen unter den gerade aktuellen Dramentypen an, der mit dem neuen Typus zwar nicht in sämtlichen Beschaffenheiten, aber in möglichst vielen oder in einer als zentral angesehenen übereinstimmt.[11]

Es versteht sich, daß dabei die in der regelgestützten klassizistischen Poetik üblichen Elemente des Begriffs ‹Komödie› fortschreitend demontiert werden, und es liegt nur an der Konturlosigkeit dieser Bestimmungen, z. B. der Elemente ‹Komik› und ‹guter Ausgang›, wenn schwer entscheidbar ist, wann ein Stadium erreicht werden wird – oder auch wann und wie oft es schon erreicht wurde –, in dem durch fortschreitende Auswechslung der Elemente von den ursprünglichen (als ursprünglich angesehenen) keines mehr übrig ist. Trotzdem noch von ‹Komödie› zu sprechen, setzt ein Verständnis der literarischen Gattungen voraus, bei dem die einzelnen Exemplare wie auch die einzelnen historischen Typen, auch wenn kein Merkmal sie verbindet, doch ein und derselben *Familie* (Wittgenstein) angehören[12], einem Kollektiv von Werken, deren Gemeinsames ihre *Geschichte* ist, ihre Einbettung in das Kontinuum einer Kette von Generationen, als deren Ursprung im Fall der Komödie meist Aristophanes beansprucht wird. Diese Familie überlebt, nimmt fortwährend neue Generationen in sich auf und gibt ihnen den gemeinsamen Namen, mag auch, sobald man nicht unmittelbar aufeinanderfolgende Generationen, sondern weiter voneinander entfernte betrachtet, kaum eine oder gar keine Eigenschaft auffindbar sein, die sämtliche Familienmitglieder verbindet. Durch diese Flexibilität ist das «Familien»-Konzept dem mit Allgemeinbegriffen operierenden Verfahren überlegen, das (mindestens) ein solches generelles Merkmal voraussetzt und darum eine große Zahl von Dramen, besonders solche des 20. Jahrhunderts, die bei dem «Familien»-Konzept noch der «Komödie» zugeschlagen werden können, ausgrenzen und statt in die Geschichte der Komödie in deren *Nachgeschichte* verweisen muß.

Wichtigstes Element des Begriffs ‹Komödie›, das im Laufe der

Wort- und Begriffsgeschichte mitunter aufgegeben, doch auch immer wieder installiert wurde, ist das schon von Aristoteles eingeführte Moment ‹Lächerlichkeit› (meist identifiziert mit ‹Komik›).[13] Von Komödienkomik und Komödienlachen handeln viele der im folgenden abgedruckten Zeugnisse. Nicht mehr in den Horizont des vorliegenden Bandes fällt dagegen die eigenständige Komik- und Lachtheorie, wie sie, unabhängig von der Komödienreflexion, seit der Antike gepflegt wird und auch heute noch lebendig ist. Nur in wenigen Fällen ließen sich auch Zeugnisse abdrucken, die über Komik zwar als Produkt literarischer, ja dramatischer Verfahrensweisen reflektieren, dabei aber keineswegs auf ein spezielles Genre namens «Komödie» zielen. Diese Ausnahmen entstammen dem 20. Jahrhundert, in dem eigens auf Komödienkomik und Komödienlachen gerichtete Reflexionen zwar nicht fehlen, aber sowohl in ihrer Zahl als auch in ihrem Umfang beträchtlich zurückgehen. Oft sind es knappste Bemerkungen, auf einen einzigen Satz zusammengeschrumpft, die den anspruchsvollen Namen einer «Theorie der Komödie» kaum noch verdienen. Was unangefochten überlebt, ist einerseits die reine Komik- und Lachtheorie, andererseits das Reflektieren über die Verwendung komisierender Verfahren in der Literatur, doch ohne Spezifizierung für einzelne Gattungen und Genres. Neben den abgedruckten Beispielen sind weitere im Quellenverzeichnis erwähnt, die die seit Jahrhundertbeginn zunehmende Gleichgültigkeit gegenüber den Genrebegriffen ebenfalls dokumentieren.[14]

Der Rückgang komödientheoretischer Reflexionen, der gerade durch die Weiterverwendung der Kategorie ‹komisch› auffällig wird, bedeutet andererseits nicht, der Begriff ‹Komödie› sei in der heutigen Praxis des Redens über zeitgenössische Dramatik ausgemustert. Mag er in programmatischen und theoretischen Äußerungen wenig in Anspruch genommen werden: In Rezensionen von Bühnenaufführungen oder Filmen wie in Gesprächen über Dramatik und Theater überlebt er bis zum heutigen Tag. Nicht zufällig sind es solche durch Spontaneität oder geringere Verbindlichkeit ausgezeichneten Kommunikationsformen, in denen die Vokabel ‹Komödie›, nun mit sichtbaren oder hörbaren Anführungszeichen versehen, eine zähe Resistenz beweist. Diejenigen, die sie verwenden, tun es, weil sie gerade keine bessere zur Hand·haben, mit Gesten der Verlegenheit und des Vorbehalts, sofort zum Rückzug bereit. Die Bedeutung von «Komödie» ist dabei gänzlich okkasionell, und mitunter tendiert sie zu einer Schwundstufe, auf der das Wort nicht mehr besagt als ‹Nicht-Tragödie›[15], die Negation eines von Autoren und Kritikern ebenfalls für überholt erklärten Begriffs, der für die Mehrzahl der professionellen wie nichtprofessionellen Benutzer gleichermaßen seine Konturen verloren hat, obwohl auch er Faszinationskraft oder jedenfalls Unentbehrlichkeit für die Praxis des Redens über Literatur bis in unsere Gegenwart beweist.

Zur Anlage des Bandes

Das Material ist in sechs Epochenkapitel gegliedert, die von kurzen resümierenden Darstellungen eingeleitet werden. Aufgabe der Kommentare, die sich an die abgedruckten Texte anschließen, ist es weniger, Interpretationen zu liefern, als literarhistorische Zusammenhänge aufzuzeigen und Hinweise zu geben, die dem Leser eigene Interpretationen ermöglichen. (Es versteht sich, daß zwischen Interpretationen und Interpretationshilfen eine deutliche Grenze oft nicht zu ziehen ist.) Um Raum für solche, die Aktivität des Lesers anregende Hinweise zu gewinnen, sind biographische Informationen über die in den Texten erwähnten Autoren und Aufzählungen ihrer Werke knapp gehalten. Während für fremdsprachliche Zitate immer eine Übersetzung gegeben ist, wird bei der Erklärung seltener Wörter Zurückhaltung geübt. Die Benutzung von Lexika, Wörterbüchern und Literaturgeschichten soll nach Meinung der Kommentatoren eher nahegelegt als überflüssig gemacht werden.

Bibliographie I ist ein chronologisch geordnetes Quellenverzeichnis, auf das in den einleitenden und kommentierenden Herausgebertexten durch die Sigle Q ständig Bezug genommen wird. Seine Aufgabe ist es auch, einiges von dem, was der Leser unter den abgedruckten Texten vermissen wird, wenigstens bibliographisch festzuhalten.

Bibliographie II verzeichnet Forschungsliteratur («Sekundärliteratur»). Auf sie wird in den Herausgebertexten mit Hilfe der Sigle Sek, Angabe des Verfassernamens und Erscheinungsjahres verwiesen. Diese Bibliographie unterliegt einer noch stärkeren Selektion als die Quellenbibliographie und enthält nur Titel mit übergreifendem Anspruch; Untersuchungen zur Komödientheorie eines einzelnen

Autors konnten nicht aufgenommen werden. Ausgeschlossen sind auch Titel zur Erforschung der Komödienpraxis (Geschichte der Komödie), es sei denn, die praxisbegleitende Theorie würde in größerem Umfang miterörtert. Bedauerlicherweise war auch für ausländische, z. B. für die bedeutende angelsächsische Gattungstheorie, kein Raum. Als Vorlagen für den Textabdruck dienten Erstdrucke oder zuverlässige spätere Ausgaben. Der Text der Vorlagen ist buchstaben- und zeichengetreu wiedergegeben mit folgenden Ausnahmen:

Offensichtliche Druckfehler sind berichtigt.

Hervorhebungen durch Sperrdruck, Fettdruck, Antiqua usw. sind durch *Kursive* angezeigt.

Während die alten Frakturschriften großes I durch J wiedergeben, werden im Neudruck I und J unterschieden.

Zeichen für eingesparte Buchstaben sind aufgelöst (den = denn, vn = vnd, de = den).

Die Kennzeichnung des Umlauts durch hochgestelltes e wird aufgelöst (die Schreibung durch nachgestelltes e bzw. durch Ligatur [æ, œ] wird beibehalten).

Die beim Abdruck der meisten Texte leider unvermeidlichen Kürzungen sind durch das Zeichen [...] gekennzeichnet.

Für Informationen, welche die Bearbeiter Nachschlagewerken, mitunter auch bereits vorliegenden Kommentaren entnahmen, kann der Dank an ihre Verfasser nur ein genereller sein. Namentlich zu nennen sind dagegen Roswitha Dörendahl, Magnus Klaue, Silke Körber und Ulrike Münter, die ebenso wie Frank Stucke (Berlin) und Marie-Christin Wilm (Berlin) das Entstehen des Manuskripts mit Sachverstand und Engagement gefördert haben.

Aufteilung der Kapitel des Bandes unter die Bearbeiter: Barock: Alt; 18. Jahrhundert: Profitlich; 19. Jahrhundert: Schulte; 1880–1945: Hartmann; Nachkriegszeit: Profitlich; DDR: Profitlich. Redaktion: Schulte und Hartmann.

1 Vgl. Q 1955, S. 122.   **2** Vgl. Q 1974 b, S. 33.   **3** In: Horst Bienek, Werkstattgespräche mit Schriftstellern. München 1962, S. 36.   **4** Vgl. Q 1792 a, S. 92. **5** Q 1775.   **6** Eindeutig außerhalb der Komödientheorie, schon ganz auf seiten der Komödien*geschichte* wird man dagegen deskriptive Thesen ansiedeln, die zwar Generalisierungen vornehmen, deren Geltungsanspruch aber auf den (einen) Komödientypus einer bestimmten Epoche beschränkt ist. Ein Einverständnis darüber dürfte vor allem dann herstellbar sein, wenn Thesen über die Zuschreibung bestimmter Beschaffenheiten nicht hinausgehen. Handelt es sich dagegen um Sätze erklärender Art oder gar um idealtypische Konstrukte, liegt es nahe, Geschichtsschreibung und Theoriebildung vereinigt am Werk zu sehen. In diesem Fall von einer «Theorie» eines bestimmten historischen Komödientypus zu sprechen, erscheint darum als vertretbar, wenngleich nicht zwingend. – Sosehr die hier entworfene Skala unterschiedlicher ‹Theoriehaltigkeit› der Ausdifferenzierung bedürfte: Auch in der hier gegebenen Verkürzung kann sie vielleicht zeigen, daß ein begründetes Verständnis des Begriffs ‹Komödientheorie›, insbesondere die Markierung der Grenzen zwischen Komödientheorie und Komödiengeschichte, an (hier nicht diskutierbare) fundamentale literaturtheoretische und wissenschaftstheoretische Prämissen geknüpft ist. **7** Q 1775. **8** Diese Einschränkung wird jedenfalls machen, wer komödientheoretische Aussagen ihrer Form nach an erster Stelle als Sachaussagen ansieht, d. h. im Kantischen Sinn als synthetische Urteile, die – anders als (Verbal)definitionen – das Phänomen «Komödie» unter Prädikatbegriffe subsumieren, die im Subjektbegriff ‹Komödie› nicht schon als Bestandteil enthalten sind. **9** Dasselbe gilt für den Ausdruck «Lustspiel», der – anders als das seit dem 15. Jh. nachweisbare «comedia» («comedie», «comedi») – erst im 16. Jh., v. a. seit Mitte des 17. Jh. benutzt wird (daneben «Scherzspiel», «Freudenspiel», «Schimpfspiel»; vgl. Sek Schild 1925, S. 27). Während die meisten heutigen Autoren die beiden Wörter gleichbedeutend verwenden oder gar auf «Lustspiel» verzichten – eine Anlehnung an den internationalen Sprachgebrauch, Distanzierung von den nationalistischen Motiven, die der Bevorzugung des heimischen Namens häufig zugrunde lagen –, hat in der Geschichte der deutschen Dramenpoetik vom 17. Jh. bis in die 60er Jahre des 20. das deutsche Wort das fremde oft verdrängt. Mitunter wurde versucht, die Existenz zweier Ausdrücke zu Distinktionen zu nutzen (z. B. A. W. Schlegel Q 1808 a; vgl. auch Sek Rommel 1943, S. 269 f, Sek Delbrück 1974, S. 150 f, Giese Q 1974, S. 69 f und 240). Durchgesetzt haben sich solche, auch untereinander kaum vereinbaren Vorschläge nicht (vgl. Sek Schrimpf 1978, S. 181). – Reflexionen zum «Lustspiel» wurden im vorliegenden Band mitberücksichtigt, während Beiträgen zur Theorie der Tragikomödie, der Posse, der Farce, des Schwanks nur ausnahmsweise Raum gegeben werden konnte, obwohl diese Genres in der Geschichte der dramatischen Theorie oft als Spezies der Komödie verstanden wurden. **10** Vgl. dazu Sek Profitlich 1997, S. 176 f. **11** Vgl. z. B. die Argumentationen französischer und deutscher Kunstrichter des 18. Jh. (Q 1751, Q 1751 a u. a.), die in ihren Plädoyers für ein neues Dramengenre, das Vertreter der Bürgerklasse statt mit Spott mit Respekt behandelt, Gemeinsamkeiten mit dem überlieferten Genre «Komödie» herausheben, während sie zum überlieferten Genre «Tragödie» eine Grenze ziehen. **12** Wie Anm. 10, S. 202–208. **13** Während im Sprachgebrauch des Mittelalters infolge eingeschränkter Kenntnis der antiken dichtungstheoretischen Texte das Element ‹Komik› sehr zurücktritt oder gar schwindet (vgl. Sek Bareiß 1982, S. 346 ff), wird es in den italienischen Renaissance-Poetiken restituiert – doch keineswegs durchgehend und als Hauptkriterium. Im italienischen Cinquecento wird der Name ‹commedia› Stücken nicht verweigert, in deren Vordergrund pathetische und rührende Figuren stehen. Ernste Dramen, die Komisches auf Passagen beschränken, in denen die sog. lustigen Personen auftreten, finden sich auch unter den gleichzeitigen spanischen «comedias». Ebensowenig auf ‹Komik› zentriert ist ‹comedy› im Elisabethanischen Sprachgebrauch, dem Shakespeares romaneske «Komödien» ihr Etikett verdanken. Das in den zeitgenössischen poetologischen Äußerungen am häufigsten erwähnte Element ist das seit dem Mittelalter dominante ‹end in peace› (‹merry end›; daneben ‹delight› u. a.; vgl. Sek Bareiß 1982, S. 492). – Nur eingeschränkte Bedeutung hat der Bestandteil ‹Komik› auch in Deutschland: «comedia» steht im 16. Jh. entweder für den Oberbegriff ‹Drama› oder für ‹Drama mit gutem (d. h. moralisch befriedigendem) Ende›. Je nach dem Ausgang bezeichnet z. B. Hans Sachs (Mitte des 16. Jh.) seine Stücke als «comedi» oder «tragedi» (vgl. Sek Catholy 1968, S. 191). Auch unter den Poetiken des Barock erklären keineswegs alle das Merkmal ‹Komik› für gattungskonstitutiv (vgl. Sek Aikin 1988, S. 64 f). Im 18. Jh. heißen «Lustspiel» und «Komödie» auch die nicht-komischen Darstellungen der Bürgerwelt (s. u. S. 35 ff). Ein obligates Definitions-Element wird ‹Komik› dagegen in der Komödientheorie Schillers und der ihm Nahestehenden (s. u. S. 79 ff). Dasselbe gilt für die romantische Poetik – Reflexionen über ein «Lustspiel ohne eigentliche Komik», wie sie sich bei Eichendorff (Q 1854a, S. 417) finden, sprechen nur scheinbar dagegen – und ebenfalls für das 19. Jh. (als Name für das nicht-komische Stück mit gutem Ende dient «Schauspiel»). Autoren des 20. Jh. nehmen diese Fixierung abermals zurück (hervorzuheben Helmut Arntzen, Q 1968). **14** Ein frühes Zeugnis: Q 1776. **15** Die Gewohnheit, ‹Komödie› und ‹Tragödie› als Glieder einer vollständigen Disjunktion anzusehen und dabei ‹Komödie› an *zweiter* Stelle – eben kontrastiv zur vorher definierten ‹Tragödie› – zu bestimmen, entsteht schon im dualistischen Dramensystem der antiken Poetik. Freilich hat sich etwas geändert, wenn von vielen Autoren des 20. Jh. das Etikett ‹Komödie› jedem Stück appliziert wird, das nicht «Tragödie» ist. Dieser nicht-tragödienhafte Rest ist nicht nur quantitativ größer, sondern auch heterogener und formenreicher. Um so konturloser muß der Begriff sein, dem er subsumiert werden soll, und um so mehr empfiehlt sich der oben angedeutete Ausweg, die Genrenamen nicht zur Bezeichnung von generellen Begriffen, sondern von «Familien» zu verwenden.

I. Barock

Einleitung

Wer die zumeist knappen Komödienbestimmungen barocker Poetiken miteinander vergleicht, mag es auffällig finden, daß sie auf die deutschsprachige Dramatik des 17. Jahrhunderts kaum Bezug nehmen. Genannt werden immer wieder die römischen Lustspieldichter Plautus und Terenz (3. / 2. Jh. v. Chr.), gelegentlich der ihnen vorausgehende Menander (ca. 343–293 v. Chr.) und die von ihm geprägten Formmuster der ‹neueren› griechischen Komödie, die man den satirisch-deftigen Werken des Aristophanes (445–ca. 385 v. Chr.) vorzuziehen scheint. Punktuell begegnen zudem Hinweise auf die Tradition des neulateinischen Dramas der Humanisten des 15. und 16. Jahrhunderts, bisweilen auch Bemerkungen zur Lustspielproduktion der jesuitischen Schultheater (mit ihrem Höhepunkt im 16. und frühen 17. Jh.). Kaum ein Wort vernimmt man jedoch über die Vertreter der deutschsprachigen Barockkomödie; Andreas Gryphius, Johann Rist, Sigmund von Birken, Christian Weise oder Christian Reuter werden von den dichtungstheoretischen Abhandlungen des ausklingenden 17. Jahrhunderts, die bereits auf eine größere Zahl anspruchsvoller neuer Lustspiele hätten zurückgreifen können, weitgehend ignoriert. Ursache für diese Abstinenz ist die strikt normative Tendenz der Barockpoetiken, die primär durch die Ausrichtung an antiken Autoritäten gestützt wird, eine Auseinandersetzung mit den (ihrerseits als Nachahmungsprodukte aufgefaßten) Werken der eigenen Zeit jedoch ausschließt.

Martin Opitz, dessen *Buch von der deutschen Poeterey* 1624 die erste wesentliche, noch vom Geist des Späthumanismus inspirierte Bestandsaufnahme eines für die deutschsprachige Dichtung des frühen 17. Jahrhunderts akzeptablen literarischen Kanons bietet (Q 1624), konnte sich, anders als 80 Jahre später Magnus Daniel Omeis in seiner *Gründlichen Anleitung zur Teutschen accuraten Reim- und*

19

Dicht-Kunst (Q 1704), auf deutsche Beispiele der Komödiengattung noch kaum stützen. Neben den römischen Vorbildern, die das Fundament für die europäische Typenkomödie gelegt hatten, kannte man vornehmlich die Lustspiele der neulateinischen Schuldramatik humanistischer Observanz (etwa die Werke von Simon Lemnius [ca. 1500–1550], den noch Lessing schätzen wird, Nicodemus Frischlin [1547–1590], Johann Valentin Andreae [1586–1654], dessen *Turbo* [1616] die herausragende Gelehrtensatire der Zeit in Szene setzt, oder Hermann Flayder [1596–1640], die Komödien der Jesuiten (Jacob Gretser [1562–1625], Jacob Bidermann [1578–1639], Jacob Masen [1606–1681])[1] und die freilich nicht recht hoffähigen Vorlagen der italienischen Commedia dell'arte (nach dem Muster der Improvisationskomödie Angelo Beolcos [1502–1542]) sowie der englischen Komödianten, die mit ihren zuweilen obszönen Verballhornungen tragischer Stoffe seit dem Ende des 16. Jahrhunderts auf dem Kontinent reüssierten (ab 1586 sind regelmäßige Auftritte in Deutschland überliefert, 1620 erscheint die erste Textsammlung in deutscher Sprache).[2] Normbildend wirkten die Wandertruppen vor allem, weil sie die schon bei Plautus angelegte Tendenz zur Typenkomödie unterstützten und das standardisierte Figurenrepertoire, wie es auch das in Deutschland zunächst weniger einflußreiche italienische Theater entfaltet, ihrerseits ausweiteten. Die Poetiken wiederum griffen diese festgelegte Ordnung der dramatis personae auf und gaben sie als gattungstechnisches Spezifikum mit Regelcharakter ihren Lesern weiter (besonders prägnant hier Harsdörffers *Poetischer Trichter* [Q 1647] und Kindermanns *Deutscher Poet* [Q 1664]).

Das theoretische Niveau der meisten Komödiendefinitionen deutschsprachiger Poetiken wirkt bescheiden. Es fehlte an einem konsistenten und maßstabsetzenden antiken Mustertext, wie ihn im Fall der Tragödientheorie das Standardwerk des Aristoteles (4. Jh. v. Chr.) bereitstellte. So blieben als Schriften mit Orientierungsfunktion neben Julius Cäsar Scaligers den gelehrten Traditionen der Renaissancepoetik verpflichteten *Poetices libri septem* (1561), deren Komödienbestimmung bisweilen wörtlich übernommen wird, zumal die dichtungstheoretischen Abhandlungen der Jesuiten, vor allem Jacob Pontanus' *Poeticarum institutionum libri tres* (1594), später auch Jacob Masens *Palaestra Eloquentiae Ligatae* (1664). Bei Pontanus fanden die deutschen Poetiker von Martin Opitz bis zu Albrecht Christian Rotth die Argumentationsmuster, denen sie bereitwillig folgten: die einschlägigen Erläuterungen über den belehrenden Charakter der Komödie und die vorgeschriebene Konzentration auf weltliche Sujets, die Verpflichtung zur mittleren Stillage (*stylus mediocris*), nicht zuletzt die Angaben zur Wahl des Personals, das bäuerlicher und kleinbürgerlicher Herkunft zu sein hatte (ein Reflex der in der Spätantike vollzogenen Übertragung der rhetorischen Dreistillehre auf die Dramenpoetik, der zufolge das Personal der Tragödie hohen, das der Komödie mittleren, jenes der Hirtenspiele niedrigen gesellschaftlichen Status aufweisen sollte). Die von sämtlichen Poetiken des Barock konsequent gewahrte Orientierung an der Ständeklausel besitzt im Fall des Lustspiels eine sozial disziplinierende Funktion (der beim Trauerspiel ein metaphysisches Regulativ entspricht). Die Komödie wird zum poetischen Reflex der auf Immobilität und stabile Hierarchien gegründeten Gesellschaftsordnung des Feudalabsolutismus; das von ihr provozierte Gelächter gilt nicht selten jenen Außenseitern, die den Versuch unternehmen, die ihnen als vermeintlich gottgewollt zugedachte gesellschaftliche Rolle abzuwerfen und sich über die Grenzen ihres Standes zu erheben (besonders markant hervortretend in den Komödien des Andreas Gryphius, etwa im *Peter Squentz* [1657]).[3] Das von Plautus und Terenz übernommene, durch das italienische Theater und die Wandertruppen ausgeweitete Ensemble der komödiantischen Typenfiguren gewinnt derart seine normative Funktion aus dem sozialen Ordnungsanspruch, der im Festhalten an gesellschaftlichen Gegensätzen begründet scheint.

1 Dazu Hans-Gert Roloff: Neulateinisches Drama. In: Reallexikon der deutschen Literaturgeschichte. Bd. 2. Berlin ²1965, S. 645–678, bes. S. 662 ff; Walter Hinck: Das deutsche Lustspiel und die italienische Komödie. Commedia dell'arte und Théâtre italien. Stuttgart 1965, S. 90 ff. **2** Vgl. Eckehard Catholy: Das deutsche Lustspiel. Vom Mittelalter bis zum Ende der Barockzeit. Stuttgart u. a. 1969, S. 117 ff; Erika Fischer-Lichte: Kurze Geschichte des deutschen Theaters. Tübingen, Basel 1993, S. 61 f. **3** Vgl. Eberhard Mannack: Lustspiele. In: Zwischen Gegenreformation und Frühaufklärung: Späthumanismus, Barock. Hg. v. Harald Steinhagen. Reinbek b. Hamburg 1985 (= Deutsche Literatur. Eine Sozialgeschichte. Hg. v. Horst Albert Glaser. Bd. 3), S. 295–310, bes. S. 304 f.

Martin Opitz (1597–1639)
Aus: Buch von der Deutschen Poeterey (1624)

[…] Die Comedie bestehet in schlechtem wesen unnd personen: redet von hochzeiten / gastgeboten / spielen / betrug und schalckheit der knechte / ruhmrätigen Landtsknechten / buhlersachen / leichtfertigkeit der jugend / geitze des alters / kupplerey und solchen sachen / die täglich unter gemeinen Leuten vorlauffen. Haben derowegen die / welche heutiges tages Comedien geschrieben / weit geirret / die Keyser und Potentaten eingeführet; weil solches den regeln der Comedien schnurstracks zuwieder laufft. […]

Q 1624. Martin Opitz verfaßte sein *Buch von der Deutschen Poeterey* nach eigenen Angaben innerhalb weniger Tage als Versuch einer gedrängten, häufig nur skizzenhaften Darlegung literaturtheoretischer Grundsätze. Ziel der Abhandlung war es, einer am Geist des Humanismus ausgerichteten deutschsprachigen Dichtung die maßgeblichen Formvorbilder und Regeln vorzuschreiben, zugleich aber, insbesondere im Bereich der Metrik, eine vorsichtige Lösung von antiken bzw. romanischen Mustern herbeizuführen (Versreform). Der Aufbau der Schrift orientiert sich an den Gliederungsprinzipien der Rhetorik. Einem Abriß zu Wesen und Geschichte der Dichtkunst folgen Abschnitte zu ‹inventio› (Themenwahl), ‹dispositio› (Gattungslehre) und ‹elocutio› (Stilistik einschließlich Metrik und Reimtechnik). Die Bestimmung der Komödie (Teil der ‹dispositio›) übernimmt Opitz nahezu wörtlich von dem niederländischen Gelehrten Julius Cäsar Scaliger, der für ihn in grundlegenden poetologischen Fragen eine unumstrittene Autorität darstellt. In Scaligers die Dichtungstheorie der Renaissance bestimmenden *Poetices libri septem* (Lyon 1561) heißt es, annähernd identisch mit Opitz' Komödiensatz: «In Comoedia, lusus, comessationes, nuptiae, repotia, seruorum astus, ebrietates, senes decepti, emuncti argento.» [«In Komödien werden dargestellt Spiel, Feierlichkeiten, Hochzeiten, Trinkgelage, Listen der Diener, Räusche, getäuschte Alte, betrogene Reiche.»] (Reprint. Hg. v. August Buck. Stuttgart-Bad Cannstatt 1964. Lib. III, cap. XCVII,

S. 144) Die Korrespondenz von Handlung und Personal, von «schlechtem wesen» (weltlich-drastischen Sujets) und niedrigstehenden Figuren, folgt aus dem der Rhetorik entlehnten Gebot des *decorum*, der Forderung nach einer ausgewogenen Relation zwischen den einzelnen Formelementen der Rede bzw. des literarischen Werks. Die kritische Bemerkung über die Mißachtung der Ständeklausel in manchen Komödien «heutiges tages» dürfte sich auf Tendenzen des neulateinischen Lustspiels späthumanistischer Prägung beziehen, das sich (manifest im Werk Daniel Cramers [1568–1637]) von den traditionellen Normen der Personengestaltung zu lösen beginnt (die Fortsetzung dieser Tendenz läßt sich bei Hermann Flayder [1596–1640] beobachten, dessen Komödien unter dem Einfluß italienischer Traditionen durchgängig Figuren hohen Standes favorisieren).

Georg Philipp Harsdörffer (1607–1658)
Aus: Poetischer Trichter. Teil II (1648)

[…] 4. Die erste Person deß Freudenspiels ist der Vorredner / und wird aus der Bildkunst hergenommen / vorstellend ein Laster / oder eine Tugend / auf welchen das gantze Spiel zielet: oder es wird gebildet ein Fluß / ein Statt / ein Land / eine Kunst / als die Music oder Mahlerley / in dem vierdten Theil der Gesprächspiele[1]: Oder man führet auf den Schauplatz eine Person aus den heydnischen Geschichten. Wie nun in dem Trauerspielen / eine Person desselben die Vorrede ableget; also muß in dem wolverfasten Freudenspiele eine besondere Person den ersten Vortrag thun / und nachmals nicht mehr gesehen werden.

5. Die andern Personen in den Freudenspielen / werden hergenommen aus den Geschichten: in dem man einführet einen alten Geitzhals einen jungen Buhler / eine freche Dirne / einen listigen Knechte / einen betrüglichen Kupler / unverschämten Fremdling / schwetzhaffte Frauen / verliebte Jungfrauen / geschäfftige Mägde und dergleichen Leute / die in gemeinen Burgerlichen Leben zu

finden. Selten betretten Könige den Schauplatz / doch werden sie von den Freudenspielen nicht ausgeschlossen / wann die Geschichte fröliche Händel betreffen. Diese Personen sollen alle aus ihrer Kleidung erkannt und also ausgeheilt werden / daß eines jeden Angesicht mit seinen Worten / Sitten / und Ambt übereinstimme. [...]

Q 1647. Georg Philipp Harsdörffer ist neben Johann Klaj (1616–1656) und Sigmund von Birken (1626–1681) der Kopf des Nürnberger Dichterkreises, der sich in der Jahrhundertmitte im Umfeld der «Fruchtbringenden Gesellschaft», der führenden Sprachgesellschaft des deutschen Barock, formiert hatte. Mit seinem *Poetischen Trichter* (1647–1653) legt Harsdörffer das theoretische Haupt- und Grundbuch der Nürnberger vor, das zumal durch seine ausführlichen Überlegungen zur literarischen Bildlichkeit Profil gewinnt. Harsdörffers Komödienbestimmung beleuchtet neben der Funktion eines allegorischen Prologs, der für die Einstimmung des Publikums zu sorgen hat, primär die Frage der Personengestaltung, die hier recht großzügig, unter dem Einfluß eines gelockerten poetologischen Regelverständnisses verhandelt wird. Bleibt es Prinzip der Verlachkomödie, daß sie ihre Figuren ‹im gemeinen bürgerlichen Leben› ansiedelt (wozu ein entsprechender Katalog an Lastern gehört), so darf ein zweiter, auf Shakespeare und das italienische Theater zurückweisender Typus auch Figuren höheren Standes anführen. Daß beide Ebenen nicht in Konkurrenz zueinander treten mußten, demonstrierte wenige Jahre später Andreas Gryphius mit seinem Doppellustspiel *Verlibtes Gespenst / Die gelibte Dornrose* (1661), das derbsinnliche Verlachkomödie («Schertz=Spiel») und heiter-dramatische Romanze («Gesang=Spiel») in den Verstrickungen der ihnen je zugeordneten, verschiedenen sozialen Milieus entstammenden Personen komplementär aufeinander bezog.

1 Vgl. G. Ph. Harsdörffer: Frauenzimmer Gesprächspiele. IV. Theil. Nürnberg 1644. Reprint: Tübingen 1968, S. 40 ff (Allegorie der Musik), S. 155 ff (Personifikation der Malkunst).

[…] §. 7. Das III. Gedicht ist die Comedie / welche in schlechten Wesen und Personen bestehet / und wird zu deutsch genennet / ein Lustspiel. Seine Endursache ist diese / daß sie weise / wie man das gemeine Leben und Thun / recht und weißlich anstellen und führen solle. Und wird dieses Spiel von dem besteren / nemlich von der Tragœdie unterschieden / *Einmahl* darum / weil die Tragœdie mit traurigen / erbärmlichen und schrecklichen Sachen zuthun hat; Hergegen aber die Comœdia mit frölichen / lieblichen lachenden und schertzhafften Dingen umgehet. *Darnach* auch / was die Personen betrifft: In der Tragœdie werden Adeliche und Durchlauchtigte / Königliche und Fürstliche Personen / und andere tapffere Helden / auch wol zuweilen nach etlicher Meinung / die Götter selbst eingeführet: Die Comœdie stellet nur auf gemeine Personen / HaußVäter und HaußMütter / Jünglinge und Jungfrauen; Und offtermals auch gar unerbare Leute / als Huren und Huren Wirthe / Fuchsschwäntzer und Tellerlecker / und wie es heutiges Tages gebräuchlich ist / Bauren / Jüden / und solche Personen / die das Volck zum lachen bewegen können. *Drittens* wegen der RedensAhrt ereignet sich auch / unter diesen beyden Spielen / ein gewisser Unterscheid. Denn die Tragœdie ist / an der Majestät zureden / dem heroischen Gedichte gleich; Die Comœdie aber ist mit einer niedrigen / schertzhafften und mittelmäßigen Art zu reden vergnüget. *Vierdtens* der *Affecten* wegen. In dem Trauer=Spiel finden sich mehren theils παθη[1], das ist / heftige Bewegungen des Gemüthes; In dem Lustspiel aber ηθη[2], das ist / solche Affecten / die ein grosses Theil gemässiget und besänftiget sind. Und *endlich* auch was den *Außgang* betrifft. Der Außgang dieses Trauerspiels kan nicht anders sein / als traurig und kläglich / des Lustspiels aber gantz frölich. Welches denn auch mit sonderbarem respect zuverstehen ist. Denn es trägt sich oftermals zu / daß das jenige / was auf seiten einer Person traurig hinauß läuft / auf seiten einer anderen Person doch eine grosse Lust erwecke /

und so im gegentheil: Doch bleibet das gewiß / daß von den meisten und vornehmsten / in solchem Falle / der Schluß nothwendig müsse gemacht werden. [...]

Q 1664. Der sächsische Theologe Balthasar Kindermann, der ab Mitte der 60er Jahre als Diakon bzw. Pastor in Altbrandenburg und Magdeburg amtiert, folgt in seiner Poetik (1664) den Spuren des von ihm hochgeschätzten Opitz («der Fürst» auf dem Parnaß deutscher Autoren), dessen Versreform er ebenso übernimmt wie die gattungstheoretischen Grundsätze und die ihnen zugrunde liegende Hierarchie (mit der Spitzenstellung des antiken Epos). Die Erläuterungen zur Komödie bilden einzig Modifikationen der wiederum von Scaliger inspirierten Grundsätze, die die *Poeterey* aufgestellt hatte. Konsequent hält Kindermann an der im 17. Jahrhundert immer wieder geforderten Korrespondenz von Stilniveau, Sujetwahl und Figurencharakterisierung fest. Das schließt den obligatorischen Hinweis auf den sozial niedrigen Stand sowie die charakterliche Insuffizienz der idealtypischen Komödiengestalten ein. Kindermann erweitert dabei den gängigen Katalog, der zumeist Bauern, Huren und Kuppler umfaßt, um den Kreis der Juden, die bedenkenlos als gesellschaftlich nachrangige, verlachenswerte Wesen abqualifiziert werden. Die deutschsprachige Komödie spiegelt seit der frühen Neuzeit einen sozial sanktionierten Antisemitismus wider, der so weit verbreitet scheint, daß mit ihm im Kontext dramatischen Wirkungskalküls operiert werden kann; Lessings Lustspiel *Die Juden* (1749) bildet durch sein entschiedenes Plädoyer für die Überwindung gesellschaftlich verfestigter Vorurteile, wie sie sich auch im Barockzeitalter artikulieren, eine keineswegs charakteristische Ausnahme in der deutschen Literaturgeschichte.

1 παθη (gr.): pathē, Pl. zu pathos: Affekt, d. h. momentane, situationsbedingte Gemütsbewegung.   **2** ηθη (gr.): ēthē, Pl. zu ethos: Charakter, oft im Sinne von ‹Gewohnheit›, ‹Sitte›.

Sigmund von Birken (1626–1681)
Aus: Teutsche Rede-bind- und Dicht-Kunst / oder
Kurze Anweisung zur Teutschen Poesy [...] (1679)

[...] Nachdem die Schäferspiele auf dem Land bekant worden /
fienge man in Städten auch an / vom Häuslichen Stand LustSpiele
zu verfassen: und diese wurden *Comœdiæ*, vielleicht vom Götzen
Como[1], genennet. Dergleichen sind von *Terentio* und *Plauto*[2] viel
geschrieben worden / und gehören in diese zahl meine *Silvia* / und
mein *Tugend= und LasterLeben* oder *Bivium Herculis*[3]. In jenem
wird vorgestellt / wie ein plumper Sohn / durch unversehene anschauung einer schönen Dame / zum tugendhaften Cavallier geworden. In diesem zeiget sich der Unterschied / wie die jenigen / so
der Tugend folgen / belohnet / andere aber / so von der Lasterheit
sich verleiten lassen / endlich abgestraffet werden. In den Comödien / werden allein gemeine Personen des Hausstandes / als Herren und Frauen / Vätter und Mütter / Söhne und Töchter / Knechte
und Mägde / und dergleichen Leute / die zur Haushaltung gehören
/ aufgestellet. [...]

Q 1679. Sigmund von Birken, Erzieher des braunschweigischen Herzogs Anton Ulrich und einer der gebildetsten Autoren der Zeit, operiert in seinem theoretischen Spätwerk, der *Rede-bind- und Dicht-
Kunst* (1679), mit einer – ähnlich schon bei Harsdörffer und Zesen
entwickelten – deutschen Fachterminologie. Im Fall der dramenpoe-
tischen Anmerkungen führt das zur Ersetzung der Begriffe «Komödie» bzw. «Tragödie» durch «Tugendspiel» bzw. «Heldenspiel» – Reflex der sprachpflegerischen Bemühungen, wie sie in der seit 1617
bestehenden «Fruchtbringenden Gesellschaft», der Birken ab 1658
angehörte, gängig waren. Birkens grundlegendes Modell bildet die
römische Komödie von Plautus und Terenz (3./2. Jh. v. Chr.), an der
er selbst sich als Autor orientiert. Die von ihm angeführten Beispiele
aus seinem eigenen Œuvre – die *Silvia* (1656) und das *Tugend= und
Lasterleben* (ca. 1652) – repräsentieren allegorisch geformte Dramen,

die, als Nachspiele zu einer Haupthandlung aufgeführt, die Turbulen-
zen menschlicher Affektlagen, nicht zuletzt aber die Notwendigkeit
ihrer Kontrolle durch moralische Verhaltensregeln anhand von Per-
sonifikationen illustrieren. Die knappen Hinweise auf das Arsenal
gängiger Komödienfiguren schließen bei Birken die Vorstellung ein,
daß das Lustspiel vorwiegend Privatkonflikte zu thematisieren habe –
eine Ansicht, die sich noch in den Gattungsdefinitionen der Gott-
schedzeit wiederfinden wird.

1 *Como:* Dativ von *Comus*, Gott des Gastmahls und der üppigen Feste, Kum-
pan des Bacchus. **2** *Terenz:* römischer Komödienautor (ca. 195–159 v. Chr.),
der sich am Stil der neueren griechischen Komödie (etwa Menanders) orien-
tierte; von ihm u.a. *Heautontimorumenos, Eunuchus* und *Hecyra.* Plautus (ca.
250–184 v. Chr.) verfaßte mehr als 20 Komödien, u. a. *Amphitruo, Miles Glo-
riosus, Trinummus* und *Captivi.* **3** Gemeint ist Birkens *Silvia / Oder / Die
Wunderthätige Schönheit* (Druck 1656), ein komisches Nachspiel zur deutschen Übersetzung von Jacob Masens Drama *Androphilus,* sowie das unpubli-
ziert gebliebene komische Nachspiel *Tugend= und Lasterleben oder Bivium
Herculis,* das 1652 im Anschluß an eine Inszenierung der *Silvia* aufgeführt
worden war (Hinweis von Hartmut Laufhütte, Passau).

Albrecht Christian Rotth (1651 – 1701)
Aus: Vollständige Deutsche Poesie
in drey Theilen [...] (1688)

[...] §. 7. Jedoch etwas hiervon zusetzen / so befindet man das fast
alle Comœdien in folgenden Stücken über ein kommen / 1. daß sie /
was sie vorstellen / von bürgerlichen und gemeinen Leben hergenommen haben / 2. daß sie solches mehrentheils auf eine lächerliche und kurtzweilige manier vorgetragen haben / 3. daß sie die
Leute / von welchen das Gedichte entlehnet ist / selbst handelnd
aufgeführt haben / und also der Poet vor seine Person nichts ge-
redt / 4. daß sie der Leuthe besserung hierdurch gesucht. Demnach
kan eine Comœdie insgemein nicht unbillig beschrieben werden /

daß sie sey ein Handelungs Gedichte / in welchen der Poet von gemeinem bürgerlichen Leben etwas entlehnet hat / welches er auf eine lächerliche Arth vor den Augen der zuschauer von den Personen / von denen es entlehnet ist / läst vornehmen und ausführen / daß dem volcke die Fehler des Menschlichen Lebens möchten gezeiget, und sie auff eine kurtzweilige Arth gebeßert werden. [...]

[...] So ist demnach die neue bey uns itzo gebräuchliche Comödie nichts anders als ein solch Handelungs=Spiel / in welcher entweder eine lächerliche oder auch wohl löbliche Verrichtung einer Person / sie sey wer sie wolle / sie sey erdichtet oder aus den Historien bekant / mit vielen sinnreichen und lustigen Erfindungen auffgeführet und abgehandelt wird / daß entweder die Zuschauer die Fehler und Tugenden des gemeinen menschlichen Lebens gleichsam spielweise erkennen und sich bessern lernen / oder doch sonst zu einer Tugend auffgemuntert werden.

§. 8. Ich sage in dieser Beschreibung 1. daß sie sey ein Handelungs=Gedichte. Welches ein solches Gedichte ist / darinne der Poet vor sich nichts redet / sondern bloß Personen einführet / welche vorhabende Verrichtung theils thun / theils erzehlen müssen. Ich sage 2. daß darinne entweder lächerliche oder auch löbliche Verrichtungen seyn. Die Verrichtungen der Menschen sind unterschiedlich / etliche sind Tugenden / etliche sind Laster / etliche sind weder Tugenden noch Laster. Die Laster sind wiederum entweder Haupt=Laster / als Mord / Ehebruch etc. oder geringere / zum wenigsten / weil sie so scheinen / als nachläßige Kinderzucht / Völlerey / Spielen / Liebe der ausländischen Kleider=Trachten etc. Und die an und vor sich weder Tugend noch Laster seyn / können doch in ihren Umständen Tugend oder Lasterhafft werden. Zu der Comödie / wie sie bey den alten Griechen und Lateinern ist gebrauchet worden / schickten sich am allerbesten die geringen Laster / oder die Verrichtungen welche zwar an und vor sich weder böse noch gut waren / sondern so ferne sie den Menschen in allerhand trubeln und poßierlichen Zufällen verwickeln kunten. Weil aber bey uns solche Spiele nicht bloß dem gemeinen Pöbel zu Gefallen oder zu ihren Zeit=Vertreib angestellet werden / sondern vielmehr zur Ubung der Jugend oder auff sinnreiche Art etwas den Vernünfftigen darzustellen / so wird bey uns nebst den Lächerlichen auch zuweilen wohl eine löbliche Verrichtung darzu genommen. Die Haupt=Laster aber werden entweder gar nicht vorgestellet / oder gehören mehr zu der Tragödie. Ich sage 3. einer Person. Denn weil eine eintzige Verrichtung die Materie zur Fabel ist / so muß sie auch von einer Person genommen werden / es sey denn / daß die Verrichtung so bewant sey / daß nothwendig mehr als eine Person darzu gehören / als etwan treue Freundschafft etc. Denn alsdenn wird sie auch von mehr als eine Person genommen aber ordentl. muß es nur eine Person seyn. Ich sage 4. Sie sey wer sie sey. Hiedurch wird angedeutet / daß allerhand Standespers. in vorbeniemten Verrichtungen die Materie zu einer Comödie heutiges Tages geben / obgleich vor diesem alleine gemeiner Personen Verrichtung darzu genommen worden. Ich sage 5. Sie (die Person) sey erdichtet / oder sonst aus den Historien bekant. Denn insgeheim wird die Materie von einer in Historien angemerckter Geschicht heute zu Tage genommen / jedoch kan ein Poet so wohl die Person / als auch die Verrichtung erdichten / so er præsentiret. Ich sage 6. daß solche Verrichtung mit viel sinnreichen und lustigen Erfindungen auffgeführet werde. Denn ein Poet schreibet die Verrichtung nicht / wie sie geschehen ist / (denn das thut ein Historicus,) sondern wie sie hat geschehen können; stellt auch die schlechte Warheit unter seinen anmuthigen Bildern vor. Als wenn Er sagen solte / daß einer seinen Zorn überwunden / so stellet er den Zorn unter einem Bilde vor / als etwan eines Beerens; Hernach erdichtet er auff Poetische Manier / daß ihn ein Beer überfallen / dessen Anfall und Gegenwehr beschreibet Er / und wie Er endlich durch eine schöne Jungfer (verstehet etwan die Vernunfft / oder göttlichen Beystand) davon sey befreyet worden etc. Ich sage 7. daß es zu dem Ende geschehe / (a) daß die Zuschauer die Fehler und Tugenden des menschlichen Lebens lernen erkennen. Denn das ist der nechste Haupt=Zweck der Comödie bey den Alten gewesen / daß dem

Volcke die im gemeinen Leben vorgehende Fehler gezeiget würden; bey uns aber ist derselbe Zweck nicht alleine / sondern wir halten auch die Tugenden dem Volcke vor / wie sie unter allerhand Trubeln bestehet und obsieget. Weiter auch zu dem Ende (b) daß sie die Laster lernen bessern / und Liebe zur Tugend bekommen. Denn beydes dieses ist der finis ultimus oder das letzte und endliche Absehen mit den Comödien; Und wer darauff nicht siehet / sondern bloß nur das Volck zu erlustigen / der verfehlet des besten Zwecks. […]

Q 1688. Albrecht Christian Rotth, Theologe und Gymnasialrektor in Halle, legt mit seiner voluminösen dreibändigen *Vollständigen Deutschen Poesie* (1688) den gründlichsten Versuch einer poetologischen Erfassung der literarischen Standards der Zeit vor. Seine Ausführungen zum Drama orientieren sich strikt an den Vorgaben der aristotelischen *Poetik* und übernehmen deren wesentliche Empfehlungen: den Hinweis auf die Einheit der Handlung ebenso wie die (gattungsübergreifende) Forderung nach ihrem belehrenden Charakter. Die bei Aristoteles explizit der Tragödie zugewiesenen Formmerkmale gelten in Rotths Poetik prinzipiell auch für das Lustspiel, dessen Sujet zwar heiterer, jedoch nicht weniger erbaulich sein sollte als das des ernsten Dramas. Sowohl das Postulat der Konzentration auf einen einzigen Helden als auch die Akzentuierung des kathartischen Zwecks der komischen Wirkung lassen sich als Modifikationen der aristotelischen Dramenpoetik verstehen. Unter der Oberfläche der pedantischen, zuweilen redundanten Definitionen Rotths wird jedoch eine maßgebliche Korrektur älterer Komödiendefinitionen kenntlich; sie betrifft die soziale Bestimmung des Helden, der nunmehr auch vornehmer Herkunft, als lächerliche Gestalt entgegen den Gattungskonventionen adligen Geblüts sein darf. Der Hinweis, «daß allerhand Standespers[onen]» den Zwecken der Lustspielhandlung ebenso Genüge täten wie Figuren aus den unteren Schichten, kollidiert freilich mit Rotths Eingangsbestimmung, der zufolge die Komödie Geschehnisse aus dem «gemeinen bürgerlichen Leben» darzustellen habe. Der Widerspruch zwischen beiden Zuordnungen findet sich an keiner Stelle

aufgehoben; man wird ihn als einen Reflex jener theoretischen Un-
entschiedenheit betrachten müssen, die Übergangsperioden eigen-
tümlich zu sein pflegt.

Magnus Daniel Omeis (1646–1708)
Aus: Gründliche Anleitung zur Teutschen accuraten
Reim- und Dicht-Kunst [...] (1704)

[...] Es wird aber die Comoedie bei uns Teutschen genennet ein
Lust= oder Freuden=Spiel / weil es nicht nur dem Ausgang nach
frölich und lustig ist; sondern auch / weil die ganze Natur der Comoedie bei den Alten lustig war. Die Tragoedie wird benamet ein
Leid= oder Trauer=Spiel / weil sie nicht allein einen betrübten
Ausgang nimmt / sondern auch mehrmals traurige oder doch
ernstliche Sachen in sich begreifet. Wiewol *Aristoteles de Arte
Poëtica Cap. 13,* zwo unterschiedene species der Tragoedie gema-
chet[1]; darunter er die erste und beste nennet / welche einen traurigen Ausgang nimmet; die andere aber / die gedoppelt ausgehet /
nemlich bei etlichen Personen frölich / bei etlichen traurig; wie et-
wann des *Homeri Odyssea,* an Seiten des Ulyssis und der seinigen
/ einen frölichen / an Seiten aber der Freyer / die sich in die Pene-
lope verliebt hatten / einen betrübten Ausgang überkommt[2]. Andere theilen die Schau-Spiele auch in *Comico-Tragœdias & Tragi-
co-Comœdias.* Jene sind / welche von einer freudig= und unver-
hofften Begebenheit einen traurigen Ausgang nehmen: diese aber
/ welche eine unglücklich= und traurige Geschichte also vorstellen
/ daß sie doch in ein frölich= oder noch leidentliches Ende ausgehen. [...]

[...] Ist demnach die Neue bei uns Teutschen noch gebräuchliche
Comoedie ein solches Schau-Spiel / in welchem eine meistens fröliche / doch löbliche That oder Verrichtung einer Person / sie seye
wer sie wolle / erdichtet / oder aus den Historien bekannt / mit hur-

tig= und sinnreichen Erfindungen geschmücket / aufgeführet / und durch gewiße *actus* abgehandelt wird; damit die Zuschauer hiedurch von den Lastern ab= und zu guten Sitten und Tugenden angeführet / mithin zugleich gebeßert und ergetzet werden. [...]

Q 1704. Magnus Daniel Omeis, Rhetorikprofessor in Altdorf bei Nürnberg, seit 1697 auch Vorsteher des von Harsdörffer, Klaj und Birken ins Leben gerufenen «Pegnesischen Blumenordens», verfährt in seiner *Teutschen accuraten Reim- und Dicht-Kunst* (1704) vorwiegend eklektisch und bemüht sich um eine Summe der literaturtheoretischen Ansätze des 17. Jahrhunderts, ohne wesentlich neue Perspektiven zu eröffnen. Seine Komödiendefinition repetiert die vertrauten Bestimmungen zur Abgrenzung von der Tragödie und erinnert an die affektpsychologischen Aspekte ihrer auf ‹Verlachen› des Lasters zielenden Wirkungsprogrammatik. Ähnlich wie Rotth, den er bisweilen wörtlich ‹ausschreibt›, setzt Omeis im Zusammenhang mit der Ständefrage neue Akzente, wenn er vermerkt, daß das Lustspiel seine Figuren unabhängig von sozialen Zuordnungen («verrichtung einer Person / sie seye wer sie wolle») vorzuführen habe. Die Emanzipation von den Zwängen der Ständeklausel, die erst durch Gellert und Lessing systematisch vollzogen wird, bleibt jedoch verbunden mit der Distanz gegenüber sämtlichen Formen der Verlachkomödie. Die Integration von Figuren höheren Standes scheint nur statthaft, wenn das Lustspiel selbst auf satirische Wirkungsintentionen verzichtet und sich durch die Darstellung «froelicher» Handlungen mit heiter-besinnlichem Ausgang profiliert.

1 Vgl. Aristoteles: Poetik 1453 a; Omeis stützt sich damit konzeptionell auf Aristoteles, der die tragikomische Gattungsvariante entschieden gegenüber der einheitlich gehaltenen Form abwertet. **2** Das Beispiel bei Aristoteles: Poetik 1453 a; vgl. auch Poetik 1455 b.

II. Von der frühen Aufklärung bis zur Weimarer Klassik

Einleitung

Wie in den Poetiken des Barock sind auch in Gottscheds *Critischer Dichtkunst* (1730) Sätze über Adressat und Wirkung, Gegenstand und Verfahren der «Komödie» nicht nur Definitionen, sondern auch normativer Natur. Sie formulieren oder implizieren «Regeln», die den zeitgenössischen Dramatikern vorschreiben, was sie zu tun, und auch, was sie zu lassen haben. Besonders letzteres, die nur begrenzte Erlaubnis, aus dem System der etablierten Genres auszubrechen und neue Formen, z. B. die für das klassizistische Denken suspekten Mischformen, zu kreieren, erklärt den Eifer, mit dem eine große Zahl von Kunstrichtern v. a. der vierziger und fünfziger Jahre die Frage erörtert, ob zu den «Komödien» Dramen gezählt werden können, die ihre Protagonisten nicht als Narren, sondern als moralische Exempel präsentieren und, statt Lachanreize zu bieten, Empfindungen, Teilnahme, Mitleiden, Rührung erregen. Motiv dieser Erörterungen ist der Wunsch, das aus Frankreich nach Deutschland eindringende, auf Demonstration bürgerlicher «Tugend» zielende Rührstück als legitime Spezies eines etablierten Genres zu erweisen. ‹Komödie› war der Begriff, der schon in Frankreich als Zuordnungskategorie gedient hatte (comédie larmoyante). Thematisch festgelegt auf den «Mittelstand» und «das bürgerliche Leben der heutigen Welt» (Gottsched[1]), bot er sich auch in Deutschland eher an als die übrigen Genres des überlieferten dramatischen Systems (Gottsched nennt: Tragödie, Schäferspiel, Kleinformen wie das Zwischenspiel), die traditionellerweise anderen Ständen und Themen zugeordnet waren.

Mit dem Vorschlag, das Element ‹Lächerlichmachen› aus dem Begriff ‹Komödie› herauszunehmen, tritt 1741 der Annaberger Schulrektor Adam Daniel Richter hervor. Öffentlich gesteht er sein Unvermögen ein, zu «begreifen [...], warum man in denen Komödien nur allein die Laster [d. h. Fehler, Torheiten] zum Gegenwurf erwählet»[2].

Hatte Gottsched die der Komödie eigene Belustigung als Lachen über Ungereimtes bestimmt, berichtet nun Richter von seiner «Tugendlust», einem von Gottscheds «Verlachen» weit entfernten Lachen «auch über fröhliche und schöne Sachen»[3]. Gottsched, der sich noch im selben Jahr mit Richters Schrift auseinandersetzt, erklärt zwar die Nachahmung tugendhafter Personen für möglich, doch die Hauptfigur müsse töricht, närrisch, einfältig sein. Dabei bleibt er auch in der 3. Auflage der *Critischen Dichtkunst* (1742). Daß die von Richter geforderte «tugendhafte Komödie» nicht «lustig» ist, gilt für Gottsched als hinreichender Grund, sie – immer noch im Namen seines normativen Begriffs ‹Komödie› – abzulehnen. Erst in der 4. Auflage (1751), als die über Richters Forderungen weit hinausgehende comédie larmoyante in Deutschland schon fest etabliert ist, macht er ein geringfügiges Zugeständnis: Schauspiele der «neuen Art» mögen «schon bisweilen statt finden»[4] – unter der Bedingung, daß für sie der Name «Komödie» nicht beansprucht wird. Gottscheds Vorschläge lauten: «bürgerliche, oder adeliche Trauerspiele [...;] oder gar Tragikomödien als ein Mittelding zwischen beyden»[5].

Mit der Neigung, den neuen Typus von der Komödie wegzurücken, ihn eher in die Nähe der Tragödie zu plazieren, steht Gottsched nicht allein da. Ähnlich äußern sich die Batteux-Übersetzer Johann Adolf Schlegel[6] und Karl Wilhelm Ramler[7]. Die differenziertere Argumentation stammt von Schlegel: Nicht einverstanden mit der verbreiteten Gewohnheit, Tragödie und Komödie «für die beiden einzig möglichen Gattungen des Schauspiels zu halten», hätte er am liebsten «neue Namen».[8] Soll es einer der alten sein, schlägt er wie Gottsched «bürgerliches Trauerspiel» vor.[9] Zugleich sucht Schlegel nach einer Erklärung, warum die Mehrheit der zeitgenössischen Kunstrichter als Einordnungskategorie für den neuen Typus nicht ‹Tragödie›, sondern ‹Komödie› wählt, obwohl, wie Schlegel meint, das auf Mitfühlen und Tränen zielende Genre mit der Komödie – zumindest mit der «gewöhnlichen Komödie» – «fast nichts gemein» hat. Schlegels These: Man sei gewohnt, «seinen Begriff von dem Wesen einer Dichtungsart allezeit mehr von dem Gegenstande [im Falle der neuen Stücke: dem Bürger], als von der Art [...], wie er vorgestellt worden», abzuleiten (im Falle der neuen Stücke: der Erregung des «Mitleids»).[10]

Einer, für den diese bedenkenswerte Erklärung allerdings nicht zutrifft, ist Johann Adolf Schlegels Bruder Johann Elias. In dem abgedruckten Auszug aus einer 1747 entstandenen Schrift *(Gedanken zur Aufnahme des dänischen Theaters)* weist er den Stücktypus, dem die neuen rührenden Schauspiele angehören, ohne Bedenken ins Feld der Komödie. Doch er tut das auf eine sehr ungewöhnliche, gleichsam abstrakte Weise. Er löst die beiden üblichen Bestimmungshinsichten, die auch der Bruder Johann Adolf erwähnt – «Gegenstand» und Behandlungsart («Art», diesen «vorzustellen») –, aus ihren gewohnten Verknüpfungen (Tragödie: Verbindung von hohem Personal und Erregung der Leidenschaften; Komödie: Verbindung von niedrigerem Personal und Erregung von Lachen), unterwirft sie einer uneingeschränkten Permutation und erhält dabei zwei Paarungen, die in der geltenden Gattungslehre – zumindest in der von Gottsched fixierten Form [11] – nicht vorkommen. Beide schlägt er der Komödie zu, darunter auch die auf Erregung von «Leidenschaften» (der «edeln Empfindungen des Herzens») zielende Nachahmung nicht-«hoher» Personen. Es ist eine radikale – vielleicht vom Autor selbst nicht völlig ernst genommene [12] – Lösung: ‹Erregung von Gelächter› ist kein obligatorisches Definitionselement von ‹Komödie› mehr. Um ein Stück zur «Komödie» zu machen, dazu reicht es aus, daß nicht-«hohe» Personen nachgeahmt werden. Jedes der beiden üblicherweise zusammen auftretenden Elemente ist auch ohne das andere fähig, ‹Komödie› zu konstituieren, und keines von ihnen hat Vorrang vor dem anderen.

Größere Rücksichtnahme auf das Komödienverständnis der Zeitgenossen prägt die skrupulöse, bald zaghafte, bald entschiedene Art, mit der die Frage der Gattungszuordnung bei Gellert behandelt ist. Thema des ersten Teils seiner Antrittsvorlesung von 1751 ist die sog. «vermischte Gattung», die Verbindung von Spotten und Ernstnehmen, für die der Name Destouches steht. Zu ihrer Rechtfertigung kann Gellert sich auf den herrschenden, durch das Element ‹Lächerlichmachen› dominierten Lustspielbegriff berufen, sofern dieser nur – darauf beschränkt sich Gellerts Appell – weit genug ist, die Ernst und Scherz mischenden Dramen des Terenz nicht auszugrenzen. Unauffindbar ist ein antiker Gewährsmann dagegen im Falle des *ausschließlich* rührenden Typus, für den der Name La Chaussée steht, und Gellert räumt ein, dieser könne «sich mit Recht den Namen der

Komödien nicht anmaßen». Das gilt, solange man beim «gewöhnlichen und angenommenen Gebrauche» bleibt. Hier ist die Stelle, wo Gellert mit Berufung auf die Überlegenheit der «Empfindung» über die «Regeln» fordert, die dem Komödien-Begriff durch Orientierung an antiken Mustern gezogenen «Grenzen [zu] erweitern». Das Ergebnis der Erweiterung, ein Begriff, der die beiden empfindsamen Typen ebenso wie den «alten», «fröhlichen» einschließt, lautet: ergötzende und unterrichtende «Nachahmung des gemeinen Lebens». Eine Bestimmung des dabei angewendeten Verfahrens – Herausarbeitung von Ungereimtheit oder Tugend-Demonstration – enthält er nicht. Obwohl diese am weitesten vorgeschobene Position in Gellerts Text ausgesprochen, zumindest impliziert ist: als Pointe seiner gewundenen Argumentation kann sie kaum gelten; Gellert endet mit Formulierungen, die weniger dezidiert sind.

Durch größere Entschiedenheit ist eine Passage im Aristoteles-Kommentar von Michael Conrad Curtius (Q 1753) ausgezeichnet. Ohne Hin und Her stellt Curtius sich der Notwendigkeit, aus der Subsumtion der neuen Schauspiele unter den Begriff ‹Komödie› Folgerungen für diesen zu ziehen: Indem man die neuen Stücke «Lustspiele» nenne, werfe man «alle bisherige Erklärungen der Lustspiele über den Haufen, weil diese neue Art von Lustspielen unter der allgemeinen Erklärung der Komödien begriffen sein muß [...]»[13]. Der Sache nach wählt Curtius den schon von Gellert eingeschlagenen Ausweg, der im übrigen ein traditionsreiches, schon von Cicero in die Diskussion eingebrachtes Definitionselement neu akzentuiert: ‹Komödie› bestimmt er unter Verzicht auf das Moment ‹Lächerlichkeit› als ‹Nachahmung des gemeinen Lebens›.

Den Mühen der Begriffsklärung – «alle zweifelnde Begriffe in richtige und genaue [zu] verwandeln» – unterzieht sich auch Lessing in seinem ein Jahr später erscheinenden Kommentar zu den Abhandlungen Chassirons und Gellerts (Q 1754). Auch Lessing spricht von ‹Komödie› als einem Begriff, der Artbegriffe unter sich faßt. Eine dieser sog. «Untergattungen» sei das «neue» Genre, der von La Chaussée begründete Typus. Nur für ihn will Lessing den Namen «weinerliche Komödie» reserviert wissen, während er von dem mischenden Destouches-Typus als der «wahren» Komödie spricht. Eine ausdrückliche Bestimmung des Oberbegriffs ‹Komödie› gibt Lessing allerdings nicht. Ist das «neue» Genre, das er im Verhältnis zu diesem als «Untergattung» bezeichnet, der «weinerliche» Typus, muß auf dieselbe Weise wie bei Gellert und Curtius das Element ‹Komik› (‹Lächerlichmachen›) aus dem Gattungsbegriff ‹Komödie› ausgeschieden sein; konstitutiv bleibt dieses Element allein in den Artbegriffen ‹wahre Komödie› und ‹Posse›.

Daß Lessings Umgang mit dem Wort «Komödie» in späteren Schriften ein anderer ist, kann hier nicht dargelegt werden. Ebensowenig die Zurückdrängung des Elements ‹Komik› in den Komödien-Definitionen Sulzers und Engelbrechts.[14] Letztere fallen schon in die Zeit der Stürmer und Dränger, von denen hier nur Bürger und Lenz hervorgehoben seien. Bürger wegen seines im Namen der grenzensprengenden «Natur» gegen die «Theorienmacher» gerichteten Appells, auf differenzierende Genrebegriffe ganz zu verzichten («Schauspiel ist – Schauspiel, und damit genug!»[15]). Lenz wegen seiner in der Selbstrezension zum *Neuen Menoza* (Q 1775) vorgetragenen Komödien-Definition, die sich darauf beschränkt, den Adressaten zu bestimmen: «jedermann», «das Volk».[16] Das «Volk», dem auch Lessing 1754 seine sog. «wahre Komödie» zugeordnet hatte (ohne dies aber sogleich zum Bestandteil seiner Definition zu machen), ist alles andere als ein homogenes Kollektiv. Neben Zuschauern, die das Theater um des Lachens willen besuchen, gibt es weitere, die «geneigter zum […] Weinen» sind (anfänglich der kleinere Teil). Der Gedanke an diese zweite, von den «weinerlichen» Stücken[17] bediente Adressatengruppe bringt auch Lenz dazu, das Element ‹Komik› aus dem Repertoire der Definitionsmerkmale von ‹Komödie› auszuscheiden. Nimmt im Laufe der Bildungsgeschichte einer Nation der zum Fühlen und Weinen fähige Teil des Publikums zu, antworten die Dramatiker mit Stücken, die von der Gesellschaft ein mehr und mehr «ernsthaftes», weniger und weniger «lachendes» Bild entwerfen[18] und dennoch – eben weil sie dem gewandelten Bedürfnis des «Volkes» entgegenkommen – «Komödien» sind.

Im Bewußtsein, mit seiner Komödien-Definition über den Adressaten etwas Unübliches vorzubringen, beginnt Lenz mit einer Negation: «Ich nenne durchaus Komödie nicht eine Vorstellung, die bloß Lachen erregt […].» Schon dieser Einleitungssatz läßt ermessen, wie wenig selbstverständlich der Verzicht auf das Komödien-Merkmal

‹Lachen› (‹Lächerlichkeit›, ‹Komik›) auch im Jahre 1775 ist. Die Gewohnheit, ‹Komödie› über ‹Komik› zu definieren, besteht weiter und wird auch in Zukunft weiterbestehen. Zwei Jahrzehnte später begegnet sie als Ergebnis kunsttheoretischer Reflexion bei Schiller, Karl-Heinrich Heydenreich[19] und Christian Gottfried Körner[20]. Die den bürgerlichen Alltag verklärenden Familiendramen, dominierend im Theaterrepertoire der Jahrhundertwende, werden von Schiller nicht nur wegen ihrer Trivialität verurteilt, sie sind seinem Verständnis nach auch keine «Komödien», zumindest keine «reinen Komödien».[21] In ihren rührenden Momenten, deren Vereinbarkeit mit dem Begriff ‹Komödie› die Autoren der vierziger und fünfziger Jahre zur Legitimierung des neuen bürgerlichen Genres so eifrig zu beweisen suchten, sieht nun Schiller wieder einen Ausschließungsgrund. Wenn es der als oberstes unter den dramatischen Genres gepriesenen Komödie[22] gelingt, im Betrachter den sog. «höheren Zustand»[23] hervorzubringen, ist dies das Ergebnis einer sog. Neutralisierung des Stoffes, einer Operation, durch die der Komödien-Autor jede dem Stoff eigene «moralische Tendenz» überwindet, indem er ihn «von dem moralischen Forum auf das physische» spielt. Statt den Zuschauer mit dem «Herzen» zu interessieren, ihn in Rührung oder in den für die pathetische Satire charakteristischen Zustand des moralischen Unwillens zu versetzen, unterhält die Komödie dessen «Verstand», d. h. dasjenige Vermögen, welches die durch Tilgung der «moralischen Tendenz» hervortretende Ungereimtheit eines Verhaltens, eben das Komische wahrnimmt. So ist die «reine Komödie» identisch mit dem «lustigen Lustspiel».[24] Das Definitionselement ‹Komik›, auf diese Weise neu belebt unter gleichzeitiger Befreiung von aller didaktischen, pathetisch-satirischen Funktionalisierung, wird auch die Komödien-Konzepte des folgenden Jahrhunderts prägen.

1 Q 1741 a, S. 593 f.   2 Ebd. S. 578.   3 Ebd. S. 579.   4 Q 1730, [4]1751, S. 650.
Wie gering dieses Zugeständnis ist, wie sehr Gottscheds Begriffe ihren normativen Charakter behalten, wird deutlich, wenn er einen Einwand gegen die empfindsame Komödie daraus gewinnt, daß diese – woran Richter noch nicht gedacht hatte – den tugendhaften Helden zugleich als Leidenden zeigt und damit Tränen des Mitleids im Zuschauer hervorzurufen sucht. Mitleid aber ist

nach Gottscheds unwiderrufener Meinung ein der *Tragödie* zugehöriger Affekt, muß außerhalb dieser jedenfalls «gelind bleib[en]» (ebd., S. 651). **5** Ebd. S. 644. **6** Q 1751a. **7** Zumindest mit Bezug auf die *ausschließlich* weinerliche, nicht auf die gemischte neue Form schreibt Ramler noch in der 4. Aufl. (Leipzig 1774), sie gehöre «eigentlich zu den Tragödien» (S. VII). **8** Noch deutlicher ist die zweite Auflage von 1759; «[...] so wird man der alten Begriffe sich entwöhnen, und die eingeführte Einteilung der Schauspiele in Tragödien und Komödien gleichsam ganz vergessen müssen» (S. 408). **9** Q 1751a, S. 316 f. **10** Es sind Reflexionen dieser Art, durch die sich Johann Adolf Schlegel in Fragen der Gattungstheorie als ein lesenswerter Autor erweist. Die Befunde legen eine Ergänzung seiner bedenkenswerten These nahe: Vielen, die zur Bezeichnung des neuen Genres den Ausdruck «rührende Komödie» wählen, fällt es offenbar nicht leicht, den Namen «Komödie» für Stücke mit so wenig ‹komödienhafter› Behandlungsart einzusetzen. Der dem gewohnten Begriff ‹Komödie› eigene Bestandteil ‹Komik› hat für ihr Verständnis ein erhebliches Gewicht, das sie nicht ganz froh werden läßt, wenn in der Namengebung völlig außer acht bleibt, daß der in den empfindsamen Stücken herrschende Kult der Tugend und der Tränen gerade das Gegenteil einer komisierenden Behandlungsart ist. Zum Vorschein kommen solche Skrupel z. B., wenn Johann Adolf Schlegel zur Abgrenzung von der (nur zitierend so genannten) «rührenden Komödie» die Prägung «eigentliche [!] Komödie» benutzt (Q 1751a, 2. Aufl. 1759, S. 506) oder Mylius von den «wirklichen [!] komischen Lustspielen» spricht (Q 1750, S. 268). **11** Vgl. dazu das oben (S. 18) zur Geschichte des Definitionselements ‹Komik› Gesagte. **12** So scheint es wenigstens, wenn Schlegel einige Sätze später schreibt: «Lachen zu erwecken» sei die der Komödie zugehörige «Absicht und Bestimmung». Es bleibt undeutlich, ob er hier seine eigene Überzeugung ausspricht oder die der Zeitgenossen referiert. **13** Q 1753, S. 13. **14** Sulzer definiert 1771 ‹Komödie› als Sitten- und Charakterdarstellung, die «für denkende und empfindende Menschen interessant» ist (Q 1771, S. 215). Das Definitionselement ‹interessant› nutzt auch Engelbrecht (Q 1777). **15** Q 1776, S. 442. **16** Q 1775, S. 418. **17** Die bei Gellert und Lessing begegnende Teilung des empfindsamen Komödienrepertoires in zwei Gruppen findet sich bei Lenz nicht. Offenbar billigt er den von La Chaussée angeregten Stücken dieselbe Berechtigung zu wie dem durch Destouches repräsentierten Typus. La Chaussée selbst bleibt bei Lenz unerwähnt, während Destouches und Beaumarchais als Beispiele von Autoren dienen, die weniger «komisch [...] schreiben» können, weil ihr Publikum zum Weinen «geneigter» wurde. Daß Lenz La Chaussées Verfahren weniger zustimmend beschreiben würde als das der beiden anderen Autoren, ist unwahrscheinlich im Zusammenhang einer Argumentation, die dem Rückgang des Lachens zugunsten des Weinens eine «Notwendigkeit» zuerkennt, die «alle Spöttereien nicht hinwegräsonnieren können», ja nicht vor der Behauptung zurückscheut, die französischen weinerlichen Dramen könnten «nur mit totalem Verderbnis der Sitten der Nation ganz fallen». **18** Zum Verständnis des Wortes «ernsthaft» in dieser Passage vgl. Ulrich Profitlich: Zur Deutung von J. M. R. Lenz' Komödientheorie. In: Deutsche Vierteljahrsschrift 72, 1998. **19** Vgl. System der Ästhetik. Leipzig 1790, S. 310, sowie Q 1797, S. 44. **20** Vgl. Q 1795, S. 32, sowie C. G. Körner: Briefwechsel mit Schiller. Bd. 1. Leipzig [2]1878, S. 374. Etwas abweichend Q 1808. **21** Q 1800, S. 326. **22** Q 1795b, S. 445. **23** Q 1792a, S. 92. **24** Q 1800, S. 326.

Johann Christoph Gottsched (1700–1766)
Aus: Versuch einer Critischen Dichtkunst
vor die Deutschen (1730)

Die Frantzosen haben es wohl unstreitig, wie in der Tragödie; also auch in der Comödie am höchsten gebracht. Moliere hat seine Stücke allezeit nach den Regeln und Exempeln der Alten eingerichtet. Er ist auch reicher an Materien als Terentius[1]: welches aber kein Wunder ist, weil dieser nur sechs, er aber wohl drey-, viermahl so viel Comödien geschrieben. Aber er ist gleichwohl von allen Fehlern nicht frey. Seine Schreib-Art, sonderlich die poetische, ist nicht allezeit so natürlich, als sie vor Comödien wohl seyn sollte. Er macht offt grosse Umschweife sehr wenig damit zu sagen; und kommt dem Galimatias[2] sehr nahe; worinne ihm also Terentius weit vorzuziehen ist. Hernach treibt er seine Charactere zuweilen sehr hoch, so, daß sie endlich unnatürlich werden. Z. E. er läst seinen Geitzhals[3] so argwöhnisch werden, daß er einem Bedienten, der aus der Stube geht, nicht allein die Taschen und beyde Hände besucht; sondern auch fordert, daß er ihm die dritte Hand zeigen solle: gerade als ob jemals ein Mensch so närrisch seyn könnte zu glauben, daß jemand drey Hände habe. Er hat dieses aus dem Plautus gelernt, der auch einmahl sagt: Cedo tertiam![4] Allein das entschuldigt seinen Fehler nicht. Noch mehr ist er deßwegen zu tadeln, daß er offt das Laster gar zu angenehm, die Tugend aber gar zu störrisch, unartig und lächerlich gemacht hat. Die Galanterie junger Leute hat immer den Vorzug vor der sorgfältigen Aufsicht der guten Eltern; die vor ihrer Kinder Tugend besorget sind: dahergegen jene entweder schon lasterhafft ist; oder es doch leicht werden kan. Er spottet der betrogenen Männer offt ohn' alle ihr Verschulden. Denn was kan doch in Franckreich ein guter rechtschaffener Ehegatte davor, daß sein Weib ausschweifet: wo es eine galante Mode ist, die Ehe zu brechen, und neben einem Manne noch ein halb Dutzend Anbeter zu haben. Endlich hat sich Moliere gar zu tief heruntergelassen, wenn er die Italienischen Narrenpossen nachzuahmen, die Betrügereyen Scapins[5] aufgeführet hat. Boileau selbst hat ihm dieses nicht vergeben können; ob er gleich sonst sein guter Freund war: indem er schreibt:

Dans ce sac ridicule où Scapin s'enveloppe,

Je ne reconnois plus l'Auteur du Misanthrope.[6]

Bey uns Deutschen hat es vor und nach Opitzen[7] an Comödienschreibern zwar niemahls gefehlt; aber nichtsdestoweniger haben wir nichts rechtes aufzuweisen, so unsrer Nation Ehre machen könnte. [...]

Andreas Gryphius hat es ohne Zweifel in Comödien bey uns am weitesten gebracht. Seine Säug-Amme, sein Horribilicribrifax und Peter Sqventz sind wehr wohl gerathen, und stellen solche lächerliche Thorheiten vor, die dem Zuschauer viel Vergnügen und Nutzen schaffen können.[8] Christian Weise[9] hat ihm nachfolgen wollen; und kein übel Talent dazu gehabt: Allein, wie ihm überhaupt die Regeln der alten Rede-Kunst und Poesie unbekannt gewesen, so ist er bey seinem selbstgewachsenen Witze geblieben, und hat lauter unrichtige[10] Stücke gemacht. [...] Was sonst von deutschen Comödianten gespielet wird, ist gemeiniglich aus Italiänern und Frantzosen übersetzt; aus einem Roman zusammengestümpelt; oder aus der Ollapatrida[11] entlehnet. Daher ist es kein Wunder, daß man noch nichts gescheidtes vorstellen sieht, dafern es nicht irgend aus Molieren entlehnt oder ganz übersetzet worden.

Die Comödie ist nichts anders, als eine Nachahmung einer laster-hafften Handlung, die durch ihr lächerliches Wesen den Zuschauer belustigen, aber auch zugleich erbauen kan. So hat sie Aristoteles beschrieben, und zugleich erkläret, was er durch das lächerliche verstünde. Er sagt aber sehr wohl, daß es was ungestaltes oder un-gereimtes sey, so doch demjenigen, der es an sich hat, keinen Schmertz verursachet; wobey er aus dem Homer das Gesichte des Thersites zum Exempel anführet.[12] Es ist also wohl zu mercken, daß weder das lasterhaffte noch das lächerliche vor sich allein in die Co-mödie gehöre: sondern beydes zusammen, wenn es in einer Hand-lung verbunden angetroffen wird. Vieles läuft wieder die Tugend, ist aber mehr strafbar und wiederlich, oder gar abscheulich; als lä-cherlich. Vieles ist auch lächerlich; wie zum Exempel die Harlekins-Possen der Italiener[13]: Aber darum gar nicht lasterhafft. Beydes ge-hört also nicht zum Wesen eines rechten Lust-Spiels: Denn

Omne tulit punctum, qui miscuit utile dulci,
Lectorem delectando pariterque monendo.[14]

Nach dieser Regel ist es leicht, alle Comödien zu beurtheilen: wo man denn finden wird; daß eine grosse Menge nicht nach den Re-geln der Vernunft gemacht sind. Z. E. Machiavellus hat die Man-dragola[15] gemacht: die zwar sonst ziemlich regelmäßig ist; aber weiter nichts, als einen durch viele Spitzfindigkeiten betrogenen Ehmann vorstellt. Der gute Kerl wird im höchsten Grade lächerlich gemacht; indem er seinen Nebenbuhler selbst zu seiner Frauen vors Bette führet, ihn nackt auszieht, hineinlegt, und in der Kammer verschließt: Alles in der Absicht, daß selbiger das Gifft von seiner Ehegattin an sich ziehen möge, so eine Wirckung der Artzeney bey ihr seyn sollte; die man derselben der Unfruchtbarkeit halber ein-gegeben hatte; da doch die Schuld vielmehr an ihm selbst liegen mochte. Allein, was fliest denn aus dieser lächerlichen Handlung vor eine Lehre? Keine andre, als daß man keinen Galan zu seiner Frauen führen solle. […]

Zu einer comischen Handlung nun, kan man eben so wenig, als zur tragischen, einen gantzen Character eines Menschen nehmen, der sich in unzehlichen Thaten äussert; als z. E. einen Cartousche [16] mit seinen Spitzbübereyen. Es muß eine eintzige recht wichtige Spitzbüberey genommen werden, dazu viele Anstalten gehören, ehe sie ausgeführt werden kan: und die vieler Schwierigkeiten ungeachtet gelinget; und also eine Haupt-Handlung ausmacht. Diesen Erfolg derselben lächerlich zu machen, dazu gehört, daß entweder Cartousche, oder der, so von ihm betrogen wird, auslachenswürdig werde. Dieses letztere zu versuchen, müste man dichten, es hätte sich jemand in Paris so klug düncken lassen; daß ihn Cartousche mit aller seiner List nicht sollte betrügen können. Dieses hätte er sich in einer Gesellschafft gerühmet, wo dieser Räuber selbst unerkannt, zugegen gewesen; und dadurch demselben Lust gemacht, seine Kunst an ihm zu beweisen. Man könnte nun einen von den listigsten Streichen dieses Spitzbuben wehlen, und den so überklugen Mann, zum Überflusse gar durch gewisse Leute warnen lassen, wohl auf seiner Hut zu stehen; endlich aber doch betrogen werden lassen. Hier würde nun freylich wohl die Comödie ein lustiges Ende nehmen: aber nicht die Spitzbüberey; sondern die eingebildete Klugheit des Betrogenen würde zum Gelächter werden: Und die Morale würde heißen: Man solle sich nicht zu weise düncken lassen, wenn man mit verschmitzten Leuten zu thun hat; viel weniger mit seiner fürsichtigen Behutsamkeit prahlen, weil dieses uns die Leute nur desto aufsätziger macht.[17] [...]

Die Personen, so zur Comödie gehören, sind ordentliche Bürger, oder doch Leute von mäßigem Stande.[18] Nicht als wenn die Grossen dieser Welt etwa keine Thorheiten zu begehen pflegten, die lächerlich wären: Nein, sondern weil es wieder die Ehrerbietung läuft, die man ihnen schuldig ist, sie als auslachenswürdig vorzustellen. In Griechenland machte sich zwar Aristophanes nichts daraus, den Xerxes mit einer Armee von 10 000 Mann auf einen gantz güldenen Berg marschieren, und ihn also in einer königlichen Pracht seine Nothdurft verrichten zu lassen.[19] Allein, das war ein republicanischer Kopf, der wohl wuste, daß die Griechen am liebsten über die Könige lachten: Zugeschweigen, daß er auch die Thorheit Xerxis auf eine unnatürliche Weise vergrössert hat. Plautus hat seinen Amphitryon eine Tragicomödie genennt; weil er glaubte, daß königliche Personen allein vor die Tragödie gehöreten.[20] Allein eine Tragi-comödie[21] giebt einen so ungereimten Begriff, als wenn ich sagte, ein lustiges Klage-Lied. Es ist ein Ungeheuer; und da der Ausgang seines Amphitryons lustig ist: hätte ers nur immer schlecht weg eine Comödie nennen dörfen. [...]

Von den Characteren in der Comödie ist weiter nichts besondres zu erinnern; als was bey der Tragödie schon vorgekommen. Man muß die Natur und Art der Menschen zu beobachten wissen, jedem Alter, jedem Stande, jedem Geschlechte, jedem Volcke solche Neigungen und Gemüthsarten geben, als wir von ihnen gewohnt sind. Kommt ja einmahl was außerordentliches vor; daß etwa ein Alter nicht geitzig, ein Junger nicht verschwenderisch; ein Weib nicht weichherzig, ein Mann nicht behertzt ist: So muß der Zuschauer vorbereitet werden, solche ungewöhnliche Charactere vor wahrscheinlich zu halten: welches durch Erzehlung der Umstände geschieht, die dazu was beygetragen haben. Man muß aber die lächerlichen Charactere nicht zu hoch treiben. So bald der Zuschauer glauben kan, so gar thöricht würde doch wohl kein Mensch in der Welt seyn: so bald verliert der Character seinen Werth. [...]

Von den Affecten ist hier ebenfalls nichts neues zu sagen; als daß man die Tragischen, nehmlich die Furcht, das Schrecken und Mitleiden zu vermeiden habe.[22] Alle übrige finden in der Comödie auch statt. Ein zorniger Chremes, ein verliebter Pamphilus; Ein stoltzer Thraso, ein lustiger Davus[23], u. d. m. sind solche Gemüthsbewegungen, die eben kein Schrecken, auch keine Verwunderung erwecken. Der Menedemus[24] im Terentz ist indessen so beschaffen, daß er gleich ein Mitleiden bey uns erwecket: doch da solcher Affect nur gelinde bleibt; so ist es eben kein Fehler. Von der Liebe und Lustigkeit darf man wohl keine Regeln geben: denn darauf verfallen die gemeinsten Comödienmacher von sich selbst. Sie mögen sich nur in achtnehmen, daß sie in der ersten nicht die Gesetze der Schamhafftigkeit und Zucht, in der andern aber die Erbarkeit aus den Augen setzen. [...] Und dieses führet mich auf die Schreibart der Comödien. Sie besteht aus den Gedancken und Ausdrückungen derselben, und hierinn ist die Comödie von der Tragödie sehr unterschieden. Das macht, daß dort fast lauter vornehme Leute; hier aber Bürger und geringe Personen, Knechte und Mägde vorkommen[25]: dort die hefftigsten Gemüthsbewegungen herrschen, die sich durch einen pathetischen Ausdruck zu verstehen geben; hier aber nur lauter lächerliche und lustige Sachen vorkommen, wovon man in der gemeinen Sprache zu reden gewohnt ist. Es muß also eine Comödie eine gantz natürliche Schreibart haben, und wenn sie gleich in Verßen gesetzt wird, doch die gemeinsten Redensarten beybehalten. Hierinn ist Terentius abermahl unvergleichlich. Molieren hat Fenelon[26] in seinen Reflex. sur la Rhetorique & la Poetique deswegen getadelt; wie ich oben aus ihm bereits angeführet habe. Es ist also kein Zweifel, ob man auch in Verßen könne Comödien schreiben? Menander, Terentz und Moliere habens gethan; warum sollte es im Deutschen nicht angehen? Nur es muß keine poetische Schreibart darinnen herrschen, und außer dem Sylbenmaaße sonst nichts gleißendes oder gekünsteltes dabey vorkommen.

Von der Lustigkeit im Ausdrucke möchte mancher fragen, wie man dazu gelangen könne? Ich antworte; das Lächerliche der Comödien muß mehr aus den Sachen als Worten entstehen. Die seltsame Aufführung närrischer Leute macht sie auslachenswürdig. Man sehe einen Thraso im Terentz[27], einen bürgerlichen Edelmann[28] und eingebildeten Crancken im Moliere an: so wird man sich des Lachens nicht enthalten können; obgleich kein Wort an sich lächerlich ist. Imgleichen des Racine Comödie von der Proceßirsucht, macht die Liebhaber der Zänckereyen, imgleichen die Französischen Advocaten lächerlich, die in ihren Klag- und Schutzreden eine übel angebrachte Gelehrsamkeit zeigen wollen.[29] Dieses ist nun das wahre Belustigende in der Comödie. Allein kleine Geister, die keine Einsicht in die Moral besitzen, und das ungereimte Wesen in den menschlichen Handlungen weder wahrnehmen noch satirisch vorstellen können, haben sich auf eine andre Art zu helfen gesucht. Sie haben das Lächerliche nicht in den Sachen, sondern in Worten und Geberden zu finden gemeynet. Daher hat Harleckin und Scaramutz [30] die Hauptperson ihrer Lustspiele werden müssen. Diese müssen durch närrische Kleider, wunderliche Posituren und garstige Fratzen, den Pöbel zum Gelächter reitzen. Von diesem allen haben die Alten nichts gewust; und es gehört mit unter die phantastischen Erfindungen der Italiener, die jemand in der Vorrede zu einer französischen Comödie, Harlequin aux Champs Elysées [31], verspottet hat. Terentz hat seine Comödien ohne eine lustige Person lächerlich genug zu machen gewust, und ein Poet setzet sich also in den Verdacht, als verstünde er sein Handwerck, das ist, die Satire nicht: wenn er ohne die Beyhülfe eines unflätigen Possenreißers nichts lustiges auf die Schaubühne bringen kan. [...]

Hieraus ist nun leicht zu schließen, was von dem Théâtre de la Foire [32], wo lauter abgeschmacktes Zeug vorkommt, vor ein Wercks zu machen sey; darüber ein Kluger entweder gar nicht lacht; oder sich doch schämt, gelachet zu haben. [...]

Q 1730. Wichtigster Adressat der Dichtung, für die Gottsched (seit 1730 in Leipzig Professor der Poesie, später der Logik und Metaphysik) in Anlehnung an die klassizistische Ästhetik Boileaus (*L'art poétique* [33], 1674) und – mit detailgetreuen Übernahmen – an Fénelons *Lettre à l'Academie* [34] (1716) die «Regeln» entwirft, ist der Bürger. Dessen sittliche Vervollkommnung («Erbauung») ist das Ziel, um dessentwillen Gottsched das Hauptelement der Komödie, das «Lächerliche», streng an das sog. «Laster» bindet, d. h. an Verhaltensweisen, die, gemessen am Maßstab der «Vernunft», fehlerhaft sind. Für Figuren, deren Komik frei ist von dieser Bindung an das Belehrung ermöglichende Unvernünftige, bleibt kein Raum. Am wenigsten für die auf der zeitgenössischen Wanderbühne dominierenden Hanswurst-, Pickelhäring- und Harlekin-Gestalten, denen Gottsched schon aus diesem Grund – nicht allein wegen ihrer Unanständigkeit und der von ihren Improvisationen ausgehenden Gefährdung der Handlungseinheit – das Lebensrecht bestreitet.

Gottscheds Kompendium von 1730 erschien in drei weiteren Auflagen (1737, 1742, 1751). Besonders die dritte und vierte enthalten Änderungen, die auch die Theorie der Komödie betreffen. Schon an diesen Änderungen ist die außerordentliche Wirkung von Gottscheds Doktrin ablesbar. Muß er seine Argumentationen in der ersten Auflage überwiegend an französischen Beispielen illustrieren, kann er später bereits auf deutschsprachige hinweisen. Viele von diesen sog. «regelmäßigen» Originaldramen und Übersetzungen (nicht nur Komödien) sind in Gottscheds sechsbändiger Dramensammlung erstmals veröffentlicht: *Die deutsche Schaubühne nach den Regeln und Mustern der Alten* (Leipzig 1741–1745, [2]1746–1750, Neudruck: Stuttgart 1972).

1 *Terenz:* s. o. S. 28.   **2** *Galimathias:* Gefasel, Sprechen ohne «Vernunft».   **3** In Molières *Der Geizige* (1668) I, 3 befiehlt der argwöhnische Harpagon dem Bedienten La Flèche, der ihm schon seine beiden Hände hingestreckt hat, noch die anderen (les autres) zu zeigen.   **4** *Cedo tertiam:* Ein unrichtiges Plautus-Zitat, das Gottsched – wie den gesamten Gedanken – aus Fénelons *Lettre à l'Academie* (vgl. Anm. 26) übernimmt (Paris 1920, S. 106). Fénelon und Gottsched beziehen sich auf die Szene IV, 4 von Plautus' *Aulularia*, wo sich folgender Wortwechsel zwischen dem geizigen Euclio und dem von ihm des Diebstahls bezichtigten Sklaven Strobilus findet: Euclio: «Ostende huc manus» – Strobilus: «Em tibi ostendi, eccas» – Euclio: «Video. Age ostende etiam tertiam». Übersetzung von Walter Hofmann: «Zeig die Hände her!» – «Da, hier.» – «Gut, zeig auch deine dritte Hand!» (Antike Komödien. Berlin u. Weimar [3]1987, S. 502)   **5** Molière lehnt sich in *Les Fourberies de Scapin* (1671) an das seinerzeit in Paris erfolgreiche Théâtre Italien an.   **6** Nicolas Boileau-Despréaux (1636–1711) schreibt im 3. Gesang (Vers 399–400) seiner *L'art poétique* (1674), der wichtigsten Poetik des französischen Klassizismus: «In dem lächerlichen Sack, in den sich Scapin hüllt, vermag ich den Autor des *Misanthropen* nicht mehr zu erkennen.» (Übers. von U. u. H. L. Arnold. Stuttgart 1967 [Reclams UB 8523], S. 63)   **7** *Opitz:* s. o. S. 22.   **8** Andreas Gryphius (1616–64), bedeutendster deutscher Lyriker und Dramatiker des 17. Jh., verfaßte neben Trauerspielen auch Lustspiele, darunter die von Gottsched erwähnten: *Absurda Comica oder Herr Peter Squenz* (1658), *Horribilicribrifax* (1663), *Seugamme, Oder Untreues Haussgesinde* (1663).   **9** Christian Weise (1642–1708; vgl. Q 1690 u. Q 1708a), Schulrektor in Zittau, Verfasser zahlreicher teils ernster, teils komischer Dramen, die für Schulaufführungen bestimmt waren, darunter der Komödien *Der Bäuerische Machiavellus* (1681), *Tobias und die Schwalbe* (1682), *Niederländischer Bauer* (1685), *Der verfolgte Lateiner* (1692).   **10** *lau-*

ter unrichtige Stücke: d. h. solche, die die «Regeln» (z. B. die Regel der Einheit von Handlung, Zeit und Ort) verletzen. **11** Joseph Anton Stranitzky (1676–1726) veröffentlichte 1711 *Ollapotrida des durchgetriebenen Fuchsmundi*, eine Zusammenstellung dramatischer Szenen um die Wiener Hanswurstfigur Fuchsmundi. Es handelt sich um eine Bearbeitung des *Théâtre Italien* ([1]1691), einer Sammlung von Commedie dell'arte, hg. von dem Pariser Harlekin-Darsteller und Schauspieldirektor Evarista Gherardi (ca. 1670–1700). **12** Vgl. Aristoteles' *Poetik*, Kap. 5: «Die Komödie ist […] Nachahmung von schlechteren Menschen, aber nicht in Hinblick auf jede Art von Schlechtigkeit, sondern nur insoweit, als das Lächerliche am Häßlichen teilhat. Das Lächerliche ist nämlich ein mit Häßlichkeit verbundener Fehler, der indes keinen Schmerz und kein Verderben verursacht, wie ja auch die lächerliche Maske häßlich und verzerrt ist, jedoch ohne den Ausdruck von Schmerz.» (Übers. v. Manfred Fuhrmann. Stuttgart 1982 [Reclams UB 7828], S. 17) Von Thersites, dem häßlichsten Griechen vor Troja (vgl. *Ilias* II, 212 ff), spricht Aristoteles an der von Gottsched paraphrasierten Stelle nicht, dies geschieht jedoch in der Kommentierung durch André Dacier (La Poétique d'Aristote. Paris 1962, S. 60). **13** *Harlekins-Possen der Italiener*: Gemeint ist die italienische Stegreifkomödie, über die Gottsched an einer hier nicht abgedruckten Stelle sagt, sie enthalte «nichts als Roman-Streiche, Betrügereyen der Diener, und unendlich viel abgeschmackte Narren-Possen. Harleckin und Scaramutz sind die ewigen Haupt-Personen ihrer Schau-Bühne: und diese ahmen nicht die Handlungen des gemeinen Lebens nach; sondern machen Streiche, die einem nicht so arg träumen könnten.» (590) **14** «Aller Beifall ist dem gewiß, der Heilsames mischte mit Süßem, der den Leser zum Genießen einlud und zugleich zum Nachdenken.» (De arte poetica, Vers 343 f. In: Horaz: Sämtliche Werke. Lateinisch und deutsch. München 1964, S. 251). – In der 3. Aufl. (1742) u. 4. Aufl. (1751) fügt Gottsched hier ein: «Nun weis ich zwar, daß ein gelehrter Mann, in einer Einladungsschrift [gemeint sind Adam Daniel Richters *Regeln und Anmerkungen der lustigen Schaubühne*; vgl. Q 1741 und Q 1741 a] neulich auch die Möglichkeit einer ganz tugendhaften Komödie hat behaupten wollen, die doch lustig seyn sollte. Allein seine Einwürfe gegen diese meine Erklärung der Lustspiele, lassen sich gar wohl beantworten: wie ich im letzten Stücke des VII. Bandes, meiner *kritischen Beyträge* gewiesen habe [vgl. Q 1741 a]. [Das folgende nur in der 4. Aufl.] Noch andere wollen aus der beweglichen und traurigen Komödie, die von den Franzosen Comedie larmoyante genennet wird, eine eigene neue Art machen [vgl. dazu den unten abgedruckten Text von Gellert]. Allein wenn es ja eine solche Art von Schauspielen geben kann und soll: so muß man sie nur nicht Komödien nennen. Sie könnten viel eher bürgerliche, oder adeliche Trauerspiele heißen; oder gar Tragikomödien, als ein Mittelding zwischen beyden, genennet werden.» (Versuch einer Critischen Dichtkunst.

Leipzig ⁴1751, S. 643 f) **15** *Mandragola:* 1518 uraufgeführte Prosakomödie von Niccolò Machiavelli (1469–1527). **16** *Louis Dominique Cartouche* (1693–1721): ein Pariser Dieb und Betrüger, dessen Name die Bedeutung ‹Gaunergenie› erhielt. **17** Einfügung der 4. Aufl.: «Die Bestrafung der Spitzbuben nämlich, ist kein Werk der Poeten, sondern der Obrigkeit. Die Komödie will nicht grobe Laster, sondern lächerliche Fehler der Menschen verbessern.» **18** *Leute von mäßigem Stande:* Die 3. und 4. Aufl. enthalten folgende Einfügung: «[...] Stande, dergleichen auch wohl zur Noth Baronen, Marquis und Grafen sind [...]» **19** Vgl. *Die Acharner* (425 v. Chr.), Vers 80 f. **20** Vgl. *Amphitruo* (UA unbekannt), Vers 50–63. **21** Die 4. Aufl. ist deutlicher durch einen Zusatz: «eine Tragikomödie in diesem Verstande». **22** Zusatz der 3. u. 4. Aufl.: «Daher hat Destouches viel gewaget, da er in seinem Verschwender diesen Affect zu erregen gesucht; doch so, daß er sich [nur 4. Aufl.: endlich] wieder in Freude verwandelt. [Das folgende nur in der 4. Aufl.:] Indessen haben Stücke dieser Art in Paris ziemlichen Beyfall gefunden; und fast eine neue Art von Komödien zu machen angefangen, die man die heulende, (larmoyante) nennet. So hat man denn des Boileau Regel ganz vergessen, wenn er in seiner Dichtkunst schreibt: ‹Le Comique, ennemi des Soupirs & des Pleurs, N'admet point, dans ses Vers de tragiques Douleurs.› Allein, wenn man dergleichen Stücke, wie ich oben gedacht, bürgerliche Trauerspiele nennet; oder Tragikomödien taufet: so könnten sie schon bisweilen statt finden.» (650) – Der Held von Destouches' (1680–1754) *Verschwender* (*Le dissipateur*, 1736) wird von falschen Freunden verführt, schließlich aber durch seine Geliebte gerettet. – Übersetzung der Verse aus Boileaus *L'art poétique* (III, 401 f): «Die Komödie kennt weder Seufzer noch Tränen und gestattet in ihren Versen keine tragischen Schmerzensausbrüche [...]» ([Anm. 6] S. 63). **23** *Chremes ...:* Figuren aus Komödien des Terenz (s. o. S. 28). **24** *Menedemus:* Hauptfigur von Terenz' *Heautontimorumenos* (*Der Selbstquäler*, 163 v. Chr.). **25** Die 4. Aufl. erwähnt vor «Bürger» noch «Edelleute». **26** In François de Salignac de La Mothe Fénelons (1651–1715) *Réflexions sur la grammaire, la rhétorique, la poétique et l'histoire* (identisch mit *Lettre à l'Académie*, 1716) finden sich viele der im Komödien-Kapitel der *Critischen Dichtkunst* vorgetragenen Thesen, selbst einige der dort zur Illustrierung dieser Thesen verwendeten Exempel sind übernommen. Partien der *Réflexions* wurden von Gottsched und seiner Frau übersetzt und in Bd. 1 der *Deutschen Schaubühne* veröffentlicht (vgl. dort über Molière S. 36–38). **27** *Thraso:* ein großsprecherischer Offizier in Terenz' *Eunuchus* (161 v. Chr.). **28** Thema von Molières *Der Bürger als Edelmann* (1670) ist die «Adelsucht» (Mylius Q 1750). **29** Gemeint ist Jean Racines (1639–1699) Komödie *Les Plaideurs* (1668). In der 4. Aufl. kann Gottsched die französischen Beispiele durch deutsche ersetzen: «[...] So macht auch der Bock im Processe und der Hypochondrist gewisse Fehler der Juristen und

Ärzte höchstlächerlich: der ungleichen Heirath zu geschweigen, die den Stolz auf die Wapen und den alten Adel, imgleichen die ausschweifende Lust zum Jagen, auch ohne possirliche Worte, durch sich selbst, zum Gelächter macht» (653). Es handelt sich um Stücke von Johann Theodor Quistorp und Luise Adelgunde Viktorie Gottsched. **30** *Harlekin und Skaramuz:* komische Figuren («lustige Personen») der Commedia dell'arte, vgl. Anm. 13. **31** Horst Steinmetz äußert in seiner Auswahl von Gottscheds Schriften zur Literatur (Stuttgart 1972, S. 330) die Vermutung, es handle sich um ein Werk von Laurent Bordelon aus dem Jahre 1691. **32** *Le Théâtre de la foire, ou l'opera-comique.* 10 Bde. 1721–1737. **33** Vgl. Anm. 6. **34** Vgl. Anm. 26.

Johann Elias Schlegel (1719–1749)
Aus: Gedanken zur Aufnahme
des dänischen Theaters (1747)

[…] Wenn ich also die Handlungen in so weit betrachte, als sie entweder das Lachen, oder ernsthafte Leidenschaften erregen; und wenn ich die Personen, ihrem Stande nach, in hohe und niedrige eintheile; so werde ich folgende Arten von Schauspielen herausbringen: *Erstlich*, Handlungen hoher Personen, welche die Leidenschaften erregen; *zweytens*, Handlungen hoher Personen, welche das Lachen erregen; *drittens*, Handlungen niedriger Personen, welche die Leidenschaften erwecken; *viertens*, Handlungen niedriger Personen, welche das Lachen erwecken; *fünftens*, Handlungen hoher oder niedriger, oder vermischter Personen, welche theils die Leidenschaften, theils das Lachen erregen. Die *erste* Art von diesen Handlungen ist der Grund zu denjenigen Schauspielen, die man *Tragödien* nennt, und aus den andern insgesamt entstehen *Komödien*, worunter auch die *Schäferspiele* gehören.

Wir würden der Natur Unrecht thun, und die Zuschauer eines Vergnügens berauben, wenn wir eine von diesen Arten der Handlungen vom Theater ausschließen wollten; und wir haben wirklich Exempel aller dieser Arten bey den gesittetsten Völkern. Von der zweyten Art ist die Komödie *Amphitruo* [1]; von der *dritten* die *Schäferspiele* [2], die *Gouvernante* des *de la Chaussée* [3]; von der *vierten* der größte Theil der Komödien; von der *fünften* der *Cyklops* des *Euripides* [4], der *Ehrgeizige* und die *Unbedachtsame* des *Destouches* [5].

Ueberhaupt wird weiter unten von selbst erhellen, daß die Erregung der Leidenschaften, so bald sie zum Hauptzwecke wird, das Lächerliche ausschließe; wenn aber die Erregung des Lachens der Hauptzweck ist, die Erweckung der Leidenschaften dadurch nicht gänzlich ausgeschlossen werde, sondern vielmehr ein gewisses Maaß davon in den mehresten Fällen zuträglich, ja fast nothwendig sey. Von den niedrigen Personen bis zu den hohen giebt es sehr viele Grade. Und nach diesen Graden wird wiederum die Komödie von sehr verschiedener Art; und jede dieser Arten hat ihre eigenen Verdienste, wofern sie nur die Natur nachahmt, deren Aehnlichkeit die große Hauptregel des Theaters, wie überhaupt aller Poesie ist.

Ich habe es desto nöthiger gefunden, die große Mannichfaltigkeit der Natur, und also auch den reichen Ueberfluß, der dem Theater durch diese Mannichfaltigkeit zuwächst, deutlich aus einander zu setzen; weil es viele giebt, die nur von einer einzigen Art der Komödie einen Begriff haben, und die alles, was nicht nach derselben Art ist, als schlecht und unregelmäßig verwerfen, wenn gleich der Poet darinnen der Natur auf dem Fuße gefolgt wäre. Derjenige, der sich seinen Begriff von der Komödie nach des *Moliere Misanthropen*, und dem *Ruhmredigen* des *Destouches* gemacht hat [6], hält die natürlichsten Schildereyen von den Sitten des gemeinen Mannes für lüderliche *Farcen*, für plumpe Possenspiele, die keines gesitteten Zuschauers würdig sind. Und derjenige, welcher diese letztere Art der Komödie nur darum angenehm findet, weil ihn die groben Reden, die bey dem gemeinen Manne mit unterlaufen, in seinem Innersten ergetzen; und welcher den Mund ganze Viertelstunden lang vor Lachen aufbehält, wenn er einen Schlingel nennen hört, oder wenn er die Nase mit den Fingern ausschnauben sieht; hält eine Komödie für schläfrig oder hochtrabend, welche die Sitten der Hofleute auf eine feine Art durchzieht. [...]

Q 1747 b. Schlegel, Verfasser mehrerer im Gottschedschen Sinne «regelmäßiger» Komödien (besonders hervorhebenswert *Die stumme Schönheit* 1747), bewies seine Unabhängigkeit von Gottsched schon 1740 in einer Abhandlung über die Verskomödie (Q 1740a), seiner Antwort auf den Aufsatz eines Gottsched-Schülers (Q 1740). Eigene Wege geht er auch in einer 1747 in Kopenhagen verfaßten Denkschrift, die die Wiedererrichtung des dänischen Theaters vorbereiten sollte. Zu den Theoremen, die seine Distanz zu Gottsched zeigen, gehören – neben der Bestimmung des Dichtungszwecks als «Vergnügen» («Ergötzen») – einige speziell auf die Komödie bezogene Thesen: z. B. die Forderung, den Zuschauer mit dem «Herzen» zu beteiligen, d. h. die Charaktere so zu präsentieren, daß sie nicht nur belacht, sondern auch respektiert, jedenfalls bemitleidet werden können (dieses «Anteilnehmen» ist noch nicht die empfindsame «Rührung»).

In der abgedruckten Passage zeigt Schlegel sich als Weggenosse derer, die um die Jahrhundertmitte praktisch und theoretisch von der sog. Ständeklausel abrücken, von jener klassizistischen Zuordnung der Genres Tragödie und Komödie zu sozialen Gruppen («hohen» oder «niedrigen Personen») sowie umgekehrt dieser Gruppen zu den Genres. Schlegel entwirft ein Schema, das neben der komischen Behandlung hoher und höchster Helden eine nichtkomische, im Zuschauer «Leidenschaften» (Mitleiden u. a.) erregende Behandlung niedriger Helden vorsieht, wie sie in diesem Jahrzehnt im rührenden Lustspiel und kurz darauf im bürgerlichen Trauerspiel auch in Deutschland praktiziert werden. Der Ausdruck «Komödie» dient ihm dabei zur Bezeichnung alles dessen, was nicht Tragödie ist.

1 Plautus (s. o. S. 28) zeigt in seiner tragicomoedia *Amphitruo* (UA unbekannt) die Götter Jupiter und Merkur in ein komödienhaftes Geschehen verwickelt. 2 Als Spezies der Schäfer- oder Hirtendichtung (antike Vorbilder: Theokrit, Vergil) entwickelte sich in der Renaissance das Schäferdrama (Tassos *Aminta* 1573, Guarinis *Il pastor fido* 1590 u. a.). In Deutschland entstanden in eine Hirtenszenerie versetzte Singspiele und Opern seit dem 17. Jh.; 1767/68 verfaßte Goethe *Die Laune der Verliebten*. Daß die idealisierten und damit nur bedingt als «niedrig» einzuschätzenden Schäferfiguren häufig mit Ernst, mitunter sogar als tragisch behandelt wurden, veranlaßt Schlegel zu der These, das Genre errege «Leidenschaften». 3 In dem Bild, das Pierre Claude Nivelle de

La Chaussée (1692–1754; s. u. S. 59) in *Lu gouvernante* (1747) von der Heldin entwirft, sind komische Züge ausgespart. **4** Euripides' (480–406) *Kyklops* (UA unbekannt) ist das einzige vollständig erhaltene Satyrspiel. **5** Gemeint sind Destouches' (1680–1754; s. u. S. 59) *L'ambitieux et l'indiscrète* (1737) und *L'irrésolu* (1713). Im Vorwort zu ersterem schreibt Destouches: «Je cherchai ce qui pouvoit égayer mon sujet, et je le trouvait dans le contraste des caractères qui le rendoient nécessairement sérieux.» (Œuvres Dramatiques, Bd. 4. Paris 1822, S. 146 f) – Übersetzung: «Ich suchte nach dem, was meinen Gegenstande fröhlich machen (aufheitern) konnte, und ich fand es im Kontrast der Charaktere (zueinander), der ihn (den Gegenstand) notwendigerweise ernsthaft machte.» **6** Molières *Le misanthrope* (1666) und Destouches' *Le glorieux* (1732) zeigen Personen mit gesitteten Umgangsformen.

Christian Fürchtegott Gellert (1715–1769)
Aus: Abhandlung für das rührende Lustspiel
(1751)

[…] Es sei also immer die sinnreiche Verspottung der Laster und Ungereimtheiten die vornehmste Verrichtung der Komödie, damit eine mit Nutzen verbundene Fröhlichkeit die Gemüter der Zuschauer einnehme; nur merke man auch zugleich, daß es eine doppelte Gattung des Lächerlichen gibt. Die eine ist die stammhafte und, so zu reden, am meisten handgreifliche[1], weil sie in ein lautes Gelächter ausbricht; die andere ist feiner und bescheidener, weil sie zwar ebenfalls Beifall und Vergnügen erweckt, immer aber nur einen solchen Beifall und ein solches Vergnügen, welches nicht so stark ausbricht, sondern gleichsam in dem Innersten des Herzens verschlossen bleibt. Wann nun die ausgelassene und heftige Freude, welche aus der ersten Gattung entspringt, nicht leicht eine ernsthaftere Gemütsbewegung verstattet; so glaube ich doch, daß jene gesetztere Freude sie verstatten werde. Und wenn ferner die Freude nicht das einzige Vergnügen ist, welches bei den Nachahmungen des gemeinen Lebens empfunden werden kann; so sage man mir doch, worinne dasjenige Lustspiel zu tadeln sei, welches sich einen solchen Inhalt erwählet, durch welches es, außer der Freude, auch eine Art von Gemütsbewegung hervorbringen kann, welche zwar den Schein der Traurigkeit hat, an und für sich selbst aber ungemein süße ist. Da nun aber dieses alsdann sehr leicht geschehen kann, wenn man die Komödie nicht nur die Laster, sondern auch die Tugenden schildern läßt; so sehe ich nicht warum es ihr nicht vergönnt sein sollte, mit den tadelhaften Personen auch gute und liebenswürdige zu verbinden [...].

[...] Rührende Komödien, sagt man, widersprechen sich selbst; denn eben deswegen weil sie rühren wollen, können entweder die Laster und Ungereimtheiten der Menschen darinne nicht zugleich belacht werden, oder, wenn beides geschieht, so sind es weder Komödien noch Tragödien, sondern ein drittes, welches zwischen beiden inne liegt, und von welchem man das sagen könnte, was Ovidius von dem Minotaurus sagte:

Semibovemque virum, semivirumque bovem.[2]

Dieser ganze Tadel kann, glaube ich, sehr leicht durch diejenigen Beispiele nichtig gemacht werden, welche unter den dramatischen Dichtern der Franzosen sehr häufig sind. Denn wenn Destouches, de la Chaussee, Marivaux, Voltaire[3], Fagan[4] und andre, deren Namen und Werke längst unter uns bekannt sind, dasjenige glücklich geleistet haben, was wir verlangen, wann sie nämlich, mit Beibehaltung der Freude und der komischen Stärke, auch Gemütsbewegungen an dem gehörigen Orte[5] angebracht haben, welche aus dem Innersten der Handlung fließen und den Zuschauern gefallen; was bedarf es alsdann noch für andre Beweise? [...]

Es ist aber noch eine andre Gattung, an welcher mehr auszusetzen zu sein scheinet, weil Scherz und Spott weniger darinne herrschen, als die Gemütsbewegungen, und weil ihre vornehmsten Personen entweder nicht gemein und tadelhaft, sondern von vornehmen Stande, von zierlichen Sitten und von einer artigen Lebensart sind, oder, wenn sie ja einige Laster haben, ihnen doch nicht solche ankleben, dergleichen bei dem Pöbel gemeiniglich zu finden sind. Von dieser Gattung sind ungefähr «Die verliebten Philosophen» des Destouches, die «Melanide» des la Chaussee, das «Mündel» des Fagan, und der «Sidney» des Gressets.[6] Weil nun aber diejenige Person, auf die es in dem Stücke größten Teils ankömmt, entweder von guter Art ist, oder doch keinen allzulächerlichen Fehler an sich hat, so kann daher ganz wohl gefragt werden, worinne denn ein solches Schauspiel mit dem Wesen der Komödie übereinkomme? Denn obschon meisten Teils auch lustige und auf gewisse Art lächerliche Charaktere darinne vorkommen, so erhellt doch genugsam aus der Überlegenheit der andern, daß sie nur der Veränderung wegen mit eingemischt sind und das Hauptwerk ganz und gar nicht vorstellen sollen. Nun gebe ich sehr gerne zu, daß dergleichen Schauspiele in den Grenzen, welche man der Komödie zu setzen pflegt, nicht mit begriffen sind; allein es fragt sich, ob man nicht diese Grenzen um so viel erweitern müsse, daß sie auch jene Gattung dramatischer Gedichte mit in sich schließen können. [...] Wenn man keine andre Komödien machen darf, als solche, wie sie Aristophanes, Plautus und selbst Terenz[7] gemacht haben; so glaube ich schwerlich, daß sie den guten Sitten sehr zuträglich sein, und mit der Denkungsart unsrer Zeiten sehr übereinkommen möchten. Sollen wir deswegen ein Schauspiel [...] von der Bühne verdammen, weil die Erklärung, welche die Alten von der Komödie gegeben haben, nicht völlig auf dasselbe passen will? Muß es deswegen abgeschmackt und ungeheuer sein? In Dingen, welche empfunden werden, und deren Wert durch die Empfindung beurteilt wird, sollte ich glauben, müsse die Stimme der Natur von größerm Nachdrucke sein, als die Stimme der Regeln. [...]

[...] Die Tugend selbst gefällt auf der Bühne, wo sie vorgestellt wird, weit mehr als im gemeinen Leben. Denn da bei Betrachtung und Bewunderung eines rechtschaffenen Mannes, auch oft zugleich der Neid sich mit einmischet, so bleibt er doch bei dem Anblicke des bloßen Bildes der Tugend weg, und anstatt des Neides wird in dem Gemüte eine süße Empfindung des Stolzes und der Selbstliebe erweckt. Denn wenn wir sehen, zu was für einem Grade der Vortrefflichkeit die menschliche Natur erhoben werden könne, so dünken wir uns selbst etwas großes zu sein. Wir gefallen uns also in jenen erdichteten Personen selbst, und die auf die Bühne gebrachte Tugend fesselt uns desto mehr, je leichter die Sitten sind, welche den guten Personen beigelegt werden, und je mehr ihre Güte selbst, welche immer mäßig und sich immer gleich bleibet, nicht so wohl die Frucht von Arbeit und Mühe, als vielmehr ein Geschenke der Natur zu sein scheint. Mit einem Worte, so wie wir bei den lächerlichen Personen der Bühne, uns selbst freuen, weil wir ihnen nicht ähnlich scheinen; eben so freuen wir uns über unsere eigne Vortrefflichkeit, wenn wir gute Gemütsarten betrachten [...]

[...] Diejenigen wenigstens, welche Komödien schreiben wollen, werden nicht übel tun, wenn sie sich unter andern auch darauf befleißigen, daß ihre Stücke eine stärkere Empfindung der Menschlichkeit erregen, welche so gar mit Tränen, den Zeugen der Rührung, begleitet wird. Denn wer wird nicht gerne manchmal auf eine solche Art in Bewegung gesetzt werden wollen; wer wird nicht dann und wann diejenige Wollust, in welcher das ganze Gemüt gleichsam zerfließt, derjenigen vorziehen, welche nur, so zu reden, sich an den äußern Flächen der Seele aufhält? Die Tränen, welche die Komödie auspresset, sind dem sanften Regen gleich, welcher die Saaten nicht allein erquickt, sondern auch fruchtbar macht. Dieses alles will ich nicht darum angeführt haben, als ob jene alte fröhliche Komödie aus ihrem rechtmäßigen Besitze zu vertreiben wäre; (sie bleibe vielmehr ewig bei ihrem Ansehen und ihrer Würde!) sondern bloß darum, daß man diese neue Gattung in ihre Gesellschaft aufnehmen möge, welche, da die gemeinen Charaktere erschöpft sind, neue Charaktere, und also einen reichern Stoff zu den Fabeln darbietet, und zugleich die Art des Vortrags ändert. Wenn es Leute gibt, welche nur deswegen den Komödien beiwohnen wollen, damit sie in laute Gelächter ausbrechen können, so weiß ich gewiß, daß sich die *Terenze* und die *Destouches* wenig um sie bekümmern werden. Denjenigen aber zu mißfallen, welche nichts als eine ausgelassene und wilde Possenlust vergnügt, wird wohl keine allzugroße Schande sein. [...]

Q 1751. Als Gellert 1751 in Leipzig seine lateinische, durch Lessings und weitere zeitgenössische Verdeutschungen verbreitete Antrittsvorlesung *Pro Comoedia Commovente Commentatio* vortrug, lag seine eigene Lustspielproduktion schon einige Jahre zurück. Nach der Komödie *Die Betschwester* (1745), die teilweise noch dem satirischen Typus angehörte, erfüllten die 1746 und 1747 erschienenen Stücke *Das Loos in der Lotterie* und *Die zärtlichen Schwestern* eindeutig das Genre «rührendes Lustspiel». Die Vorbilder für dieses Genre, das sich durch Zurückdrängung des Komischen und den Preis der empfindsamen Tugenden (Uneigennützigkeit, Großmut, Mitfreuen und Mitleiden, Zärtlichkeit, Freundschaft) auszeichnet, lagen überwiegend in Frankreich (comédie larmoyante). Pierre Claude Nivelle de La Chaussée (1692–1754), der – nach den Vorbereitern Pierre Carlet Chamblain de Marivaux (1688–1763) und Philippe Néricault Destouches (1680–1754) – das Genre am reinsten vertrat, schrieb seine außerordentlich erfolgreichen Stücke in den dreißiger und beginnenden vierziger Jahren (*La fausse antipathie* 1733, *Le préjugé a la mode* 1735, *L'école des amis* 1737, *Mélanide* 1741), zu einer Zeit also, als in Deutschland noch der von Gottsched propagierte satirische Typus gepflegt wurde.

Offenbar sucht Gellert in seiner Vorlesung, die dem eigenen Komödienschaffen die theoretische Begründung nachliefert, die Konfrontation mit den Vertretern anderer zeitgenössischer Positionen zu meiden. Sobald er die Komödientradition näher charakterisiert, gegen die er die rührende «neue Gattung» kritisch absetzt, erscheint als sein Angriffspunkt allein der durch so bedenkliche Autoren wie Aristophanes und Plautus repräsentierte Typus, der – so übersetzt es Lessing – durch «handgreifliche» und «grimassenhafte» Komik ein «lautes», «ausgelassenes und heftiges» Lachen auslöst («ausgelassene und wilde Possenlust») und die guten Sitten kaum befördern kann. Es ist eine extreme Beschreibung, die unter den Verfassern von Komödien des Gottschedschen Typus niemand auf sich beziehen mußte (Gellert nennt auch keinen einzigen mit Namen).

---

1 *stammhafte ... handgreiflich:* So lautet Lessings Übersetzung von «robustum quasi et maxime palpabile». **2** Vgl. *Ars amatoria (Liebeskunst,* ca. 1 v. Chr.) II, 24 des Publius Ovidius Naso (43 v. Chr. – 17 / 18 n. Chr.): «[...] einen halbstierigen Menschen, einen halbmenschlichen Stier [...]». **3** Von François Marie Arouet Voltaire (1694–1778) sind hier *L'enfant prodigue* (1736) und *Nanine* (1749) zu nennen. **4** Von Barthélemy Christophe Fagans (1702–1755) Komödien erwähnt Gellert an späterer Stelle nur *La Pupille* (*Das Mündel* 1734; vgl. Anm. 6), allerdings als Beispiel eines anderen Komödientypus, in dem komische Züge fast ausschließlich den Nebenpersonen zugeteilt sind. **5** *an dem gehörigen Orte:* Mehrfach hebt Gellert hervor, Lachen und Rührung dürften nicht gleichzeitig – nicht gegenüber denselben Anlässen –, sondern nur getrennt und mit angemessenen Übergängen erregt werden. **6** Gellert nennt den Titel der deutschen Übersetzung von Destouches' *Le philosophe marié* (1727). Die übrigen Dramen sind de La Chaussées *Mélanide* (1741), Fagans *La Pupille* (1734), Jean Baptiste Louis de Gressets (1709–1777) *Sidney* (1745).

7 In anderen Passagen beschreibt Gellert, der Tradition gemäß, Terenz (s. o. S. 28) als Schöpfer einer delikateren, großenteils «ernsthaften» Komödie und damit als dem durch Aristophanes (s. o. S. 19) und Plautus (s. o. S. 28) repräsentierten derberen Typus nicht zugehörig.

Gotthold Ephraim Lessing (1729–1781)
Aus: Abhandlungen von dem weinerlichen oder rührenden Lustspiele (1754)

[...] ich von den Neuerungen reden will, welche zu unsern Zeiten in der Dramatischen Dichtkunst sind gemacht worden. Weder das Lustspiel, noch das Trauerspiel, ist davon verschont geblieben. Das erstere hat man um einige Staffeln erhöhet, und das andre um einige herabgesetzt. Dort glaubte man, daß die Welt lange genug in dem Lustspiele gelacht und abgeschmackte Laster ausgezischt habe; man kam also auf den Einfall, die Welt endlich einmal auch darinne weinen und an stillen Tugenden ein edles Vergnügen finden zu lassen. Hier hielt man es für unbillig, daß nur Regenten und hohe Standespersonen in uns Schrecken und Mitleiden erwecken sollten; man suchte sich also aus dem Mittelstande Helden, und schnallte ihnen den tragischen Stiefel an, in dem man sie sonst, nur ihn lächerlich zu machen, gesehen hatte.[1]

Die erste Veränderung brachte dasjenige hervor, was seine Anhänger das *rührende Lustspiel*, und seine Widersacher das *weinerliche* nennen.

Aus der zweiten Veränderung entstand das *bürgerliche Trauerspiel*.

[...] Das *weinerliche Lustspiel* ist die Benennung derjenigen, welche wider diese neue Gattung eingenommen sind. Ich glaube, ob schon nicht hier, sondern anderwärts, das Wort *weinerlich*, um das Französische larmoyant auszudrücken, am ersten gebraucht zu haben. Und ich wüßte es noch jetzt nicht besser zu übersetzen, wenn anders der spöttische Nebenbegriff, den man damit hat verbinden wollen, nicht verloren gehen sollte. Man sieht dieses an der zweiten Benennung, wo ihre Verteidiger ihre Rechnung dabei gefunden haben, ihn gänzlich wegzulassen. Ein *rührendes Lustspiel* läßt uns an ein sehr schönes Werk denken, da ein *weinerliches*, ich weiß nicht was für ein kleines Ungeheuer zu versprechen scheinet. [...]

Anfangs muß man über die Erklärung der rührenden oder weinerlichen Komödie einig werden. Will man eine solche darunter verstanden haben, welche hier und da rührende und Tränen auspressende Szenen hat; oder eine solche, welche aus nichts als dergleichen Szenen besteht? Meinet man eine, wo man nicht immer lacht, oder wo man gar nicht lacht? Eine, wo edle Charaktere mit ungereimten verbunden sind, oder eine, wo nichts als edle Charaktere vorkommen?

Wider die erste Gattung, in welcher Lachen und Rührung, Scherz und Ernst abwechseln, ist offenbar nichts einzuwenden. Ich erinnere mich auch nicht, daß man jemals darwider etwas habe einwenden wollen. Vernunft und Beispiele der alten Dichter verteidigen sie. Er, der an Scherz und Einfällen der reichste ist, und Lachen zu erregen nicht selten Witz und Anständigkeit, wie man sagt, bei Seite gesetzt hat, Plautus hat die «Gefangnen» gemacht und, was noch mehr ist, dem Philemon seinen *Schatz*, unter der Aufschrift «Trinummus» abgeborgt.[2] In beiden Stücken, und auch in andern, kommen Auftritte vor, die einer zärtlichen Seele Tränen kosten müssen. Im Moliere selbst, fehlt es an rührenden Stellen nicht, die nur deswegen ihre völlige Wirkung nicht tun können, weil er uns das Lachen allzugewöhnlich macht. [...]

Es muß also die andre Gattung sein, über die man hauptsächlich streitet; diejenige nämlich, worinne man gar nicht lacht, auch nicht einmal lächelt; worinne man durchgängig weich gemacht wird. Und auch hier kann man eine doppelte Frage tun. Man kann fragen, ist ein solches Stück dasjenige, was man von je her[3] unter dem Namen Komödie verstanden hat? Und darauf antwortet Hr. Gellert selbst Nein[4]. Ist es aber gleichwohl ein Schauspiel, welches nützlich und für gewisse Denkungsarten angenehm sein kann? Ja; und dieses kann der französische Verfasser[5] selbst nicht gänzlich in Abrede sein.

Worauf kömmt es also nun noch weiter an? Darauf, sollte ich meinen, daß man den Grad der Nützlichkeit des neuen Schauspiels, gegen die Nützlichkeit der alten Komödie bestimme, und nach Maßgebung dieser Bestimmung entscheide, ob man beiden einerlei Vorzüge einräumen müsse oder nicht? Ich habe schon gesagt, daß man niemals diejenigen Stücke getadelt habe, welche Lachen und Rührung verbinden; ich kann mich dieserwegen unter andern darauf berufen, daß man den Destouches niemals mit dem la Chaussee[6] in eine Klasse gesetzt hat, und daß die hartnäckigsten Feinde des letztern, niemals dem erstern den Ruhm eines vortrefflichen komischen Dichters abgesprochen haben, so viel edle Charaktere und zärtliche Szenen in seinem Stücke auch vorkommen. Ja, ich getraue mir zu behaupten, daß nur dieses allein wahre Komödien sind, welche so wohl Tugenden als Laster, so wohl Anständigkeit als Ungereimtheit schildern, weil sie eben durch diese Vermischung ihrem Originale, dem menschlichen Leben, am nächsten kommen. Die Klugen und Toren sind in der Welt untermengt, und ob es gleich gewiß ist, daß die erstern von den letztern an der Zahl übertroffen werden, so ist doch eine Gesellschaft von lauter Toren, beinahe eben so unwahrscheinlich, als eine Gesellschaft von lauter

Klugen. Diese Erscheinung ahmet das Lustspiel nach, und nur durch die Nachahmung derselben ist es fähig, dem Volke nicht allein das, was es vermeiden muß, auch nicht allein das, was es beobachten muß, sondern beides zugleich in einem Lichte vorzustellen, in welchem das eine das andre erhebt. Man sieht leicht, daß man von diesem wahren und einigen Wege auf eine doppelte Art abweichen kann. Der einen Abweichung hat man schon längst den Namen des *Possenspiels*[7] gegeben, dessen charakteristische Eigenschaft darinne besteht, daß es nichts als Laster und Ungereimtheiten, mit keinen andern als solchen Zügen schildert, welche zum Lachen bewegen, es mag dieses Lachen nun ein nützliches oder ein sinnloses Lachen sein. Edle Gesinnungen, ernsthafte Leidenschaften, Stellungen, wo sich die schöne Natur in ihrer Stärke zeigen kann, bleiben aus demselben ganz und gar weg; und wenn es außerdem auch noch so regelmäßig ist, so wird es doch in den Augen strenger Kunstrichter dadurch noch lange nicht zu einer Komödie. Worinne wird also die andre Abweichung bestehen? Ohnfehlbar darinne, wenn man nichts als Tugenden und anständige Sitten, mit keinen andern als solchen Zügen schildert, welche Bewunderung und Mitleid erwecken, beides mag nun einen Einfluß auf die Beßrung der Zuhörer haben können, oder nicht. Lebhafte Satyre, lächerliche Ausschweifungen, Stellungen, die den Narren in seiner Blöße zeigen, sind gänzlich aus einem solchen Stücke verbannt. Und wie wird man ein solches Stück nennen? Jedermann wird mir zurufen: das eben ist die weinerliche Komödie! Noch einmal also mit einem Worte: das *Possenspiel* will nur zum Lachen bewegen; das *weinerliche Lustspiel* will nur rühren; die wahre *Komödie* will beides. Man glaube nicht, daß ich dadurch die beiden erstern in eine Klasse setzen will; es ist noch immer der Unterschied zwischen beiden, der zwischen dem Pöbel und Leuten von Stande ist. Der Pöbel wird ewig der Beschützer der Possenspiele bleiben, und unter Leuten von Stande wird es immer gezwungne Zärtlinge geben, die den Ruhm empfindlicher Seelen auch da zu behaupten suchen, wo andre ehrliche Leute gähnen. Die wahre Komödie allein ist für das

Volk, und allein fähig einen allgemeinen Beifall zu erlangen, und folglich auch einen allgemeinen Nutzen zu stiften. Was sie bei dem einen nicht durch die Scham erlangt, das erlangt sie durch die Bewunderung; und wer sich gegen diese verhärtet, dem macht sie jene fühlbar. Hieraus scheinet die Regel des *Kontrasts*, oder der *Abstechung*, geflossen zu sein, vermöge welcher man nicht gerne eine Untugend aufführt, ohne ihr Gegenteil mit anzubringen; ob ich gleich gerne zugebe, daß sie auch darinne gegründet ist, daß ohne sie der Dichter seine Charaktere nicht wirksam genug vorstellen könnte.

Dieses nun, sollte ich meinen, bestimme den Nutzen der weinerlichen Komödie genau genug. Er ist nämlich nur die Hälfte von dem Nutzen, den sich die wahre Komödie vorstellet; und auch von dieser Hälfte geht nur allzuoft nicht wenig ab. Ihre Zuschauer wollen ausgesucht sein, und sie werden schwerlich den zwanzigsten Teil der gewöhnlichen Komödiengänger ausmachen. Doch gesetzt sie machten die Hälfte derselben aus. Die Aufmerksamkeit, mit der sie zuhören, ist, wie es der Herr Prof. Gellert selbst an die Hand gibt, doch nur ein Kompliment, welches sie ihrer Eigenliebe machen; eine Nahrung ihres Stolzes. Wie aber hieraus eine Beßrung erfolgen könne, sehe ich nicht ein. Jeder von ihnen glaubt der edlen Gesinnungen, und der großmütigen Taten, die er siehet und höret, desto eher fähig zu sein, je weniger er an das Gegenteil zu denken, und sich mit demselben zu vergleichen Gelegenheit findet. Er bleibt was er ist, und bekömmt von den guten Eigenschaften weiter nichts, als die Einbildung, daß er sie schon besitze.

Wie steht es aber mit dem Namen? Der Name ist etwas sehr willkürliches, und man könnte unserer neuen Gattung gar wohl die Benennung einer Komödie geben, wenn sie ihr auch nicht zukäme. Sie kömmt ihr aber mit völligem Recht zu, weil sie ganz und gar nicht etwas anders als eine Komödie, sondern bloß eine Untergattung der Komödie ist.

Ich wiederhole es aber noch einmal, daß dieses alles nur auf diejenigen Stücke gehet, welche völlig den Stücken des la Chaussee ähnlich sind. Ich bin weit entfernt, den Herrn Gellert für einen eigentlichen Nachahmer desselben auszugeben. Ich habe beide zu wohl gelesen, als daß ich in den Lustspielen des letztern, nicht noch genug lächerliche Charaktere und satyrische Züge angetroffen haben sollte, welche aus den Lustspielen des erstern ganz und gar verwiesen sind. Die rührenden Szenen sind bei dem Herrn Gellert nur die meisten; und ganz und gar nicht die einzigen. Wer weiß aber nicht, daß das mehrere oder wenigere, wohl die verschiedne Gemütsart der Verfasser anzeigt, nicht aber einen wesentlichen Unterscheid ihrer Werke ausmacht? [...]

Q 1754. Zusammen mit der Übersetzung von Gellerts Verteidigung der Rührkomödie veröffentlicht Lessing seine Übersetzung einer Schrift, die dieses im Paris der vierziger Jahre so erfolgreiche Genre unter dem abschätzigen Namen «comédie larmoyante» ablehnt (*Réflexions sur le comique larmoyant* [1749] von Pierre-Matthieu-Martin de Chassiron [1704–1767]). Sein Resümee mündet in eine Respektbezeugung für den Komödien*verfasser* Gellert, während er vom Komödien*theoretiker* Gellert zumindest dort unausgesprochen abweicht, wo dieser einen Stücktypus billigend beschreibt, der einseitig auf Erregung von Rührung ausgeht (s. o. S. 56f).

1 *tragischer Stiefel:* der hohe Schuh des Tragödienschauspielers. Im weiteren Sinn: dessen pathetisches Sprechen und Agieren. Verspottet werden Personen aus unteren Ständen, die sich tragische Posen und tragische Diktion anmaßen, zum Beispiel in Shakespeares *Sommernachtstraum* (vermutlich ca. 1595; Handwerker blamieren sich beim Versuch, eine Tragödie aufzuführen), ebenso in Andreas Gryphius' (1616–64) *Herr Peter Squentz* (1658). **2** Über Plautus' (s. o. S. 28) *Gefangene* (Captivi; UA unbekannt) hatte Lessing 1750 eine Abhandlung veröffentlicht. Dessen *Trinummus* (nicht vor 195 v. Chr.) ist die Vorlage für Lessings Komödie *Der Schatz* (1750). *Philemon* (um 360–260): wie Menander einer der Autoren der sog. Neuen attischen Komödie. **3** *Von je her:* vgl. dazu aber S. 18 (Anm. 13). **4** *Nein:* s. o. S. 57. **5** *der französische Verfasser:* Gemeint ist Chassiron. **6** Lessing beschreibt de La Chaussées Werke hier als *ausschließlich* ernsthaft und rührend, während Gellert dies nur für dessen *Mélanide* (1741) behauptet hatte (s. o. S. 57). **7** *Possenspiel:* Anders als z. B. Gottsched und Johann Elias Schlegel entwirft Lessing hier einen verhältnismäßig weiten Begriff ‹Posse›, der ‹Regelmäßigkeit› und ‹nützliches Lachen› nicht ausschließt. Als «Possen» in diesem Sinn müßte man sämtliche nicht rührenden Exemplare der sächsischen Komödie bezeichnen.

Gotthold Ephraim Lessing
Aus: Hamburgische Dramaturgie (1767–1769)

(28. Stück) […] Ein Zerstreuter soll kein Vorwurf für die Komödie sein.[1] Warum nicht? Zerstreut sein, sagt man, sei eine Krankheit, ein Unglück; und kein Laster. Ein Zerstreuter verdiene eben so wenig ausgelacht zu werden, als einer der Kopfschmerzen hat. Die Komödie müsse sich nur mit Fehlern abgeben, die sich verbessern lassen. Wer aber von Natur zerstreut sei, der lasse sich durch Spöttereien eben so wenig bessern, als ein Hinkender.

Aber ist es denn wahr, daß die Zerstreuung ein Gebrechen der Seele ist, dem unsere besten Bemühungen nicht abhelfen können? Sollte sie wirklich mehr natürliche Verwahrlosung, als üble Angewohnheit sein? Ich kann es nicht glauben. Sind wir nicht Meister unserer Aufmerksamkeit? Haben wir es nicht in unserer Gewalt, sie anzustrengen, sie abzuziehen, wie wir wollen? Und was ist die Zerstreuung anders, als ein unrechter Gebrauch unserer Aufmerksamkeit? Der Zerstreute denkt, und denkt nur das nicht, was er, seinen itzigen sinnlichen Eindrücken zu Folge, denken sollte. Seine Seele ist nicht entschlummert, nicht betäubt, nicht außer Tätigkeit gesetzt; sie ist nur abwesend, sie ist nur anderwärts tätig. Aber so gut sie dort sein kann, so gut kann sie auch hier sein; es ist ihr natürlicher Beruf, bei den sinnlichen Veränderungen ihres Körpers gegenwärtig zu sein; es kostet Mühe, sie dieses Berufs zu entwöhnen, und es sollte unmöglich sein, ihr ihn wieder geläufig zu machen?

Doch es sei; die Zerstreuung sei unheilbar: wo steht es denn geschrieben, daß wir in der Komödie nur über moralische Fehler, nur über verbesserliche Untugenden lachen sollen? Jede Ungereimtheit, jeder Kontrast von Mangel und Realität[2], ist lächerlich. Aber lachen und verlachen ist sehr weit auseinander. Wir können über einen Menschen lachen, bei Gelegenheit seiner lachen, ohne ihn im geringsten zu verlachen. So unstreitig, so bekannt dieser Unterschied ist, so sind doch alle Chicanen, welche noch neuerlich Rousseau gegen den Nutzen der Komödie gemacht hat[3], nur daher entstanden, weil er ihn nicht gehörig in Erwägung gezogen. Moliere, sagt er z. E., macht uns über den Misanthropen zu lachen, und doch ist der Misanthrop der ehrliche Mann des Stücks; Moliere beweiset sich also als einen Feind der Tugend, indem er den Tugendhaften verächtlich macht. Nicht doch; der Misanthrop wird nicht verächtlich, er bleibt wer er ist, und das Lachen, welches aus den Situationen entspringt, in die ihn der Dichter setzt, benimmt ihm von unserer Hochachtung nicht das geringste. Der Zerstreute gleichfalls; wir lachen über ihn, aber verachten wir ihn darum? Wir schätzen seine übrige guten Eigenschaften, wie wir sie schätzen sollen; ja ohne sie würden wir nicht einmal über seine Zerstreuung lachen können. Man gebe diese Zerstreuung einem boshaften, nichtswürdigen Manne, und sehe, ob sie noch lächerlich sein wird? Widrig, ekel, häßlich wird sie sein; nicht lächerlich.

(29. Stück) Die Komödie will durch Lachen bessern; aber nicht eben durch Verlachen; nicht gerade diejenigen Unarten, über die sie zu lachen macht, noch weniger bloß und allein die, an welchen sich diese lächerliche Unarten finden. Ihr wahrer allgemeiner Nutzen liegt in dem Lachen selbst; in der Übung unserer Fähigkeit das Lächerliche zu bemerken; es unter allen Bemäntelungen der Leidenschaft und der Mode, es in allen Vermischungen mit noch schlimmern oder mit guten Eigenschaften, sogar in den Runzeln des feierlichen Ernstes, leicht und geschwind zu bemerken. Zugegeben, daß der Geizige des Moliere nie einen Geizigen, der Spieler des Regnard nie einen Spieler gebessert habe[4]; eingeräumt, daß das Lachen diese Toren gar nicht bessern könne: desto schlimmer für sie, aber nicht für die Komödie. Ihr ist genug, wenn sie keine

verzweifelte Krankheiten heilen kann, die Gesunden in ihrer Gesundheit zu befestigen. Auch dem Freigebigen ist der Geizige lehrreich; auch dem, der gar nicht spielt, ist der Spieler unterrichtend; die Torheiten, die sie nicht haben, haben andere, mit welchen sie leben müssen; es ist ersprießlich, diejenigen zu kennen, mit welchen man in Kollision kommen kann; ersprießlich, sich wider alle Eindrücke des Beispiels zu verwahren. Ein Präservativ ist auch eine schätzbare Arzenei; und die ganze Moral hat kein kräftigers, wirksamers, als das Lächerliche. – [...]

(51. Stück) Die verschiedensten Charaktere können in ähnliche Situationen geraten; und da in der Komödie die Charaktere das Hauptwerk, die Situationen aber nur die Mittel sind, jene sich äußern zu lassen, und ins Spiel zu setzen: so muß man nicht die Situationen, sondern die Charaktere in Betrachtung ziehen, wenn man bestimmen will, ob ein Stück Original oder Kopie genennt zu werden verdiene. Umgekehrt ist es in der Tragödie, wo die Charaktere weniger wesentlich sind[5], und Schrecken und Mitleid vornehmlich aus den Situationen entspringt. Ähnliche Situationen geben also ähnliche Tragödien, aber nicht ähnliche Komödien. Hingegen geben ähnliche Charaktere ähnliche Komödien, anstatt daß sie in den Tragödien fast gar nicht in Erwägung kommen.

(99. Stück) [...] Ich weiß überhaupt nicht, woher so viele komische Dichter die Regel genommen haben, daß der Böse notwendig am Ende des Stücks entweder bestraft werden, oder sich bessern müsse. In der Tragödie möchte diese Regel noch eher gelten; sie kann uns da mit dem Schicksale versöhnen, und Murren in Mitleid kehren.[6] Aber in der Komödie, denke ich, hilft sie nicht allein nichts, sondern sie verdirbt vielmehr vieles. Wenigstens macht sie immer den Ausgang schielend, und kalt, und einförmig. Wenn die verschiednen Charaktere, welche ich in eine Handlung verbinde, nur diese Handlung zu Ende bringen, warum sollen sie nicht bleiben, wie sie waren? Aber freilich muß die Handlung sodann in etwas mehr, als in einer bloßen Kollision der Charaktere, bestehen.

Diese kann allerdings nicht anders, als durch Nachgebung und Veränderung des einen Teiles dieser Charaktere, geendet werden; und ein Stück, das wenig oder nichts mehr hat als sie, nähert sich nicht sowohl seinem Ziele, sondern schläft vielmehr nach und nach ein. Wenn hingegen jene Kollision, die Handlung mag sich ihrem Ende nähern, so viel als sie will, dennoch gleich stark fortdauert: so begreift man leicht, daß das Ende eben so lebhaft und unterhaltend sein kann, als die Mitte nur immer war. Und das ist gerade der Unterschied, der sich zwischen dem letzten Akte des Terenz, und dem letzten unsers Verfassers[7] befindet. Sobald wir in diesem hören, daß der strenge Vater hinter die Wahrheit gekommen: so können wir uns das Übrige alles an den Fingern abzählen; denn es ist der fünfte Akt. Er wird Anfangs poltern und toben; bald darauf wird er sich besänftigen lassen, wird sein Unrecht erkennen und so werden wollen, daß er nie wieder zu einer solchen Komödie den Stoff geben kann: desgleichen wird der ungeratene Sohn kommen, wird abbitten, wird sich zu bessern versprechen; kurz, alles wird ein Herz und eine Seele werden. Den hingegen will ich sehen, der in dem fünften Akte des Terenz die Wendungen des Dichters erraten kann! Die Intrigue ist längst zu Ende, aber das fortwährende Spiel der Charaktere läßt es uns kaum bemerken, daß sie zu Ende ist. Keiner verändert sich; sondern jeder schleift nur dem andern eben so viel ab, als nötig ist, ihn gegen den Nachteil des Exzesses zu verwahren. […]

(18. Stück) […] Seitdem die Neuberin[8], sub Auspiciis[9] Sr. Magnifizenz, des Herrn Prof. Gottscheds, den Harlekin öffentlich von ihrem Theater verbannte[10], haben alle deutsche Bühnen, denen daran gelegen war, regelmäßig[11] zu heißen, dieser Verbannung beizutreten geschienen. Ich sage, geschienen; denn im Grunde hatten sie nur das bunte Jäckchen und den Namen abgeschafft, aber den Narren behalten. Die Neuberin selbst spielte eine Menge Stücke, in welchen Harlekin die Hauptperson war. Aber Harlekin hieß bei ihr Hänschen, und war ganz weiß, anstatt scheckigt, gekleidet. Wahrlich, ein großer Triumph für den guten Geschmack!

Auch die falschen Vertraulichkeiten[12] haben einen Harlekin, der in der deutschen Übersetzung zu einem Peter geworden. Die Neuberin ist tot, Gottsched ist auch tot: ich dächte, wir zögen ihm das Jäckchen wieder an. – Im Ernste; wenn er unter fremdem Namen zu dulden ist, warum nicht auch unter seinem? «Er ist ein ausländisches Geschöpf;» sagt man. Was tut das? Ich wollte, daß alle Narren unter uns Ausländer wären! «Er trägt sich, wie sich kein Mensch unter uns trägt:» – so braucht er nicht erst lange zu sagen, wer er ist. «Es ist widersinnig, das nämliche Individuum alle Tage in einem andern Stücke erscheinen zu sehen.» Man muß ihn als kein Individuum, sondern als eine ganze Gattung betrachten; es ist nicht Harlekin, der heute im Timon, morgen im Falken [13], übermorgen in den falschen Vertraulichkeiten, wie ein wahrer Hans in allen Gassen, vorkömmt; sondern es sind Harlekine; die Gattung leidet tausend Varietäten; der im Timon ist nicht der im Falken; jener lebte in Griechenland, dieser in Frankreich; nur weil ihr Charakter einerlei Hauptzüge hat, hat man ihnen einerlei Namen gelassen. Warum wollen wir ekler [14], in unsern Vergnügungen wähliger, und gegen kahle Vernünfteleien nachgebender sein, als – ich will nicht sagen, die Franzosen und Italiener sind – sondern, als selbst die Römer und Griechen waren? War ihr Parasit [15] etwas anders, als der Harlekin? Hatte er nicht auch seine eigene, besondere Tracht, in der er in einem Stücke über dem andern vorkam? Hatten die Griechen nicht ein eigenes Drama, in das jederzeit Satyri [16] eingeflochten werden mußten, sie mochten sich nun in die Geschichte des Stücks schicken oder nicht?

Harlekin hat, vor einigen Jahren, seine Sache vor dem Richterstuhle der wahren Kritik, mit eben so vieler Laune als Gründlichkeit, verteidigt. Ich empfehle die Abhandlung des Herrn Möser über das Groteske-Komische [...].[17]

Q 1767. Hatte Lessing bei der Bewertung des rührenden Lustspiels die «wahre Komödie» als ein Genre bestimmt, das sowohl Lachen wie Rührung erregen müsse, erhält in der *Hamburgischen Dramaturgie*, dem Dokument seiner Zusammenarbeit mit dem Hamburger Nationaltheater, das *Lachen* einen Akzent. («Rührung» dagegen ist vor allem als Definitionselement von ‹Tragödie› wichtig.) Ein Schritt zurück von Gellert zu Gottsched ist das keineswegs. Zwar plädiert auch Lessing für ein Lachen, mit dem der Zuschauer «mehr als den Bauch erschütter[t]» – für ein Lachen «zugleich mit seinem Verstande» (96. Stück) –, doch handelt es sich eben um «Lachen», nicht wie bei Gottsched um «Verlachen» («Auslachen»). Das Lachen, als ein «Bemerken» von Komik, wie Lessing es beschreibt, ist frei von Überlegenheitsgefühl, Aggressivität und Schadenfreude, die Gottscheds sog. «Verlachkomödie» auslösen darf und soll.

Geringer, als er erscheint, ist Lessings Gegensatz zu Gottsched in der Bewertung der Harlekin-Gestalt. Wenn er dieser im 18. Stück das Wort redet, dann ist das ein Plädoyer für die witzige und respektlose Dienerfigur, den Repräsentanten eines um Gottscheds «kahle Vernünftigkeit» weitgehend unbekümmerten Spaßes, aber keine Verteidigung des derben, unflätigen, die Handlungseinheit auflösenden Hanswurst-(Pickelhäring-)Typus, den Gottsched im Namen des guten Geschmacks und der Regelmäßigkeit als nicht komödienfähig bekämpft hatte.

1 Lessing greift einen Einwand auf, der gegen Jean François Regnards (1655–1709) Komödie *Le distrait* (1697) vorgebracht worden war. Inhaltsangabe in: Wilhelm Cosack, Materialien zu Lessings Hamburgischer Dramaturgie. Paderborn [2]1891, S. 185–188. **2** *Kontrast von Mangel und Realität:* etwa im Sinne von ‹Kontrast von fehlerhaftem Verhalten und Anforderungen der Realität (der Situation)›. **3** Vgl. Jean-Jacques Rousseaus (1712–78) Kritik am sittenverderbenden Theater in *Lettre à M. d'Alembert* (1758). **4** Molières *L'avare* (1668); Regnards *Le joueur* (1696). **5** Lessing folgt hier dem 6. Kapitel von Aristoteles' *Poetik.* **6** Über die Pflicht des Autors, den Zuschauer vor einem Murren wider die Vorsehung zu bewahren, schreibt Lessing im 79. Stück. **7** Lessing stellt *Die Brüder* (160 v. Chr.) des Terenz (s. o. S. 28) der Komödie gleichen Titels (1761) «unsers Verfassers» (d. i. Karl Franz Romanus 1731–1787) gegenüber. (Ein detaillierter Vergleich der beiden Stückverläufe bei Wilhelm Cosack [Anm. 1], S. 325–331.) Lessings Ergebnis: die am Ende des deutschen Stücks vorgeführte Besserung zweier Hauptfiguren sei «unaufrichtig», ihre «Umkehrung […] wenig in ihrem Charakter gegründet». **8** Friederike Caroline Neuber (1697–1760), Schauspielerin, später Prinzipalin einer Theatertruppe, die zur Zeit Gottscheds häufig in Leipzig gastierte. **9** *sub Auspiciis:* (lat.) unter Aufsicht von. **10** Was im Jahre 1737 tatsächlich geschah, ist nicht sicher geklärt. **11** *Regelmäßig:* den von Gottsched propagierten klassizistischen Regeln entsprechend. **12** So lautet in deutscher Übersetzung der Titel von Marivaux' (s. o. S. 59) *Les fausses confidences* (1737). **13** *Timon le Misanthrope* (1722) und *Le faucon et les oies de Boccace* (1725): zwei Komödien von *Louis François Delisle* (1682–1756), in denen ein je anderer Harlekin die dominierende Rolle spielt. **14** *ekler:* wählerischer. **15** *Parasit:* eine stehende Figur der neuen attischen und der römischen Komödie. Um «mitessen» (schmarotzen) zu können, unterhält er mit Späßen seine Gastgeber. **16** Die Satyrn, das Gefolge des Dionysos, bildeten den Chor im attischen Satyrspiel. **17** Anders als Lessing ist es Justus Möser (1720–94) in seinem 1761 erschienenen Buch (Q 1761) nicht darum zu tun, Harlekin in der Komödie seiner Gegenwart zu integrieren, vielmehr plädiert er – allerdings nicht ohne Widersprüche – für die Harlekinade als ein eigenes, der Oper verwandtes Genre, das, von «Wahrscheinlichkeit»-Forderungen befreit, ein «Reich der Chimären» entwirft. Vgl. dazu Sek Steinmetz 1966.

Jakob Michael Reinhold Lenz (1751–1792)
Aus: Anmerkungen übers Theater (1774)

[…] Noch ein paar Worte übern Aristoteles. Daß er grade im Trauerspiele, wo auf die handelnden Personen alles ankommt, das die Epopee dramatisiert heißen könnte, den Charakteren so wenig gibt, wundert mich, könnt ich nicht reimen, wenn ich nicht den Grund davon tiefer fände, in nichts weniger als dem ἦθος[1] der Schauspiele.

Die Schauspiele der Alten waren alle sehr religiös, und war dies wohl ein Wunder, da ihr Ursprung Gottesdienst war. Da nun *fatum*[2] bei ihnen alles war, so glaubten sie eine Ruchlosigkeit zu begehen, wenn sie Begebenheiten aus den Charakteren berechneten, sie bebten vor dem Gedanken zurück. Es war Gottesdienst, die furchtbare Gewalt des Schicksals anzuerkennen, vor seinem blinden Despotismus hinzuzittern. Daher war Oedip ein sehr schickliches Sujet fürs Theater, einen Diomed führte man nicht gern auf.[3] Die Hauptempfindung, welche erregt werden sollte, war nicht

Hochachtung für den Helden, sondern blinde und knechtische Furcht vor den Göttern. Wie konnte Aristoteles also anders: *secundum autem sunt mores*.[4] Ich sage, blinde und knechtische Furcht, wenn ich als Theologe spreche. Als Ästhetiker, war diese Furcht das einzige, was dem Trauerspiele der Alten den *haut goût*[5], den Bitterreiz gab, der ihre Leidenschaften allein in Bewegung zu setzen wußte. Von jeher und zu allen Zeiten sind die Empfindungen, Gemütsbewegungen und Leidenschaften der Menschen auf ihre Religionsbegriffe gepfropfet, ein Mensch ohne alle Religion hat gar keine Empfindung (weh ihm!), ein Mensch mit schiefer Religion schiefe Empfindungen und ein Dichter, der die Religion seines Volks nicht gegründet hat, ist weniger als ein Meßmusikant[6].

Was wird nun aus dem Oedip des Herrn Voltaire, aus seinem *impitoyables dieux, mes crimes sont les vôtres.*[7] Gott verzeihe mir, so oft ich das gehört, hab ich meinen Hut andächtig zwischen beide Hände genommen, und die Gnade des Himmels für den armen Schauspieler angefleht, der Gotteslästerungen sagen mußte, weil er sie gelernt hatte. Und was beim Griechen mein ganzes Mitleiden aus der Brust herausgeschluchst haben würde, macht beim Franzosen mein Herz für Abscheu zum Stein. Wer? was? Oedip? ist das geschehen? Wenn es geschehen ist, warum bringt ihr's auf die Bühne wie es geschah, nicht vielmehr, wie Aristoteles selber verlangt, wie es geschehen sollte.[8] Bei dem Griechen sollte Oedip ein Monstrum von Unglück werden, weil Jokasta durch ihren Fürwitz Apolln geärgert, die Ehrfurcht vor ihm aus den Augen gesetzt.[9] Aber bei dem Franzosen hätt er sein Unglück verdienen sollen, oder fort von der Bühne. Wenigstens mußt du mir ein Brett zuwerfen, Dichter, woran ich halten kann, wenn du mich auf diese Höhe führst. Ich fordre Rechenschaft von dir. Du sollst mir keinen Menschen auf die Folter bringen, ohne zu sagen warum.

Damit wir nun, unsern Religionsbegriffen und ganzen Art zu denken und zu handeln analog, die Grenzen unsers Trauerspiels richtiger abstecken, als bisher geschehen, so müssen wir von einem andern Punkt ausgehen als Aristoteles, wir müssen, um den unsrigen zu nehmen, den Volksgeschmack der Vorzeit und unsers Vaterlandes zu Rate ziehen, der noch heut zu Tage Volksgeschmack bleibt und bleiben wird. Und da find ich, daß er beim Trauerspiele oder Staatsaktion[10], ist gleich viel, immer drauf losstürmt (die Ästhetiker mögen's hören wollen oder nicht) das ist ein Kerl! das sind Kerls![11] bei der Komödie aber ist's ein anders. Bei der geringfügigsten drollichten, possierlichen unerwarteten Begebenheit im gemeinen Leben rufen die Blaffer[12] mit seitwärts verkehrtem Kopf: Komödie! Das ist eine Komödie! ächzen die alten Frauen. Die Hauptempfindung in der Komödie ist immer die Begebenheit[13], die Hauptempfindung in der Tragödie ist die Person, die Schöpfer ihrer Begebenheiten.

Also ganz und gar wider Madame Dacier in ihrer Vorrede zum Terenz[14], der ich bei dieser Gelegenheit höflichst die Hände küsse.

Das Trauerspiel bei uns war also nie wie bei den Griechen das Mittel, merkwürdige Begebenheiten auf die Nachwelt zu bringen, sondern merkwürdige Personen. Zu jenem hatten wir Chroniken, Romanzen, Feste, zu diesem Vorstellung, Drama. Die Person mit all ihren Nebenpersonen, Interesse, Leidenschaften, Handlungen. Und war sie tot, so schloß das Stück, es müßte denn noch ihr Tod Würkungen veranlaßt haben, die auf die Person ein noch helleres Licht zurückwürfen. Daher führen uns unsere ältesten Schauspieldichter oft in einem Akt ohne Anstoß durch verschiedene Jahre fort, sie wollen uns die ganze Person in allen ihren Verhältnissen zeigen, ja Hanns Sachse findet so wenig Bedenklichkeiten drin, seine geduldige Griselda[15] in einem *Auftritte* freien, heiraten, schwanger werden und gebären zu lassen, daß er vielmehr im Prolog seine Zuschauer für der allzustarken Illusion warnet und ihnen auf sein Ehrenwort versichert, daß alle Sachen so eingericht, daß keinem Menschen ein Schaden geschicht. Woher das Zutrauen zu der Einbildungskraft seines Publikums? Weil er sicher war, daß sie sich aus der nämlichen Absicht dort versammlet hatten, aus der er aufgetreten war, ihnen einen Menschen zu zeigen, nicht eine Viertelstunde.

So ist's mit den historischen Stücken Shakespears: hier möchte ich *Charakter*stücke sagen, wenn das Wort nicht so gemißbraucht wäre. Die Mumie des alten Helden, die der Biograph einsalbt und spezereit, in die der Poet seinen Geist haucht. Da steht er wieder auf, der edle Tote, in verklärter Schöne geht er aus den Geschichtbüchern hervor und lebt mit uns zum andernmale. O wo finde ich Worte, diese herzliche Empfindung für die auferstandenen Toten anzudeuten – und sollten wir ihnen nicht mit Freuden nach Alexandrien, nach Rom[16], in alle Vorfallenheiten ihres Lebens folgen und das: selig sind die Augen, die dich gesehen haben[17], nun für uns behalten? Habt ihr nicht Lust ihnen zuzusehen, meine Herren? In jeder ihrer kleinsten Handlungen, Schicksalswechsel und Lebensstößen? In ihrer immer regen Gegenwürkung und Geistesgröße? Weilt ihr lieber an der Moorlache, als an der grünen See in unauslöschlicher Bewegung und dem hellen Felsen mitten in? Ja, meine Herren! wenn Sie den Helden nicht der Mühe wert achten, nach seinen Schicksalen zu fragen, so wird Ihnen sein Schicksal nicht der Mühe wert dünken, sich nach dem Helden umzusehen. Denn der Held allein ist der Schlüssel zu seinen Schicksalen.

Ganz anders ist's mit der Komödie. Meiner Meinung nach wäre immer der Hauptgedanke einer Komödie *eine Sache*, einer Tragödie *eine Person*.[18] Eine Mißheurat[19], ein Fündling[20], irgend eine Grille eines seltsamen Kopfs (die Person darf uns weiter nicht bekannt sein, als in so fern ihr Charakter diese Grille, diese Meinung, selbst dieses System veranlaßt haben kann: wir verlangen hier nicht die *ganze* Person zu kennen). Sehen Sie, meine Herren, das wäre so meine Meinung über Shakespears Komödien – und alle Komödien, die geschrieben sind und geschrieben werden können. Die Personen sind für die Handlungen da – für die artigen[21] Erfolge, Wirkungen, Gegenwirkungen, ein Kreis herumgezogen, der sich um eine Hauptidee dreht – und es ist eine Komödie. Ja wahrlich, denn was soll sonst Komödie in der Welt sein? Fragen Sie sich und andere! Im Trauerspiele aber sind die Handlungen um der Person willen da – sie stehen also nicht in meiner Gewalt, ich mag nun Pradon oder Racine heißen[22], sondern sie stehen bei der Person, die ich darstelle.

In der Komödie aber gehe ich von den Handlungen aus, und lasse Personen Teil dran nehmen welche ich will. Eine Komödie ohne Personen interessiert[23] nicht, eine Tragödie ohne Personen ist ein Widerspruch. Ein Unding, eine oratorische Figur[24], eine Schaumblase über dem Maul Voltairens oder Corneillens ohne Dasein und Realität – ein Wink macht sie platzen. [...]

Q 1774. Lenz veröffentlichte 1774 (im Erscheinungsjahr seiner Komödie *Der Hofmeister*) unter dem Titel *Anmerkungen übers Theater* die Überarbeitung und Ergänzung von Vorträgen, die er nach Annahme der Lenz-Forschung schon im Winter 1771/72 vor der Straßburger Société de philosophie et des belles-lettres hielt. Die Überarbeitung wurde vermutlich erst 1773/74 abgeschlossen. Sie setzt die Lektüre von Herders Shakespeare-Aufsatz in *Von Deutscher Art und Kunst* aus dem Jahre 1773 voraus.[25] 1773 ist auch das Erscheinungsjahr von Goethes *Götz von Berlichingen*, in dem Lenz das Programm einer Tragödie, die «die ganze Person» darstellt, verwirklicht sieht. Mit der ebenfalls in Straßburg vorgetragenen Abhandlung über dieses Stück haben die *Anmerkungen* einige Thesen gemein.[26]

1 ἦϑος (griech.): Ethos, Gesinnung, Denkart.   **2** *fatum* (lat.): Schicksal. **3** *Diomedes:* einer der griechischen Belagerer Trojas, der sich gegen die Götter Ares und Aphrodite auflehnt (vgl. den 5. Gesang, Vers 330–352 und 846–867 von Homers *Ilias*).   **4** *Secundum autem sunt mores:* An zweiter Stelle kommen die Charaktere. Unter anderem aus diesem lateinischen Satz läßt sich die Quelle von Lenz' Aristoteles-Kenntnis entnehmen: Antonio Riccobonis *Poetica Aristotelis* (Padua 1587).   **5** *haut goût* (frz.): der scharfe Geschmack von abgehangenem Wild.   **6** *Meßmusikant:* Musiker, der auf einer Kirmes aufspielt.   **7** So lautet der gegen die Götter gerichtete Vorwurf des Titelhelden von Voltaires (1694–1778) *Oedipe* (1718): «Unerbittliche Götter, meine Verbrechen sind die eurigen.» (V,4)   **8** Aristoteles beschreibt die Arbeit des Tragödiendichters nicht als Wiedergabe des Faktischen – dies ist Aufgabe des Geschichtsschreibers –, sondern als Nachahmung des Wahrscheinlichen (*Poetik*, Kap. 9).   **9** *Kränkung Apolls:* Iokaste befiehlt, ihren neugeborenen Sohn Ödipus töten zu lassen, um den vom Delphischen Orakel (und damit von Apoll) prophezeiten Mord an Laios zu umgehen.   **10** *Staatsaktion:* Schauspiel, das Staats- und Fürstenschicksale auf die Bühne bringt, meist zugleich «Hauptaktion» (im Gegensatz zum komischen Zwischen- oder Nachspiel). **11** *Kerl:* starker Charakter, aktiver Held. Lenz greift damit wie andere Stürmer und Dränger einen der Volkssprache angehörigen Ausdruck auf. **12** *Blaffer:* von *blaffen* ‹bellen›, in uneigentlicher Bedeutung ‹viel und unnütz reden›.

13 *Schöpfer ihrer Begebenheiten:* In der vorangehenden Auseinandersetzung mit Aristoteles schreibt Lenz: «es ist die Rede von Charakteren, die sich ihre Begebenheiten erschaffen, die selbständig und unveränderlich die ganze große Maschine selbst drehen.» **14** Vgl. Les Comédies de Térence traduites en Français par Anne Dacier. Avec des remarques. 3. éd., rev., corr., enrichée de fig. à chaque comédie. T. 1–3 Paris, Dumond 1699, S. 8: «En un mot, dans la Tragédie, la Fable, c'est à dire le sujet, ou la composition des choses, est le principal, les moeurs ne tiennent que le second rang; mais je suis persuadée que c'est tout le contraire dans la Comédie, les moeurs sont ce qu'il y a de plus important.» **15** Gemeint ist Hans Sachs' (1494–1576) Komödie *Griselda* (1546). **16** In Alexandria und Rom spielen Stücke Shakespeares (*Antonius und Cleopatra, Julius Caesar* u. a.). **17** *selig sind die Augen, die dich gesehen haben:* Zitat von Lukas 10,23 (Jesus zu seinen Jüngern: «Selig sind die Augen, die da sehen, was ihr sehet»), möglicherweise kontaminiert mit Lukas 2,30. **18** *der Hauptgedanke [...] einer Tragödie eine Person:* vgl. dazu den hier nicht abgedruckten ersten Teil der *Anmerkungen*, bes. S. 339 f (vermeintlich Aristoteles referierend, formuliert Lenz hier die Forderung, «daß wir die Fabel des Stücks nach den Charakteren der handelnden Personen einrichten»). **19** Eine «Mißheirat» ist z. B. das Thema von Molières *George Dandin* (1668). **20** *ein Fündling:* Das Wiederfinden verloren geglaubter Familienmitglieder ermöglicht die Lösung vieler Komödien, die dem Muster der Neuen attischen Komödie folgen. **21** *artig:* geschickt ausgeführt. **22** *Jacques Pradon* (1644–98): Zeitgenosse und Konkurrent Racines. Von beiden wurde im Jahre 1677 eine Bearbeitung des Phädra-Stoffs aufgeführt (Pradon: *Phèdre,* Racine: *Phèdre et Hippolyte*). **23** *interessieren:* Daß der Autor durch seine Darstellung der «Charaktere» den Zuschauer «interessieren» müsse, ist eine der wichtigsten Forderungen in den vorangehenden Partien der *Anmerkungen*. **24** *oratorische Figur:* gleichbedeutend mit *rhetorische Figur* (ein Begriff der Rhetorik: ‹Stilfigur, um einer bestimmten Wirkung willen gewählte syntaktische Besonderheit›). Hier in pejorativem Sinn gebraucht: ‹bloßes Gerede›. **25** Vgl. dazu Theodor Friedrich: Die *Anmerkungen übers Theater* des Dichters J. M. R. Lenz. Leipzig 1908, S. 24–32. **26** Ebd. S. 71.

Jakob Michael Reinhold Lenz
Aus: Recension des Neuen Menoza von dem
Verfasser selbst aufgesetzt (1775)

[...] Ich nenne durchaus Komödie nicht eine Vorstellung die bloß
Lachen erregt, sondern eine Vorstellung die für jedermann ist. Tragödie ist nur für den ernsthaftern Teil des Publikums, der Helden
der Vorzeit[1] in ihrem Licht anzusehn und ihren Wert auszumessen
im Stande ist. So waren die griechischen Tragödien Verewigung
merkwürdiger Personen[2] ihres Vaterlandes in auszeichnenden
Handlungen oder Schicksalen; so waren die Tragödien Schackespears wahre Darstellungen aus den Geschichten älterer und neuerer Nationen. Die Komödien jener aber waren für das Volk, und der
Unterschied von Lachen und Weinen war nur eine Erfindung späterer Kunstrichter, die nicht einsahen, warum der gröbere Teil des
Volks geneigter zum Lachen als zum Weinen sein, und je näher es
dem Stande der Wildheit oder dem Hervorgehn aus demselbigen,
destomehr sich seine Komödien dem Komischen nähern mußten.
Daher der Unterschied unter der alten und neuen Komödie[3], daher
die Notwendigkeit der französischen weinerlichen Dramen[4], die
alle Spöttereien nicht hinwegräsonnieren können, und die nur mit
totalem Verderbnis der Sitten der Nation ganz fallen werden. Komödie ist Gemälde der menschlichen Gesellschaft, und wenn die
ernsthaft[5] wird, kann das Gemälde nicht lachend werden. Daher
schrieb Plautus komischer als Terenz[6], und Moliere komischer als
Destouches und Beaumarchais[7]. Daher müssen unsere deutschen
Komödienschreiber komisch und tragisch zugleich schreiben, weil
das Volk, für das sie schreiben, oder doch wenigstens schreiben sollten, ein solcher Mischmasch von Kultur und Rohigkeit, Sittigkeit
und Wildheit ist. So erschafft der komische Dichter dem tragischen
sein Publikum. [...]

Q 1775. Die 1775 veröffentlichte Selbstrezension der 1774 erschienenen Komödie *Der neue Menoza* endet mit grundsätzlichen Überlegungen zu den dramatischen Gattungen, veranlaßt durch den Einwand, der im Stück gezeigte Freitod einer Figur sei «zu ernsthaft für eine Komödie».[8] Lenz reagiert darauf mit einer Gattungsdefinition, die gegenüber dem Komischen indifferent ist und «Ernsthaftes», d. h. Begebenheiten und Personen, die im Zuschauer Respekt und Mitleiden statt Lachen erregen, als Komödiensujet nicht ausschließt.

1 *Helden der Vorzeit:* vgl. dazu den zuvor abgedruckten Text, S. 75.   **2** *Verewigung merkwürdiger Personen:* Die Bedeutung des Ausdruckes «merkwürdige Personen» ergibt sich aus der zuvor abgedruckten Passage der *Anmerkungen zum Theater* (vgl. S. 74). Allerdings wird er dort gerade nicht in Anwendung auf die Tragödienhelden der *Griechen* gebraucht.   **3** *Unterschied unter der alten und neuen Komödie:* Gemeint ist der Gegensatz der sog. Alten (attischen) Komödie (an erster Stelle Aristophanes) und der Neuen (attischen) Komödie (an erster Stelle Menander).   **4** Zur comédie larmoyante, deren Hauptvertreter Nivelle de La Chaussée (1692–1754) ist, s. o. S. 59.   **5** Die Bedeutung von *ernsthaft*, angewendet auf «die Gesellschaft», ergibt sich aus dem Gebrauch dieses Wortes am Anfang des Abschnitts («[...] für den ernsthaftern Teil des Publikums [...]»).   **6** *Plautus komischer als Terenz:* s. o. S. 28.   **7** Über Philippe Néricault Destouches (1680–1754) s. o. S. 59. Seine ernsthaften Komödien bereiten die comédie larmoyante vor. Von Pierre Augustin Caron de Beaumarchais (1732–99) lassen sich diesem Typus die frühen Stücke *Eugénie* (1767) und *Les deux amis* (1770) zurechnen.   **8** Wieland hatte in seiner Rezension des *Neuen Menoza* (in: Der teutsche Merkur 8, 3. Stück, Dez. 1774) geschrieben: «In Ansehung der Ausführung sollte es lieber *Mischspiel* als Komödie heißen.»

Friedrich Schiller (1759–1805)
Tragödie und Comödie (1792/93)

Das Gemüth in Freiheit zu setzen[1] erzielen beide, die Comödie leistet es aber durch die *moralische Indifferenz*, die Tragödie durch die *Autonomie*[2].

In der Comödie muß alles von dem moralischen Forum auf das

physische gespielt werden, denn das moralische erlaubt keine Indifferenz. Behandelt die Comödie etwas, was unser moralisches Gefühl intereßiert, so liegt ihr ob, es zu *neutralisieren*, d. i. es in die Klaße natürlicher Dinge zu versetzen, welche nach der Causalität nothwendig erfolgen.

Undank z. b. ist an sich etwas, was unser moralisches Gefühl affiziert. Undank kann tragisch behandelt werden, so im Lear der Undank der Töchter gegen den Vater, und da ist es eine moralische Rührung. Wir werden dadurch moralisch verletzt, das kann und soll uns nicht erspart werden, denn die Tragödie fodert dass wir *leiden*, durch den Schmerz führt sie uns zur Freiheit.[3]

Undank kann aber auch in der *Comödie* behandelt werden, aber dann muss er als eine natürliche Sache erscheinen; und wenn wir in der Tragödie mit demjenigen Mitleiden[4] haben, der Undank erleidet, so muss uns die Comödie den lächerlich machen, welcher Dank erwartet.

Man hat den Moliere getadelt, daß er in dem Tartuffe den Heuchler zum Gegenstand einer Comödie gemacht; ein Character der immer Abscheu errege und folglich für die Heiterkeit des Lustspiels nicht geeignet sey. Wenn Moliere wirklich durch Darstellung seines Heuchlers unsre Indignation unsern Abscheu erregt, so hat er freilich unrecht und in diesem Fall hätte ihn der Genius der Comödie verlaßen. Auch den Heuchler kann die Comödie behandeln, aber dann muß es so geschehen, daß nicht er abscheulich, sondern die welche er betrügt lächerlich werden.

Welche von beiden, die Comödie oder die Tragödie, höher stehe ist öfters gefragt worden. Man müßte untersuchen, welche von beiden die höhere Kraft voraussezt und das Höhere erzielt, aber dann wird man finden, daß beide aus so verschiedenen Punkten ausgehen und nach so verschiedenen Punkten wirken, daß sie sich nicht vergleichen lassen. Im Ganzen kann man sagen: die Comödie sezt uns in einen *höheren Zustand*, die Tragödie in eine *höhere Thätigkeit*.[5] Unser Zustand in der Comödie ist ruhig, klar, frei, heiter, wir fühlen uns weder thätig noch leidend, wir schauen an[6] und alles bleibt außer uns; dieß ist der Zustand der Götter, die sich um nichts menschliches bekümmern, die über allem frei schweben, die kein Schicksal berührt, die kein Gesetz zwingt.[7]

Aber wir sind Menschen, wir stehen unter dem Schicksal[8], wir sind unter dem Zwang von Gesetzen. Es muß also eine höhere rüstigere Kraft in uns aufgeweckt und geübt werden, damit wir uns wieder herstellen können, wenn jenes glückliche Gleichgewicht[9], worinn die Comödie uns fand, aufgehoben ist. Dort brauchten wir diese Kraft nicht, weil wir mit nichts zu kämpfen hatten; aber hier müssen wir siegen und bedürfen also der Kraft. Die Tragödie macht uns nicht zu Göttern, weil Götter nicht leiden können, sie macht uns zu *Heroen* d. i. zu göttlichen Menschen oder wenn man will zu leidenden Göttern zu Titanen. Prometheus, der Held einer der schönsten Tragödien[10], ist gewißermaßen ein Sinnbild der Tragödie selbst.

Q 1792 a. Daß dieses Nachlaßfragment, in dem Schiller ein von keiner zeitgenössischen deutschen Komödie erreichtes Ideal entwirft, 1792/93 entstand, läßt sich mit guten Gründen vermuten. Einige Formulierungen übernahm Schiller in die 1795 erschienene Abhandlung *Über naive und sentimentalische Dichtung* (vgl. den folgenden Text). In anderen Teilen – darunter solchen, die das theoretische Räsonnement durch Beispiele illustrieren – geht der frühere Text über den späteren hinaus und wird darum ebenfalls abgedruckt.

1 Über «Gemüthsfreyheit» als Wirkung der schönen Kunst überhaupt vgl. Schillers Werke. Nationalausgabe (= NA). Weimar 1963, Bd. 20, S. 382. **2** Zum Begriff ‹Autonomie› vgl. NA Bd. 20, S. 183 sowie Kants *Grundlegung zur Metaphysik der Sitten* (1785), Akademieausgabe Bd. 4, S. 440. Schiller spricht auch von «moralischer Selbständigkeit» (NA Bd. 20, S. 195) und «moralischer Independenz von Naturgesetzen» (ebd., S. 196). Zwei Begriffe von ‹Freiheit› unterscheidet Schiller in seiner Schrift *Über das Erhabene*, NA Bd. 21, S. 41 f. **3** Vgl. hierzu NA Bd. 20, S. 137–141 sowie 196 f. **4** Über Mitleid als Zweck der Tragödie vgl. ebd., S. 153 ff. Shakespeares *Lear* dient dort (S. 155) als Beispiel für die Beobachtung, daß «Schwäche des Verstandes» auf seiten der Figur das Mitleiden des Zuschauers beeinträchtigt. **5** Den «höheren Zustand», den Schiller hier als Wirkung der Komödie beschreibt, nennt er im 18. der Briefe *Über die ästhetische Erziehung* eine Wirkung der «Schönheit» schlechthin: Sie versetze den Menschen in einen «*mittleren* Zustand» zwischen «Leiden und Thätigkeit», d. h. zwischen «Empfinden» und «Denken». Dieser «verknüpfe» («verbinde») die «zwey entgegengesetzten Zustände» (NA Bd. 20, S. 366). Zum Verständnis des ‹Weder›-‹Noch› in der Formulierung «weder thätig noch leidend» vgl. NA Bd. 20, S. 375 u. 384 (über den «ästhetischen Zustand», die «mittlere Stimmung», in welcher Sinnlichkeit und Vernunft «*zugleich* thätig sind»; Schiller spricht auch von «einer freyen Stimmung», weil «das Gemüth weder physisch noch moralisch genöthigt ist»). 6 Über das für den «ästhetischen Stand» schlechthin konstitutive Moment der «freyen Betrachtung» vgl. NA Bd. 20, S. 394 ff. 7 Über das im griechischen Mythos entworfene Bild des «Götterstandes» («Gleichgültigkeit» als Folge der Befreiung vom «doppelten Ernst der Pflicht und des Schicksals», vom «geistigen Zwang der Sittengesetze» und vom «materiellen Zwang der Naturgesetze») vgl. NA Bd. 20, S. 359. 8 Vgl. dazu NA Bd. 21, S. 50–52. 9 Vgl. dazu NA Bd. 20, S. 375. 10 *Der gefesselte Prometheus* (Uraufführungsjahr unbekannt) von Aischylos (525/24–456/55).

Friedrich Schiller
Aus: Über naive und sentimentalische Dichtung (1795)

[…] Streng genommen verträgt zwar der Zweck des Dichters weder den Ton der Strafe noch den der Belustigung.[1] Jener ist zu ernst für das Spiel, was die Poesie immer seyn soll; dieser ist zu frivol für den Ernst, der allem poetischen Spiele zum Grund liegen soll.[2] Moralische Widersprüche interessiren nothwendig unser Herz, und rauben also dem Gemüth seine Freyheit; und doch soll aus poetischen Rührungen alles eigentliche Interesse, d. h. alle Beziehung auf ein Bedürfniß verbannt seyn. Verstandes-Widersprüche hingegen lassen das Herz gleichgültig, und doch hat es der Dichter mit dem höchsten Anliegen des Herzens, mit der Natur und dem Ideal, zu thun.[3] Es ist daher keine geringe Aufgabe für ihn, in der pathetischen Satyre nicht die poetische Form zu verletzen, welche in der Freyheit des Spiels besteht, in der scherzhaften Satyre nicht den poetischen Gehalt zu verfehlen, welcher immer das Unendliche seyn muß.[4] Diese Aufgabe kann nur auf eine einzige Art gelöset werden. Die strafende Satyre erlangt poetische Freyheit, indem sie ins Erhabene übergeht[5], die lachende Satyre erhält poetischen Gehalt, indem sie ihren Gegenstand mit Schönheit behandelt.[6] [...]

Wenn die pathetische Satyre nur *erhabene* Seelen kleidet, so kann die spottende Satyre nur einem *schönen* Herzen gelingen.[7] Denn jene ist schon durch ihren ernsten Gegenstand vor der Frivolität gesichert; aber diese, die nur einen moralisch gleichgültigen Stoff behandeln darf, würde unvermeidlich darein verfallen, und jede poetische Würde verlieren, wenn hier nicht die Behandlung den Inhalt veredelte[8] und das *Subjekt* des Dichters nicht sein Objekt verträte.[9] Aber nur dem schönen Herzen ist es verliehen, unabhängig von dem Gegenstand seines Wirkens, in jeder seiner Äußerungen ein vollendetes Bild von sich selbst abzuprägen. Der erhabene Charakter kann sich nur in einzelnen Siegen über den Widerstand der Sinne, nur in gewissen Momenten des Schwunges und einer augenblicklichen Anstrengung kund thun[10]; in der schönen Seele hingegen wirkt das Ideal als Natur[11], also gleichförmig, und kann mithin auch in einem Zustand der Ruhe sich zeigen. Das tiefe Meer erscheint am erhabensten in seiner Bewegung, der klare Bach am schönsten in seinem ruhigen Lauf.

Es ist mehrmals darüber gestritten worden, welche von beyden, die Tragödie oder die Comödie vor der andern den Rang verdiene. Wird damit bloß gefragt, welche von beyden das wichtigere Objekt behandle, so ist kein Zweifel, daß die erstere den Vorzug behauptet; will man aber wissen, welche von beyden das wichtigere Subjekt erfodre, so möchte der Ausspruch eher für die letztere ausfallen. – In der Tragödie geschieht schon durch den Gegenstand sehr viel, in der Comödie geschieht durch den Gegenstand nichts und alles durch den Dichter.[12] Da nun bey Urtheilen des Geschmacks der Stoff nie in Betrachtung kommt, so muß natürlicherweise der ästhetische Werth dieser beyden Kunstgattungen in umgekehrtem Verhältniß zu ihrer materiellen Wichtigkeit stehen.[13] Den tragischen Dichter trägt sein

Objekt, der komische hingegen muß durch sein Subjekt das seinige in der ästhetischen Höhe erhalten. Jener darf einen Schwung nehmen, wozu soviel eben nicht gehöret; der andre muß sich gleich bleiben, er muß also schon dort *seyn* und dort zu Hause seyn, wohin der andre nicht ohne einen Anlauf gelangt. Und gerade das ist es, worinn sich der schöne Charakter von dem erhabenen unterscheidet. In dem ersten ist jede Größe schon enthalten, sie fließt ungezwungen und mühelos aus seiner Natur, er ist, dem Vermögen nach, ein Unendliches in jedem Punkte seiner Bahn;[14] der andere kann sich zu jeder Größe anspannen[15] und erheben, er kann durch die Kraft seines Willens aus jedem Zustande der Beschränkung sich reißen. Dieser ist also nur ruckweise und nur mit Anstrengung frey, jener ist es mit Leichtigkeit[16] und immer.

Diese Freyheit des Gemüths in uns hervorzubringen und zu nähren, ist die schöne[17] Aufgabe der Comödie, so wie die Tragödie bestimmt ist, die Gemüthsfreyheit, wenn sie durch einen Affekt gewaltsam aufgehoben worden, auf ästhetischem Weg wieder herstellen zu helfen. In der Tragödie muß daher die Gemüthsfreyheit künstlicherweise[18] und als Experiment aufgehoben werden; weil sie in Herstellung derselben ihre poetische Kraft beweißt; in der Comödie hingegen muß verhütet werden, daß es niemals zu jener Aufhebung der Gemüthsfreyheit komme. Daher behandelt der Tragödiendichter seinen Gegenstand immer praktisch, der Comödiendichter den seinigen immer theoretisch; auch wenn jener (wie Lessing in seinem Nathan) die Grille hätte, einen theoretischen, dieser, einen praktischen Stoff zu bearbeiten. Nicht das Gebieth, aus welchem der Gegenstand genommen, sondern das Forum, vor welches der Dichter ihm bringt, macht denselben tragisch oder komisch. Der Tragiker muß sich vor dem ruhigen Raisonnement in Acht nehmen und immer das Herz interessiren, der Comiker muß sich vor dem Pathos hüten und immer den Verstand unterhalten. Jener zeigt also durch beständige Erregung, dieser durch beständige Abwehrung der Leidenschaft seine Kunst; und diese Kunst ist natürlich auf beyden Seiten um so grösser, je mehr der Gegenstand des Einen abstrakter Natur ist, und der des Andern sich zum pathetischen neigt.* Wenn also die Tragödie von einem wichtigern Punkt ausgeht, so muß man auf der andern Seite gestehen, daß die Comödie einem wichtigern Ziel entgegengeht, und sie würde, wenn sie es erreichte, alle Tragödie überflüssig und unmöglich machen. Ihr Ziel ist einerley mit dem höchsten, wornach der Mensch zu ringen hat, frey von Leidenschaft zu seyn, immer klar, immer ruhig um sich und in sich zu schauen, überall mehr Zufall als Schicksal zu finden, und mehr über Ungereimtheit zu lachen als über Bosheit zu zürnen oder zu weinen.

Q 1795b. In der abgedruckten Passage seiner 1795 erschienenen Schrift behandelt Schiller die Komödie als Spezies der «sentimentalischen Dichtung». Der sentimentalische Dichter, der, statt – wie der naive Dichter – «Natur [zu] sein [...], die verlorene such[t]» (NA Bd. 20, S. 432), also seinen Gegenstand «auf eine Idee» bezieht (S. 441), kann dies auf doppelte Weise tun: indem er entweder «mehr bey der Wirklichkeit [oder] mehr bey dem Ideale verweil[t]». Im ersten Fall entsteht die Satire, welche die Wirklichkeit «als einen Gegenstand der Abneigung» präsentiert, im zweiten entstehen Elegie und Idylle, die das Ideal «als einen Gegenstand der Zuneigung ausführen». – Das Gebiet der Satire wird nochmals unterteilt: Neben der «strafenden» («pathetischen») Satire, welche «ernsthaft und mit Af-

---

* Im Nathan dem Weisen ist dieses nicht geschehen, hier hat die frostige Natur des Stoffs das ganze Kunstwerk erkältet. Aber Lessing wußte selbst, daß er kein Trauerspiel schrieb, und vergaß nur, menschlicherweise, in seiner eigenen Angelegenheit die in der Dramaturgie aufgestellte Lehre, daß der Dichter nicht befugt sey, die tragische Form zu einem andern als tragischen Zweck anzuwenden.[19] Ohne sehr wesentliche Veränderungen würde es kaum möglich gewesen seyn, dieses dramatische Gedicht in eine gute Tragödie umzuschaffen; aber mit bloß zufälligen Veränderungen möchte es eine gute Comödie abgegeben haben. Dem letztern Zweck nehmlich hätte das Pathetische dem erstern das Raisonnirende aufgeopfert werden müssen, und es ist wohl keine Frage, auf welchem von beyden die Schönheit dieses Gedichts am meisten beruht.

fekt» Verfehlungen «im Gebiethe des Willens» («moralische Verkehrtheit», «moralische Widersprüche») behandelt (Prototyp: Juvenal), steht die «scherzhafte» («spottende», «lachende») Satire, die
«mit Heiterkeit» Verfehlungen «im Gebiethe des Verstandes» («Verstandes-Widersprüche», «Ungereimtheit») behandelt (Prototyp: Horaz). In der letzteren erhält die Komödie ihren Platz. – Nachdem die
zwei ersten der hier abgedruckten Absätze noch scherzende und pathetische Satire einander gegenüberstellen, vergleicht der dritte über-
raschenderweise die Komödie – als eine Spezies der scherzenden – mit
der Tragödie. Was letztere und die pathetische Satire verbindet, ist die
Zugehörigkeit zu den sog. «Künsten des Affekts», die, weil sie die
«Gemüthsfreyheit» einschränken, «keine ganz freyen Künste» sind
(S. 382).

1 Zum Begriff ‹Belustigung› vgl. NA Bd. 20, S. 133. Schiller rechtfertigt dort
«Vergnügen» («Ergötzen») als Zweck der Kunst, während er das «Belustigen»
als «armselig» abtut.   2 Zu den Begriffen ‹Spiel› und ‹Ernst› vgl. ebd. S. 357.
Zu dem wichtigen Attribut «poetisch» vgl. ebd. S. 447.   3 Zu den Begriffen
‹Natur› und ‹Ideal› vgl. ebd. S. 414f, 438 sowie 444 («Trieb […] für das
Ideal»).   4 Zu den Begriffen ‹poetischer Gehalt› und ‹Unendliches› vgl. ebd.
S. 450f und 469f.   5 Zum ‹Übergang ins Erhabene› vgl. ebd. S. 443 und 447.
6 Zum Begriff ‹poetische Behandlung› vgl. ebd. S. 450.   7 Vgl. Schillers Einführung der Begriffe ‹schöne Seele› und ‹erhabene Seele› in der Schrift *Über
Anmuth und Würde* (1793), NA Bd. 20, S. 287ff.   8 Über «poetische Würde»
als Ergebnis der «Veredlung» des «Stoffs» vgl. ebd. S. 450.   9 Vgl. dazu ebd.
S. 477.   10 Vgl. dazu NA Bd. 21, S. 45 u. 51 («der höchste Schwung der Men-
schennatur»).   11 Über die «zur Natur geworden[e] […] sittliche Denkart»
vgl. NA Bd. 20, S. 284.   12 Über die «Plattheit» und «Trivialität» des Stoffs,
den «geistlosen Charakter» der «wirklichen [«schlechten», «gemeinen»] Natur», die der Komödiendichter thematisiert und deren Veredlung die schwierig-
ste Aufgabe für «seine eigne schöne [«wahre»] Natur» ist, vgl. ebd.
S. 477–479.   13 Vgl. dazu ebd. S. 382.   14 Vgl. dazu ebd. S. 368f u. 376ff.
15 Zum Begriff ‹Anspannung› vgl. ebd. S. 365.   16 Über «Leichtigkeit» als
Vorzug der schönen Seele vgl. ebd. S. 287, auch 357.   17 Über das hier keineswegs beiläufige Attribut «schön» vgl. die Ausführungen zum Begriff ‹Schönheit› ebd. S. 382.   18 Vgl. dazu NA Bd. 21, S. 51.   19 Über die Begriffe
‹Zweck› und ‹Form› vgl. NA Bd. 20, S. 168–170.

III. Von der Romantik bis zum Realismus

Einleitung

«Es ist eine alte Klage, um unsere komische Poesie steht es sehr schlimm», und: «Wir in Deutschland kommen vor lauter Theorie des Komischen zu keiner Komödie»[1] bemerkt Hermann Hettner zu Beginn des Komödienkapitels in *Das moderne Drama* (1852). Er bezeichnet damit zwei aufeinander bezogene Momente, die die Komödientheorie dieses Zeitraums auszeichnen.

Auf der einen Seite entsteht eine stark expandierende *Praxis* der Komödie bzw. des unterhaltenden Schauspiels, nicht zuletzt durch das wachsende Unterhaltungsbedürfnis der großen Städte, in denen sich, unbekümmert um Theorie, doch in Abhängigkeit von bürgerlichem und kleinbürgerlichem Geschmack und Moralkodex und unter den Augen der Zensur, volkstümliche Formen des komischen Theaters entwickeln bzw. alte lokale Formen weiterentwickelt werden (Volksstück, Posse, Zauberposse etc.). Es sind Formen, in denen sich die Theoretiker, oft aus Gründen der sozialen Distanz, nicht wiedererkennen und die von ihnen als Zerfallsprodukte oder Trivialdramatik beklagt werden. In diesen Zusammenhang gehört auch die verbreitete Klage, die Deutschen könnten kein ihnen eigentümliches, nationales Lustspiel hervorbringen und müßten auf fremde Vorbilder zurückgreifen, insbesondere auf das Lustspiel der Franzosen, gegen das die deutsche Komödientheorie einige Abneigung hegt, die teils politische, teils theoretische Hintergründe hat.[2] Daneben gibt es allerdings Versuche einer unvoreingenommenen Betrachtung, die hier durch zwei Beispiele dokumentiert werden: die Annäherung an das sog. Niedrig-Komische (der Wiener und Berliner Posse) durch Keller (1850/51) und der Vergleich der deutschen und französischen Komödie durch Heine (1837).

Auf der anderen Seite entstehen zahlreiche *Theorien* zur Komödie wie zum Drama überhaupt, die die aktuelle Entwicklung des zeitgenössischen Theaters ignorieren oder doch wenigstens sehr gering einschätzen, da sie primär an einer *historischen* Bestandsaufnahme interessiert sind, aus der sehr allgemeine, zum Teil auch normative Theoreme zur Komödie abgeleitet werden sollen. Es sind zumeist die Philosophen, die solch eine historische Orientierung für hinreichend halten, um ihre Theorien zu entwickeln, wobei natürlich nicht ausgeschlossen ist, daß *innerhalb* dieses historischen und theoretischen Kontextes Interpretation von Komödien und ihre theoretische Betrachtung mit großer Leidenschaft betrieben werden und es oft (über normative Aussagen hinaus) zu einer indirekten Auseinandersetzung mit der zeitgenössischen Komödie und auch zu ihrer Anerkennung kommt.[3]

Ein Aspekt dieses historischen Zugriffs auf das Phänomen Komödie ist gewiß die Beunruhigung vieler Autoren darüber, daß die zeitgenössische Komödie nicht nur ästhetische, sondern auch politische Substanz verloren hat. In diesem Zusammenhang wird die Aristophanische bzw. die alte attische Komödie wegen ihres öffentlich-politischen Charakters zu einem zentralen Substrat der Theorie. Hatte die Komödientheorie des 18. Jahrhunderts in der Regel noch den Übergang von der alten zur neuen griechischen Komödie als Fortschritt empfunden und in den Werken Menanders und seines römischen Nachahmers Terenz die verbindlichen Modelle einer bürgerlich-realistischen, von drastisch-phantastischen Formen gereinigten Komödienform mit ‹privaten Inhalten› und moralischen Funktionen gesehen, so beginnt um die Jahrhundertwende eine Umkehrung dieser Einstellung. Man empfindet diesen Übergang als Verlust; die Komödie sei, wie Schelling dies 1802 ausdrückt, «aus dem öffentlichen und politischen Leben in das häusliche» hinabgestiegen[4].

Initiatoren dieser Entwicklung sind, wenn auch nicht ohne Anregungen durch die Aristophanes-Rezeption des 18. Jahrhunderts[5], die Brüder F. und A. W. Schlegel: Friedrich in seinem 1794 erschienenen Aufsatz *Vom ästhetischen Werte der griechischen Komödie* und August Wilhelm in den Jenaer (1798), Berliner (1802–05) und Wiener (1808) Vorlesungen. Allerdings hat dieser Versuch, der Komödie als ästhetischem und politischem Phänomen durch den Rückgriff auf Aristophanes neue Dynamik zu verleihen, eine eigenartige Konsequenz: F. und A. W. Schlegel sehen in der Aristophanischen Komödie zu Recht einen Raum unvergleichbarer, zu ihrer Zeit unvorstellbarer Freiheit (Drastik, Götterparodie, politische Satire), die einer historisch ausgezeichneten, doch auch fragilen Blütezeit Athens zuzuordnen ist. Gleichzeitig verbinden sie die Möglichkeit eines solchen Typs der Komödie – sie nennen ihn «reine Komödie»[6] – mit einer Gemeinschaft von Publikum, Schauspieler und Komödienautor (die in besonderer Weise in der kultischen, vom Staate getragenen Aufführungspraxis der alten Komödie vorlag), in der sich die schmerzhaften Inhalte und satirischen Intentionen der Komödie gleichsam *im Spiel* neutralisieren. Die konkreten politischen Bezüge, der Angriff auf Volksführer, Beamte und Priester, der persönliche Spott, die Götterparodie werden von ihnen also nicht hinweginterpretiert oder kritisiert, sondern an eine besondere Situation des Scherzes und der Freiheit der Kunst gebunden, in die sich die sonst ernste Gesellschaft zeitweilig versetzt. Es ist eine Möglichkeit des Scherzes (F. und A. W. Schlegel vergleichen sie mit den Saturnalien und dem Karneval[7]), die, solange dieser Wechsel von Scherz und Ernst *ohne* Zerstörung oder Bedrohung der Werte des Gemeinwesens gelingt, gleichzeitig auch Abbild seiner internen Stärke ist. Die Komödie repräsentiert Vielfalt und Abweichungen, die ohne Mühe in der Gesellschaft aufgefangen werden und keiner besonderen Korrektur bedürfen.[8]

In dieser Verschränkung ist die Aristophanische Komödie für F. und A. W. Schlegel also zugleich Ausdruck der Freiheit und Harmonisierung ihrer Konsequenzen. Allerdings sehen sie auch, daß selbst eine solche (moderate) Auslegung der politischen und satirischen Dimensionen der alten Komödie kein uneingeschränkter Appell für ihre Wiedererweckung in der Gegenwart sein kann. Ihre Wirklichkeit ist vergangen und ihre erneute Verwirklichung Utopie. Aus dem Rückblick auf die alte Komödie entsteht daher der Entwurf einer Komödie, der sich am gegenwärtig Möglichen orientiert bzw. der darauf abzielt, das, was als Geist und Quintessenz der alten Komödie empfunden wird, als Grundlage eines auch in der Moderne möglichen Typs von Komödie zu erweisen. Dieser soll sich dadurch auszeichnen, daß er die Komik, scherzhafte Willkür und Phantastik, die «Ausgelassenheit» und «Freude» der Aristophanischen Komödie bewahrt, doch ihre Anzüglichkeiten und die (politische) Personen-Satire, ihre «persönlichen und politischen Nebenabsichten»[9] vermeidet. A. W. Schlegel erinnert deshalb an Eupolis, den neben Aristophanes und Kratinos dritten großen Dichter der alten Komödie, der nach spätantikem Zeugnis weniger aggressiv als die anderen gewesen sein soll, und er lobt in diesem Sinne eine gänzlich vergessene französische Komödie des frühen 18. Jahrhunderts, *Le Roi de Cocagne (Der König des Schlaraffenlands)* von Marc Antoine Legrand[10]. Sie sei von einem «phantastischen Witz» und einem «heitern Scherz» beseelt, «der, wiewohl bis zum Taumel der Fröhlichkeit ausgelassen, harmlos um alles und über alles hingaukelt»; ihre «zierliche und sinnvolle Tollheit» sei ein Beispiel dafür, «wie die Gattung des Aristophanes, oder vielleicht genauer zu reden, die des Eupolis, [...] mit Vermeidung ihrer Anstößigkeiten und ohne persönlichen Spott, auf unsrer Bühne erscheinen dürfte»[11]. Den umrissenen Komödientyp nennt A. W. Schlegel, indem er zwischen Scherz und Ernst unterscheidet, auch das «scherzhafte Ideal» in strikter Entgegensetzung zum «ernsten Ideal».[12] Zwar gehören «Unvollkommenheiten der Menschen und ihre Mißverhältnisse untereinander» in den Horizont der Komödie; doch anders als der ernsthaft satirische und der tragische muß der komische Dichter «alles entfernt halten, was sittlichen Unwillen über die Handlungen, wahre Teilnahme mit den Lagen seiner Menschen erregen kann, weil wir sonst unfehlbar in den Ernst zurückfallen».[13] Für Friedrich Schlegel ist «die Erbsünde der komischen Energie die notwendige Lust am Schlechten», d. h. am Lächerlichen und Schmerzhaften als Ingredienzien der Komödie; die «eigentliche Aufgabe der Komödie» sei vielmehr, «mit dem kleinsten Schmerz das höchste Leben zu bewirken».[14] Unter Wegfall von Realitäts- und Vernunftzwängen soll sie im Lachen Energien freisetzen, nicht moralische Verbrechen anprangern, sondern eher von kleineren Verfehlungen ausgehen. (Dies berührt sich zum Teil mit Schillers Definition der scherzhaften Satire, zu der die Komödie gehört.[15]) Einige Theoretiker privilegieren daher (als ein Ideal und Ziel der Komödie) das Zauberspiel, die Wunderposse, das Märchenlustspiel[16] bzw. einen Komödientyp mit prinzipiell «harmlosen» Inhalten[17].

Es ist deutlich, was mit der Propagierung dieses heiteren, unschuldigen Lustspiels von «fröhlicher Religiosität»[18] abgelehnt wird: solche Komödien, die im Sinne des 18. Jahrhunderts durch Unterhaltung belehren wollen, besonders solche, die als satirisch, bitter, frivol beschrieben werden. Grund ihrer Ablehnung ist, daß sie das Objekt der Satire im Sinne der Verlachkomödie bloßstellen, die Symbiose Komödie – Zuschauer auflösen, was soziologisch und historisch als Verlust gesellschaftlicher Einheit gedeutet wird: Daß eine Verlachgemeinschaft sich in ‹fremdem Gelächter› (Hegel)[19] gegen die Defekte anderer verbünden kann, wird einem Typ von Gesellschaft zugeordnet, in dem sich ein Teil über den anderen erheben darf. Historisch wird dieser Komödientyp, was zunächst paradox erscheinen mag, aus der neuen, also im Prinzip ‹harmloseren› griechischen Komödie entwickelt. Dies ist möglich, da sie aus dem Verfall der Polis und der alten Komödie abgeleitet und als Mischgattung begriffen wird, in der das Scherzhafte durch ernste Motive gebrochen ist und ihr Ernst sowohl moralische Belehrung und Besserung als auch satirische Bloßstellung implizieren kann.

Der referierte Zusammenhang (Freiheit und Vernichtung der Freiheit, Narrenfreiheit und nicht wirkliche Verletzung, das Sich-Behaupten der Wahrheit gegen eine bloß scheinbare Verneinung[20]) ist in den folgenden Jahrzehnten, wenn auch in zahlreichen Variationen, ein Zentrum der Komödientheorie und dominiert oft andere konventionelle Differenzierungen. Er findet sich, wie im Textteil dokumentiert, explizit und in unmittelbarer zeitlicher Nähe zu F. und A. W. Schlegel bei Schelling und Hegel (und wirkt besonders durch die Schüler Hegels weit ins 19. Jahrhundert[21]) und in verdeckter Form auch bei Solger und Schopenhauer. Neben die Neubewertung der sozialen Funktion der Komödie tritt, besonders bei den Philosophen, ein Interesse an spekulativen und religiösen Aspekten der Gattung, z. B. bei Schelling und Solger und in extremer Form bei Friedrich Ast[22]. Die Theorie der Komödie schließt sich damit eng an die der Tragödie an, bei der schon immer Probleme der Ethik und der Religion (z. B. die Theodizee-Problematik) eine Rolle spielten. Es gibt kaum eine systematische Studie, die die Komödie unabhängig von der Tragödie betrachtet; das Erhabene und das Komische bilden komplementäre Gegensätze.

Der Einfluß und die Konstanz dieser Theoriebildung zeigt sich auch in der weiteren Entwicklung der Komödientheorie im Verlauf des Vormärz und von 1848 bis 1880. So lebhaft auch das Interesse in den revolutionären Phasen des Vormärz an der Komödie ist[23] und so bedeutsam auch die Überlegungen über ein neues Drama und die Funktion der Kunst bei Jungdeutschen und den radikaleren Junghegelianern sind[24], so ist doch verblüffend, wie wenig sich die Komödientheorie verändert, wie sehr z. B. Theodor Mundt[25] und Robert Prutz[26], um nur zwei wichtige Theoretiker zu nennen, im Kern den Ergebnissen der romantisch-idealistischen Epoche verpflichtet bleiben. Auch nach 1848, im Verlauf der Entwicklung des (poetischen) Realismus[27], entsteht eigentlich keine neue Komödientheorie. Zwar spricht Hettner (1852), der Züge der klassischen Theorie mit zukunftsträchtigen Vorstellungen verbindet[28], von einer realistischen Komödie, doch in den Werken der nachfolgenden Theoretiker bleiben Überlegungen zu einer (modernen) realistischen Komödie, ja zur Komödie überhaupt marginal: so in Otto Ludwigs zwischen 1840 und 1865 entstandenen dramaturgischen Studien, die besonders Shakespeare behandeln (1874)[29], ebenso bei Rudolph Gottschall, der in seiner *Poetik* (1858)[30] den Typus einer realistischen Komödie schon in der neuen griechischen Komödie erfüllt sieht. Freytag schließt in seiner einflußreichen *Technik des Dramas* (1863), bis auf wenige Bemerkungen, die Komödie förmlich aus, er will nur das Drama des hohen Stils behandeln.[31] Karl Hillebrands französisch geschriebenes und in Frankreich publiziertes wichtiges Werk *Die klassische Komödie und ihre Voraussetzungen* (1863), das auf der Grundlage einer historischen Analyse die Möglichkeit einer modernen Komödie reflektiert[32], bleibt praktisch ohne Einfluß. Moriz Carriere (1854)[33] und Adolf Zeising (1855)[34] schließen sich der klassischen Theorie an. Wenn man überhaupt von einer innovativen Tendenz nach 1848 sprechen will, so manifestiert sie sich vielleicht darin, daß einige Theoretiker nicht die realistische Komödie, sondern die humoristische Geschichtskomödie als Ideal und höchste Form privilegieren, die die politische Höhe der Aristophanischen Komödie mit der Behaglichkeit des Humors verbinden soll.[35] Insgesamt scheint das theoretische Interesse am Drama, besonders am Musikdrama (Wagner) und an der Tragödie (E. v. Hartmann, Nietzsche) größer gewesen zu sein. Jedenfalls gibt es 1871 eine *Geburt der Tragödie aus dem Geiste der Musik*, doch keine so explosive Wiedergeburt des Paradigmas ‹Komödie› aus dem Geiste des Aristophanes wie zum Beginn des Jahrhunderts.

Allerdings heißt das nicht, die je aktuellen Formen der Komödie blieben unbeachtet. Sie werden in Theaterkritiken in Hinblick auf das, was Komödien eigentlich sein sollen, oft geistreich behandelt. Darüber hinaus gibt es in Zeitschriften auch weiter gefaßte dramaturgische Aufsätze zur aktuellen Situation der Gattung, die zwischen Tageskritik und den obengenannten übergreifenden Werken zur Gattungstheorie bzw. Ästhetik stehen. Sie werden am Ende dieses Abschnittes durch zwei Beispiele dokumentiert (Julius Eleonor und Ernst Wichert). Für beide Autoren ist charakteristisch, daß sie nicht mehr die Grundbestimmungen oder Definitionen der Gattung reflektieren, sondern die vorhandenen Formen der Komödie und die Topoi ihrer Theorie nach ihrer Aktualität und Brauchbarkeit befragen. Der Aufsatz Eleonors ist zudem ein Beispiel dafür, wie in den siebziger Jahren historisch gegebene Formen und Theorien der Komödie ein Argumentationsgerüst bilden, in dem die Frage nach einer eigenständigen deutschen Komödie in einem liberal-konservativen bis konservativ-nationalistischen Sinne neu gestellt wird. Die politischen Konnotationen der Komödientheorie bleiben erhalten, doch sie erfahren in der Frage, inwiefern die Komödie zur nationalen Identität beiträgt, eine Verengung.[36] Bei beiden Autoren tritt zudem ein Zug hervor, der (mehr oder weniger) im Hintergrund der Komödientheorien seit dem Beginn des 19. Jahrhunderts steht: die Vorstellung, daß die Entwicklung der Gattung eigentlich abgeschlossen sei und Innovationen und Originalität, wenn überhaupt, nur noch aus Variationen bzw. Mischungen überlieferter Formen zu gewinnen seien.

1 Q 1852, Ausg. 1959, S. 238.   **2** Vgl. z. B. A. W. Schlegel, 1808 a, Ausg. 1967, Bd. 6, S. 74–95; Eleonor, Q 1862; Stahr, Q 1864; s. auch u. Anm. 24.   **3** So kommen z. B. in A. W. Schlegels epochalen und höchst einflußreichen Wiener Vorlesungen (1808) das aktuelle Drama und das zeitgenössische Lustspiel so gut wie nicht vor. Im Gegensatz zu Adam Müller, der Tiecks romantische Komödie *Der gestiefelte Kater* (1797) und die Alt-Wiener Volkskomödie im Rahmen der komödientheoretischen Abschnitte seiner Dresdner Vorlesungen (1806) behandelt (vgl. Q 1806 a, Ausg. 1967, Bd. 1, S. 243 ff), erwähnt Schlegel Tieck und die zeitgenössische Wiener Volkskomödie nicht, bedauert aber statt dessen, im historischen Rückblick, den Verlust des von der hohen Bühne vertriebenen Harlekins und den Verlust volkstümlicher Formen der Komödie überhaupt und bezieht sich so indirekt auf das, was er nicht nennt. Vgl.

Q 1808a, Ausg. 1966/1967, Bd. 5, S. 249, Bd. 6, S. 270f.   **4** Q 1802c,
S. 361.   **5** S. u. S. 109, Anm. 26. Zu den Gründen der Aristophanes-Renais-
sance um 1800 gehört auch ein seit der Mitte des 18. Jahrhunderts wachsen-
des altphilologisches Interesse an Aristophanes, das sich u. a. in zahlreichen
Übersetzungen niederschlägt; vgl. Jürgen Werner: Aristophanes-Übersetz-
zung und Aristophanes-Bearbeitung in Deutschland. In: Aristophanes und die
Alte Komödie. Hg. v. H.-J. Newiger. Darmstadt 1975, S. 459–485.   **6** S. u.
S. 107, Anm. 6.   **7** S. u. S. 98 (F. Schlegel). Vgl. A. W. Schlegel, Q 1808a, Ausg.
1966, Bd. 5, S. 140.   **8** S. u. S. 129. Vgl. Hegel, Q 1802a, Werke, Bd. 2, S. 497;
Müller, Q 1806a, Ausg. 1967, Bd. 1, S. 280ff.   **9** S. u. S. 100f.   **10** Vgl. Marc
Antoine Legrand: *Le Roi de Cocagne* [...]. Paris 1719. Reproduktion: Micro-
fiches Hachette Nr. 039. [Es soll zwei Nachdrucke geben: Paris 1780, Reims
1800.]   **11** Q 1808a, Ausg. 1967, Bd. 6, S. 91.   **12** S. u. S. 109f, 113f u. vgl. Q
1808a, Ausg. 1966, Bd. 5, S. 41ff, 132ff.   **13** Ebd. S. 42f.   **14** S. u. S. 103.
15 S. o. S. 82f, 86.   16 Vgl. A. W. Schlegel, 1808a, Ausg. 1967, Bd. 6, S. 90f;
Schütze, Q 1817, S. 215ff; Bohtz, Q 1844, S. 260ff; Vischer, Q 1846, Ausg.
1923, Bd. 6, S. 337f; Hettner, Q 1852, Ausg. 1959, S. 250f.   **17** Vgl. Bouterwek, Q 1806, 1. Aufl., T. 2, S. 407; Hegel, Q 1820, Werke, Bd. 15, S. 529, 552f.
18 Vgl. Schütze, Q 1817, S. 250f.   **19** S. u. S. 127.   **20** Vgl. Mundt, Q 1848,
Bd. 1, S. 402f.   **21** Eine direkte Wirkung der (spät publizierten) Schelling-
schen Komödientheorie ist schwer zu rekonstruieren. Der Einfluß Hegels
dagegen ist sehr groß, wobei man allerdings zwischen Wirkungen vor und
nach der Publikation des 3. Teilbandes der *Ästhetik* (1838) (s. u. S. 131, Anm.
17) unterscheiden sollte. Er findet sich bei Weisse (Q 1830a), Ruge
(Q 1837a), Vischer (Q 1837b, Q 1846), Bohtz (Q 1844), Prutz (Q 1844b),
August Kahlert (System der Ästhetik. Leipzig 1846, S. 194ff), Mundt (Q 1848),
Fischer (Q 1849), Carriere (Q 1854) u. a.   **22** Vgl. Q 1805.   **23** Vgl. Sek Denkler 1970; vgl. auch Q 1845.   **24** Vgl. Sek Kohlermann 1920, Sek Förster 1930,
Sek Malthan 1930, Sek Dietrich 1961, S. 235–259, Sek Dithmar 1966 sowie
Horst Denkler: Revolutionäre Dramaturgie und revolutionäres Drama in Vor-
märz und Märzrevolution. In: Gestaltungsgeschichte und Gesellschaftsge-
schichte. Hg. v. H. Kreuzer. Stuttgart 1968, S. 306–337, und Politische Dra-
maturgie. Zur Theorie des Dramas und des Theaters zwischen den Revolutio-
nen von 1830 und 1848. In: Sek Grimm 1971, Bd. 2, S. 345–373.   **25** Vgl.
Q 1848.   **26** Vgl. Q 1844b.   **27** Vgl. Sek Schanze 1971 und 1973, bes.
S. 64ff.   **28** S. u. den Kommentar zu Keller und s. u. S. 151, Anm. 16.   **29** Vgl.
Otto Ludwig: Nachlaßschriften. Hg. v. Moritz Heydrich, Bd. 2: Shakespeare-
Studien. Leipzig 1874 und Gesammelte Schriften. Bd. 5. Studien. Bd. 1. Hg. v.
Adolf Stern. Leipzig 1891.   **30** Vgl. Q 1858. Gottschall unterscheidet, in An-
lehnung an Hettner, zwischen einem idealistischen, realistischen und der Ver-
einigung dieser Formen, dem historischen Lustspiel. Historische Ausprägun-

gen des idealistischen Lustspiels sind die Aristophanische Komödie, das «phantastisch-romantische» Lustspiel Shakespeares, das moderne romantische Lustspiel (Tieck), die Zauberposse (Raimund, Nestroy). Die realistische Komödie beginnt bei ihm, wie bei Hettner bzw. in Anknüpfung an die romantisch-idealistische Tradition, bei der mittleren und neuen Komödie bzw. schon beim *Plutos* des Aristophanes. Historisch spätere Formen bzw. Untergattungen sind das Intrigen- und das Charakterlustspiel, wobei die alte polemische Abgrenzung zwischen dem deutschen und französischen Theater hier neue, eigenartig nationalistische Untertöne gewinnt: Während «die Intrige mehr dem romanischen Lustspiel» entspreche, sei das Charakterlustspiel eine Form, deren «Komik aus der Tiefe germanischer Individualität wiedergeboren ist» (S. 468). Die eigentlich moderne Form der Komödie ist für Gottschall (vgl. auch Hettner, Q 1852, Ausg. 1959, S. 255 f) das historische Lustspiel, das den «Humor der Weltgeschichte» zu behandeln habe. In seiner «echten» Form vereine es «ideale Tiefe mit realistischer Darstellung» und dürfe sich an die «größten Helden der Geschichte wagen, wenn es nur die Kraft besitzt, sie mit einem Humor darzustellen, der ihren komisch ausgemalten Schwächen nicht ihre geschichtliche Bedeutung opfert» (S. 471). Gegenbeispiel sei Scribes historische Komödie *Ein Glas Wasser*, in der eine «einseitige Ironie» allein die kleine persönliche Seite historischer Prozesse hervorhebe («Intriguenstück mit historischer Grundlage», ebd.). Man sieht hier gut, wie das Ideal des nichtsatirischen, harmlosen Lustspiels auch in der modernen Form wirksam bleibt. **31** Gustav Freytag: Die Technik des Dramas. Leipzig. 13. Aufl. 1922. Reprint: Darmstadt 1965, [Vorrede], S. [X]. **32** Vgl. Q 1863, bes. S. 96 ff. Hillebrandt argumentiert, daß im modernen Frankreich letztlich nur eine realistische Gesellschaftskomödie, die Elemente der Charakter- und Intrigenkomödie verbindet, möglich sei. Die Chancen für eine breite Wiederbelebung volkstümlicher Formen (Posse etc.), der Aristophanischen Komödie und auch des phantastischen Lustspiels schätzt er gering ein. **33** Carriere verschmilzt und popularisiert Motive der idealistischen Theoretiker, besonders Schellings und Hegels, wenn er in der Komödie die «Nothwendigkeit» als den «verborgene[n] Gott» sieht, «der Schein und Willkür gewären, ja einen scheinbaren Sieg über die Idee feiern läßt» (Q 1859, T. 2, S. 613). **34** Vgl. Adolf Zeising: Ästhetische Forschungen. Frankfurt / M. 1855, S. 272–319. **35** S. o. Anm. 30. Vgl. auch Freytag in der Vorrede zur *Technik des Dramas* (s. o. Anm. 31), der ähnlich argumentiert. Allerdings beschränkt er sich nicht auf die historische, sondern zielt auf eine allgemeine soziale Komödie: Die «höchste Gattung der Komödie» habe über «die Anekdote des häuslichen Lebens» hinauszugehen. Ihre «launige und humoristische Darstellung» müsse «weite Kreise menschlicher Interessen» (Schwächen der Fürsten, der Städter, des Junkertums) behandeln. Zur Verteidigung einer Form des Komischen, dem die «ganze Welt» als «eine große Komödie» erscheint, und zur Verteidigung einer ‹Welt-Komödie›, die letztlich humoristisch-positiv (und nicht wie bei Schopenhauer pessimistisch) zu fassen sei, vgl. Vischer, Q 1873, Ausg. 1922, S. 416 f. **36** S. auch o. Anm. 30.

Friedrich Schlegel (1772 – 1829)
Aus: Vom ästhetischen Werte der
griechischen Komödie (1794)

Nichts ist seltner, als eine schöne Komödie.[1] Das komische Genie ist nicht mehr frei, es schämt sich seiner Fröhlichkeit, und fürchtet durch seine Kraft zu beleidigen[2]. Es erzeugt daher kein vollständiges und reines Werk aus sich selbst, sondern begnügt sich, ernsthafte dramatische Handlungen aus dem häuslichen Leben[3] mit seinen Reizen zu schmücken. Aber damit hört die eigentliche Komödie auf; komische Energie wird unvermeidlich durch tragische Energie[4] ersetzt: und es entsteht eine neue Gattung, eine Mischung des komischen und des tragischen Drama, welche sich gewöhnlich[5] mit bescheidnem Stolz den ersten Platz über beide anmaßt. Was ihre Ansprüche gelten, ist eine andre Frage; aber die Natur des Komischen kann man nur in der unvermischten reinen Gattung kennen lernen: und nichts entspricht so ganz dem Ideal des reinen Komischen[6], als die alte Griechische Komödie. Sie ist eins der wichtigsten Dokumente für die Theorie der Kunst; denn in der ganzen Geschichte der Kunst sind ihre Schönheiten einzig, und vielleicht eben deswegen allgemein verkannt. Es ist schwer, nicht ungerecht gegen sie zu sein; sie nur zu verstehen, erfordert eine vollendete Kenntnis der Griechen; und mit unbestechlicher Strenge ihre wirklichen Vergehungen von dem abzusondern, was nur uns beleidigt, erfordert einen Geschmack, der, über alle fremde Einflüsse erhaben, auf das Schöne allein gerichtet ist.

Die Griechen hielten die Freude für heilig, wie die Lebenskraft; nach ihrem Glauben liebten auch die Götter den Scherz. Ihre Komödie ist ein Rausch der Fröhlichkeit, und zugleich ein Erguß heiliger Begeisterung: ursprünglich nichts anders als eine öffentliche religiöse Handlung, ein Teil von dem Feste des *Bakchus*[7], welcher Gott ein Bild der Lebenskraft und des Genusses war. Diese Vermählung des Leichtesten mit dem Höchsten, des Fröhlichen mit dem Göttlichen, enthält eine große Wahrheit. Die Freude ist an[8] sich gut, auch die sinnlichste enthält einen unmittelbaren Genuß höhern menschlichen Daseins. Sie ist der eigentümliche, natürliche und ursprüngliche Zustand der höhern Natur des Menschen; der Schmerz erreicht ihn nur durch den geringeren Teil seines Wesens. Rein-sittlicher Schmerz ist nichts als entbehrte Freude, und rein-sinnliche Freude nichts als gestillter Schmerz; denn der Grund des tierischen Daseins ist Schmerz. Aber Beides sind nur Begriffe; in der Wirklichkeit, bilden beide heterogene Naturen in durchgängiger Gemeinschaft ein Ganzes – den Menschen, verschmelzen in einen Trieb – den menschlichen; der Schmerz wird sittlich, und die Freude wird sinnlich.

Weil reine menschliche Kraft sich in Freude äußert, so ist sie ein Symbol des Guten, eine Schönheit der Natur. Sie verkündigt nicht bloß Leben, sondern auch Seele. Leben und unbeschränkte Freude bedeuten Liebe. Denn alles Leben deutet auf seine Wurzel und auf die Frucht seiner Vollendung; und der höchste Moment der Lebenskraft ist seine Verdoppelung, der Genuß eines homogenen Lebens. Leben und Geist aber sind im Menschen unzertrennlich, und die Bande des Lebens vereinigen die Geister. Nur der Schmerz trennt und vereinzelt; in der Freude verlieren sich alle Gränzen. […]

Die Poesie kann diese Freude auf zweierlei Art behandeln; sie ist entweder Äußerung eines schönen Zustandes im Subjekte, in der *lyrischen* Darstellung; oder sie ist eine vollendete selbständige Nachahmung in der *dramatischen* Darstellung. […] Schöne Freude muß frei sein, unbedingt frei. Auch die kleinste Beschränkung raubt der Freude ihre hohe Bedeutung, und damit ihre Schönheit; Zwang der Freude ist immer häßlich, ein Bild der Vernichtung und der Schlechtheit. Eine bloße Äußerung des Gefühls, die lyrische

Darstellung der Freude, kommt nicht so leicht in Gefahr, ihre äußre Freiheit zu verlieren, – desto mehr die dramatische. Sie nimmt den Stoff zu ihren Schöpfungen aus der Wirklichkeit, ihre Bestimmung ist eine öffentliche laute Darstellung des Lächerlichen, und ihre Freiheit ist dem Laster, der Torheit, dem geheiligten Irrtume fürchterlich. Aber eben dadurch wird sie einer neuen hohen Bedeutung, einer neuen Schönheit fähig; wenn die Freude, wo wir Schranken erwarteten, uns mit Freiheit überrascht, so wird sie das schönste Symbol der bürgerlichen Freiheit.[9]

Überhaupt wird Freiheit durch das Hinwegnehmen aller Schranken dargestellt. Eine Person also, die sich bloß durch ihren eignen Willen bestimmt, und die es offenbar macht daß sie weder innern noch äußern Schranken unterworfen ist, stellt die vollkommne innre und äußre persönliche Freiheit dar. Dadurch daß sie im frohen Genusse ihrer selbst nur aus reiner Willkür und Laune handelt, absichtlich ohne Grund oder wider Gründe, wird die innre Freiheit sichtbar; die äußre in dem Mutwillen, mit dem sie äußre Schranken verletzt, während das Gesetz großmütig seinem Rechte entsagt. So stellten sich die Römer in den Saturnalien[10] die Freiheit dar; ein ähnlicher Gedanke lag vielleicht bei dem Karneval zum Grunde. Daß die Verletzung der Schranken nur scheinbar sei, nichts wirklich Schlechtes und Häßliches enthalte, und dennoch die Freiheit unbedingt sei: das ist die eigentliche Aufgabe einer jeden solchen Darstellung, und also auch der *alten griechischen Komödie*.

Eine solch gränzenlose Freiheit genoß sie zu Athen. Schon ihr religiöser Ursprung[11] erzog und bildete die komische Muse zur Freiheit, der Dichter und sein Chor waren heilige Personen: aus ihnen redete der Gott der Freude, und unter diesem Schutze waren sie unverletzlich. Aber bald ward aus einem religiösen Institut auch ein politisches[12], aus dem Feste eine öffentliche Angelegenheit, aus der Unverletzlichkeit des Priesters eine symbolische Darstellung der bürgerlichen Freiheit. Der Chor besonders deutete auf das Athenische Volk, welches in der Schönheit eines Spiels seine eigne[13] Heiligkeit erblickte. Unter dem Deckmantel der Religion und der Politik, erschlich sich die Kunst das, worauf sie ein ewiges Recht hat, und was ihr der unglückliche Scharfsinn der Menschen raubte – unbeschränkte Autonomie. Wie die Wahrheit und die Tugend, ist die Schönheit ein ächtes erstgebornes Kind der menschlichen Natur, und hat mit jenen ein gleiches vollgültiges Recht, niemand zu gehorchen als sich selbst. Die Poesie kommt leichter in Gefahr, dies Recht zu verlieren, als andre Künste; am meisten die komische Muse, welche nur bei einem Volke, und bei diesem einem Volke nur eine kurze Zeit, frei war. – Wenn irgend etwas in menschlichen Werken göttlich genannt werden darf, so ist es die schöne Fröhlichkeit und die erhabne Freiheit in den Werken des *Aristophanes*. Aber was die Schönheit der alten Griechischen Komödie möglich machte, veranlaßte und erzeugte auch ihre Fehler, welche den Verlust ihrer Freiheit und ihrer Schönheit nach sich zogen. [...]

Aus der Natur des freien Komischen überhaupt, und aus dem Ursprunge und Charakter der alten Griechischen Komödie, erklären sich sehr leicht ihre vorzüglichen Fehler: Rohigkeit, ehe der öffentliche Geschmack gebildet; Verderbtheit, nachdem die öffentliche Sittlichkeit schon entartet war.[14] Beides findet sich im Aristophanes; aber es ist weit weniger zu befürchten, daß wir uns an seinen Fehlern, welche unsre Sitten noch weit mehr beleidigen als die Gesetze der Kunst, den Geschmack verderben, als daß wir seine einzigen und göttlichen Schönheiten über jene verkennen möchten.

Nichts verdient Tadel in einem Kunstwerke als Vergehungen wider die Schönheit und wider die Darstellung: das Häßliche und das Fehlerhafte. Was nur konventionellen Begriffen und Forderungen gewisser Stände, Nationen und Zeitalter widerspricht, ist darum nicht schlechthin verwerflich. Wir insbesondre müssen unsre ästhetischen Vorurteile in diesem Punkte vergessen; wir müssen uns erinnern daß die schöne Kunst mehr ist als die Geschicklichkeit, einer verzärtelten Sinnlichkeit zu schmeicheln; wir müssen aufhören, eine Beleidigung der physischen Delikatesse für strafbarer zu halten als eine Verletzung der Schönheit und der Kunst. Gewiß ist diese übertriebne physische Reizbarkeit, der Kunst weit nachteiliger als Rohigkeit; diese erzeugt nur einzelne Fehler, jene macht aller Kunst ein Ende und würdigt sie zu einem Kitzel der Sinnlichkeit herab. Es ist uns anstößig, daß die Griechische Komödie zu dem Volke in seiner Sprache redet; wir verlangen daß die Kunst vornehm sei. Aber die Freude und die Schönheit ist kein Privilegium der Gelehrten, der Adligen und der Reichen; sie ist ein heiliges Eigentum der Menschheit. Die Griechen ehrten das Volk; und es ist nicht die kleinste Vortrefflichkeit der Griechischen Muse, daß sie auch dem ungebildeten Verstande, dem gemeinen Manne die höchste Schönheit verständlich zu machen wußte. [...]

Das Komische richtet sich, weit mehr als das Tragische, nach dem Grade der Reizbarkeit und der Fassungskraft seines Publikums; und diese hängen wieder von dem Maße der geselligen Ausbildung und aller Seelenkräfte ab: daher der Unterschied unter dem Niedern und Edlen Komischen. [...] Der rohere Mensch ist gegen das Widrige, welches das Komische oft enthält, nicht so empfindlich: ihn kann auch wohl das Komische eines leidenden oder schlechten Gegenstandes ergötzen. Es ist die eigentliche Aufgabe der Komödie, das Unvollkommne, welches allein der Freude dramatische Energie verleihen kann, so viel als möglich zu entfernen, zu vergüten oder zu mildern, ohne jedoch die Energie zu vernichten, oder den Mangel der komischen durch tragische Energie zu ersetzen – eine Forderung, die noch nie ganz befriedigt ist. [...]

Noch ein andrer Fehler des Aristophanes, nicht wider die Schönheit, sondern wider Reinheit der Kunst, erklärt sich ganz natürlich aus den politischen Verhältnissen der Griechischen Komödie. Bis die Rechte der Kunst vielleicht bei einem spätern Geschlechte einmal freiwillig anerkannt werden, kann der Komödie die Freiheit nur durch ein Institut gesichert werden. So war es bei den Griechen; aber noch ehe sie sich aus ihrem fremdartigen Ursprunge zu reiner Poesie entwickelte und völlig bildete, entartete sie schon in persönliche und politische Nebenabsichten. Die Satire des Aristophanes ist sehr oft nicht poetisch sondern persönlich, und ebenso demagogisch als die Art, mit der er den Wünschen und den Meinungen des Volks schmeichelt. – Zügellosigkeit hat zur natürlichen Folge, Erschlaffung; Mißbrauch der Freiheit, den Verlust derselben. Nach diesem, welcher sehr bald erfolgte [15], war der Griechischen Komödie noch weit weniger möglich, was sie selbst während ihrer schönsten Blüte und freisten Regsamkeit nicht erreicht hat – das höchste komische Schöne. Hätte die Griechische Kunst es auch erreicht, so hätte sie es nicht bewahren können, hätte es bald verlieren müssen, wie das höchste Schöne im Tragischen, welches sie wirklich erreicht hat [16]. Denn sie war ein Produkt des freien Genies; und im freien Laufe der sich selbst überlassnen menschlichen Natur, ist die Vollkommenheit nur ein Moment. Wenn aber nicht freie Natur, sondern Absicht, das Prinzip der menschlichen Bildung ist, wie unter uns; so wird ganz natürlich der Anfang damit gemacht, den Menschen zu zerspalten, seine höhere Natur zu isolieren. Die Sinnlichkeit ist alsdann im Stande der Unterdrückung oder der Empörung; das Natürliche ist ohne Bildung nicht schön, die Freude darf nicht frei sein.

In andern Kunstwerken ist das Genie von seiner äußern Lage unabhängig: seine innere Freiheit kann ihm niemand rauben. Aber das komische Genie verlangt auch äußre Freiheit, kann ohne diese sich nur bis zur Grazie, nie bis zum höchsten Schönen erheben. Sie wird es erreichen, wenn die Absicht vielleicht in einer späten Zukunft ihr Geschäft vollendet und mit Natur endigt, wenn aus Gesetzmäßigkeit Freiheit wird, wenn die Würde und die Freiheit der Kunst ohne Schutz sicher, wenn jede Kraft des Menschen frei und jeder Mißbrauch der Freiheit unmöglich sein wird. Alsdann würde auch die reine Freude, ohne den Zusatz des Schlechten, welcher itzt dem Komischen notwendig ist, an sich genug dramatische Energie haben; die Komödie würde das vollkommenste aller poetischen Kunstwerke sein: oder vielmehr an die Stelle des Komischen würde das Entzückende [17] treten, und wenn es einmal vorhanden wäre, ewig beharren. Die Poesie kann dies gemeinschaftliche Ziel nicht allein erreichen, aber sie kann ohne fremde Hülfe sich ihrem Ideal nähern. Das Schauspiel muß so viel als möglich mit der dramatischen Vollkommenheit die alte Fröhlichkeit vereinigen, zur Natürlichkeit zurückkehren und sich der Freiheit nähern. Wenn auf einem solchen Wege nur einige Schritte getan sind, so läßt sich alles hoffen; und auf diesem Wege gibt es keinen bessern Wegweiser, kein vollkommneres Vorbild, als die alte Griechische Komödie. Sie ist ein unübertreffliches Muster schöner Fröhlichkeit, erhabener Freiheit, und komischer Kraft, bei allen Fehlern.

Aber noch außer denen, die ich schon entwickelt habe, wirft man dem Aristophanes vor: seine Stücke seien ohne dramatischen Zusammenhang und Einheit, seine Darstellungen in Karikatur und unwahr, er unterbreche oft die Täuschung[18]. – Der letzte Tadel ist nicht ohne allen Grund: nicht bloß in dem politischen Intermezzo, der Parekbase[19], wo der Chor mit dem Volke redete, sondern auch außerdem kommen in häufigen Anspielungen der Dichter und das Publikum zum Vorschein. Der Anlaß liegt in den politischen Verhältnissen der Komödie, aber eine Art von Rechtfertigung scheint mir auch in der Natur der komischen Begeisterung zu liegen. Diese Verletzung ist nicht Ungeschicklichkeit, sondern besonnener Mutwille, überschäumende Lebensfülle, und tut oft gar keine üble Wirkung, erhöht sie vielmehr, denn vernichten kann sie die Täuschung doch nicht. Die höchste Regsamkeit des Lebens muß wirken, muß zerstören; findet sie nichts außer sich, so wendet sie sich zurück auf einen geliebten Gegenstand, auf sich selbst, ihr eigen Werk; sie verletzt[20] dann, um zu reizen, ohne zu zerstören. Dieser charakteristische Zug des Lebens und der Freude wird in der Komödie noch überdem bedeutend durch die Beziehung auf die Freiheit.

Dramatische Vollständigkeit ist in der reinen Komödie, deren Bestimmung öffentliche Darstellung und deren Prinzip der öffentliche Geschmack ist, nicht möglich; wenigstens so lange nicht möglich, bis sich das Verhältnis der Empfänglichkeit zur Selbsttätigkeit im Menschen ganz ändert, bis reine Freude, ohne allen Zusatz von Schmerz, hinreicht, seinen Trieb aufs höchste zu spannen. Bis dahin wird die komische Kunst, um die Energie zu erreichen, ohne welche alle dramatische Darstellung unnatürlich und unwirksam ist, das Schlechte und den Schmerz [21] zu Hülfe nehmen müssen: bis dahin bleibt also auch die Erbsünde der komischen Energie die notwendige Lust am Schlechten. Die reine Lust ist selten lächerlich, aber das Lächerliche (sehr oft nichts anders als die Lust am Schlechten) ist weit wirksamer und lebendiger. Die eigentliche Aufgabe der Komödie ist: mit dem kleinsten Schmerz das höchste Leben zu bewirken; ihr bestes Mittel dazu ist die Stellung, z. B. in einer überraschenden Plötzlichkeit der Kontraste. Ohne Nachteil der Energie, hat sie noch nicht allen Zusatz des Häßlichen entbehren können; wie denn auch, nach der Meinung fast aller Philosophen, Unvollkommenheit ein wesentliches Ingrediens des Lächerlichen in der Natur ist, welchem das Komische in der Kunst entspricht. Geistige Freude ist rein und ruhig; eine Freude aber, die so heftig, unruhig, vermischt ist, wie die, welche das Komische bewirkt, ist höchst sinnlich. Sie erzeugt einen Rausch des Lebens, welcher den Geist mit sich fortreißt; und Schönheiten welche die Selbsttätigkeit zu sehr in Anspruch nehmen, gehen verloren. Die vollkommne Kausalverknüpfung, die innere dramatische Notwendigkeit und Vollständigkeit [22], sind viel zu schwerfällig für einen leichten zerstreuenden Rausch; und der Genuß der Harmonie erfordert Besonnenheit, Beisammensein der ganzen Seele. Vollkommne tragische Ganze, oder auch wohl epische und philosophische Ganze im dramatischen Gewande, welche mit allen Reizen des Komischen geschmückt sind, sind gar nicht selten; aber ich zweifle, daß sich ein vollkommnes dramatisches Kunstwerk findet, in welchem die Einheit des Ganzen poetisch, und zwar nicht tragisch, sondern reinkomisch wäre. [23]

Nachdem die Griechische Komödie nicht mehr frei, die komische Kraft des Genies erloschen (wäre sie noch vorhanden gewesen, so würde sie nur den zärtlicheren Geschmack beleidigt haben), aus Sittenlosigkeit Erschlaffung entstanden war, nachdem ferner die dramatische Kunst, die Sprache der Poesie, der Philosophie und des geselligen Lebens, auch das gesellige Leben selbst den höchsten Grad der Ausbildung erreicht hatte; da entstand die *neuere* Griechische Komödie. Sie hatte die Schönheiten, welche die Komödie ohne Freiheit und ohne komische Kraft haben kann: Grazie im Stil, Humanität in den Charakteren, Anmut der Diktion, und Feinheit des Dialogs. Der Mangel der komischen Energie ward (wie es überhaupt unvermeidlich geschieht) durch tragische Energie ersetzt; die Tragödie war auch verfallen, und die neue Mischung mußte beide ersetzen. Von der Tragödie entlehnte sie: die sanfte Wärme der Leidenschaft, welche sich oft dem tragischen Ernst nähert, und den eigentümlichen Zauber der dramatischen Kunst, das Interesse durch die leichte Entwicklung einer schöngeordneten vollständigen Handlung zu spannen. [...]

Q 1794 b. Der hier fast vollständig abgedruckte Aufsatz gehört zu den frühen kunstkritischen Abhandlungen F. Schlegels zur griechischen Antike und zu seinen ersten Publikationen überhaupt. Wohl aus einem schon 1793 gefaßten Plan zu einer «Apologie des Aristophanes»[24] hervorgegangen, dessen erste Umrisse in den unmittelbar zuvor erschienenen Studien *Von den Schulen der griechischen Poesie* (Q 1794a) und *Über die weiblichen Charaktere in den griechischen Dichtern* (Q 1794) sichtbar werden[25], unternimmt er eine Neubewertung der alten attischen Komödie, die 1794 revolutionär war und als der Durchbruch einer sich im 18. Jahrhundert erst langsam entwikkelnden positiven Rezeption des Aristophanischen Werkes angesehen werden kann.[26] «Daß Aristophanes», sagt F. Schlegel rückblickend in der Bearbeitung von 1822, «als ein Urkünstler der ersten Größe, in andrer und ganz eigentümlicher Art, neben den erhabensten Meistern der alten tragischen Kunst seine Stelle einnehme und verdiene; das war damals, als dieser kleine Aufsatz [...] zuerst erschien, noch durchaus nicht so allgemein anerkannt, als dieses jetzt überall zu vernehmen ist.»[27]

Allerdings ist diese Verteidigung in sich gebrochen: Zwar entspreche, so Schlegel, «nichts [...] so ganz dem Ideal des reinen Komischen, als die alte Griechische Komödie»[28], doch anders als die (So-

phokleische) Tragödie, die das «höchste Schöne im Tragischen [. .]
wirklich erreicht» habe, habe die griechische Komödie selbst während
ihrer Blütezeit «das höchste komische Schöne» nicht vollständig
realisiert.[29] Sie besitze «Fehler»[30], die, ganz unabhängig vom Geschmack und den Kriterien späterer Zeitalter, ihre eigene Zeit betreffen. Die Komödie des Aristophanes ist also zum einen eine bisher un-
übertroffene Annäherung an das Ideal des Komischen, doch zum
anderen verweist sie, eben da die Annäherung nicht vollkommen
ist, als historisches (relatives) Vorbild auf eine Zukunft – denn in der
Gegenwart erscheint Schlegel «das höchste komische Schöne» nicht
realisierbar –, in der die Komödie, vollkommene harmonische gesellschaftliche Bedingungen und die Wahrung auch der «äußre[n] Freiheit» des komischen Genies vorausgesetzt, «das vollkommenste aller
poetischen Kunstwerke sein» könnte.[31] Dem entspricht, daß im Schu-
len-Aufsatz und in der Weiblichkeits-Studie von 1794 die Aristophanische Komödie neben den Tragödien des Euripides schon als Zer-
fallsprodukt der attischen Kultur erscheint[32], die von einer «ersten
Stufe» der «harte[n] Größe»[33], von der «Erhabenheit» des Aischylos,
zur zweiten Stufe, der «Vollkommenheit» des Sophokles, aufstieg[34],
um «in der dritten Periode in eine kraftvolle, aber gesetzlose Schwelgerei»[35] (Euripides, Aristophanes) zu versinken, auf die «in der vierten Periode Ermattung» folgte, «welche sich nicht mehr über das
Feine und Liebenswürdige erheben konnte: nur aus Schwäche scheint
sie sittlicher als die vorige Periode. Die poetische Grazie der neuen
Komiker ist die letzte Stufe der Schönheit.»[36] Zwar wird damit Aristophanes über Menander gestellt und die noch das 18. Jahrhundert
prägende Vormachtstellung der neueren Komödie, aus der die Hochschätzung der modernen hohen Komödie abgeleitet wurde, gebrochen; doch zugleich wird innerhalb der Aristophanischen Komik eine
feine Grenze gezogen, die auch bei späteren Autoren zu beobachten
ist: Auf der einen Seite steht das hoch bewertete *rein* Komische (die
«reine Komödie»), also das Phantastische der Aristophanischen Komödie, in dessen Rahmen auch die (politische) Satire stattfinden darf,
soweit sie allgemein ist («öffentliche laute Darstellung des Lächerlichen», Kritik des «Lasters», der «Torheit» etc.[37]). Auf der anderen
Seite steht die persönliche Satire, also der gerade die alte Komödie
auszeichnende persönliche Spott, die ‹iambische Art›[38], die als «Feh-

ler» gegen die «Reinheit der Kunst»[39] und als demagogisch disqualifiziert wird (ehe sich die Komödie «zu reiner Poesie entwickelte und völlig bildete, entartete sie schon in persönliche und politische Nebenabsichten»[40]). Später hat F. Schlegel dieses Modell der Komödie differenziert und zum Teil auch klarer formuliert: so in den Pariser bzw. Kölner Privatvorlesungen über die *Geschichte der europäischen Literatur* von 1803 und 1804 (Q 1803) und in den Wiener Vorlesungen zur *Geschichte der alten und neuen Literatur* von 1812 (Q 1812), auf die in den Anmerkungen verwiesen wird.

1 Schlegel redet in diesem ersten Abschnitt – mit Blick auf seine eigene Gegenwart – von der sog. neuen attischen Komödie *(Nea)* (320 bis Mitte des 2. Jh., ihr wichtigster Autor war Menander). Sie gilt sowohl als erste Ausprägung der Mischgattung des «Dramas» («in der Mitte zwischen dem hohen Komischen und dem hohen Tragischen», Q 1794 [Kritische Friedrich-Schlegel-Ausgabe, Paderborn usw. 1958 ff, im folgenden KA Bd. 1], S. 66 f) und damit auch als Vorläufer moderner gemischter Formen wie der weinerlichen Komödie als auch als Vorbild der modernen Charakterkomödie. (Vgl. A. W. Schlegel: Q 1798, Ausg. 1989, S. 99; Q 1802 d, Ausg. 1989, S. 767 ff; Q 1808 a, Ausg. 1966, Bd. 5, S. 158, 162 f und F. Schlegel: Q 1803, KA Bd. 11, S. 94 f.) Ein wohl von alexandrinischen Philologen geprägtes Entwicklungs-Schema der griechischen Komödie unterschied diese neue von der alten *(Archaia:* 486 bis ca. 400) und dem Übergangstyp der mittleren *(Mese:* 400 bis 320) Komödie. Wesentliche Merkmale der alten Komödie (von ihr sind nur die Komödien des Aristophanes vollständig überliefert) sind die politische und die Personensatire (ihr öffentlicher Charakter, ohne Trennung von öffentlicher und privater Sphäre), Heroen- und Götterparodie bzw. Parodie der Tragödie, Phantastik, der derbe bis obszöne Charakter, die Parabase (die Unterbrechung des dramatischen Spiels und direkte, auf Aktuelles sich beziehende Ansprache an das Publikum) und der Chor. In der mittleren und endgültig in der neuen Komödie hört die Verspottung wirklicher Personen des öffentlichen, politischen Lebens auf. An ihre Stelle treten Philosophen, Dichter und Personen aus dem alltäglichen und häuslichen Leben. Es bildet sich die Form der Typen- und Charakterkomödie mit einem zusammenhängenden Plan und einer durchgeführten Handlung von allgemeinem, d. h. nicht-aktuellem Charakter, in der das Komische, jedenfalls das Grobkomische zurückgedrängt wird. Zugleich verschwinden die große Ausstattung und der Chor. Die neue Komödie ist gemäßigt, ohne «Beleidigung», und ehrbarer als die alte, auch kunstvoller im Sinne der Handlungsführung und Charakterzeichnung. **2** Gemeint ist das Beleidigende sowohl der persönlichen Satire als auch des Obszönen in der alten Komödie. Den letzten Punkt beklagt schon Aristophanes in der Parabase der *Wolken* als Verlust ihrer Eigenart (die Komödie werde ehrbarer, V. 537 ff). **3** Das häusliche Leben (vgl. Anm. 1) steht im Gegensatz zum politischen, das Aristophanes thematisiert. Nach einer spätantiken – traditionsbildenden – Formel (Diomedes und *Liber glossarum*), die wahrscheinlich auf Theophrast zurückgeht, hat die Komödie gefahrlose Geschehnisse aus der privaten Sphäre bzw. Angelegenheiten gewöhnlicher Privatpersonen und nicht die von Helden, Heerführern und Königen zum Inhalt. Doch schon Aristophanes parodiert in den *Fröschen* (V. 959 ff) die Entwicklung zum Häuslichen, für die er Euripides verantwortlich macht. **4** Im folgenden werden Varianten der modifizierten Fassung in den *Sämtlichen Werken* von 1822 (= W) nach Q 1794 b (= KA Bd. 1, S. 19 ff), sofern sie zum Verständnis beitragen, angemerkt. Statt «tragischer Energie» heißt es in W: «eine mehr oder minder tragische Wirkung». **5** Vgl. z. B. Lessings Bewertung des rührenden Lustspiels, Q 1754. **6** *Reines Werk, reine Gattung, Ideal des reinen Komischen:* F. und A. W. Schlegel sprechen meist von einer «reinen Komödie». Im Gegensatz zur Tragödie und zur Mischgattung zeichne sie sich durch «Regellosigkeit, Formlosigkeit, Wildheit und absolute Willkürlichkeit der Handlung» aus. Dies sei die «schönste und beste Form der Komödie», so daß die «Formlosigkeit nur scheinbar» sei: «die Unform selbst ist hier die größte Kunst und bezeichnet das echte Wesen der Gattung» (Q 1803, KA Bd. 11, S. 89). Die «Regellosigkeit», die Aristophanes zum Vorwurf gemacht wurde (zu ihr zählte auch die Parabase), wird bei F. Schlegel zum Merkmal der ursprünglichen und echten Gattung (ebd.). **7** *Bacchus:* lat. für Dionysos (Bakchos oder Iakchos, der Gott der eleusinischen Mysterien, wurde mit Dionysos identifiziert. Schlegel spielt darauf in der Fassung von 1822 an; vgl. KA Bd. 1, S. 21, Anm. 3). In Athen wurden die Komödien wie die Tragödien (mit den Satyrspielen) sowie die Dithyramben (Chorgesänge zu Ehren des Dionysos) bei den beiden Dionysos-Festen (im Frühling und Herbst) in Form eines Wettbewerbs *(Agon)* aufgeführt: seit 486 v. Chr. bei den Großen (städtischen) Dionysien, seit 445 v. Chr. oder wenig später auch bei den Lenäen. Tragödienagone bestanden bei beiden Festen jedoch schon früher, d. h., die Komödie wurde erst relativ spät institutionalisiert (Schlegel spricht von einem religiösen und politischen «Institut», s. o. S. 98 f), also in den Agon aufgenommen und mit einem Chor ausgestattet **8** *an ... ist der:* in W verändert: «an und für sich gut, selbst die sinnliche enthält ursprünglich nur ein unmittelbares Gefühl des gesunden Lebens und organischen Wohlseins. Die geistige Freude aber ist nichts anders als das begeisterte Gefühl und Mitgefühl von der unendlichen Lebensfülle und überströmenden Schöpferkraft der Natur. Von dieser überströmenden Fülle des freiesten Lebens nun, gibt uns die Dionysoskunst der alten Komödie das treueste und eigentümlichste Bild und Sinnbild. Diese Freude ist der ...». **9** *Freiheit:* in W erweitert: «Freiheit, wie sie nach weisen Gesetzen geordnet, in der wahren auf Recht und Sitten gegründeten Republik waltet; und jederzeit hat eine tiefere Staatskunst, hie und da selbst in monarchischen Staaten, solch festliche Freudenspiele, in sinnbildlicher Freiheit, nach altem gleichsam zum Recht gewordnen Gebrauch, gern bestehen lassen, oder auch selbst zur Erheiterung und Anfrischung des öffentlichen Lebens veranlaßt und befördert.» **10** *saturnalia* (lat.): siebentägiges römisches Fest zu Ehren des italischen Saatgottes Saturnus mit karnevalähnlichem Charakter und einer scherzhaften Verkehrung der Wirklichkeit (beliebt war z. B. die Bewirtung der Sklaven durch die Herren). Vgl. KA Bd. 1, S. 23, Anm. 6. **11** Vgl. Anm. 7. **12** Vgl. Anm. 7. **13** *eigne …* *erblickte:* in W erweitert: «eigne, nach alter Verfassung der freiesten Republik geheiligte, Idee und oberste Gewalt erblickte.» **14** Schlegel bezieht sich auf den Verfall des alten athenischen Staates und der Demokratie nach dem Tod des Perikles (429), der schon von den Zeitgenossen (Platon, Aristoteles, Thukydides u. a., auch von Aristophanes) beklagt wird. Vgl. Q 1812, KA Bd. 6, S. 37 ff: Der Verfall des griechischen Staates und seiner Verfassung werde historiographisch von Thukydides und poetisch-radikal von Aristophanes bezeugt. Vgl. auch Q 1794, KA Bd. 1, S. 68 und Anm. 15. **15** Der Niedergang der alten Komödie wird gewöhnlich mit der Kapitulation Athens im Jahre 404 (dem Ende des Peloponnesischen Krieges) und der Oligarchie der sog. «Dreißig» oder «Dreißig Männer» (404–403, vorübergehender Verlust der demokratischen Verfassung) in Verbindung gebracht. Vgl. auch Anm. 14. **16** In den Tragödien des Sophokles. **17** In W verweist Schlegel auf Calderón und das romantische Lustspiel als «christliche Verklärung der erleuchteten Fantasie» (KA Bd. 1, S. 30, Anm. 3) und auf eine entsprechende Passage seiner *Geschichte der alten und neuen Literatur* (Q 1812, KA Bd. 6, S. 281 ff). Vgl. auch Schelling, Q 1802 c, S. 370 ff. **18** Hier im Sinne von ‹Illusion›. Vgl. Anm. 6. **19** *Parekbase:* Parabase. Vgl. Anm. 1. **20** *verletzt … Dieser:* in W erweitert: «verletzt nur, um mehr zu reizen, ohne wirklich zu zerstören. In der Begeisterung des poetischen Witzes, schadet und stört es nicht, wenn die Täuschung scheinbar vernichtet wird; weil das Wesentliche des Eindrucks einer solchen Darstellung, nicht in dem geordneten Zusammenhange dieser und in der Täuschung besteht, sondern in eben jener Begeisterung des Witzes, welche alle Schranken durchbricht. Dieser …». **21** *das Schlechte, Schmerz:* die Darstellung menschlicher Laster, des «Häßlichen» und ihre schmerzhafte, satirische Behandlung. **22** Dies ist ein Kennzeichen der Tragödie. **23** *wäre:* in W erweitert: «Diese Aufgabe kann nur dadurch gelöst werden, […] indem die Poesie des Witzes in der Fülle ihrer Begeisterung alle Schranken durchbricht […] und den Unzusammenhang der kühnsten Fantasie selbst an die Stelle der Einheit des gewöhnlichen Zusammenhanges setzt.» **24** Vgl. Friedrich Schlegels Briefe an seinen Bruder August Wilhelm. Hg. v. O. F. Walzel, Berlin 1890, S. 149, auch 155, 163. **25** Vgl. zum Zusammenhang der drei Studien aus dem Jahre 1794 und zum Aristophanes-Aufsatz selbst: Matthias Dannenberg: Schönheit des Lebens. Eine Studie zum «Werden» der Kritikkonzeption F. Schlegels. Würzburg 1993, S. 78–176.   **26** Vgl. Paul Friedländer: Aristophanes in Deutschland [1932/33]. In: P. F., Studien zur antiken Literatur und Kunst. Berlin 1969, S. 531–571, bes. S. 543 ff.   **27** KA Bd. 1, S. 19, Anm. 1.   **28** Ebd. S. 20; s. o. S. 96.   **29** Ebd. S. 29; s. o. S. 101.   **30** Vgl. ebd. S. 24 ff; s. o. S. 99 ff.   **31** Ebd. S. 29 f; s. o. S. 101. **32** Vgl. ebd. S. 14 ff (= Q 1794 a), S. 60 ff (= Q 1794).   **33** Ebd. S. 14.   **34** Ebd. S. 17; S. 14, 57 ff.   **35** Ebd. S. 14.   **36** Ebd. S. 15.   **37** Ebd. S. 22 f; s. o. S. 98.   **38** Vgl. Aristoteles: *Poetik*, Kap. 5 (1449 b 9).   **39** KA Bd. 1, S. 28; s. o. S. 100.   **40** Ebd. S. 28 f; s. o. S. 100.

August Wilhelm Schlegel (1767–1845)
Aus: Vorlesungen über philosophische Kunstlehre
(1798)

B. Reine Komödie.
§ 227. [...] Die reine oder alte Komödie [1] ist die unmittelbare scherzhafte Darstellung menschlicher Charaktere in einer Handlung. Die Handlung ist um der Charaktere willen da. Scherz ist dem Ernste entgegengesetzt, der in der Richtung der Geisteskräfte auf einen Zweck, oder der Beschränkung ihrer Tätigkeit dadurch besteht. Der Scherz besteht also in der scheinbaren Zwecklosigkeit und Aufhebung aller Schranken beim Gebrauche der Geisteskräfte und ist um so vollkommener, je größer das dabei aufgewandte Maß desselben und je lebendiger der Anschein des zwecklosen Spiels und der absoluten Willkür ist. Witz und Spott kann auf eine scherzhafte Art gebraucht werden. Beides verträgt sich aber auch mit dem strengsten Ernste. – Ernst ist eine Richtung der Gemütskräfte nach einem Ziele und eine Beschränkung der Tätigkeit; Überströmen der Geisteskräfte nach allen Richtungen. Der Scherz hat gar keinen Zweck, keine Konsequenz; es kann auch Witz dabei vorkommen; er ist eine heftige Explosion des Geistes. Der Spott kann auch ernsthaft sein und witzig. Scherz ist eine Übergießung der Freude über die Lebensfülle, die sich hier poetisch zeigt. Witz ist beißend, aber nicht

fröhlich. Der Scherz ist der reinen Freude[2] am nächsten verwandt; er muß geistvoll und witzig sein, wenn er etwas bedeuten soll.

§ 228. Alles Würdige, Edle und Große der menschlichen Natur läßt nur eine ernsthafte Darstellung zu; der komische Dichter muß es also von der seinigen ausschließen und die Menschheit ins Entgegengesetzte, wie die Tragödie, nämlich ins Häßliche und Schlechte idealisieren. Diese Idealität besteht aber nicht in der Quantität, in einer die Willkürlichkeit übersteigenden Anhäufung von sittlichen Gebrechen und Ausartungen, sondern in der Qualität, in der Abhängigkeit von dem tierischen Teile[3], dem Mangel an Freiheit und Selbständigkeit, dem Unzusammenhange und den Widersprüchen des inneren Daseins, woraus Torheit und Narrheit hervorgehen. – Sollten würdige Personen komisch dargestellt werden, so mußten sie verändert werden, so wie es Aristophanes mit dem Sokrates gemacht hat.[4] Das Häßliche muß furchtbar oder lächerlich geschildert werden. Der Komiker muß über die Natur hinausgehen, er muß sie ins Häßliche idealisieren, wie schon Aristoteles bemerkt hat.[5] Der innern Schlechtigkeit gibt er eine Art, sich zu zeigen, wie sie in der Wirklichkeit nicht ist; er setzt sie auch in physischer Hinsicht herab. So kommt in den Vögeln des Aristophanes, einer zu den Vögeln hinauf, der seinen Vater umbringen will; die Vögel führen ihn aber davon ab; hier stellt er jene abscheuliche furchtbare Handlung als eine bloß physische dar, wobei der Mann selbst keine Selbständigkeit zeigt, indem er sich davon gleich zurückbringen läßt[6]; hier werden die Götter prostituiert[7]. Die Freude ist in ihren Äußerungen ausgelassen und die Griechen hielten es für eine Ehrenbezeugung der Gottheit, sie an ihrem Feste zu komödieren, so in den Fröschen[8] [...].

§ 229. Wie der tragische Dichter, so versetzt auch der komische seine Personen in ein poetisches Element; aber nicht in eine Welt, wo die Notwendigkeit, sondern eine absolute Willkür herrscht und die Gesetze der Wirklichkeit aufgehoben sind. An Wahrscheinlichkeit wird dabei gar nicht gedacht und jeden Augenblick verändert sich die Welt.

§ 230. Der Dichter ist folglich befugt, die Handlung so keck und phantastisch als möglich zu erfinden, sie darf sogar unzusammen-hängend und widersinnig sein[9], wenn sie nur geschickt ist, einen Kreis komischer Charaktere auf das stärkste ins komische Licht zu stellen. Beim Aristophanes bezieht sich alles immer auf einen komischen Punkt. Die Handlung in den Wolken ist vortrefflich erfunden, so in Pluto's[10] Kreis. Der Zweck ist aber immer unter einer zwecklosen Darstellung verborgen. Zum Frieden riet man immer auf eine höchst komische Weise[11], um einen guten Zweck jedoch zu erreichen; mit einer außerordentlichen Kühnheit machte man den Klerus[12] lächerlich.

§ 231. Damit nicht bloß das Dargestellte, sondern auch die Form der Darstellung scherzhaft sei, so muß dies scheinbar, nicht als Zweck und Geschäft betrieben werden. Der Dichter scheint daher den Eindruck durch fremde Einmischung aller Art selbst mutwillig zu zerstören und übertritt das Gesetz aller dramatischen Darstellung durch Rücksicht auf die Zuschauer, und keckes Hervortreten seiner eignen Person.[13] Der Dichter scheint durch seinen zügellosen Mutwillen die Freude selbst zu vernichten und es scheint ihm gar nicht darum zu tun zu sein, eine ordentliche Handlung darzustellen. [...]

§ 236. Die Vortrefflichkeit der alten Tragödie bestand in der lebendigen Erscheinung der unendlichen Harmonie; die der alten Komödie in der lebendigen Erscheinung unendlicher Fülle; jene erhebt durch schmerzliche Empfindungen zu der würdigsten Ansicht der Menschheit und des Lebens; diese ruft aus einer durchaus spottenden und erniedrigenden Betrachtungsart aller Dinge die unbedingteste Freiheit hervor. Beide Gattungen streben nach der Unendlichkeit. Die Tragödie strebt nach einer Ruhe, nach Harmonie; die Komödie nach Gesetzlosigkeit; denn Gesetze beschränken den Reichtum des Geistes. Beide erreichen das Höchste in der Kunst. [...]

Kommentar und Anmerkungen s. S. 114ff.

August Wilhelm Schlegel
Aus: Vorlesungen über schöne Literatur und
Kunst (1801 – 1804).
Zweiter Teil: Vorlesungen über schöne Literatur
(1802/03).

Die alte Komödie.

[…] Ich habe im Vorhergehenden bemerkt: die alte Komödie lasse
sich am besten als den durchgängigen Gegensatz der Tragödie begreifen. Eine Seite des Verhältnisses zu der letzteren Gattung lässt
sich unter den Begriff der Parodie fassen, aus welchem wir schon
das komische Heldengedicht [14] erklärt haben. Diese Parodie ist aber
eine unendlich kräftigere, weil das Parodirte durch die szenische
Darstellung eine ganz andre Realität und Gegenwart im Gemüthe
hatte, als das komische Heldengedicht, welches Geschichten der
Vorzeit als vergangen erzählte, und selbst mit ihnen in die ferne
Vorzeit zurücktrat. Die komische Parodie wurde aber auf frischer
That gemacht und selbst die Vorstellung auf derselben Bühne, wo
man ihr ernstes Vorbild zu sehen gewohnt gewesen war, mußte die
Wirkung verstärken. Auch wurden nicht bloß einzelne Stellen,
sondern die Form der tragischen Dichtung überhaupt parodirt, und
die Parodie erstreckte sich unstreitig nicht bloß auf die Poesie, sondern auch auf Musik und Tanz, auf die Mimik und Szenerie. Ja in so
fern die tragische Schauspielkunst in die Fußstapfen der Plastik
trat [15], war die komische auch auf diese Parodie, indem sie z. B. die
idealischen Götterfiguren, jedoch erkennbar, in Caricaturen ver-
wandelte. Je mehr nun die Hervorbringungen aller dieser Künste in
die äußern Sinne fallen, je mehr die Griechen bey den Volksfesten,
dem Gottesdienste und feyerlichen Aufzügen von dem edlen Style
umgeben und damit vertraut waren, der in der tragischen Darstellung einheimisch ist, desto unwiderstehlicher mußte die in der komischen enthaltne universelle Parodie aller Künste zum Lächerlichen wirken.

Allein mit diesem Begriffe ist das Wesen der Sache noch nicht erschöpft: denn Parodie setzt immer eine Beziehung auf das Parodirte, und Abhängigkeit davon voraus. Die alte Komödie ist aber eine eben so absolute und ursprüngliche Dichtart als die Tragödie, sie steht auf derselben Höhe, und kann eben so wohl durch scheinbare und sich selbst wieder aufhebende Vernichtung das höchste im menschlichen Gemüthe, die unbedingte Freyheit, zur Anschauung bringen.

Die Tragödie ist der höchste Ernst der Poesie, die Komödie durchaus scherzhaft. [...]

Die neuere Komödie [16] stellt zwar das Belustigende in Charakteren, contrastirenden Lagen und Combinationen derselben auf, und sie ist um so komischer je mehr das Zwecklose darin herrscht: Misverständnisse, Irrungen, vergebliche Bestrebungen lächerlicher Leidenschaft, und je mehr sich am Ende alles in Nichts auflöset; aber bey allen darin angebrachten Scherzen ist die Form der Darstellung selbst ernsthaft; d. h. an einen gewissen Zweck gesetzmäßig gebunden. In der alten Komödie hingegen ist diese scherzhaft, eine scheinbare Zwecklosigkeit und Willkühr herrscht darin: das Ganze des Kunstwerks ist ein einziger großer Scherz, der wieder eine ganze Welt von einzelnen speziellen Scherzen in sich enthält, unter denen wieder jeder seine Existenz für sich behauptet, und sich nicht um die andern zu bekümmern scheint. In der Tragödie herrscht, um mich durch ein Gleichniß deutlich zu machen, die monarchische Verfassung, aber, wie sie bey den Griechen in der Heldenzeit war, ohne Despotismus: alles fügt sich willig der Würde des heroischen Szepters. Die Komödie ist hingegen demokratisirte Poesie [17]: es ist darin Maxime, sich lieber die Verwirrung der Anarchie gefallen zu lassen, als die allgemeine Gleichheit und Freyheit aller geistigen Kräfte, aller Absichten, ja auch der einzelnen Gedanken und Einfälle zu beschränken. [...]

Das ernste Ideal ist die Einheit und harmonische Verschmelzung des sinnlichen Menschen in den geistigen, wie wir es aufs klarste in der Plastik sehen, wo die Vollendung der Gestalt nur Symbol intellektueller Vollkommenheit und der höchsten sittlichen Ideen wird,

wo der Körper ganz vom Geist durchdrungen und bis zur Verklärung vergeistigt ist. Das scherzhafte Ideal besteht hingegen in der
vollkommnen Harmonie und Eintracht der höhern Natur mit der
thierischen als des herrschenden Prinzips. Vernunft und Verstand
werden als freywillige Sclavinnen der Sinne vorgestellt. [...]

Q 1798, Q 1802 d. Während A. W. Schlegels berühmte Vorlesungen
Über dramatische Kunst und Literatur, 1808 in Wien vor glänzendem
Publikum gehalten[18], bereits 1809–1811 publiziert wurden und bis
1846 zwei weitere Auflagen[19] und vier Übersetzungen[20] erfuhren,
sind die beiden früheren Vorlesungen, in denen er schon die entschei-
denden Züge seiner Komödientheorie entwickelte, die *Vorlesungen
über philosophische Kunstlehre* (Jena 1798) und die Berliner *Vorlesungen über schöne Literatur und Kunst* (1801–1804), erst sehr viel
später (1911 bzw. 1884) – als Dokumente der Geschichte der Kunst-
theorie – vollständig gedruckt worden.[21] Ihr aktueller Einfluß ist jedoch nicht zu unterschätzen, da sie durch Mitschriften und Zuhörer
weit gewirkt haben. Literarhistorisch bedeutsam sind die Jenaer und
Berliner Vorlesungen zudem, da sie zeigen, wie früh (1798–1803) die
Komödientheorie A. W. Schlegels Gestalt angenommen hat[22] und
wie eng ihre Beziehung zur Dramentheorie Hegels und Schellings[23]
während der Jenaer Zeit ist. Dies mag rechtfertigen, daß hier Auszüge
aus den frühen Vorlesungen abgedruckt werden und auf die anderen
komödientheoretisch relevanten Texte Schlegels im folgenden nur im
Kommentar hingewiesen wird.

Wie Friedrich geht A. W. Schlegel von der *alten* attischen als einer
«reinen Komödie» aus. Sie und die «reine Tragödie» bilden die Extreme, «die absoluten Gegensätze», des Dramas[24] und werden als Extreme von modernen Mischgattungen, zu denen auch die neue Komödie gehört, unterschieden. Auch verteidigt A. W. wie sein Bruder,
wenngleich mit Einschränkungen[25], Aristophanes und leitet aus dem,
was die Aristophanische Komödie spannungsreich als Gegensätze in
sich vereint, die Charakteristika der «reinen Komödie» ab: Sie ist (wie
das «rein Komische») ohne jede ernste Stimmung, reiner Scherz,
zweckloses Spiel, absolute Willkür, Auflösung aller Grenzen in einen

rauschenden Taumel, so daß auch Spott und Satire in dieses ziellose, zwecklose Spiel aufgelöst werden.[26] Zugleich begreift A. W., vielleicht noch entschiedener als F. Schlegel, die Aristophanische Komödie als ein Ideal, an dem spätere Formen kritisch zu messen sind. Dies zeigt sich besonders deutlich in seiner Rezension (Q 1800a) der *Guerre des Dieux*, des *Krieges der Götter*, von Évariste de Parny[27], eines 1799 in Paris erschienenen Gedichts in zehn Gesängen, das die heidnischen Götter und die sakrosankten Gestalten des christlichen Himmels mit einiger Frivolität und Blasphemie in Beziehung setzt und als «unsittlich und irreligiös» berüchtigt[28] war. Schlegel mißt Parny an Aristophanes, indem er auf ein zentrales und zu seiner Zeit besonders delikates Problem jeder positiven Rezeption seiner Komödien rekurriert: auf ihre Götterparodie[29] und ihre Obszönitäten. In der Aristophanischen Komödie seien Scherz, politische Satire und besonders Götterparodie in höchster und freiester Form gemeinsam mit Ernst, Patriotismus und Frömmigkeit möglich, da beide Seiten gleichermaßen göttlich seien (auch die Götter verstehen Spaß[30]) und sich in einer Einheit[31] entfalten, in der sie unmittelbar wieder aufgelöst werden, so daß die «Handlung in einer bloßen Spiegelfechterey besteht».[32] Bei Parnys Götterparodie hingegen, die sonst auch in ihrer blasphemischen Kühnheit im Sinne des rein Komischen zu verteidigen sei[33], liege «der bittere Ernst [...] im Hinterhalte».[34] Er verletze die «Reinheit des komischen Witzes», denn ihn «beseele» nicht «der schöne Muthwillen, der in göttlicher Freyheit schwärmend, aber eben darum unwillkührlich und absichtslos, auch sein heiligstes Preis giebt, und sich in demselben Gemüthe mit frommer Begeisterung verträgt, [...] sondern der eitle, besonnene Kitzel der Freydenkerei.»[35]

Ähnliche Prämissen legt A. W. Schlegel seinen Überlegungen zur Theorie und Geschichte der neuen bzw. der aus ihr abgeleiteten modernen Komödie oder des Lustspiels[36] zugrunde, die uns aus den Manuskripten der frühen Vorlesungen nur als Skizzen[37] und in ausgearbeiteter Form durch die Wiener Vorlesungen überliefert sind. In theoretischer Hinsicht bestimmt er die neue oder moderne Komödie in den Wiener wie in den früheren Vorlesungen als «Mischung von Scherz und Ernst»[38], als «eine gemischte Gattung aus komischen und tragischen, aus poetischen und prosaischen Elementen»[39], aus denen entsprechend auch Mischformen oder «Unterarten» des Lustspiels hervorgehen können.[40] Im historischen Teil der Wiener Vorlesungen, einem ausführlichen Überblick über die Geschichte des modernen Dramas, stellt A. W. Schlegel neben der griechischen Komödie (mit unterschiedlicher Gewichtung) das römische, italienische, spanische, französische, englische und deutsche Lustspiel dar, wobei auch hier das Aristophanische Ideal im Hintergrund steht.[41]

1 S. o. S. 106, Anm. 1, S. 107, Anm. 6.   **2** Vgl. Q 1794 b (KA Bd. 1, S. 29 f, 31 f); s. o. S. 96 ff, 101 ff.   **3** Der sinnliche Teil des Menschen.   **4** In den *Wolken* erscheint Sokrates, der die Sophisten bekämpfte, als lächerliche Karikatur eines Sophisten.   **5** Vgl. *Poetik*, Kap. 2, bes. 1148 a 1–6, 18 f: Die Komödie gehört zu einem Typus von Kunst, der Handelnde nachahmt, die schlechter sind, als wir Heutigen zu sein pflegen. Vgl. auch Kap. 5 (1449 a 31 ff).   **6** In den *Vögeln* zieht es, nach der Errichtung des Vogelreichs, eine Reihe von Opportunisten aus Athen zur «Wolkenkuckucksburg», die von den neuen Verhältnissen profitieren wollen (vgl. V. 904–1057, 1337–1469). Unter ihnen ist ein mißratener Sohn, der seinen Vater töten und beerben will. Er wird von Peithetairos, dem neuen Anführer der Vögel, statt dessen in den Krieg geschickt und akzeptiert dies sofort (V. 1337–1371).   **7** *prostituiert:* bloßgestellt.   **8** In den *Fröschen* des Aristophanes wird Dionysos (= Iakchos bzw. Bakchos, s. o. S. 107, Anm. 7) in extremer Weise als Feigling karikiert (vgl. bes. V. 1–322, 460–673). Blasphemie und andächtige Verehrung des Gottes wurden an *seinem* Fest miteinander verbunden (vgl. *Frösche* V. 323–459, 674–737). Vgl. auch Q 1800 a, S. 261.   **9** S. o. S. 107, Anm. 6.   **10** *Plutos (Der Reichtum)* (388): die letzte erhaltene Komödie des Aristophanes.   **11** In den sog. Friedenskomödien des Aristophanes *(Die Acharner, Der Friede, Lysistrate)*, z. T. auch in *Die Ritter* und *Die Vögel*.   **12** Karikaturen von Priestern in den *Vögeln* V. 848–894, 958–991 (Orakeldeuter) und *Plutos* V. 675–681, 1171–1196.   **13** Gemeint ist die Parabase; s. o. S. 106, Anm. 1.   **14** Vgl. Q 1802 d, Ausg. 1989, S. 643–49.   **15** Gemeint ist die Nachbildung von Menschen und Göttern in der griechischen Plastik. Vgl. Q 1802 d, Ausg. 1989, S. 279–96, bes. 291, S. 568 (Verhältnis Skulptur-Tragödie), S. 721, 727 f.   **16** S. o. S. 106, Anm. 1.   **17** Zur Identifikation Tragödie – Monarchie, Komödie – Demokratie vgl. A. Müller (Q 1806 a, Ausg. 1967, S. 244 f); eine vergleichbare Differenzierung auch bei Görres (Q 1802, Ausg. 1932, S. 134) und Hegel (Q 1802 a, Ausg. 1968, S. 455–462).   **18** Vgl. Q 1808 a, Ausg. 1923, Bd. 1, S. LXXXIII, Anm. 51.   **19** Die 1. und 2. Aufl. wurden von Schlegel selbst herausgegeben. Von der 3. Aufl. sah er nur den 1. Band durch. Die folgenden Anm. beziehen sich auf die 3. Aufl. nach der Neuausgabe 1966 u. 1967, Bd. 5 u. 6.   **20** Vgl. Q 1808 a, Ausg. 1923, Bd. 1, S. XCII, Anm. 99.   **21** Zum Erstdruck

der Jenaer Vorlesungen von 1798 vgl. Q 1798, Ausg. 1911, S. III f u. S. [372]
22 Die Komödientheorie der Jenaer Vorlesungen übernimmt zum Teil Vorstellungen F. Schlegels (bis auf Übereinstimmung in den Formulierungen). Die
Ausführungen der Berliner Vorlesungen über die dramatische Poesie der Griechen (und damit den Kern seiner Komödientheorie) übernimmt Schlegel, teils
wörtlich, teils erweitert, in die Wiener Vorlesungen. **23** Vgl. Q 1802a,
Q 1802c. **24** Q 1798, Ausg. 1989, S. 83. **25** Vgl. Q 1808a, Ausg. 1966, Bd. 5,
S. 138. **26** Vgl. Q 1798, Ausg. 1989, S. 93 f, Q 1802d, Ausg. 1989, S. 768;
s. o S. 98, 109 f, 113. **27** Évariste-Désiré de Forges, chevalier de Parny
(1753–1814): La guerre des Dieux, ancien et modernes, en dix chants. Paris
1799, 1. u. 2. Aufl. Auch in: Parny, Poésies complètes. Nouvelle Édition. Paris
1887, S. 1–152. **28** Q 1800a, S. 253. Parnys Gedicht ist in dieser Hinsicht sehr
kühn: Es schildert (in Anlehnung an die griechische Mythologie) erotische Beziehungen zwischen den olympischen Göttern und den Personen der Trinität,
den Engeln und den Heiligen. **29** Götterparodie findet sich bei Aristophanes in
moderater Form in *Der Friede* V. 180–235, 361–726 (Hermes) und in stärkerer
Form in *Die Vögel* V. 676–736 (Parodie des orphischen Schöpfungsmythos, des
Orakels etc.), V. 1170–1261 (die Götterbotin Iris), 1494–1552 (Prometheus),
1565–1694 (Göttergesandtschaft) und in *Die Frösche* (Dionysos, s. o. Anm. 8)
und *Plutos* V. 627–747 (Asklepios), 1097–1170 (Hermes). **30** Vgl.
Q 1800a, S. 259 f und Q 1808a, Ausg. 1966, Bd. 5, S. 148. **31** Diese Einheit ist
sowohl die alte Komödie als Institution der Polis als auch das Bewußtsein der
Bürger Athens. **32** Q 1800a, S. 257. Schlegel spricht auch von einer «univer-
sellen Tollheit» (S. 262): Vollkommene Abwesenheit von moralischem Ernst
und höchst frevelhafte Parodie (vgl. S. 266), wenn sie nur «poetische Orgien»
und «Begeisterung des Scherzes» sind, entsprechen sich; nur so «durfte Aristophanes den Bacchus an einem ihm zu Ehren gegebenen Feste als Karikatur
von einem niederträchtigen und feigen Weichling vorstellen» (Q 1800a,
S. 261). S. auch o. Anm. 8. **33** Vgl. Q 1800a, S. 254 ff. **34** Q 1800a, S. 261.
35 Q 1800a, S. 262. Parnys Unternehmen erreiche nicht die Freiheit des «absolute[n] Komiker[s]» (Q 1800a, S. 264), da er seine eigene Religion, den «mo-
ralisirende[n] Naturalismus, Deismus», zu ernst nehme (Q 1800a, S. 262).
Schlegels entscheidendes Argument ist hier (ebd.): «Wenn der Witz einer im
Werk offen darliegenden Absicht dient, so ist er nicht mehr Meister; er gehorcht,
und es ist dann kein Grund mehr vorhanden, warum er sich nicht den Gesetzen
der Schicklichkeit, den politischen und religiösen Verfassungen fügen sollte.»
In vergleichbarer Weise verteidigt und kritisiert A. W. Schlegel die «Gemählde
der Wollust» in Parnys Gedicht im Vergleich zu «den witzigen Unanständig-
keiten des Aristophanes» (Q 1800a, S. 264 f). **36** In den Wiener Vorlesungen
nennt er die moderne Komödie in Abgrenzung zur alten «reinen»
Komödie pointiert «Lustspiel» (Q 1808a, Ausg. 1966, Bd. 5, S. 158). **37** Vgl.

Q 1798, Ausg. 1989, S. 97 ff, Q 1802 d, Ausg. 1989, S. 771 ff. **38** Q 1808 a, Ausg. 1966, Bd. 5, S. 158. **39** Ebd. S. 162. **40** Vgl. zu diesen Unterarten ebd. **41** Dies führt z. B. zu einer zukunftsweisenden Wertschätzung volkstümlicher Komödientypen, die von der klassizistischen Dramentheorie als unwürdig befunden wurden, z. B. der alten italienischen Maskenkomödie, die «von vermeintlich gebildeten Ständen» verachtet werde, doch «geistreich und witzig» sei (Q 1808 a, Ausg. 1966, Bd. 5, S. 249).

Friedrich Wilhelm Joseph Schelling (1795–1854)
Aus: Philosophie der Kunst (1802/03, 1804/05)

Von dem Wesen der Komödie.
Es wurde gleich anfangs bemerkt[1], daß durch den allgemeinen Begriff nicht bestimmt ist, auf welcher Seite die Freiheit, und auf welcher die Nothwendigkeit sey, daß aber das ursprüngliche Verhältniß von Freiheit und Nothwendigkeit dasjenige ist, in welchem die Nothwendigkeit als das Objekt, die Freiheit als das Subjekt erscheint. Dieses Verhältniß aber ist das der Tragödie, und darum auch sie die erste und gleichsam positive Erscheinung des Drama. Durch die Umkehrung des Verhältnisses muß also diejenige Form entspringen, worin die Nothwendigkeit oder Identität vielmehr das *Subjekt*, die Freiheit oder Differenz das Objekt ist, und dieß ist das Verhältniß der *Komödie*, wie aus folgenden Betrachtungen sich ergeben wird.

Jede Umkehrung eines nothwendigen und entschiedenen Verhältnisses setzt einen in die Augen fallenden Widerspruch, eine Ungereimtheit in dem Subjekt dieser Umkehrung. Gewisse Arten der Ungereimtheit sind nun *unerträglicher* Art, theils inwiefern sie theoretisch pervers und verderblich sind, theils inwiefern sie praktisch nachtheilig sind und ernstliche Folgen haben. Allein in dem angenommenen Fall der Umkehrung wird 1) eine *objektive*, demnach nicht eigentlich theoretische Ungereimtheit gesetzt, 2) ist das Verhältniß in derselben so, daß das Objektive nicht die Nothwendigkeit, sondern die Differenz ist oder die Freiheit. Die Nothwendigkeit erscheint aber bloß, inwiefern sie das Objektive ist, als *Schicksal*, und nur insofern ist sie furchtbar. Da also mit der angenommenen Umkehrung des Verhältnisses zugleich alle *Furcht* vor der Nothwendigkeit als Schicksal aufgehoben, und angenommen ist, daß in *diesem* Verhältniß der Handlung überhaupt kein wahres Schicksal möglich sey, so ist ein reines Wohlgefallen an der Ungereimtheit an und für sich selbst möglich, und dieses Wohlgefallen ist es, was man überhaupt das Komische nennen kann, und was sich äußerlich durch einen freien Wechsel des Anspannens und Nachlassens ausdrückt. Wir spannen uns an, die Ungereimtheit, die unserer Fassungskraft widerspricht, recht ins Auge zu fassen, bemerken aber in dieser Anspannung unmittelbar die vollkommene Widersinnigkeit und Unmöglichkeit der Sache, so daß diese Spannung augenblicklich in eine Erschlaffung übergeht, welcher Uebergang sich äußerlich durch das Lachen ausdrückt.

Wenn wir nun die Umkehrung jedes möglichen Verhältnisses, das auf Gegensatz beruht, überhaupt ein komisches Verhältniß nennen können, so ist ohne Zweifel das höchste Komische und gleichsam die Blüthe desselben da, wo die Gegensätze in der höchsten Potenz[2], demnach als Nothwendigkeit und Freiheit umgekehrt werden, und da ein Streit dieser beiden an und für sich objektive Handlung ist, so ist auch das Verhältniß einer solchen Umkehrung durch sich selbst dramatisch. [...]

Es versteht sich, daß, weil die Nothwendigkeit ihrer Natur nach objektiv ist, die Nothwendigkeit im Subjekt nur eine prätendirte, angenommene seyn kann und eine affektirte Absolutheit ist, die nun durch die Nothwendigkeit in der Gestalt der äußeren Differenz zu Schanden gemacht wird. So wie die Freiheit und Besonderheit auf der einen Seite die Nothwendigkeit und Allgemeinheit lügt, so nimmt auf der anderen Seite die Nothwendigkeit den Schein der Freiheit an und vernichtet unter dem angenommenen Aeußeren der Gesetzlosigkeit, im Grunde aber nach einer nothwendigen Ordnung die prätendirte Gesetzmäßigkeit. Es ist *nothwendig*, daß wo sich die Besonderheit zur Nothwendigkeit das Verhältniß der Objektivität gibt, sie zu nichte werde; es ist also *insofern* in der Komödie das höchste Schicksal und sie selbst wieder die höchste Tragödie; aber das Schicksal erscheint eben deßwegen, weil es selbst eine der seinigen entgegengesetzte Natur annimmt, in einer erheiternden Gestalt, nur als die Ironie, nicht aber als das Verhängniß der Nothwendigkeit.

Da jede mögliche Affektation und Prätention auf Absolutheit ein unnatürlicher Zustand ist, so ist es für die Komödie, da sie als Drama ganz nur an die Anschauung geht, die vorzüglichste Aufgabe, nicht nur diese Prätention zur Anschauung zu bringen, sondern auch, weil die Anschauung vorzüglich nur das Nothwendige faßt, ihr eine Art von Nothwendigkeit zu geben. Die subjektive Absolutheit, sie sey nun wahr und in der Harmonie mit der Nothwendigkeit, oder bloß angenommen und also im Widerspruch mit ihr, drückt sich als Charakter aus. Der Charakter ist aber wie in der Tragödie ebenso auch in der Komödie ein Postulat, eben weil er das Absolute ist; er selbst ist nicht weiter zu motiviren. Nun ist es aber nothwendig, daß gerade in den höchsten Potenzen der Ungereimtheit und der Widersinnigkeit die Anschaulichkeit sich gleichsam verliert, wenn sie nicht auf andere Weise darein gebracht wird. (Anders im Roman – weil episch.) Dieß ist nun bloß möglich, wenn die Person durch einen von ihr unabhängigen Grund, eine äußere Nothwendigkeit schon bestimmt ist, einen gewissen Charakter anzunehmen und ihn öffentlich vor sich zu tragen. Zur höchsten Erscheinung der Komödie bedarf es also nothwendig *öffentlicher* Charaktere, und damit das Maximum der Anschaulichkeit erreicht werde, so müssen es *wirkliche* Personen von öffentlichem Charakter seyn, die in der Komödie vorgestellt werden.[3] In diesem Fall allein ist dem Dichter so viel vorausgegeben, daß er nun ferner alles wagen und den gegebenen Personen alle möglichen Erhöhungen der Züge ins Komische leihen kann, weil er die beständige Beglaubigung an dem unabhängig von seiner Dichtung existirenden Charakter der Person zur Begleitung hat. Das öffentliche Leben im

Staat wird dem Dichter hier zur Mythologie[4]. Innerhalb dieser Grenze braucht er sich nichts zu versagen, und je kecker er sein dichterisches Recht gebraucht, desto mehr erhebt er sich wieder über die Begrenzung, da die Person in seiner Behandlung gleichsam den persönlichen Charakter wieder ablegt und allgemein-bedeutend oder symbolisch wird.

Die einzige höchste Art der Komödie ist also die *alte* griechische oder die Aristophanische[5], sofern sie sich auf öffentliche Charaktere wirklicher Personen gründet und diese gleichsam zur Form nimmt, worein sie ihre Erfindung ergießt.

Wie die griechische Tragödie in ihrer Vollkommenheit die höchste Sittlichkeit verkündet und ausspricht, so die alte griechische Komödie die höchste denkbare Freiheit im Staat, welche *selbst* die höchste Sittlichkeit und mit dieser innig eins ist. Wenn uns auch von den dramatischen Werken der Griechen nichts geblieben wäre außer den Komödien des *Aristophanes*, so würden wir doch aus diesen allein auf einen Grad der Bildung und einen Zustand der sittlichen Begriffe schließen müssen, der der modernen Welt nicht nur fremd, sondern sogar unfaßlich ist. Aristophanes ist mit Sophokles dem Geiste nach wahrhaft eins und *er selbst*; nur in der andern Gestalt, worin er allein noch existiren konnte, als das vollkommene Zeitalter Athens vorbei und die Blüthe der Sittlichkeit in Zügellosigkeit und üppige Schwelgerei übergegangen war.[6] Beide sind wie zwei gleiche Seelen in verschiedenen Leibern, und die sittliche und poetische Rohheit, die den Aristophanes nicht begreift, vermag ja auch den Sophokles nicht zu fassen. […]

Q 1802 c. Schelling las über die *Philosophie der Kunst* 1802/03 in Jena und wiederholte diese Vorlesung in Wurzburg 1804/05. Die durch seinen Sohn aus den Handschriften besorgte Erstveröffentlichung (1859) erfolgte auf der Basis des zweiten Vortrags in Würzburg. Der abgedruckte Text ist der Beginn und das theoretische Kernstück des Komödienabschnitts.[7]

Ziel von Schellings identitätsphilosophischem Ansatz in seiner

Philosophie der Kunst ist es, das Absolute bzw. das Unendliche als unbedingtes Prinzip der Kunst zu erweisen[8]: Die Kunst stelle «das Unendliche in sich als Besonderem» dar.[9] Die daraus für gattungstheoretische Überlegungen resultierende Frage, wie aus dem «allgemeinen und absoluten Schönen besondere schöne Dinge hervorgehen können»[10], beantwortet Schelling, indem er dem Absoluten das Wirkliche als «Nichtidentität des Allgemeinen und Besonderen»[11] entgegensetzt. In der Gattungshierarchie, die aus den verschiedenen Möglichkeiten abgeleitet wird, das Verhältnis von Allgemeinem und Besonderem darzustellen, erhält das Drama den höchsten Rang, da es die «Synthese des Allgemeinen» (in Form der Notwendigkeit) «und Besonderen» (in Form der Freiheit)[12] symbolisiere. Hier zeige sich der Gegensatz von Freiheit und Notwendigkeit zum einen als «wahrhafter Streit» (Differenz)[13], zum anderen als vollkommene Ausgleichung dieses Streits (Indifferenz). Es sei «ohne Zweifel die höchste Erscheinung der Kunst, daß die Freiheit sich zur Gleichheit mit der Nothwendigkeit erhebe, und der Freiheit dagegen, ohne daß diese etwas dadurch verliere, die Nothwendigkeit gleich erscheine»[14]. Die Tragödie interpretiert Schelling als die erste, weil «ursprüngliche und absolute»[15] Erscheinungsform dieses Streites, da in ihr «die Nothwendigkeit das Objektive, die Freiheit das Subjektive»[16] sei.

Werden die Zuordnungsverhältnisse von Freiheit und Notwendigkeit dagegen vertauscht, erscheint also (a) die Notwendigkeit in der Form des Subjektiven, was sie zu Willkür und Zufall, zu einem unernsten Schicksal verkehrt, und (b) die Freiheit in der Form des Objektiven, so entsteht die Komödie als eine «Umkehrung des [ursprünglichen] Verhältnisses» der Tragödie[17]. Signifikantes Merkmal der beiden sich spiegelbildlich zueinander verhaltenden Gattungen ist also der Streit zwischen Freiheit und Notwendigkeit sowie die innerhalb des Dramas darzustellende Versöhnung dieses Streits. Um dieser Versöhnung willen bewertet Schelling den Ausgang der Tragödie nicht als «unglücklich»[18]. Der Held, mit seiner individuellen Freiheit untergehend, weise auf eine höhere, universalisierte Freiheit, die der Notwendigkeit ebenbürtig sei.[19] Die Komödie hingegen entlarve den Anspruch auf subjektive Notwendigkeit als «affektirte Absolutheit», die vom Zuschauer als «Unmöglichkeit der Sache» erkannt werde. Die «*Furcht* vor der Nothwendigkeit als Schicksal» werde hiermit aufgehoben. Das Ende der Komödie zeige allerdings auch, daß die subjektive Notwendigkeit, gerade weil sie eine nur angenommene ist, zugrunde gehen müsse. Die Komödie kehre also gerade in ihrer «erheiternden Gestalt» und im Übermut ihrer Freiheit zurück zu der ernsten Einsicht, die die Tragödie vermittelt: zur Anerkennung der Tatsache, daß die Notwendigkeit auf ihrem Gebiet nicht zu überwinden ist. In diesem Sinne spricht Schelling davon, daß «in der Komödie das höchste Schicksal und sie selbst wieder die höchste Tragödie» sei.[20]

1 Vgl. Q 1802 c, *Philosophie der Kunst* (im folgenden: PhdK), S. 337. **2** «Potenzen» definiert Schelling als die «verschiedenen Bestimmungen», unter denen die Darstellung des Absoluten erfolgen kann. «Sie verändern schlechthin nichts am Wesen, dieses bleibt immer und nothwendig dasselbe, deßwegen heißen sie *ideelle* Bestimmungen» (PhdK S. 10). Vgl. Manfred Frank: Einführung in die frühromantische Ästhetik. Frankfurt / M. 1989, S. 193 f. **3** In den folgenden, an dieser Stelle nicht abgedruckten Ausführungen sucht Schelling am Beispiel der Figur des Sokrates aus Aristophanes' *Wolken* den symbolischen Wert eines öffentlichen Charakters deutlich zu machen: «Aristophanes stellt nicht die einzelne Person dar, sondern die ins Allgemeine erhöhte, also von sich selbst ganz verschiedene Person […]. Um seinen Erfindungen Glauben, Anschaulichkeit, Eingang zu verschaffen, bedurfte Aristophanes eines berühmten Namens, auf den er alle die Lächerlichkeiten häufen konnte» (PhdK, S. 359 f). **4** Für Schelling ist die Mythologie «die nothwendige Bedingung und der erste Stoff aller Kunst», da nur mittels der «Ideen der Götter» die geforderte «Darstellung des Absoluten in Begrenzung ohne Aufhebung des Absoluten» realisiert werden könne. Schelling expliziert diese Überlegung in einer Theorie vom Symbolcharakter der Dichtung, die er von allegorischen und schematischen Darstellungsweisen abgrenzt (vgl. PhdK S. 49 ff). **5** Vgl. o. S. 96 ff. **6** S. o. S. 101. **7** Das Kapitel umfaßt darüber hinaus Ausführungen zur antiken Komödie am Beispiel des Aristophanes. Interessante Hinweise zur Gattungsgeschichte bietet auch der unmittelbar folgende Abschnitt *Von der modernen dramatischen Poesie* (S. 362 ff). **8** Vgl. PhdK S. 14. **9** Ebd. S. 13. **10** Ebd. S. 14. **11** Ebd. S. 14 f. **12** Ebd. S. 15; vgl. S. 331 ff. **13** Ebd. S. 333; vgl. S. 337 f. **14** Ebd. S. 337. **15** Ebd. S. 337. **16** Ebd.; vgl. o. S. 118 f. **17** Ebd. S. 355 ff; s. o. S. 118. **18** Vgl. PhdK S. 341 f: Weil sich der Streit zwischen Freiheit und Notwendigkeit endige, werde der Zuschauer «nicht zerrissen, sondern geheilt […] zurück[ge]lassen» (S. 341). **19** Schelling erläutert diesen Vorgang am Beispiel des *König Ödipus* (vgl. PhdK S. 339 ff). **20** Ebd. S. 356 f; s. o. S. 120.

Georg Wilhelm Friedrich Hegel (1770–1831)
Aus: Vorlesungen über die Ästhetik (1820 ff)

c. Die konkrete Entwicklung der dramatischen Poesie und ihrer Arten [...] α) [*griechisches Drama*] [...] αα) [*griechische Tragödie*] [...]

ββ) [*antike Komödie*] Komisch nämlich, wie wir sahen [1], ist überhaupt die Subjektivität, die ihr Handeln durch sich selber in Widerspruch bringt und auflöst, dabei aber ebenso ruhig und ihrer selbst gewiß bleibt. Die Komödie hat daher das zu ihrer Grundlage und ihrem Ausgangspunkte, womit die Tragödie schließen kann: das in sich absolut versöhnte, heitere Gemüt, das, wenn es auch sein Wollen durch seine eigenen Mittel zerstört und an sich selber zuschanden wird, weil es aus sich selbst das Gegenteil seines Zwecks hervorgebracht hat, darum doch nicht seine Wohlgemutheit verliert. Diese Sicherheit des Subjekts aber ist andererseits nur dadurch möglich, daß die Zwecke und damit auch die Charaktere entweder an und für sich nichts Substantielles enthalten oder, haben sie an und für sich Wesentlichkeit, dennoch in einer ihrer Wahrheit nach schlechthin entgegengesetzten und deshalb substanzlosen Gestalt zum Zweck gemacht und durchgeführt werden, so daß in dieser Rücksicht also immer nur das an sich selber Nichtige und Gleichgültige zugrunde geht und das Subjekt ungestört aufrecht stehenbleibt. [2]

Dies ist nun auch im ganzen der Begriff der alten klassischen Komödie, wie sie sich für uns in den Stücken des Aristophanes erhalten hat. Man muß in dieser Rücksicht sehr wohl unterscheiden, ob die handelnden Personen für sich selbst komisch sind oder nur für die Zuschauer. [3] Das erstere allein ist zur wahrhaften Komik zu rechnen, in welcher Aristophanes Meister war. Diesem Standpunkte gemäß stellt sich ein Individuum nur dann als lächerlich dar, wenn sich zeigt, es sei ihm in dem Ernste seines Zwecks und Willens selber nicht Ernst, so daß dieser Ernst immer für das Subjekt selbst seine eigene Zerstörung mit sich führt, weil es sich eben von Hause aus in kein höheres allgemeingültiges Interesse, das in eine wesentliche Entzweiung bringt, einlassen kann und, wenn es sich auch wirklich darauf einläßt, nur eine Natur zum Vorschein kommen läßt, die durch ihre gegenwärtige Existenz unmittelbar das schon zunichte gemacht hat, was sie scheint ins Werk richten zu wollen, so daß man sieht, es ist eigentlich gar nicht in sie eingedrungen. Das Komische spielt deshalb mehr in unteren Ständen der Gegenwart und Wirklichkeit selbst, unter Menschen, die einmal sind, wie sie eben sind, nicht anders sein können und wollen und, jedes echten Pathos unfähig, dennoch nicht den mindesten Zweifel in das setzen, was sie sind und treiben. Zugleich aber tun sie sich als höhere Naturen dadurch kund, daß sie nicht an die Endlichkeit, in welche sie sich hineinbegeben, ernstlich gebunden sind, sondern darüber erhoben und gegen Mißlingen und Verlust in sich selber fest und gesichert bleiben. Diese absolute Freiheit des Geistes, die an und für sich in allem, was der Mensch beginnt, von Anfang an getröstet ist, diese Welt der subjektiven Heiterkeit ist es, in welche uns Aristophanes einführt. Ohne ihn gelesen zu haben, läßt sich kaum wissen, wie dem Menschen sauwohl sein kann. – Die Interessen nun, in welchen diese Art der Komödie sich bewegt, brauchen nicht etwa aus den der Sittlichkeit, Religion und Kunst entgegengesetzten Gebieten hergenommen zu sein; im Gegenteil, die alte griechische Komödie hält sich gerade innerhalb dieses objektiven und substantiellen Kreises, aber es ist die subjektive Willkür, die gemeine Torheit und Verkehrtheit, wodurch die Individuen sich Handlungen, die höher hinauswollen, zunichte machen. Und hier bietet sich für Aristophanes ein reicher, glücklicher Stoff teils an den griechischen Göttern, teils an dem atheniensischen Volke dar. Denn die Gestaltung des Göttlichen zur menschlichen Individualität hat an dieser Repräsentation und deren Besonderheit, insofern dieselbe weiter gegen das Partikuläre und Menschliche hin ausgeführt wird, selbst den Gegensatz gegen die Hoheit ihrer Bedeutung und läßt sich als ein leeres Aufspreizen dieser ihr unangemessenen Subjektivität darstellen.[4] [...]

Der Hauptton, der uns aus diesen Darstellungen entgegenklingt, ist das um so unverwüstbarere Zutrauen aller dieser Figuren zu sich selbst, je unfähiger sie sich zur Ausführung dessen zeigen, was sie unternehmen. Die Toren sind so unbefangene Toren, und auch die verständigeren haben gleich solch einen Anstrich des Widerspruchs mit dem, worauf sie sich einlassen, daß sie nun auch diese unbefangene Sicherheit der Subjektivität, es mag kommen und gehen, wie es will, niemals verlieren. Es ist die lachende Seligkeit der olympischen Götter, ihr unbekümmerter Gleichmut, der in die Menschen heimgekehrt und mit allem fertig ist. Dabei zeigt sich Aristophanes nie als ein kahler, schlechter Spötter, sondern er war ein Mann von geistreichster Bildung, der vortrefflichste Bürger, dem es Ernst blieb mit dem Wohle Athens und der sich durchweg als wahrer Patriot bewies. Was sich daher in seinen Komödien in voller Auflösung darstellt, ist, wie ich schon früher sagte, nicht das Göttliche und Sittliche, sondern die durchgängige Verkehrtheit, die sich zu dem Schein dieser substantiellen Mächte aufspreizt, die Gestalt und individuelle Erscheinung, in welcher die eigentliche Sache schon von Hause aus nicht mehr vorhanden ist, so daß sie dem ungeheuchelten Spiele der Subjektivität offen kann bloßgegeben werden. Indem aber Aristophanes den absoluten Widerspruch des wahren Wesens der Götter, des politischen und sittlichen Daseins und der Subjektivität der Bürger und Individuen, welche diesen Gehalt verwirklichen sollen, vorführt, liegt selber in diesem Siege der Subjektivität, aller Einsicht zum Trotz, eines der größten Symptome vom Verderben Griechenlands, und so sind diese Gebilde eines unbefangenen Grundwohlseins in der Tat die letzten großen Resultate, welche aus der Poesie des geistreichen, bildungsvollen, witzigen griechischen Volkes hervorgehen. [...]

β) [*modernes Drama*] [...] αα) [*moderne Tragödie*] [...]
ββ) [*moderne Mittelgattung: Schauspiel, Drama*] [...]
γγ) Was zuletzt die moderne *Komödie* angeht, so wird in ihr besonders ein Unterschied von wesentlicher Wichtigkeit, den ich bereits bei der alten attischen Komödie berührt habe: der Unterschied, ob

nämlich die Torheit und Einseitigkeit der handelnden Personen nur
für andere oder ebenso für sie selber lächerlich erscheint, ob daher
die komischen Figuren nur von den Zuschauern oder auch von sich
selbst können ausgelacht werden. Aristophanes, der echte Komiker,
hatte nur dies letztere zum Grundprinzip seiner Darstellung
gemacht. Doch schon in der neuen griechischen Komödie[5] und
danach bei Plautus und Terenz[6] bildet sich die entgegengesetzte
Richtung aus, welche sodann im modernen Lustspiele zu so durch-
greifender Gültigkeit kommt, daß eine Menge von komischen
Produktionen sich dadurch mehr oder minder gegen das bloß Pro-
saisch-Lächerliche, ja selbst gegen das Herbe und Widrige hinwen-
det. Besonders Molière z. B. steht in seinen feineren Komödien, die
keine Possen sein sollen, auf diesem Standpunkte. Das Prosaische
hat hier darin seinen Grund, daß es den Individuen mit ihrem
Zwecke bitterer Ernst ist. Sie verfolgen ihn deshalb mit allem Eifer
dieser Ernsthaftigkeit und können, wenn sie am Ende darum betrogen werden oder sich ihn selbst zerstören, nicht frei und befriedigt
mitlachen, sondern sind bloß die geprellten Gegenstände eines
fremden, meist mit Schaden gemischten Gelächters. So ist z. B.
Molières *Tartuffe*, le faux dévot, als Entlarvung eines wirklichen
Bösewichts nichts Lustiges, sondern etwas sehr Ernsthaftes, und
die Täuschung des betrogenen Orgon geht bis zu einer Peinlichkeit
des Unglücks fort, die nur durch den Deus ex machina gelöst werden kann[7] [...]. Auch die häßliche Abstraktion so fester Charaktere, wie z. B. Molières Geiziger, deren absolute, ernsthafte Befan-
genheit in ihrer bornierten Leidenschaft sie zu keiner Befreiung des
Gemüts von dieser Schranke gelangen läßt, hat nichts eigentlich
Komisches.[8] – Auf diesem Felde vornehmlich erhält dann als Ersatz
die fein ausgebildete Geschicklichkeit in genauer Zeichnung der
Charaktere oder die Durchführung einer wohlersonnenen Intrige
die beste Gelegenheit für ihre kluge Meisterschaft.[9] [...]
In dieser Weise stellt das moderne Lustspiel überhaupt Privatinter-
essen und die Charaktere dieses Kreises in zufälligen Schiefheiten,
Lächerlichkeiten, abnormen Angewöhnungen und Torheiten für

den Zuschauer teils in Charakterschilderung, teils in komischen Verwicklungen der Situationen und Zustände dar. Eine so franke Lustigkeit aber, wie sie als stete Versöhnung durch die ganze Aristophanische Komödie geht, belebt diese Art der Lustspiele nicht, ja sie können sogar abstoßend werden, wenn das in sich selbst Schlechte, die List der Bedienten, die Betrügerei der Söhne und Mündel gegen würdige Herrn, Väter und Vormünder, den Sieg davonträgt, ohne daß diese Alten selbst sich von schlechten Vorurteilen oder Wunderlichkeiten bestimmen lassen, um derentwillen sie in dieser ohnmächtigen Torheit lächerlich gemacht und den Zwecken anderer preisgegeben werden dürften.[10]

Umgekehrt jedoch hat auch die moderne Welt dieser im ganzen prosaischen Behandlungsweise der Komödie gegenüber einen Standpunkt des Lustspiels ausgebildet, der echt komischer und poetischer Art ist. Hier nämlich macht die Wohligkeit des Gemüts, die sichere Ausgelassenheit bei allem Mißlingen und Verfehlen, der Übermut und die Keckheit der in sich selber grundseligen Torheit, Narrheit und Subjektivität überhaupt wieder den Grundton aus und stellt dadurch in vertiefterer Fülle und Innerlichkeit des Humors, sei es nun in engeren oder weiteren Kreisen, in unbedeutenderem oder wichtigerem Gehalt, das wieder her, was Aristophanes in seinem Felde bei den Alten am vollendetesten geleistet hatte. Als glänzendes Beispiel dieser Sphäre will ich zum Schluß auch hier noch einmal Shakespeare mehr nur nennen als näher charakterisieren. […]

Q 1820. Hegel hat seine Auffassung von der Komödie (gemeinsam mit der von der Tragödie) zum ersten Mal zur Zeit seiner Lehrtätigkeit in Jena, zwischen 1802 und 1807, also in unmittelbarem Kontakt zu Schelling, entwickelt. In seiner rechtsphilosophischen Schrift *Über die wissenschaftlichen Behandlungsarten des Naturrechts* (1802/1803)[11] unterscheidet er in ähnlicher Schärfe wie A. W. Schlegel und Schelling zwischen der alten (aristophanischen) Komödie, die er *göttliche* nennt, und einer *modernen* oder *anderen Komödie* und bezieht beide Typen sowohl auf einen politischen als auch auf einen religiösen Zusammenhang. Die *alte Komödie* entspricht historisch der Entwicklung der griechischen Polis und Kultur bis zum Verfall ihrer Struktur (in Hegels Augen: Verfall der Demokratie) und repräsentiert in ihrem politischen Sinn ein ideales Bild der Freiheit des atheniensischen Staates: Sie ist Ausdruck eines untragischen Zusammenspiels zwischen der sittlichen Organisation und Allgemeinheit auf der einen und der Entfaltung von Individualität und Subjektivität auf der anderen Seite. In ihrem religiösen Sinn verweist sie auf eine unauflösliche Sicherheit und Ruhe des Glaubens. Die *moderne Komödie* ist die Zerstörung dieses Zusammenhangs.[12] Allerdings ist für Hegel (er denkt hier besonders an Sokrates als den exponiertesten Repräsentanten der griechischen Aufklärung und seine Darstellung in den *Wolken*[13]) auch schon die alte Komödie Symptom der Auflösung der alten staatlichen und religiösen Ordnung Athens.[14] Den zuletzt genannten Aspekt behandelt Hegel mit großer Komplexität im Abschnitt *Das geistige Kunstwerk* des Religionskapitels der *Phänomenologie des Geistes* (1806/1807)[15] (dem zweiten wichtigen Text zur Komödie), in dem die Komödie aus der Tragödie abgeleitet und als Verfall des Götterglaubens, doch auch als Befreiung der Subjektivität dargestellt wird.[16]

Die heute bekannteste Ausformung seiner Komödientheorie liegt in den *Vorlesungen über die Ästhetik* vor.[17] Hegel analysiert die Komödie in der *Ästhetik* in einem systematischen Teil (*a. Das Prinzip der Tragödie, Komödie und des Dramas*), der hier nicht abgedruckt ist, und in einem historischen Teil (*c. Die konkrete Entwicklung der dramatischen Poesie und ihrer Arten*), aus dem ein Auszug wiedergegeben wird, der Hegels Behandlung der antiken und modernen Komödie dokumentiert.

Bemerkenswert ist, daß Hegels *Ästhetik* nicht nur mit der Darstellung der (modernen) Komödie und ihrer Entgegensetzung zum Humor endet, der offenbar das ersetzen soll, was in der Moderne verlorengegangen ist, sondern daß die Komödie auch das berühmte ‹Ende der Kunst› markiert. Die Komödie hat dadurch einen eigentümlichen Rang: Sie ist auf der einen Seite die letzte Stufe der höchsten Form der Kunst, des Dramas, auf der anderen Seite aber auch «Auflösung der Kunst»[18] überhaupt, da in ihr hervortritt, daß das «Ewige, Göttliche, an und für sich Wahre» nicht mehr an die Kunst, d. h. nicht mehr an seine reale «Erscheinung und Gestalt für unsere äußere Anschauung»[19] gebunden ist.

1 Vgl. den hier nicht abgedruckten systematischen Abschnitt, Q 1820, Werke in 20 Bänden, Frankfurt/M. 1970 (im folgenden: Werke), Bd. 15, S. 527–531. **2** Im systematischen Abschnitt (vgl. ebd. S. 527–529) unterscheidet Hegel zwei (positive) Arten der Komödie: Im ersten Fall verfolgt das handelnde Subjekt «kleine und nichtige» Zwecke, die an sich keinen Ernst und Aufwand verdienen, dennoch mit großem Ernst oder «dem Anschein von großem Ernst», so daß ihm ein Mißlingen des Zweckes als schmerzhafte Aussicht erscheint (was auf den Zuschauer erheiternd wirken kann). Doch «eben weil es etwas in sich Geringfügiges wollte», kann es sich letztlich, wenn es seinen Zweck verfehlt, auch selbst «in freier Heiterkeit» über seinen Mißerfolg erheben. Im zweiten Fall sind die Zwecke große, bedeutende und wichtige (im Sinne Hegels «substantielle» Zwecke des Staates und der Religion) und werden ebenfalls mit großer Ernsthaftigkeit verfolgt, doch die handelnden Individuen sind letztlich gänzlich unfähig, diese Zwecke zu realisieren. Sie verwandeln sich in ihren Händen in eine unangemessene Gestalt. Hegels Beispiel ist der Versuch der Frauen in den *Ekklesiazusen*, der *Weibervollversammlung* (392 v. Chr.) des Aristophanes, Gütergemeinschaft als neue Staatsordnung einzuführen. **3** Vgl. ebd. S. 527 f. Eine ähnliche Unterscheidung macht A. W. Schlegel (Q 1808 a, Ausg. 1966, Bd. 5, S. 164 f.) **4** Hegel gibt hier der Götterparodie der Aristophanischen Komödie (s. o. S. 117, Anm. 29) eine besondere Bedeutung, indem er sie als eine extreme Seite des Anthropomorphismus der griechischen Religion auffaßt. Da die menschliche Gestalt dem Göttlichen an sich unangemessen ist, liegt in der menschenähnlichen Gestaltung der Götter bei den Griechen schon ein Grundwiderspruch, den die Komödie nur entfaltet. Vgl. Q 1820, Werke, Bd. 14, S. 107 ff. **5** S. o. S. 106, Anm. 1. **6** S. o. S. 28, Anm. 2. **7** *Le Tartuffe ou L'imposteur: Der Tartuffe oder Der Heuchler.* Im Mittelpunkt der 1664, 1667 und 1679 in verschiedenen Fassungen und unter unterschiedlichen Titeln uraufgeführten Komödie steht Tartuffe, ein religiöser Heuchler (frz.: *faux dévot*) und Betrüger, der sich durch Vorspiegelung außergewöhnlicher Frömmigkeit im Haus des reichen Bürgers Orgon eine Machtstellung erschleicht und dessen blindes Vertrauen gewinnt. Hegel bezieht sich auf den Schluß: Orgon entdeckt Tartuffes wahre Natur, doch wird er von ihm, da er ihm sein Vermögen vermacht hat, aus dem Hause gejagt und zudem mit politisch kompromittierenden Papieren erpreßt. Diese Situation wird durch ein überraschendes Eingreifen des Königs gelöst. **8** Vgl. Q 1820, Werke, Bd. 15, S. 528 f. **9** S. o. S. 106, Anm. 1. **10** Z. B. in Molières *Les Fourberies de Scarpin* (*Scarpins Schelmenstreiche*, UA: 1671) **11** Q 1802 a. **12** Vgl. Q 1802 a,

Werke, Bd. 2, S. 496–500. **13** In diesen Zusammenhang gehört auch ein Abschnitt aus den sehr viel späteren *Vorlesungen über die Geschichte der Philosophie*, in dem Hegel die Darstellung des Sokrates in den *Wolken* rechtfertigt; vgl. Werke, Bd. 18, S. 481–486. **14** Vgl. Q 1802 a, Werke, Bd. 2, S. 497 f. **15** Q 1807, Werke, Bd. 3, S. 529–544. **16** Vgl. ebd. S. 540–544. Vgl. auch das Kapitel *Der wahre Geist. Die Sittlichkeit* der *Phänomenologie des Geistes*, in dem Hegel über die antike Tragödie handelt, doch sich in Anspielungen auch auf die alte Komödie bezieht; Q 1807, Werke, Bd. 3, bes. S. 352–354. **17** Q 1820. Sie haben, was die Dramentheorie betrifft, wahrscheinlich ab 1821 und vor allem ab 1838, dem Erscheinungsjahr des dritten Bandes der *Ästhetik*, gewirkt. Ansonsten wirkte seine Dramentheorie vielleicht durch den Naturrechtsaufsatz, wahrscheinlicher aber durch die *Phänomenologie*. **18** Q 1820, Werke, Bd. 15, S. 572. **19** Ebd. S. 573.

Karl Wilhelm Ferdinand Solger (1780–1819)
Aus: Vorlesungen über Ästhetik (1819)

3. Von der dramatischen Poesie.

[…] Das Wesentliche der dramatischen Kunst beruht nicht auf den besonderen Stoffen und Gesichtspunkten, sondern darauf, ob es ihr gelingt, das innere Wesen alles menschlichen Handelns und Lebens, die Idee, aufzufassen, und darzustellen, daß selbst die höchste Wirklichkeit an sich nichts ist, sondern nur in sofern die göttliche Idee sich darin offenbart. Nur nach diesem Standpunkte müssen dramatische Gedichte geschätzt und die besonderen Gesichtspunkte und Stoffe nur als besondere Gestaltungen jener Idee angesehen werden.

Die Idee durchdringt sich hier aufs vollkommenste mit der Wirklichkeit; daher scheidet sich *Komisches* und *Tragisches* hier am reinsten; denn wir können die Verschmelzung der Idee mit der Wirklichkeit immer nur nach entgegengesetzten Richtungen auffassen. Erscheint die ganze Wirklichkeit als Darstellung und Offenbarung der Idee sich selbst widersprechend und sich in die Idee versenkend, so ist dies das *tragische Princip*. Erkennen wir hingegen, daß die mannichfaltige unvollkommene Wirklichkeit gleichwohl überall die Idee enthält, so entsteht das *komische Princip*. Der Grund, warum sich diese beiden Principien hier so bestimmt trennen, liegt in der Universalität der dramatischen Kunst.[1] Diese Reinheit beider Principien ist jedoch nur in der antiken Kunst wirklich zu finden, wo die Verschmelzung der Idee und Wirklichkeit ganz symbolisch ist, dagegen in der neueren Kunst immer zugleich allegorische Beziehung[2] und daher Vermischung beider Principien stattfindet. [...]

Die dramatische Poesie ist die universelle, da sie keinen besonderen Stoff in Beziehung auf die Idee, sondern die Idee selbst in ihrer reinen Thätigkeit darstellt. Indem diese erschöpfend aufgefaßt wird, muß die Scheidung des Tragischen und Komischen eintreten. Ein Mittleres zu denken, wo Wirklichkeit und Idee ganz Eins würden, ist uns unmöglich, da wir das Wesen nur durch einen Gegensatz zu erkennen vermögen. Die vollkommene Einheit der Idee und Wirklichkeit können wir uns nicht einmal vorstellen; es wäre dies die göttliche Erkenntniß selbst. Wir sind in der Existenz befangen, die ein von der Idee abgewendetes, verlorenes und an sich nichtiges Leben hat und nur Bedeutung, Inhalt und Werth erhalten kann, wenn sich die göttliche Idee in ihr offenbart. Diese Offenbarung aber ist nur möglich durch Aufhebung der Existenz selbst, und in diesem Akte müssen wir die Idee erfassen, was wir auf absolute Weise nicht vermögen. Die Existenz selbst ist nicht das Dasein der Gottheit; vielmehr können wir dieses nur dadurch erfahren, daß durch seine Offenbarung die Existenz aufgehoben wird. Dieser Mittelpunkt alles menschlichen Bewußtseins ist auch der Mittelpunkt der Poesie.

Indem nun aber die Richtung dieser Offenbarung eine zwiefache ist, so entsteht die Trennung des Tragischen und Komischen. Im *Tragischen* wird durch die Vernichtung die Idee als existirend offenbart; denn indem sie sich als Existenz aufhebt, ist sie da als Idee, und beides ist eins und dasselbe. Der Untergang der Idee als Existenz ist ihre Offenbarung als Idee. [...] In der Wirklichkeit kann sich die Gottheit nicht persönlich, sondern nur dadurch offenbaren, daß das ganze Gebiet der Gegensätze, als Gegenwart der Idee betrachtet, sich aufhebt.

Das *Komische* beruht auf der entgegengesetzten Richtung. Die Wirklichkeit als gegenwärtige Existenz ist nicht wegzuläugnen; aber sie würde nicht existiren können, wenn in ihr die Idee nicht wäre. Diese kann aber in der Wirklichkeit nur in Widersprüchen aufgelöst sein. Die gemeine Wirklichkeit hält sich in der Existenz nur durch ihre relative Beschaffenheit. Soll in ihr die Idee als gegenwärtig erkannt werden, ohne welche die Existenz überhaupt nicht wäre, so muß sich die Idee durch diese Gegensätze selbst vernichten und sich in die gemeine Wirklichkeit aufheben. Daher entsteht im Komischen der Contrast zwischen dem gemeinen Leben und der Idee. Die Tragödie führt das Gefühl der Beruhigung mit sich; die Komödie eine Empfindung des Behagens, indem wir wahrnehmen, daß in der gemeinen Wirklichkeit dennoch die Idee enthalten ist, die sich zwar in ihren Gegensätzen aufhebt, aber zugleich mit in die Existenz verflicht. Darum darf das Komische nie das Schlechte allein sein, sondern das Schlechte als Modification der Idee, die gemeine Welt als Auflösung der Idee. Es können geringfügige, widersprechende Motive darin herrschen, die aber alle aus einer Idee entsprießen.

In allem Komischen findet daher immer ein Widerspruch statt; nicht aber für den gemeinen Verstand. Das Komische erscheint gewissermaßen immer als Parodie, weil die Erinnerung an die Idee stets gegenwärtig sein muß. Das bloß Gemeine, Nichtswürdige, als solches dargestellt, wie es in den neueren bürgerlichen Lustspielen herrscht, liegt außer den Grenzen der Kunst. Die Posse malt das Schlechte als Schlechtes; das bürgerliche Schauspiel das Schlechte als Gutes; beides ist gleich verwerflich. Das Schlechte muß nur als Reflex der Idee erscheinen. So liegt bei *Aristophanes* in den *Wolken* das Komische darin, daß die wahre Idee der Weisheit und Philosophie an das gemeine Leben angeschlossen und darein verwandelt ist.[3] – Die ganze Nichtigkeit des Wirklichen würde in dem Komischen nicht zur Erscheinung kommen, wenn nicht die Idee darin wäre. Wäre es das bloße gemeine Leben, so würde es Niemand lächerlich finden; nur durch den Contrast der Idee erscheint die Wirklichkeit als nichtig, und nur dadurch entsteht die komische Wirkung. [...]

Die *Komödie* ist der gerade Gegensatz der *Tragödie*. Die Idee ist hier in die gemeine Wirklichkeit aufgelöst, die als Entstellung, aber zugleich als Dasein der Idee dargestellt wird. Die Komödie zeigt, wie die Idee gemeine Existenz geworden, und zugleich diese nichts anders als Idee ist. Daher liegt bei der Komödie in der Haupthandlung der vorzüglichste Sinn und Werth. Die Vorstellung, die Handlung in der Komödie sei eine bloß zufällige, welche Ansicht selbst Schlegel aufstellt, ist schwach. Der Weltlauf des gemeinen Lebens ist die Hauptsache; dieser aber ist nicht Zufall, sondern die allgemeine Natur der Wirklichkeit, welche dadurch komisch wird, daß wir sie gleichwohl als Ausdruck der Idee erkennen. [...]

Q 1819 a. Solgers Komödientheorie in den *Vorlesungen über Ästhetik*[4] ist neben Hegels früher Komödientheorie und der Schellings und Schopenhauers ein Beispiel für ein starkes religionsphilosophisches Interesse an der tragischen und komischen Form des Dramas und für eine enge Verbindung von Komödien- und Tragödientheorie. Solger geht davon aus, daß im Zentrum des Dramas die Beziehung des endlichen Ichs, der Existenz, zum Bereich des Göttlichen steht, der auch der Bereich der Idee ist, eine Beziehung, die er als negative oder auch als Widerspruch[5] begreift: «Die Existenz selbst ist nicht das Dasein der Gottheit». Vielmehr sind wir «in der Existenz befangen, die ein von der Idee abgewendetes, verlorenes und an sich nichtiges Leben hat und nur Bedeutung, Inhalt und Werth erhalten kann, wenn sich die göttliche Idee in ihr offenbart»[6]. Da aber die Beziehung zwischen göttlicher Idee und Existenz keine positive sein kann – auch «das Höchste ist für unser Handeln *nur in begrenzter endlicher Gestaltung* da»[7] –, ist diese «Offenbarung [...] nur möglich durch Aufhebung der Existenz selbst»[8]. In abgeschwächter Form argumentiert Solger, daß zwar die Wirklichkeit «nicht existiren könnte, wenn in ihr die Idee nicht wäre»[9], und daß «in der Existenz etwas Wesentliches» liege, der Mensch «an dem Höchsten Theil» habe[10], doch die Idee, wenn sie in die Erscheinung hinabsteigt, «mit sich selbst in unerklärbaren Widerspruch gerathen» müsse[11]. Der Mensch ist «als erscheinendes Wesen zu unvereinbaren Widersprüchen verdammt, die nur mit der Aufhebung der Existenz endigen»[12], und der Ausdruck dieses Verhältnisses ist die Tragödie bzw. das «echt tragische Gefühl»[13]. Zu diesem (schwächeren) Argumentationszusammenhang[14] gehört auch die Komödie. Auch sie ist, wie die Tragödie, auf «das Höchste und Heiligste, wie es sich bey Menschen gestaltet»[15], bezogen, und auch sie spiegelt diese Beziehung als negative, indem sie die einzig mögliche Existenz der Idee in den Gegensätzen und Widersprüchen der Wirklichkeit zeigt. Insofern liegen in ihr wie im Tragischen Ernst, ja Herbheit.[16] Doch zugleich erlaubt sie eine andere Blickrichtung auf das Verhältnis Idee – Existenz, die sich in einer «Empfindung des Behagens»[17] am Komischen ausdrückt. Diese Umkehrung der Blickrichtung beruht auf der Wahrnehmung, «daß in der gemeinen Wirklichkeit dennoch die Idee enthalten ist, die sich zwar in ihren Gegensätzen aufhebt, aber zugleich mit in die Existenz verflicht»[18]; wenn also die Idee sich überhaupt in die widersprüchliche Wirklichkeit auflöst (die ihr ja an sich gänzlich entgegengesetzt ist) und in dieser Form angeschaut werden kann, muß sie auch mit ihr verflochten sein. Die Komödie zeigt «die gemeine Wirklichkeit» als «Entstellung, aber zugleich als Dasein der Idee».[19] Solger sagt auch, das Komische zeige «uns das Beste, ja das Göttliche in der menschlichen Natur, wie es ganz aufgegangen ist, in dieses Leben der Zerstückelung, der Widersprüche, der Nichtigkeit, und eben deßhalb erholen wir uns daran, weil es uns dadurch vertraut geworden, und ganz in unsere Sphäre verpflanzt ist»[20].

---

1 Der von Solger mehrmals gebrauchte Begriff ‹universell› bezieht sich weniger auf das weite Stoffrepertoire des Dramas, sondern darauf, daß die Gattung Drama in jedem Stoff das Universelle (Allgemeine) der Kunst, den fundamentalen Gegensatz von Idee und Existenz, ergreift. Vgl. Q 1819a, S. 272 ff u. 308 f. **2** Zu den Begriffen ‹symbolisch›, ‹Symbol› und ‹allegorisch›, ‹Allegorie› vgl. Q 1819a, S. 126 ff u. Q 1815, Ausg. 1815, Bd. 2, S. 46 ff (Auszüge auch in Q 1819a, S. 391 ff). **3** In den *Wolken* wird der Kontrast zwischen wahrer und scheinbarer Bildung, zwischen echter und unechter Weisheit etc. durch eine dem Alltäglichen entliehene (ein Bauer möchte seine Schulden loswerden) und ins Groteske gewendete Situation dargestellt. **4** Die uns vorliegende Überlieferung basiert auf den Berliner Vorlesungen von 1819, die Solgers Schüler K. W. L. Heyse 1829 aufgrund seiner Mitschrift nach dessen Tod publizierte. Für Solgers Komödientheorie relevant und im Kommentar berücksichtigt sind auch Passagen aus dem *Erwin* (Q 1815), die zum Teil von Heyse im Anhang der Vorlesungen abgedruckt werden, und drei Abschnitte seiner Kritik der Wiener Vorlesungen von A. W. Schlegel (Q 1819). **5** Vgl. Q 1815, Ausg. 1815, Bd. 2, S. 90 ff. **6** Q 1819 a, S. 310. **7** Q 1819, Reprint 1971, S. 408. **8** Q 1819 a, S. 310; s. o. S. 132. Solger nennt diesen Zusammenhang auch «eine unmittelbare Gegenwart dieses Göttlichen [...], die sich eben in dem Verschwinden unserer Wirklichkeit offenbart», und verbindet ihn (in Anlehnung an den vielschichtigen Gebrauch des Terminus durch die Romantiker) mit der «Stimmung» der «tragischen Ironie»; Q 1819, Reprint 1971, S. 409. **9** Q 1819 a, S. 312. **10** Ebd., S. 97. **11** Ebd., S. 96. **12** Ebd., S. 96 f. **13** Ebd., S. 97 **14** Vgl. zu dieser Argumentation Hegels Rezension von *Solgers nachgelassenen Schriften und Briefwechsel*, Werke in 20 Bänden. Frankfurt / M. 1970, Bd. 11, S. 256 ff. **15** Q 1819, Reprint 1971, S. 409. **16** Vgl. ebd. **17** Q 1819 a, S. 313. **18** Ebd., vgl. auch S. 106. **19** Ebd., S. 317; s. o. S. 134. **20** Q 1819, Reprint 1971, S. 409.

Heinrich Heine (1797 – 1856)
Aus: Über die französische Bühne (1837)

[...] Oder ist es wahr, daß wir Deutschen wirklich kein gutes Lustspiel produciren können, und auf ewig verdammt sind dergleichen Dichtungen von den Franzosen zu borgen? [...]

Man behauptet z. B. die Deutschen besäßen kein gutes Lustspiel, weil sie ein ernstes Volk seyen, die Franzosen hingegen wären ein heiteres Volk und deßhalb begabter für das Lustspiel. Dieser Satz ist grundfalsch. Die Franzosen sind keineswegs ein heiteres Volk. Im Gegentheil, ich fange an zu glauben, daß Lorenz Sterne[1] Recht hatte, wenn er behauptete: sie seyen viel zu ernsthaft. Und damals, als Yorik seine sentimentale Reise nach Frankreich schrieb, blühte dort noch die ganze Leichtfüßigkeit und parfümirte Fadaise[2] des alten Regimes[3], und die Franzosen hatten im Nachdenken noch nicht durch die Guillotine und Napoleon[4] die gehörigen Lekzionen bekommen. Und gar jetzt, seit der Juliusrevoluzion[5], wie haben sie in der Ernsthaftigkeit, oder wenigstens in der Spaßlosigkeit, die langweiligsten Fortschritte gemacht! Ihre Gesichter sind länger geworden, ihre Mundwinkel sind tiefsinniger herabgezogen; sie lernten von uns Philosophie und Tabakrauchen. Eine große Umwandlung hat sich seitdem mit den Franzosen begeben, sie sehen sich selber nicht mehr ähnlich. […]

Nein, sie sind nicht heiterer als wir; wir Deutsche haben für das Komische vielleicht mehr Sinn und Empfänglichkeit als die Franzosen, wir, das Volk des Humors. Dabey findet man in Deutschland für die Lachlust ergiebigere Stoffe, mehr wahrhaft lächerliche Charaktere, als in Frankreich, wo die Persifflage der Gesellschaft jede außerordentliche Lächerlichkeit im Keime erstickt, wo kein Originalnarr sich ungehindert entwickeln und ausbilden kann. Mit Stolz darf ein Deutscher behaupten, daß nur auf deutschem Boden die Narren zu jener titanenhaften Höhe emporblühen können, wovon ein verflachter, frühunterdrückter französischer Narr keine Ahnung hat. Nur Deutschland erzeugt jene kolossalen Thoren, deren Schellenkappe bis in den Himmel reicht und mit ihrem Geklingel die Sterne ergötzt! Laßt uns nicht die Verdienste der Landsleute verkennen und ausländischer Narrheit huldigen; laßt uns nicht ungerecht seyn gegen das eigne Vaterland!

Es ist ebenfalls ein Irrthum wenn man die Unfruchtbarkeit der deutschen Thalia dem Mangel an freyer Luft, oder, erlauben Sie mir das leichtsinnige Wort, dem Mangel an politischer Freyheit zuschreibt. Das, was man politische Freyheit zu nennen pflegt, ist für das Gedeihen des Lustspiels durchaus nicht nöthig. Man denke nur an Venedig, wo, trotz der Bleykammern[6] und geheimen Ersäufungsanstalten[7], dennoch Goldoni und Gozzi[8] ihre Meisterwerke schufen, an Spanien, wo trotz dem absoluten Beil und dem orthodoxen Feuer[9], die köstlichen Mantel- und Degenstücke[10] gedichtet wurden, man denke an Molière, welcher unter Ludwig XIV. schrieb; sogar China besitzt vortreffliche Lustspiele ... [...]

Ich bemerkte zuletzt, daß die Franzosen, bey denen das Lustspiel mehr als bey uns gedeiht, nicht eben ihrer politischen Freyheit[11] diesen Vortheil beyzumessen haben; es ist mir vielleicht erlaubt etwas ausführlicher zu zeigen, wie es vielmehr der sociale Zustand ist, dem die Lustspiel-Dichter in Frankreich ihre Süprematie[12] verdanken.

Selten behandelt der französische Lustspieldichter das öffentliche Treiben des Volkes als Hauptstoff, er pflegt nur einzelne Momente desselben zu benutzen; auf diesem Boden pflückt er nur hie und da einige närrische Blumen, womit er den Spiegel umkränzt, aus dessen ironisch geschliffenen Facetten[13] uns das häusliche Treiben der Franzosen entgegenlacht. Eine größere Ausbeute findet der Lustspieldichter in den Contrasten, die manche alte Instituzion mit den heutigen Sitten, und manche heutige Sitten mit der geheimen Denkweise des Volkes bildet, und endlich gar besonders ergiebig sind für ihn die Gegensätze, die so ergötzlich zum Vorschein kommen, wenn der edle Enthusiasmus, der bey den Franzosen so leicht auflodert und ebenfalls leicht erlischt, mit den positiven, industriellen Tendenzen des Tages in Collision geräth. Wir stehen hier auf einem Boden, wo die große Despotinn, die Revoluzion, seit fünfzig Jahren ihre Willkürherrschaft ausgeübt, hier niederreißend, dort schonend, aber überall rüttelnd an den Fundamenten des gesellschaftlichen Lebens: – Und diese Gleichheitswuth, die nicht das Niedrige erheben sondern nur die Erhabenheiten abflachen konnte; dieser Zwist der Gegenwart mit der Vergangenheit, die sich wechselseitig verhöhnen, der Zank eines Wahnsinnigen mit einem Gespenste; dieser Umsturz aller Autoritäten, der geistigen sowohl als der materiellen; dieses Stolpern über die letzten Trümmer derselben; und dieser Blödsinn in ungeheuren Schicksalstunden, wo die Nothwendigkeit einer Autorität fühlbar wird, und wo der Zerstörer vor seinem eignen Werke erschrickt, aus Angst zu singen beginnt und endlich laut auflacht ... Sehen Sie, das ist schrecklich, gewissermaßen sogar entsetzlich, aber für das Lustspiel ist das ganz vortrefflich!

Nur wird doch einem Deutschen etwas unheimlich hier zu Muthe. Bey den ewigen Göttern! wir sollten unserem Herren und Heiland täglich dafür danken, daß wir kein Lustspiel haben wie die Franzosen, daß bey uns keine Blumen wachsen, die nur einem Scherbenberg, einem Trümmerhaufen, wie es die französische Gesellschaft ist, entblühen können! Der französische Lustspieldichter kommt mir zuweilen vor wie ein Affe, der auf den Ruinen einer zerstörten Stadt sitzt, und Grimassen schneidet, und sein grinsendes Gelache erhebt, wenn aus den gebrochenen Ogiven[14] der Kathedrale der Kopf eines wirklichen Fuchses herausschaut, wenn im ehemaligen Boudoir der königlichen Mätresse eine wirkliche Sau ihr Wochenbett hält, oder wenn die Raben auf den Zinnen des Gildehauses gravitätisch Rath halten, oder gar die Hyäne in der Fürstengruft die alten Knochen aufwühlt …

Ich habe schon erwähnt, daß die Hauptmotive des französischen Lustspiels nicht dem öffentlichen, sondern dem häuslichen Zustande des Volkes entlehnt sind; und hier ist das Verhältniß zwischen Mann und Frau das ergiebigste Thema. Wie in allen Lebensbezügen, so sind auch in der Familie der Franzosen alle Bande gelockert und alle Autoritäten niedergebrochen. Daß das väterliche Ansehen bey Sohn und Tochter vernichtet ist, ist leicht begreiflich, bedenkt man die korrosive Macht jenes Criticismus, der aus der materialistischen Philosophie hervorging. Dieser Mangel an Pietät gebärdet sich noch weit greller in dem Verhältniß zwischen Mann und Weib, sowohl in den ehelichen als außerehelichen Bündnissen, die hier einen Charakter gewinnen, der sie ganz besonders zum Lustspiele eignet. Hier ist der Originalschauplatz aller jener Geschlechtskriege, die uns in Deutschland nur aus schlechten Uebersetzungen oder Bearbeitungen bekannt sind, und die ein Deutscher kaum als ein Polybius, aber nimmermehr als ein Cäsar beschreiben kann[15]. […]

Q 1837. Die 1837 in Granville bei Paris geschriebenen zehn Briefe für die *Allgemeine Theater-Revue* des Freundes August Lewald [16] zeichnen – nach einem kurzen Ausblick auf die zeitgenössische deutsche Bühne im ersten Brief – ein ironisch-distanziertes und detailreiches Bild des französischen Theaters nach der Julirevolution bzw. während der Julimonarchie. Ironisch ist gewiß auch die Bemerkung Heines in einem Brief an Lewald [17], er wolle «mit Humor von den letzten Gründen der Verschiedenheit des deutschen und französischen Theaters» reden. Zwar bezieht er sich, unter der heiteren Oberfläche, durchaus auch ernsthaft auf die unterschiedlichen sozialen und kulturellen Kontexte der deutschen und französischen Komödie (und Tragödie), doch bemerkenswerter ist gewiß die ironisch-ernsthafte Art, mit der Heine Topoi der Komödienkritik seiner Zeit behandelt, die auch im späteren 19. Jahrhundert gültig bleiben: z. B. die politische Unmöglichkeit der Komödie und die Frivolität, die sog. «Sitten» der französischen Komödie.

1 In *A Sentimental Journey Through France And Italy. By Mr. Yorick* (1768) beschreibt Laurence Sterne (1713–68), der irische Verfasser des Romans *Tristram Shandy*, seine Reiseerlebnisse in Frankreich. Beobachter ist der Landpfarrer Yorick, hinter dem sich Sterne selbst verbirgt. Heine bezieht sich auf das Kap. *Charakter. Versailles.* **2** *fadaise* (frz.): Fadheit, Abgeschmacktheit, Albernheit, Nichtigkeit. **3** *altes Regime:* Übers. v. frz. *ancien régime:* die absolutistische Staatsverfassung Frankreichs vor der Französischen Revolution. **4** *Guillotine, Napoleon:* Die Periode der sog. *Grande Terreur,* die Jakobinische Schreckensherrschaft der Guillotine in der Endphase der Französischen Revolution (1793–94) und die nach einer Zwischenphase (1795–99: Directoire, Direktorium) folgende Herrschaft Napoleons (1799–1814, 1815). **5** Die konservative Politik Karls X. und die Unterdrückung innerer Freiheiten durch seine Regierung lösten 1830 in Paris die Julirevolution aus. Sie führte zur Abdankung Karls X. und zur Thronübernahme Louis Philippes von Orléans, des «Bürgerkönigs» (1830–48). **6** Die Gefängniszellen (piombi) unter den Bleidächern des im 16. Jh. errichteten «Neuen Gefängnisses» in Venedig. **7** Wahrscheinlich denkt Heine irrtümlich an die sog. Brunnen (pozzi), die im Keller gelegenen Zellen des Gefängnisses in Venedig, die auch Hinrichtungsstätten waren. Daneben gab es in der Zeit der sog. Staatsinquisition in Venedig geheime Hinrichtungen durch Ertränken. **8** Carlo Goldoni (1707–93) und Carlo Gozzi (1722–1806), die berühmtesten italienischen Komödiendichter des 18. Jh., stammten beide aus Venedig und arbeiteten beide für die venezianische

Bühne. Goldoni ging 1762 nach Paris. **9** *Absolutes Beil, orthodoxes Feuer:* feudal-absolutistische Herrschaft im monarchischen Spanien und Inquisition. **10** *Mantel- und Degenstücke:* Die *Comedia en capa y espada*, eine vom Ende des 16. bis zum Ende des 17. Jh. in Spanien blühende Form der Intrigenkomödie (Lope de Vega, Calderón, Tirso de Molina), hat ihren Namen nach der Kleidung der in ihnen auftretenden hohen Standespersonen. **11** Heine meint die politische Unfreiheit unter der Julimonarchie. **12** *Suprematie:* Vorrangstellung. **13** Hier im Sinne von ‹Seitenflächen›. **14** Spitzbogen. **15** *Polybius:* Polybios (ca. 200–120 v. Chr.), bedeutender (167 nach Italien deportierter) griechischer Politiker und Historiograph, begleitete Scipio Aemilianus in dessen Stab nach Afrika und beschrieb in seinem Hauptwerk, den *Historien*, die Eroberung und Zerstörung Karthagos (39, 1 f). Cäsar berichtet dagegen (in den *Aufzeichnungen über den Bürgerkrieg* und *Über den Gallischen Krieg*) über seine eigenen Siege. **16** *Johann Karl August Lewald* (1792–1871): Schauspieler, Regisseur (Hoftheater in Stuttgart und München) und bedeutender Publizist. **17** H. H.: Briefe. Erste Gesamtausgabe […]. Bd. 1–6. Mainz 1950 ff. Reprint in 2 Bdn. Bd. 2, S. 196.

Arthur Schopenhauer (1788–1860)
Aus: Die Welt als Wille und Vorstellung.
Zweiter Band (1844)

[…] Wenn nun als die Tendenz und letzte Absicht des *Trauerspiels* sich uns ergeben hat ein Hinwenden zur Resignation, zur Verneinung des Willens zum Leben; so werden wir in seinem Gegensatz, dem *Lustspiel*, die Aufforderung zur fortgesetzten Bejahung des Willens leicht erkennen. Zwar muß auch das Lustspiel, wie unausweichbar jede Darstellung des Menschenlebens, Leiden und Widerwärtigkeiten vor die Augen bringen: allein es zeigt sie uns vor als vorübergehend, sich in Freude auflösend, überhaupt mit Gelingen, Siegen und Hoffen gemischt, welche am Ende doch überwiegen; und dabei hebt es den unerschöpflichen Stoff zum Lachen hervor, von dem das Leben, ja, dessen Widerwärtigkeiten selbst, erfüllt sind, und der uns, unter allen Umständen, bei guter Laune erhalten sollte. Es besagt also, im Resultat, daß das Leben im Ganzen recht gut und besonders durchweg kurzweilig sei. Freilich aber muß es sich beeilen, im Zeitpunkt der Freude den Vorhang fallen zu lassen, damit wir nicht sehen, was nachkommt; während das Trauerspiel, in der Regel, so schließt, daß nichts nachkommen kann. Und überdies, wenn wir jene burleske Seite des Lebens ein Mal etwas ernst ins Auge fassen, wie sie sich zeigt in den naiven Aeußerungen und Gebehrden, welche die kleinliche Verlegenheit, die persönliche Furcht, der augenblickliche Zorn, der heimliche Neid und die vielen ähnlichen Affekte den vom Typus der Schönheit beträchtlich abweichenden Gestalten der sich hier spiegelnden Wirklichkeit aufdrücken; – so kann auch von dieser Seite, also auf eine unerwartete Art, dem nachdenklichen Betrachter die Ueberzeugung werden, daß das Daseyn und Treiben solcher Wesen nicht selbst Zweck[1] seyn kann, daß sie, im Gegentheil, nur auf einem Irrwege zum Daseyn gelangen konnten, und daß was sich so darstellt etwas ist, das eigentlich besser nicht wäre. [...]

Q 1844 c. Während Schopenhauer in der ersten Auflage seines Hauptwerks *Die Welt als Wille und Vorstellung* (1819) nur auf die Tragödie eingeht[2], entwickelt er in der zweiten Auflage[3] (1844), in den *Ergänzungen zum Dritten Buch*, Kapitel 37, in knapper Form seine Vorstellung von der Komödie[4] bzw. (in bewußter Wortwahl) vom Lust- im Gegensatz zum Trauerspiel, das hier noch einmal behandelt wird. Die (hier vollständig abgedruckte) komödientheoretische Passage hat also eher den Charakter eines Anhangs, und dies nicht nur formal, sondern auch von der Sache her: Denn wenngleich das Lustspiel dem Trauerspiel als «Gegensatz» zugeordnet ist, so doch nicht als selbständiger Widerpart. Vielmehr ist das Lustspiel dem Trauerspiel untergeordnet, da das Trauerspiel aus der Sicht der Philosophie das tiefere Prinzip repräsentiert. Allein das Trauerspiel, das daher die höchste Form der Dichtung, wenn auch nicht der Kunst[5] ist, reflektiert die «vollkommene Erkenntnis des Wesens der Welt», ist ein «bedeutsamer Wink über die Beschaffenheit der Welt und des Daseyns», über den «Widerstreit des Willens mit sich selbst, welcher hier [...], am vollständigsten entfaltet, furchtbar hervortritt». Es leitet in seiner Erkenntnisfunktion und «als *Quietiv* des Willens wirkend» zur Verneinung des Willens zum Leben hin[6], das in Schopenhauers pessimistischer Weltsicht «eine unnützerweise störende Episode in der seeligen Ruhe des Nichts»[7] ist. Jedes Trauerspiel «fordert [...] ein ganz anderartiges Daseyn, eine andere Welt», und im «Augenblick der tragischen Katastrophe wird uns, deutlicher als jemals, die Überzeugung, daß das Leben ein schwerer Traum sei, aus dem wir zu erwachen haben». Der «tragische Geist [...] leitet [...] zur Resignation hin», zu der Einsicht, «daß die Welt, das Leben [...] unsere Anhänglichkeit nicht werth sei»[8]. Der komische Geist dagegen bejaht das Leben. Doch da dieses an und für sich nichtig ist, ist er dem Illusionären und dem Nichtwissen verfallen.

1 *selbst Zweck:* Vgl. Werke in fünf Bänden. Nach den Ausgaben letzter Hand. Zürich 1988 (im folgenden: Werke). Bd. 5 [*Parerga und Paralipomena* 2], S. 261 f (§ 146, 147).   2 Gegen Ende des § 51 des dritten Buches, das die Philosophie der Kunst behandelt. Allerdings gibt es in der Erstauflage eine (für die Komödienauffassung Schopenhauers relevante) Betrachtung des Lächerlichen (vgl. Werke Bd. 1 [*Welt als W. u. V.* 1], S. 101 ff), die in der zweiten Auflage erweitert wird (vgl. Werke Bd. 2 [*Welt als W. u. V.* 2], S. 107 ff: *Zur Theorie des Lächerlichen*).   3 Sie enthält die – überarbeitete – Ausgabe von 1819 als Band 1 und im Band 2 die Ergänzungen zu den vier Büchern des ersten Bandes. Die wiederum erweiterte 3. Auflage (1859) übernimmt, was den hier abgedruckten Auszug betrifft, den Text der 2. Auflage.   4 Kleinere Bemerkungen zur griechischen und zur zeitgenössischen Komödie finden sich noch in den *Parerga und Paralipomena* 2 (Q 1851 a), Werke Bd. 5, S. 386 f, 388 ff.   5 Dies ist die Musik, da sie, mit der Philosophie, das klarste und unmittelbarste Abbild des (Welt-)Willens ist. Vgl. Werke Bd. 1, S. 338 ff, Werke Bd. 2, S. 520 ff, Werke Bd. 5, S. 377 ff.   6 Werke Bd. 1, S. 335.   7 Werke Bd. 5, S. 271.   8 Werke Bd. 2, S. 504.

Karl Marx (1818–1883)
Aus: Zur Kritik der Hegelschen Rechtsphilosophie.
Einleitung (1844)

[…] Der Kampf gegen die deutsche politische Gegenwart[1] ist der Kampf gegen die Vergangenheit der modernen Völker, und von den Reminiszenzen dieser Vergangenheit werden sie noch immer belästigt. Es ist lehrreich für sie, das *ancien régime*, das bei ihnen seine *Tragödie* erlebte, als deutschen Revenant[2] seine *Komödie* spielen zu sehen. *Tragisch* war seine Geschichte, solange es die präexistierende[3] Gewalt der Welt, die Freiheit dagegen ein persönlicher Einfall war, mit einem Wort, solange es selbst an seine Berechtigung glaubte und glauben mußte. Solange das *ancien régime* als vorhandene Weltordnung mit einer erst werdenden Welt kämpfte, stand auf seiner Seite ein weltgeschichtlicher Irrtum, aber kein persönlicher. Sein Untergang war daher tragisch.

Das jetzige deutsche Regime dagegen, ein Anachronismus, ein flagranter Widerspruch gegen allgemein anerkannte Axiome, die zur Weltschau ausgestellte Nichtigkeit des *ancien régime*, bildet sich nur noch ein, an sich selbst zu glauben, und verlangt von der Welt dieselbe Einbildung. Wenn es an sein eignes *Wesen* glaubte, würde es dasselbe unter dem *Schein* eines fremden Wesens zu verstecken und seine Rettung in der Heuchelei und dem Sophisma[4] suchen? Das moderne *ancien régime* ist nur mehr der *Komödiant* einer Weltordnung, deren *wirkliche Helden* gestorben sind. Die Geschichte ist gründlich und macht viele Phasen durch, wenn sie eine alte Gestalt zu Grabe trägt. Die letzte Phase einer weltgeschichtlichen Gestalt ist ihre *Komödie*. Die Götter Griechenlands, die schon einmal tragisch zu Tode verwundet waren im gefesselten Prometheus des Äschylus[5], mußten noch einmal komisch sterben in den Gesprächen Lucians[6]. Warum dieser Gang der Geschichte? Damit die Menschheit *heiter* von ihrer Vergangenheit scheide. Diese *heitere* geschichtliche Bestimmung vindizieren wir den politischen Mächten Deutschlands. […]

Q 1844a. Zwei Passagen von Marx über Komik als Phänomen der Geschichte haben Berühmtheit erlangt. Die eine formuliert er, angeregt durch einen Brief von Engels, der den 1851 erfolgten Staatsstreich Louis Bonapartes, des späteren Kaisers Napoleon III. und Neffen Napoleons I., als «Farce» schildert («Die Geschichte Frankreichs ist in das Stadium der vollendetsten Komik eingetreten»[7]), in *Der 18. Brumaire des Louis Bonaparte* (1852, 1869)[8]. Zu Beginn dieser Schrift, deren Titel ironisch an den 9. November 1799 (den 18. Brumaire des Revolutionskalenders) erinnert, an dem Napoleon sich zum Ersten Konsul Frankreichs küren ließ, greift Marx eine Bemerkung Hegels auf, der «irgendwo»[9] gesagt habe, daß «alle großen weltgeschichtlichen Tatsachen und Personen sich sozusagen zweimal ereignen», aber vergessen habe hinzuzufügen: «das eine Mal als Tragödie, das andere Mal als Farce»[10]. Wiederholungen und Imitationen prägen nach Marx' Beobachtung die Geschichte schlechthin – die Kämpfer für das Neue hätten sich bisher ausnahmslos historische Kostüme erborgen müssen –, doch bei Betrachtung dieser «weltgeschichtlichen Totenbeschwörungen» zeige sich ein Unterschied: Im Falle der Heroen der «alten französischen Revolution» von 1789 sei die Maskierung in römische Kostüme und römische Phrasen notwendig gewesen, um die historische Aufgabe, die Durchführung der bürgerlichen Revolution, zu lösen. In solchen Identifizierungen hätten die Akteure die «Selbsttäuschungen» gefunden, «deren sie bedurften, um den bürgerlich beschränkten Inhalt ihrer Kämpfe sich selbst zu verbergen und ihre Leidenschaft auf der Höhe der großen geschichtlichen Tragödie zu halten.»[11] Anders, als die Maskerade in den Jahren 1848 bis 1851 ihre «zweite Auflage» erlebte: Jeder ernst genommene Inhalt habe sich verflüchtigt, «nur das Gespenst der alten Revolution» gehe noch um. An die Stelle der «Tragödie» sei etwas getreten, das Marx als «Farce», «Karikatur» und (unfreiwilliges) «Parodieren» charakterisiert.

Die andere Schrift, die ebenfalls den alten Topos von der Geschichte als Schauspiel durchführt, entstand schon 1843/44: *Zur Kritik der Hegelschen Rechtsphilosophie. Einleitung.* In der hier abgedruckten Passage benutzt Marx statt des Begriffspaars ‹Tragödie›/‹Farce› (‹Karikatur›) die Opposition ‹Tragödie›/‹Komödie›. Die Phänomene, die er mit Hilfe dieser Begriffe charakterisiert, sind denen in der Schrift von 1852 beschriebenen ähnlich, doch nicht dieselben. Nicht über zwei Phasen in der Geschichte einer und derselben Nation reflektiert Marx, sondern über das simultane Nebeneinander zweier Nationen, die in gesellschaftlicher Hinsicht unterschiedlich avanciert sind. Es ist auf der einen Seite das noch im Ancien régime steckengebliebene Vormärz-Deutschland, auf der anderen Seite die Gruppe der «modernen Völker» (England und Frankreich), die ihre bürgerlichen Revolutionen hinter sich brachten, von den Rückständen des Ancien régime sich allerdings noch nicht völlig befreien konnten. In diesen Rückständen ist das Interesse begründet, das die «*modernen*» Nationen an dem Kampf nehmen, der gegen den deutschen Status quo geführt wird.[12]

---

1 Die Zeit vor der März-Revolution von 1848 (Vormärz). **2** *Revenant* (frz.): Totenerscheinung, Gespenst, von *revenir*: zurückkommen. **3** *Praeexistentia, praeexistere* (neulat.): das Vorherdasein z. B. der Ideenwelt vor der stofflichen Welt, des göttlichen Weltplans vor der Weltentstehung oder der Seele vor dem Eintritt in den Leib; von Marx hier ironisch auf Formen der Herrschaftslegitimation in der Geschichte des monarchischen Absolutismus übertragen. **4** *Sophisma* (gr.), hier: geschickter Trugschluß in täuschender Absicht. **5** Marx spielt auf Züge der Tragödie *Der gefesselte Prometheus* des Aischylos (525/24–456/55 v. Chr.) an: das negative Zeus-Bild, die extrem gespannte Opposition zwischen dem leidenden Götterhasser Prometheus und dem unnachgiebigen Zeus, die Anklage gegen die Willkür des Zeus, gegen die sich der besiegte Titan aufbäumt, das Motiv des Untergangs des Zeus (vgl. V. 512 ff, 757 ff, 907 ff). Vgl. auch die Vorrede der Marxschen Dissertation (K. Marx / F. Engels: Historisch-kritische Gesamtausgabe [MEGA]. Frankfurt / M. usw. 1927–1935, Bd. I, 1, 1, S. 1 ff). **6** Von Lukianos aus Samosata (um 128–185) stammen heitere Travestien von Göttermythen, u. a. die *Göttergespräche* und *Meeresgöttergespräche*. In der dramatischen Szene *Prometheus oder Der Kaukasus* und im ersten der *Göttergespräche*, das von Prometheus und Zeus handelt, travestiert er Züge der Prometheus-Mythologie, die Aischylos bündelte. **7** Engels an Marx, 3. 12. 1851 (K. Marx / F. Engels: Werke [= MEW]. Berlin 1956 ff, Bd. 27, S. 379. Marx spricht in seinem Antwortbrief (9. 12. 1851) von den «tragikomischen Ereignissen in Paris» (MEW, Bd. 27, S. 383). **8** Q 1852 b. **9** Zu Beginn des vierten Teils der *Vorlesungen über die Philosophie der Geschichte*, nicht, wie oft kommentiert, im dritten Teil. Vgl. Hegel: Werke in 20 Bänden. Bd. 12. Frankfurt / M. 1970, S. 417 f. **10** MEW, Bd. 8, S. 115. **11** Ebd., S. 116. **12** Vgl. Q 1844 a, MEW, Bd. 1, S. 381.

Berlin, 4. März 1851 [...] Was die künftige politische Komödie[1] und ihr wahrscheinliches Hervorgehen aus der jetzigen Lokalposse[2] betrifft, so glaube ich Ihnen schon im vergangenen Jahre etwas darüber gemeldet zu haben[3]. Ich weiß daher nicht, ob ich mich jetzt wiederhole, wenn ich Ihnen meine Ansichten und Vermutungen unmaßgeblich mitteile. Gerade dies ist ein Gegenstand, ein Gebiet, in welches die Klassiker vor fünfzig Jahren noch keine Aussichten hatten, und ich bin überzeugt, daß wenn wir jetzt einen dreißig- oder vierzigjährigen Goethe hätten, ja selbst nur einen Wieland, so würde dieser aus den vorhandenen Anfängen bald etwas gemacht haben. Denn sowohl die Form als die Art des Witzes und seines Vortrages sind neu und ursprünglich. Und was das Beste und Herrlichste ist: das Volk, die Zeit haben sich diese Gattung *selbst geschaffen* nach ihrem Bedürfnisse, sie ist kein Produkt literarhistorischer Experimente, wie etwa die gelehrte Aufwärmung des Aristophanes[4] und ähnliches! Gerade deswegen wird vielleicht ihre Bedeutung von den gelehrten Herren ignoriert, bis sie ihnen fertig und gewappnet, wie die junge Pallas[5], vor den Augen steht.

In der gegenwärtigen Beschaffenheit der Possen ragen vorzüglich zwei wichtige Momente hervor. Das eine ist die freie Willkür in der Ökonomie und die Allegorisierung politischer und moralischer Begriffe, aber in durchaus unsern Zuständen homogener Weise und nicht, wie es z. B. Platen in blinder Nachahmung[6] getan hat. Dadurch wird der für die politische Komödie durchaus nötige göttliche Unsinn und unbeschränkte Mutwillen wieder hergestellt. Das andere Moment ist die Verbindung der Musik mit der Dichtung, in den Couplets[7]. Diese hat, wenigstens in ihrer jetzigen Bedeutung, das Wiener Volk mit seinen obskuren Possendichtern erfunden und der Bühne geschenkt, und es ist weiter nichts dazu zu tun als reinere Poesie und ein tüchtiger Inhalt, welches übrigens für das Ganze ebenfalls gilt. Die Weihe der Poesie wird von wahren Dichtern, welche den Willen und das Bedürfnis des Volkes darzustellen imstande sein werden, gebracht werden und sicher nicht ausbleiben, wenn der tüchtige Inhalt durch die *Geschichte* verschafft wird. Gegenwärtig reitet man immer auf dem Philister und seiner Misere herum, welches eben kein poetischer Stoff ist, und auf den Erbärmlichkeiten der jetzigen Politik, insofern die Polizei es erlaubt. Dies ist schon lohnender; jedoch wird der rechte Stoff erst dann vorhanden sein, wenn die Völker frei, geordnete würdige Zustände und wahre Staatsmänner und andere Träger der Kultur vorhanden sind. Alsdann werden auch die Konflikte und Differenzen der Völkerschaften würdiger Art sein und einen tüchtigen Inhalt für eine wahre Poesie abgeben. Denn im Theater über einen Lumpenhund zu lachen, ist nichts Erbauliches; erst wenn wirklich große, aber einseitige Staatsmänner, großartige Dummheiten ganzer Völker, edle Philosophen, die sich in irgendein Paradoxon hineingeritten haben, Gegenstand des dramatischen Spottes werden, wird auch die Posse eine edlere Natur annehmen können und müssen.

Inzwischen ist es immerhin schon ein bedeutendes Schauspiel, die Bevölkerung einer so pfiffigen Weltstadt, wie Berlin, vor der Bühne versammelt und dem mutwilligen Schauspieler, der ihr seine Anspielungen mit wehmütiger Laune vorsingt, eifrigst lauschen und zujubeln zu sehen. Bemerkenswert ist auch, daß die Kunst der komischen Darstellung der Dichtung weit vorausgeschritten ist und bereits schon jetzt für eine klassische Komödie beinahe fertig und reif wäre, während in der Tragödie die Darstellung fast ebensoweit hinter den Dichtungen, die wir besitzen, zurückgeblieben ist[8]. Vorzüglich beim Vortrage der Couplets, welche die jeweilige Kritik der Tagesmisere, des politischen und moralischen Unfuges enthalten, exzellieren die Komiker. Sie machen wunderliche und höchst mutwillige Gesten und Sprünge dazu, meistens zwei zusammen; das Werfen der belebten Beine gibt der Satire noch Nachdruck, während das Orchester bei und nach den Refrains durch brummige Paukenschläge, durch einen schrillen Pfeifentriller oder einen lächerlichen Strich auf der Baßgeige den Eindruck noch erhöht und das Gelächter vermehrt. Ich habe lebhaft mitgefühlt, wie in solchen Momenten das arme Volk und der an sich selbst verzweifelnde Philister Genugtuung findet für angetane Unbill, ja wie solche leichte Lufthiebe tiefer dringen und nachhaltiger zu wirken vermögen als manche Kammerrede. Ich führe die Einzelheiten der Darstellung, vorzüglich die Mimik und die Musik, nur deswegen an, damit Sie sehen, wie auch hierin ein wichtiger Lebenskeim für die Zukunft liegt: denn sie bedingen ein inniges Zusammenwirken des Dichters mit den andern Bühnenkünsten und ein Eingehen desselben in die lebendigen Gebräuche. Er wird sich vor unplastischen und unsingbaren Phantasien hüten müssen, während diese lustigen Schnurren ihm neue Ideen und einen kräftigeren Ton angeben werden. Die Natur dieser Komödie bedingt es ferner, daß vieles in Übereinkunft mit dem ganzen Personal der Bühne und nach den momentanen Vorkommnissen und Stimmungen der Öffentlichkeit eingerichtet werden muß, und daraus wird wieder etwas Lebendiges und Wahres entstehen. Denn es ist eine Lüge, was die literarischen Schlafmützen behaupten, daß die Angelegenheiten des Tages keinen poetischen und bleibenden Wert hätten. In Berlin ist es der Dichter Kalisch [9], welcher das für jetzt Bestmögliche leistet. Seine Sachen werden auf dem Königstädtischen Theater [10] gegeben; allein wie gesagt, der Inhalt ist halt noch nicht viel wert. [11] [...]

Q 1851. Von April 1850 bis Ende 1855 hielt sich Keller in Berlin auf, in der Hoffnung, als Dramatiker zu reüssieren. Seine dramatischen Entwürfe blieben allerdings unvollendet. Statt dessen entstanden die ersten *Seldwyla*-Geschichten sowie der *Grüne Heinrich*, doch auch, als Reflex seiner dramaturgischen Hoffnungen, einige scharfsichtige und pointierte Beobachtungen des Berliner Theaterlebens gemeinsam mit theoretischen Überlegungen zum Drama, die in seinem Briefwechsel mit Hermann Hettner überliefert sind. Zu ihnen gehört auch der hier abgedruckte Ausschnitt aus dem Brief vom 4. 3. 1851. Neben der heiteren und tiefsinnigen Schilderung der Berliner Posse und des Königstädtischen Theaters durch Kierkegaard [12] gehört dieser

Brief Kellers, zusammen mit dem vom 16. 9. 1850, zu den wenigen Zeugnissen[13] einer warmherzigen und souveränen Auseinandersetzung mit der Posse als einer wichtigen Form des Volkstheaters im 19. Jahrhundert. Hettner hat Auszüge aus ihm in *Das moderne Drama* (Q 1852) übernommen[14], einen Text, in den auch sonst viel von Kellers Einsichten eingegangen ist. Dies ist um so bedeutsamer, als Hettner, mehr noch als Keller («der Inhalt ist halt noch nicht viel wert»), in den Possen «herzlich fade und poesielose Machwerke»[15] sieht und angesichts seiner theoretischen Konzeption der Komödie[16] eigentlich nicht an eine so spontane Neuerweckung glauben kann. Charakteristisch für die Einschätzung Kellers ist dagegen, daß er (bei allem Realitätssinn, was die Gegenwart anbelangt) an volkstümlichen Quellen[17] und an einem Volksschauspiel der Zukunft festhält.

1 Vgl. Hettner an Keller, 25. 2. 1851, Q 1851, S. 43.   **2** Lokalpossen gab es in den wichtigsten bürgerlichen Zentren, z. B. Wien, Berlin, Hamburg, Frankfurt.   **3** In seinem Brief an Hettner, 16. 9. 1850, Q 1851, S. 22 ff, schildert Keller ein Gastspiel Wiener Komiker am Friedrich-Wilhelmstädtischen Theater, neben dem Königstädtischen Theater eines der wichtigsten volkstümlichen Theater in Berlin, und spricht auch hier von seiner Hoffnung, die Possen seien, obwohl «Dummheiten» (S. 22), «wichtige Vorboten einer neuen Komödie». Sehr lebendig schildert er hier auch die Couplets (vgl. Anm. 7), das Zusammenwirken von Publikum und Schauspielern und die politischen Anspielungen. **4** Im Brief vom 16. 9. 1850 spricht Keller von den «Gymnasialexerzitien von Platen und Prutz» (Q 1851, S. 23). Von August Graf von Platen (1796–1835) stammen zwei literarische, an Aristophanes angelehnte, Komödien: *Die verhängnisvolle Gabel* (1826) und *Der romantische Ödipus* (1829, UA: 1855). In beiden verspottete er die Trivialdramatik der Zeit, besonders die Schicksalstragödie. Robert Eduard Prutz (1816–72) schrieb die politische Komödie *Die Politische Wochenstube* (1845), aufgrund der ihm der Prozeß gemacht wurde. Diese Stücke spielten, wenn sie auch Aufsehen hervorriefen, für die zeitgenössische Theaterpraxis keine Rolle, ähnlich wie andere ‹aristophanische› Komödien der Zeit.   **5** Zur Mythologie der Pallas Athene gehört ihre Geburt aus dem Haupt des Zeus, dem sie vollgewappnet entspringt.   **6** Gemeint ist die ‹gelehrte› Nachahmung des Aristophanes; s. o. Anm. 4.   **7** *Couplets:* Gesangseinlage mit oft aktuellen Anspielungen, also der Parabase (s. o. S. 106, Anm. 1) vergleichbar. Vgl. Kellers Brief vom 16. 9. 1850.   **8** Keller kritisiert die Schauspielkunst der Tragöden in seinem Brief vom 29. 5. 1850, Q 1851, S. 4 ff.   **9** David Kalisch (1820–72), der bekannteste Berliner Possendichter und Begründer der Zeitschrift *Kladderadatsch*. Seine berühmtesten Possen liegen mit einem ausführlichen Vorwort in einem Neudruck vor: D. K., *Hunderttausend Taler:* Altberliner Possen. Bd. 1. 2. Berlin 1988. **10** Das Königstädtische Theater, ein populäres Privattheater am Alexanderplatz, existierte von 1824 bis 1851. **11** Hettner nennt in *Das Moderne Drama* Kalischs Possen *Berlin bei Nacht* und *Hunderttausend Taler* (Q 1852, Ausg. 1959, S. 256). In diesen, bürgerlichen Idealen verpflichteten Possen, deren «ernste Weltanschauungen» und «gesunde Lebensmaximen» «im burlesken Gewande» ein Rezensent der Vossischen Zeitung zu Recht hervorhebt (vgl. Kalisch 1988, S. 14), erscheinen die politischen Momente eigenartig isoliert, doch sie sind vorhanden. **12** Vgl. Sören Kierkegaard: *Die Wiederholung. Ein Versuch in der experimentierenden Psychologie* [EA: Kopenhagen 1843, dt. 1909]. Reinbek 1961, S. 25 ff. Kierkegaard bezieht sich auf seinen zweiten Aufenthalt in Berlin April bis Juni 1843 (S. 40: Aufführung des *Talisman* im Königstädtischen Theater), doch, da es sich um eine «Wiederholung» handelt, auch auf Erinnerungen an seinen ersten Aufenthalt im Winter 1841/42. **13** Zur positiven Beurteilung der Posse vgl. o. S. 93, Anm. 3, 118, Anm. 41 und Tiecks kurze Schilderung einer Aufführung der Wiener Posse *Jupiter in Wien* in der Leopoldstadt in *Bemerkungen, Einfälle und Grillen über das Deutsche Theater, auf einer Reise in den Monaten Mai und Juni des Jahres 1825* (in: Kritische Schriften. Bd. 4. Leipzig 1852, S. 24 f): «Dieses Theater ist eigentlich das einzig freie in Deutschland» (S. 24). **14** Q 1852, Ausg. 1959, S. 256 f. **15** Ebd. S. 256. **16** Hettners Komödientheorie (vgl. Q 1852, Ausg. 1959, S. 238–265) versucht viele Positionen zu vermitteln. Er geht von den desolaten Zuständen der deutschen Komödie der Zeit (die er literarhistorisch bis auf den Dreißigjährigen Krieg zurückführt) und von der Übermacht der Theorie aus, die keine spontane Praxis der Komödie zulasse. Doch da «der Teufel der Reflexion […] nun einmal in uns» steckt, will er «den Mangel des Instinkts soviel als möglich durch die Tiefe der denkenden Erkenntnis» ersetzen und die «Frage nach dem Lustspiel der Gegenwart vor allem auf die höchsten Grundbegriffe der Komödie überhaupt» zurückführen. Die Komödie ist die «wesentliche und ergänzende Kehrseite der Tragödie» und gestaltet sich in zwei Grundtypen: 1. Die phantastische Komödie des Aristophanes (die «Kehrseite der antiken Schicksalstragödie») sei, an ihren Inhalten gemessen, die bisher großartigste Form, doch sie habe ihre Schwäche in der subjektiven Färbung der Satire, die sich auch als Schwäche der Form erweise. Die zweite Form der phantastischen Komödie dagegen, das romantische Märchenlustspiel (z. B. Shakespeares *Sommernachtstraum*) mit den Abkömmlingen Zauberspiel und romantische Oper, akzeptiert Hettner uneingeschränkt, leite doch «Aristophanes selbst […] gewissermaßen die politische Phantastik in diese harmlose Märchenphantastik hinüber». 2. Die realistische Komödie, deren erste Ausprägung die neuere griechische Komödie ist, ist für Hettner die

«Kehrseite der modernen Charaktertragik» (Euripides). In ihr herrscht Straff-
heit der Komposition und Einheit der Handlung (Charakter- und Intrigenlust-
spiel). Eine uneingeschränkte Wiederbelebung der Aristophanischen Komödie
ist aufgrund ihrer formalen Schwächen nicht möglich; statt dessen fordert
Hettner eine Komödie mit «Aristophanischem Gehalt in realistischer Form»
und sieht sonst die Zukunft einer volkstümlichen «Komödie der Gegenwart»
im romantischen Märchenlustspiel (Raimund) und die der höheren Komödie
im realistischen Charakterlustspiel mit den «großen Narren». Auch die musi-
kalische Komödie erscheint als eine Form der Zukunft.   **17** Vgl. den Brief vom
26. 6. 1854, Q 1851, S. 114 f.

Julius Eleonor
Aus: Das deutsche Lustspiel (1862)

Es heißt Wesen und Beruf des Lustspiels gleich arg verkennen,
wenn man dasselbe bloß dazu bestimmt wähnt, all' jene Misère und
Erbärmlichkeit von Charakteren und Zuständen in sich aufzunehmen, die die Tragödie nicht erträgt. Zwar wagt wohl Niemand in
der Theorie das Lustspiel zu einer solchen Mission zu verdammen;
aber ein Blick auf die neuesten Erzeugnisse der komischen dramatischen Muse in Frankreich zeigt erschreckend, wie behaglich sich
daselbst jedwede soziale Nichtsnutzigkeit breit macht. Dort, wo
eine durch fortschreitende politische Fäulniß begünstigte moralische Freigeisterei auch das Familienleben gleichwie die öffentlichen
Sitten immer mehr revoluzionirt, hat sich diese Freigeisterei mit
dem sozialen auch ein ästhetisches Recht des Daseins erobert; die
Kultur der Seine hat den Humor des Lasters herausgefunden, und
man lacht dort gleich unbefangen über die komischen Verlegenhei-
ten, in die die Tugend durch ihre Pedantereien oder – durch diesen
Humor des Lasters geräth.

Die Satire oder Ironie, womit sich der Autor gegen derlei Stoffe
verhält, sei – so meint man – ein genügender Schild, ihn und seine
Zuhörer vor ihren Schlacken und Schäden frei zu halten. Aber eben

diese Behauptung ist eine der plumpsten und heuchlerischsten ästhetischen Lügen: denn Satire und Sarkasmus sind lediglich eine Art von Verstandesbeize, womit die Kritik zersetzend in das Faule ihres Gegenstandes eindringt; wohl sind sie wesentliche Hebel jener Verstandesanalise, welche im Lustspiele wie im Leben zur Exposizion und Läuterung der Charaktere mitzuhelfen hat; allein diese Gaben «der Geistreichen» machen uns weder *sittlich* noch *poetisch frei*, d. h. sie läutern nicht unser Gemüth, und der schärfste Spötter ist gar oft zugleich der größte Sünder.

Der Lustspieldichter muß uns mehr als Kritik, er muß uns *innere Heiterkeit* geben, und er gibt sie uns nur dann, wenn er versteht, durch den Gang der Handlung und das Aufeinanderwirken der Charaktere mit ihren Schwächen auch den tüchtigen Kern derselben bloßzulegen, und unsere vielfältige Kleinheit spielend der Größe des Ideales entgegenzuhalten, mit jenem Humor, *der uns innerlich freimacht von jener Kleinheit und von den Trübnissen und Jämmerlichkeiten der Stunde.*

Das deutsche Lustspiel wie das deutsche Leben sind zwar, Gottlob, noch frei von der neufranzösischen Lustigkeit; aber zwei wesentliche Fehler haften der deutschen Komödie gar oft verkümmernd an: *Gemeinheit* und die *doktrinäre Schablone.*

Wir meinen hier jene Gemeinheit, welche seit *Kotzebue* [1] nicht müde wird, die «Altersfrage» von Tanten, Schwiegermama's und reiferen Jungfrauen immer wieder zum Sündenbock unseres Humors zu machen, welche die Bühne mit düpirten Ehemännern, mit Hausfreunden und liebevermittelnden Stubenmädchen übervölkert und den Dialog mit ästhetischen und moralischen Plumpheiten aufputzt, um des lieben «gesunden Realismus» willen!

Andrerseits aber spielt uns Deutschen eben jener altgewohnte Hang nach metafisischen Grübeleien und spekulativen Finessen – der uns so oft am frischen Schaffen und Genießen des Lebens hindert – auch im Lustspiele allerlei bösen Schabernack; er verleitete so manche unsrer Autoren, mit ihren Charakterzeichnungen auf eine komische Wirkung dadurch loszuarbeiten, daß sie ihren Personen entweder gewisse prinzipielle moralische Monomanien, z. B. die Sucht nach einer bestimmten Maxime zu handeln, unter keinerlei Umständen zu lügen etc., oder gewisse stereotipe Fehler, z. B. eine beständige Zerstreutheit, ein fortwährendes sich Versprechen oder Sprichwörtersagen u. dgl. anhängen, oder endlich in einem Charakter eine Menge von Eigenheiten und Widersprüchen unvermittelt anhäufen, um auf diese Weise komische Sonderlinge zu erzielen. Es ist klar, daß derlei doktrinär konstruirten Gestalten alle innere Wahrheit und alles innere Leben abgeht, und daß die Einseitigkeit und Monotonie solcher Figuren jene Stücke alsbald vergessen machen muß. [...]

Prüfen wir nun die äußeren, einem blühenden Gedeihen unseres Lustspiels entgegenwirkenden Hinderungen, so glauben wir sie weniger in der Zersplitterung des politischen und geselligen deutschen Gesammtlebens, als vorzüglich *im gänzlichen Mangel oder doch in der Neuheit freier politischer Instituzionen zu erkennen,* wodurch der Bühne die Darstellung aller Beziehungen des Individuums oder einzelner Stände zum öffentlichen Leben versagt oder mindestens wesentlich verkümmert wird; ja, es hat sich unter dem lähmenden Einflusse jener, mit politisch-unfreien Zuständen stets verbundenen Heimlichkeits- und Mißtrauensgrundsätze die Angewöhnung einer krankhaften Empfindsamkeit, Aengstlichkeit und Oeffentlichkeitsscheu bei uns Deutschen selbst in unsere gesellschaftlichen Beziehungen so tief eingewurzelt, daß die böse Atmosfäre dieser Angewöhnung jede freiere Bewegung des Lustspiels selbst auf sozialem Gebiete erschwert.

In dieser Richtung ist daher das Gedeihen des Lustspiels bei uns vom Fortschritte der politischen Freiheit und von unserer allseitigen Einlebung in ein öffentliches Leben wesentlich abhängig.

Andererseits sind wir aber der Ansicht, daß eine politische und soziale Zentralisazion, wie z. B. die französische, dem Leben und den Sitten einer Nazion zwar einen beherrschenden Brennpunkt, aber auch eine Uniformität verleihe, welche sehr häufig die naturgemäße innere Eigenthümlichkeit und selbstthätige Kraft ihrer

Elemente auf eine dem Ganzen nachtheilige Weise untergräbt; sowie dagegen, daß die Abspiegelung eben dieser zahlreichen Eigenthümlichkeiten der deutschen Volksstämme, ihrer Sitten, Vorurtheile u. dgl. dem Lustspiele – wie schon angedeutet – einen Reichthum an individueller Charakteristik liefere, die bei unseren gegenwärtigen universalen Bildungsverhältnissen des allgemeinsten Interesses sicher ist, wofern nur der Dichter das Eigenthümliche aus seinen fisischen Grundlagen heraus poetisch lebendig zu gestalten versteht. [...]

Q 1862. Während der oben abgedruckte Auszug aus Heines Briefen *Über die französische Bühne* zeigt, wie die Stereotypen und Topoi der Komödienkritik der Zeit ironisch behandelt werden können, ist der Aufsatz von Julius Eleonor[2] ein charakteristisches Beispiel für den Ernst, mit dem sie sonst, nicht zuletzt auch in der täglichen Theaterkritik des späteren 19. Jahrhunderts, auftreten. So ist die Abwehr des französischen Lustspiels und seiner «moralischen Freigeisterei» und Frivolitäten[3] (doch auch von Stücken im Stile Kotzebues) ebenso typisch wie die der Satire und der Rekurs auf die «innere Heiterkeit» und den Humor. In den Umkreis dieses Ernstes gehört auch, daß Eleonor, der sich zwischen Komödientheorie und -kritik bewegt, nach der Zukunft und einer positiven Entwicklung des deutschen Lustspiels fragt, die er vom Gedeihen freier politischer Institutionen und der Entfaltung lokaler kultureller Zentren abhängig macht. Er wendet sich damit gegen die weit verbreitete Ansicht, eine positive Entwicklung des deutschen Lustspiels scheitere am Mangel eines nationalen Mittelpunkts, wie ihn Paris im zentralistischen Frankreich darstellt.

1 August von Kotzebue (1761–1819), Schriftsteller, Journalist, Dramatiker und Diplomat, war einer der meistgespielten Bühnenautoren seiner Zeit. Seine Kritiker, zu denen fast alle bedeutenden Zeitgenossen gehörten, warfen ihm die Rührseligkeit, oft auch die Unmoralität (z. B. die Thematisierung des Ehebruchs in *Menschenhass und Reue*, 1789) seiner Stücke vor. **2** Eleonor, über den keine biographischen Daten ermittelt werden konnten, hat neben dem hier berücksichtigten Aufsatz noch zwei weitere dramaturgische Studien im Jg. 8,

1862, der *Recensionen und Mittheilungen über Theater, Musik und bildende Kunst* veröffentlicht: *Dramatische Studien* (Nr. 31, S. 481–484) und *Die Charaktere im Drama* (Nr. 34, S. 530–532).   **3** Vgl. hier, als besonders radikale Variante, Q 1864.

Ernst Wichert (1831–1902)
Aus: Über den Anspruch auf Originalität
beim Lustspiel (1874)

Tendenz nenne ich den vom Dichter gesetzten berechtigten Zweck der Dichtung. Eine bestimmte allgemeine Tendenz muß jedes Lustspiel haben; nur wenn der Zweck unberechtigt ist, d. h. außerhalb der Grenzen der Poesie oder der besonderen Gattung derselben liegt, entsteht das, was man in tadelndem Sinne ein Tendenzstück nennt. Die Komödie kann entweder einen *politischen* oder einen *ethischen* oder einen bloßen *Vergnügungs*-Zweck haben. Der ästhetische Zweck ist den drei Tendenzrichtungen gemeinsam.

Die Komödie des Aristophanes war eine eminent politische. Wenn sie keine Nachfolge gefunden hat (vielmehr nur ihrer Darstellungsweise nach zu ganz anderen Zwecken nachgeahmt ist, ohne auch in dieser Umgestaltung die Bühne gewinnen zu können), so hat dies seinen nächsten Grund wohl darin, daß auch das Staatswesen, das jene Komödie kritisiren durfte, sich im ganzen Verlauf der Geschichte nicht wiederholte. Die politische Komödie an sich wäre heute gerade so denkbar, wie vor zweitausend Jahren, und sie könnte hervorgebracht werden ohne jede Anlehnung an die aristophanischen Stoffe und Darstellungsformen, ganz den Bedürfnissen unserer jetzigen Bühne entsprechend, wennschon nie mit derselben Wirkung, da es nicht mehr möglich wäre, das ganze Volk zum Zuschauer zu setzen. Wenn gleichwohl eine Komödie mit rein politischer Tendenz nicht mehr versucht wird [...], so ist die Schuld nicht einzig und allein auf den modernen Polizeistaat zu schieben, der ihre Darstellung nicht zulassen würde: sie würde auch allemal zu spät kommen in einer Zeit, in der die Presse schnell und wirksam das politische Urtheil klärt. Gänzlich ist gleichwohl die politische Tendenz nicht aus unserer Komödie geschwunden; sie findet sich im Couplet der Posse vertreten, so zahm oder so beißend, wie es die Zeitverhältnisse gerade gestatten. Auch brachten die Kriegsjahre[1] einzelne Stücke, in denen unmittelbare Zeitereignisse zu dem Zwecke vorgeführt wurden, um den patriotischen Eifer zu stärken, oder der Freude über das Gelingen des nationalen Werkes erhöhten Ausdruck zu geben. Leider war auch da die Stimmung so schnell wechselnd, daß dem Dramatiker die Ausprägung der Kunstform in den seltensten Fällen gelang. Von dem heutigen Lustspieldichter eine satirische Komödie von politischer Tendenz verlangen, hieße ihn verdammen, lediglich für sich selbst zu schreiben.

Eine wichtigere Rolle spielt im Lustspiel die *sittliche* Tendenz, die sich bald im Allgemeinen auf Besserung der Moral, bald speciell auf die Klärung des Urtheils über sociale Zustände gerichtet zeigt. In jedem Lustspiel freilich präsentirt sich ein Theil oder Bruchstück der bürgerlichen Gesellschaft; aber es macht doch einen erheblichen Unterschied, ob die Figuren harmlos hingestellt sind, um eine heitere Handlung zur Anschauung zu bringen, oder ob Handlung und Charaktere gerade so erfunden sind, wie sie am eindringlichsten die Lächerlichkeit oder Fehlerhaftigkeit irgend eines socialen Zustandes oder eines sittlichen Gebrechens darzustellen vermögen. Wiegt die Tendenz des Besserns oder Bekehrens vor, so entsteht, je nachdem wieder gegen die sociale Unordnung im Allgemeinen, oder gegen die Unsitte und lächerliche Ausschreitung des Einzelnen satirisch polemisirt wird, das, was man «ein Sittengemälde», oder was man «eine Charakterkomödie» zu nennen pflegt. Es ist hier nicht der Ort, den Mißbrauch nachzuweisen, der so oft mit dieser Bezeichnung, sehr zum Schaden der Bühne, getrieben wird, indem die Tendenz nur zum Deckmantel dienen muß, um die eigentliche Absicht des Autors zu verhüllen, die in Wahrheit auf nichts anderes geht, als auf die Darstellung einer raffinirt pointirten unsittlichen Handlung zu dem Zwecke, den frivolsten Neigungen des Publicums Befriedigung zu verschaffen, der Scandalsucht Stoff zuzutragen. Auch die Tragödie kann in derselben Weise gemißbraucht werden. Hier war nur die Verschiedenartigkeit des Lustspiels nach der Tendenz nachzuweisen und darauf aufmerksam zu machen, daß ein Stück dieser Art seine Originalität im Wesentlichen in der Aufdeckung eines neuen Gebietes gesellschaftlicher Uebelstände oder charakteristischer Zeitschwächen und in der satirischen Beleuchtung desselben zu suchen hat, daß es ihm aber auf Spannung durch die Fabel oder auf Belustigung durch komische Situationen viel weniger anzukommen braucht. Da es ferner vom Zuschauer eine gewisse Einkehr in sich selbst verlangt und auf Beschämung ausgeht, kann es zwar durch Witz und Spott zum Lachen reizen, aber nie in einen behaglichen Zustand versetzen. Auch wenn es sich von eigentlicher Lehrhaftigkeit fern hält, bleibt seine Devise doch das «Erkenne Dich selbst», und da diese Selbsterkenntnis nie schmeichelt, gewährt sie auch nur ernsten und sittlichen Naturen Unterhaltung, während der leichtfertige Zuschauer sich bald gelangweilt oder geärgert fühlt.

Damit soll gewiß nicht gesagt sein, daß jedes Lustspiel, das vorwiegend dem *Vergnügungszweck* dient, sich nothwendig gerade an diesen leichtfertigen Theil des Publicums wenden müsse. Kein Verständiger kann sich der Einsicht verschließen, daß unsere moderne Bühne, auf der täglich gegen ein Eintrittsgeld gespielt wird, darauf angewiesen ist, für Unterhaltung zu sorgen; und gerade das Lustspiel hat die natürliche Aufgabe, diesem Bedürfniß der Erheiterung und geistig-gemüthlichen Erfrischung nach des Tages Lasten und Sorgen zu genügen. [....]

Q 1874. Ernst Wichert, von Beruf Jurist und zuletzt Rat am Berliner Kammergericht, war ein produktiver und erfolgreicher Schriftsteller, Publizist und Bühnenautor, der neben zahlreichen Erzählungen, Romanen und Abhandlungen mehr als 30 Theaterstücke verfaßte, darunter einige sehr erfolgreiche Komödien. Der hier abgedruckte Text ist der erste Teil eines längeren Aufsatzes, der sich als systematische Bestandsaufnahme der Komödientheorie und -praxis seiner Zeit versteht. Bedeutsam ist er insofern, als in ihm ein Dramatiker auf nüchterne Weise zeigt, was er in der modernen Komödienproduktion noch für möglich hält. Dabei überwiegen in der Argumentation konservative komödientheoretische Topoi; das gilt insbesondere für die Beurteilung des Wirkungszweckes der Komödie.

1 Der Deutsch-französische Krieg 1870 / 71.

IV. Vom Naturalismus bis
zum Ende des Zweiten Weltkriegs

Einleitung

Vom Reformeifer der in den achtziger Jahren selbstbewußt auftretenden Naturalisten-Generation bleibt auch die Diskussion über die Komödie nicht unbehelligt. Die Kampagne der Literaturrevolutionäre gegen die Verflachung der deutschen Bühne durch in ihren Augen seichte Epigonendramatik, französische Salonlustspiele, törichte Schwänke und Possen wird begleitet von der Forderung nach einem ‹modernen› realistischen, gegenwartsnahen und gesellschaftskritischen Drama. Hier tritt das politische Engagement der jungen Schriftsteller zutage und ihr Interesse an den sozialen Verwerfungen durch die rasche Industrialisierung Deutschlands nach der Reichsgründung von 1871. In diesem Kontext ist avancierte Komödientheorie nicht mehr vorrangig Gegenstand philosophisch-systematischer Reflexionen in Ästhetiken und Poetiken. Literaturdebatten werden in engem Kontakt zum Tagesgeschehen geführt und finden ihr Forum in einschlägigen Zeitschriften und Theaterblättern.

Symptomatisch für die Schwierigkeiten, das heitere Genre von Konvention und Mittelmaß zu befreien und ihm eine zeitgemäße Form zu geben, sind die kontroversen Reaktionen auf die 1893 in Berlin uraufgeführte und nach einigen Vorstellungen wieder abgesetzte Komödie *Der Biberpelz* von Gerhart Hauptmann. Die konservative Kritik moniert die «dürftige Handlung» des Stücks, die sich ohne Abwechslung und Steigerung «in Wiederholungen und Verbreiterungen hin und her» winde[1], und die bloße Aneinanderreihung von Genrebildern ohne vermeintlich innere Verknüpfung. Weiter wird dem Autor die von den Naturalisten programmatisch geforderte Ersetzung des gängigen Theaterjargons durch die unverfälschte ‹Sprache des Lebens› (Alltags) vorgehalten. Gegen sie wird mit Hinweis auf die bei Shakespeare, den Franzosen (Molière) und Lessing erreichte Meisterschaft des Dialogs die Notwendigkeit der «ästhetischen Stilisierung der Sprache»[2] *auch* für die Komödie betont. Den größten Unmut allerdings ruft der als Brüskierung empfundene ‹offene› Schluß des Stücks hervor, der weder dem bornierten Treiben des Amtsvorstehers Wehrhahn ein Ende setzt noch die Diebstähle der Frau Wolff ahndet. Mit der Mißachtung der ‹poetischen Gerechtigkeit› habe Hauptmann es versäumt, «das lustig verspottete Narrenthum nun auch gesunden zu lassen»[3], und durch diese «Brutalisirung jedes Rechtsbewußtseins» eine «schwere Schädigung der Volksseele»[4] in Kauf genommen. Ein anderer Aspekt dieser Kritik an Hauptmanns «dreiste[r] Geringschätzung der landläufigen Theaterregeln»[5] ist der Versuch, die Komödiendiskussion wieder in die Bahnen traditioneller Dramaturgie zu lenken. Die «realistische Bewegung der letztvergangenen Zeit» müsse «verschmolzen werden mit den feststehenden Grundformen der dramatischen Kunst, die schon seit Aristoteles, für uns insbesondere seit Lessing klar erkannt sind»[6]. Im einzelnen und auf das Lustspiel übertragen, bedeutet dies in erster Linie ein Plädoyer für eine spannungsreich und zielstrebig sich entwickelnde Handlung, basierend auf einer «gut erdachte[n] und geschickt durchgeführte[n] *Intrigue*»[7], und im Zusammenhang damit wiederum das Insistieren auf dem als unabdingbar erachteten «versöhnende[n] Schlußmoment»[8]. Wenn darüber hinaus die satirischen Seitenhiebe Hauptmanns auf Obrigkeit, Militarismus, Bürokratie und Klassengesellschaft zum Anlaß genommen werden, von der «über Allem schwebende[n] Freiheit des Humors»[9] zu meinen, sie bilde «gewiß die Grundlage des höheren deutschen Lustspiels»[10], verbirgt sich dahinter auch die Absicht, der Komödie die zeitkritische Spitze zu nehmen und sie statt dessen auf die Weltsicht einer «wohlige[n] Versöhnlichkeit»[11], einer «humorvollen, über alle Parteigegensätze sich erhebenden Auffassung des sozialen, politischen, literarischen Lebens der Nation»[12] zu verpflichten.

Zu denen, die im Streit um die Diebskomödie erkennen, daß Hauptmann mit diesem Stück vielversprechendes Neuland betrat, zählen Bruno Wille und Franz Mehring.[13] Wahrheit, Aktualität und treffsichere Darstellung der Wirklichkeit konstatieren beide dort, wo konservative Kritiker nur ein «Zusammentragen von unbehauenem Rohmaterial zu einem willkürlich begrenzten Lebensausschnitt»[14] sehen. Hauptmanns Rückführung der Komik auf ein Wechselspiel von Milieu, Charakter und Zeitumständen halten Wille und Mehring daher nicht nur für eine gelungene Einlösung naturalistischer Postulate, sondern zugleich für eine aussichtsreiche Möglichkeit, das Lustspiel zu reorganisieren. Aber schon wenige Jahre nach Hauptmanns Auftritt als Komödienautor wird einmal mehr die Klage darüber angestimmt, daß es in Deutschland mit dem heiteren Drama im argen liege. Auch wenn die Kritik den Verfasser des *Biberpelz* nun oft in einem Atemzug mit Lessing (*Minna von Barnhelm*), Kleist (*Der zerbrochene Krug*) und Freytag (*Die Journalisten*) nennt und den Fortschritt der Komödie in «genauer Charakterisierung und Individualisierung der Menschentypen, Aufstellung und Durchführung eines sozialen und ethischen Problems und äußeren wie inneren psychologischen Begründungen»[15] mit seinem Namen verbindet, gilt er als Lustspieldichter einer Epoche, die sich historisch überlebt habe. Gleichwohl gibt man den Anspruch des Naturalismus, Abbilder der Wirklichkeit zu liefern, nicht völlig auf und erwartet von der Komödie, daß sie mit den veränderten Verhältnissen Schritt halte. Franz Blei gebührt das Verdienst, als einer der ersten darauf aufmerksam zu machen, daß mit Sternheims Komödien *Aus dem bürgerlichen Heldenleben* die Erneuerung und Aktualisierung des Lustspiels an einer «grosse[n] Wegmarke» stehe.[16] Wenn er Sternheim mit dem Gesellschaftskritiker Molière vergleicht und Sternheim selbst über den französischen Komödiendichter urteilt, er sei «Arzt am Leib seiner Zeit»[17], wird also an der Oppositionsrolle des Lustspiels nicht gerüttelt, ihm aber eine weitere Aufgabe übertragen. Sternheim sieht sich nicht nur in der Verantwortung, «spießbürgerlicher Vermoderung»[18] den Kampf anzusagen, sondern appelliert mit seinen Komödien zugleich an die Regenerationsfähigkeit der Wilhelminischen Gesellschaft, deren Zusammenbruch dann allerdings der Erste Weltkrieg besiegelt.

Das Ende des Kaiserreichs, die Novemberrevolution und die Konstituierung der Weimarer Republik erleben viele als Verlust tradierter Werte, Zerstörung fester Ordnungen und Scheitern politischer Visionen. Sie führen innerhalb der Komödientheorie ebenfalls zu spürbaren Argumentationsverschiebungen. Es sei anzunehmen, schreibt Johann Elias Poritzky 1921, «daß der Dichter an den Zeitgeschehnissen zum Satiriker werden würde»[19]. Die Träger der Macht «haben die Komödie der Politik gespielt, und der Spiegel zeigt ihnen nun ihre Politik in der Komödie»[20]. Zugespitzter noch, wenn auch ohne ausdrücklichen Bezug zum Gattungsbegriff *Komödie*, formuliert Iwan Goll seine Ansichten vom ‹neuen› Drama, dem «Überdrama», das die Nachkriegsgesellschaft dem Gelächter ausliefern soll. Dazu reichen seiner Meinung nach die herkömmlichen «Reizmittel» des Satirikers nicht aus; die Hypertrophierung des Komischen zum *Grotesken*[21] sei der Weg, auf dem der Dramatiker sein Heil suchen müsse. Durch die politische und wirtschaftliche Stabilisierung der Weimarer Republik kommen einige Jahre später wiederum neue Töne in die Debatte. Ausdrücklich verbindet Heinrich Mann seine Forderung nach «sozialen Komödien» mit dem Votum, «nur festzustellen, wie es steht. Revolutionär oder nicht, für Diktatur, Sozialismus oder für nichts [...]»[22]. Im Sinne dieser Hoffnung auf einen versachlichten und ideologisch weniger polarisierten Umgang mit den realen Gegebenheiten ist auch Walter Hasenclevers Einschätzung zu verstehen, daß «die Kunst der Gegenwart [...] einer entpathetisierten Wirklichkeit»[23] zustrebe und deswegen der Komödie eine Entproblematisierung ihrer Stoffe zu empfehlen sei. Noch stärker lenken Franz Joseph Schöningh und Arthur Eloesser den Blick auf eine humanisierende Funktion des Lustspiels, wenn sie von ihm erwarten, es werde für «Menschlichkeit, Verständnis, Güte»[24] den Boden bereiten.

Durch die Weltwirtschaftskrise von 1929 geraten diese Vorstellungen von einer auf Ausgleich und Vermittlung bedachten Komödie in den Sog verschärfter politischer Radikalisierung. Zumal nach der nationalsozialistischen Machtergreifung 1933 und der damit verbundenen Instrumentalisierung von Kunst und Literatur für propagandistische Zwecke nimmt die Diskussion eine entschieden andere Richtung.[25] Schon die Gleichsetzung der Weimarer Republik mit einer «Epoche der niedrigsten Verführungsliteratur, [...] der politischen Tendenzdramatik und des ganzen ‹Proletkultes› einer ausgesprochen jüdisch eingestellten Theaterkonfektion»[26] macht unmißverständlich klar, daß im neuen nationalen deutschen Lustspiel nicht mehr «die Geißel der sozialen Anklage» geschwungen oder «mit den giftigen Pfeilen der politischen Bosheit» geschossen werden würde.[27] Statt dessen sind es Schlagworte wie «Bildung der deutschen Seele»[28], «Erziehung zur Volksgemeinschaft»[29], «*politische* Weltbild-Gestaltung»[30], die in der Debatte über eine zeitgemäße Komödie die zentrale Rolle spielen. Allerdings deutet die häufige Wiederholung dieser Forderungen darauf hin, daß die Lustspielproduktion hinter den an sie gestellten Erwartungen zurückbleibt.[31] Zur Erklärung dieser Situation wird einerseits auf das in der Geschichte der Komödientheorie schon zum Topos gewordene Argument zurückgegriffen, es fehle den Deutschen die leichte Hand zum Lustspiel, das Tragische sei «der Urgrund unserer Rasse»[32]. Die daraus abgeleitete Bevorzugung des ernsten Dramas gegenüber der Komödie hängt andererseits offensichtlich damit zusammen, daß die Tragödie als ein geeigneteres Medium betrachtet wird, nationalsozialistische Ideologeme zu verbreiten: Schicksalsgläubigkeit, Heldenmut, Führerkult, Gefolgschaftstreue, Opferbereitschaft.[33] So gesehen hat die Differenzierung zwischen bloßem Unterhaltungsstück (Lustspiel) und ‹reiner› (‹hoher›, ‹echter›) Komödie als Trägerin eines Humors, der sich aus Einsicht in die Unvollkommenheit der Welt «immer hart an der Grenze des Tragischen»[34] bewege, auch den Zweck, dem Übergewicht des Trauerspiels entgegenzuwirken oder im Vergleich zu ihm sogar die Komödie als «die höhere oder vollkommenere Stufe»[35] des Dramas aufzuwerten. Für welchen Kontext «der im tiefsten Grunde heroische Gedanke des Lustspiels»[36], sich über ein als tragisch empfundenes Leiden frei und heiter zu erheben, auch verfügbar gemacht werden konnte, offenbart eine Bemerkung Rainer Schlössers, des Präsidenten der Reichstheaterkammer. Ein Jahr nach Ausbruch des Zweiten Weltkriegs hält er es für an der Zeit, dem Humor – und mitgedacht der Komödie – als «Lebensselbstschutz» nationale Bedeutung beizumessen.[37]

1 Wolff, Eugen: Geschichte des deutschen Lustspiels. Leipzig 1896, S. 92. Hauptmann selbst wendet sich verschiedentlich gegen den Primat der Handlung: «Das moderne Drama entwickelt die Fabel folgerecht aus den Charakteren.» – «Handlung im Drama: das Unwichtigste! das Gleichgiltigste! das Undarstellbare!» – «Die *Handlung* im Drama ist entweder eine innere oder ist nicht da.» Vgl. G. H.: Die Kunst des Dramas. Zusammengestellt v. Martin Machatzke. Berlin usw. 1963, S. 204 f. **2** Q 1903 a, S. 160. **3** Lier, Leonhard: Neue Dramen. In: Blätter f. literarische Unterhaltung, 1894, Bd. 1, S. 92. **4** Vgl. Q 1900, S. 90, 91. Mit seinem Verstoß gegen das weithin akzeptierte Gebot vom glücklichen Ende der Komödie, das die Tugend belohnt und das Laster bestraft, ist Hauptmann nicht der einzige. In einer Vorbemerkung zu seinem Lustspiel *Die Fahnenweihe* polemisiert Ruederer ebenfalls vehement gegen eine «Sorte von Kunstverständnis», das in der Komödie nach dem «guten» Menschen suche, «der die Lumpen und Spitzbuben flammenden Auges und im tiefsten Brustton zur Rede stellt, um sie schließlich der strafenden Gerechtigkeit zu überliefern» (Q 1895 a, S. 5). Vgl. dazu Q 1900, S. 92 f, und auch Steigers Bemerkung, «an die komische Dichtung» dürften nicht «die moralischen Maßstäbe der Kinderfibel» angelegt werden (Steiger, Edgar: Das Werden des neuen Dramas. 2. Teil. Berlin 1903, S. 131). Hingegen ist Rommels Äußerung, «der gute Ausgang im heiteren Drama [sei] gemäß dem Gesetz, daß Komik nur in einer Sphäre der Sorglosigkeit gedeiht, allgemein verbindlich» (Rommel, Otto: Komik und Lustspieltheorie. In: Deutsche Vierteljahrsschrift f. Literaturwissenschaft u. Geistesgeschichte 21, 1943, S. 41), ein Beweis für die Langlebigkeit dieser Auffassung. **5** Schlenther, Paul: Aus den Berliner Theatern. In: Preußische Jahrbücher 75, 1894, S. 148. **6** Q 1896 a, S. 264. **7** Q 1897, S. 33. **8** Q 1896 a, S. 230. **9** Ebd. **10** Q 1903 a, S. 160. **11** Q 1906 a, S. 9. **12** Q 1892, S. 85. Diese unterschiedlichen Vorstellungen von der Funktion der Komödie sind zum Teil auch ein Spiegelbild handfester Interessengegensätze zwischen einer ‹staatserhaltenden› und einer die öffentlichen Zustände anprangernden Fraktion. Das zeigt einerseits die z. B. von Maehly (Q 1900 a) vertretene Position, der mit dem Argument, der heutige Staat sei «für die Bürger da» (Sp. 57) und die politische Auseinandersetzung werde in «den Journalen und Zeitungen» geführt (Sp. 53; vgl. dazu auch Wichert, Q 1874, s. o. S. 156 f), von der Komödie «ein Bild des bürgerlichen und privaten Lebens» erwartet und davor warnt, sie durch tendenziöse Ausrichtung zu einer ‹Art von Parteistück› zu machen (Sp. 52). Das zeigt andererseits die Kritik an der «Zensur und [dem] Preßgesetz, [den] veralteten Religionsstörungs-, Gotteslästerungs-, Majestätsbeleidigungsparagraphe in ihrer Ausdehnung und dehnbaren Interpretierung» (Q 1911 a, S. 1104), die dafür verantwortlich gemacht werden, daß die ‹realistische Zeitsatire› in der Tradition der aristophanischen Komödie keine Entwicklungschance habe (vgl. auch Q 1891, S. 195; Q 1898, S. 362). Von Lorenz (Q 1902) werden noch beachtenswerte andere Gründe für das Fehlen einer politischen Komödie genannt, so u. a. der «Umstand, daß die bürgerliche Kultur durchaus unpolitischen Charakters» sei (Sp. 373), dann die Bindung des Theaterlebens an die Großstadt (Berlin) und ihre «ästhetisierende Scheinkultur», die sich «den realen Mächten des politischen Getriebes längst entfremdet» habe (ebd.). Aufschlußreich für die Wirksamkeit der Zensur ist auch Wedekinds Protest gegen die Bezeichnung seines Stücks *Die Büchse der Pandora* als Komödie (vgl. Wedekind, Frank: An die Direktion des Deutschen Theaters. Berlin, 17. 6. 1907. In: Gesammelte Briefe. 2. Bd. München 1924, S. 179 f). **13** Vgl. Wille, Bruno: Der Biberpelz. In: Freie Bühne 4/2, 1893, S. 1160–1164, und den hier abgedruckten Text von Mehring (Q 1893a). Ein Jahr zuvor bemerkt Wilhelm Bölsche zu *Kollege Crampton*, daß es Hauptmann schon mit diesem Stück gelungen sei, «endlich unser *Lustspiel* zu *vertiefen*, ihm eine Basis zu geben, die es entscheidend von der dummen Posse trennt» (W. B.: Vier Weihnachtsbücher höheren Stils. In: Freie Bühne 3/2, 1892, S. 1322). **14** Wolff, Eugen: Geschichte der deutschen Literatur. Leipzig 1896, S. 92. **15** Q 1911a, S. 1186. **16** Blei, Franz: Sternheim. In: Pan 1, 1910/11, S. 271–275. **17** Sternheim, Carl: Molière. In: Gesamtwerk. Bd. 6. Neuwied, Berlin 1966, S. 31. Zur Molière-Rezeption Sternheims vgl. Sek Joost 1980. **18** Sternheim, Carl: Das gerettete Bürgertum, a. a. O., S. 46. **19** Q 1921b, S. 393. **20** Ebd., S. 399. Die Wiedergeburt des neuen deutschen Lustspiels könne – so Rottauscher (Q 1919a) – nur von Österreich aus erfolgen. Die «Philosophie der Komödie» (S. 8) setze die Unumstößlichkeit des Weltgeschehens und die Einsicht voraus, es ließe sich dagegen «auch nur im Geringsten [...] noch irgend etwas machen» (ebd.). Dieser typisch österreichische Pessimismus prädestiniere dazu, den «Ruf nach der verloren gegangenen Komödie» (S. 1) zu beantworten. Daß man allerdings auch auf die Gleichheitsvorstellungen der jungen Weimarer Republik seine Hoffnungen für das Lustspiel setzen konnte, zeigt Roosen (Q 1922b), wenn er sich des traditionsreichen Arguments bedient, Komödie und Konvention gehörten zusammen. Deutschland kenne gegenwärtig aber nur Stände, Kasten, Berufszweige und noch keine eigentliche Gesellschaft mit allgemeinverbindlichen Regeln, Normen und Umgangsformen, von deren Verletzung durch Triebe, Leidenschaften und Torheiten die Komödie lebe. Von Knöller (Q 1926) wiederum wird dieser Mangel einer einheitlichen Gesellschaft dafür verantwortlich gemacht, daß die Komödie ihre Funktion als «öffentliches Regulativ» in Deutschland nicht wahrnehmen könne, wie das in England, Frankreich, Italien, Spanien und im deutschsprachigen Raum in Wien der Fall sei. Anders argumentiert Lengerke (Q 1924), für den gerade soziale Abstufungen eine Voraussetzung der Komödie sind. Daß die «Zerrüttung des Krieges» den Bourgeois als bevorzugten Gegenstand des Lustspiels in «seine[m] Wesen erschüttert» und auf dem Theater «zu einem Popanz» gemacht habe, bedeutet daher in seinen Augen ein Verwischen gesellschaftlicher Unterschiede, die für die zeitgenössische Komödie eine Themenverlagerung vom Sozialen «in das rein Menschliche» und die «feinere Seelenforschung» nach sich ziehe. **21** Wenn zwischen 1918 und 1933 «ein neuer Humor und eine neue Komödienform» entstanden sei, könne «es sich einzig und allein um die Groteske handeln» (Sek Grimm 1976, S. 113). Dieser «neue Humor» erscheine «einerseits *vor* 1923, in den chaotischen Jahren des Zusammenbruchs und der Inflation, andererseits *nach* 1929, in den nicht minder chaotischen Jahren der Weltwirtschaftskrise und der zunehmenden Radikalisierung» (S. 130). **22** Mann, Heinrich: Theater der Zeit. (1926). In: H. M., Essays. 1. Bd. Berlin 1954,

S. 271. **23** Q 1928, S. 12. **24** Q 1926 a, Q 1927. **25** Zur Exilkomödie bemerken Mennemeier und Trapp (Sek 1980), sie habe die unterhaltende «Tendenz des Lustspiels der Weimarer Zeit fort[gesetzt]. Wirklich überzeugende Innovationen praktischer oder theoretischer Art» habe es «kaum gegeben, wiederum mit der Ausnahme Brechts [...]» (S. 66f). Vgl. auch Sek Trapp 1983, Sek Spies 1990. **26** Q 1934, S. 175. **27** Ebd., S. 176; vgl. auch Bethge (Q 1937): Es entspreche «nicht deutscher Art, mit bösem Blick Karikaturen der Menschheit zu entfesseln, wie sie der Bitterkeit Gogols und Swifts, wie sie aber auch [...] der Herzlosigkeit eines Sternheim entstammen»; selbst «auf die Verwerflichsten noch fällt ein Strahl der Gnade aus deutschem Glauben und Gemüt» (S. 347). **28** Q 1940, S. 54. **29** Q 1936 a, S. 148. **30** Beyer, Paul: National-Dramaturgie. Ein erster Versuch. Berlin [1933], S. 8; zum Bildungs- und Erziehungsauftrag der Komödie vgl. auch S. 18 und Q 1935; Q 1938 a, S. 259. **31** Vgl. dazu Lampes (Q 1936 a) Bemerkung, das Lustspiel habe «die Schwelle des Weltkrieges, geschweige die der Nachkriegsnot und des Kampfes um ein neues Deutschland noch nicht überschritten» (S. 147). Ein Indiz dafür war auch der Appell «zur Schaffung von Lustspielen und Zeitsatyren», der auf der 1. Reichstheatertagung der HJ 1937 in Bochum an die Schriftsteller erging (vgl. Hollerbach, Eugen: Theater und Jugend. Woche der Dramatiker der HJ in Bochum. In: Rheinische Blätter 14, 1937, H. 5, S. 57). Diese für die Entwicklung einer ‹Nationalsozialistischen Dramaturgie› wichtige Tagung war von dem Präsidenten der Reichstheaterkammer, Rainer Schlösser, arrangiert worden. Vgl. dazu auch Q 1938, S. 32 ff. **32** Q 1938, S. 54. **33** Vgl. Beyer (Anm. 30), S. 14 ff; Q 1938, S. 35–37, 53 f; Hollerbach (Anm. 31), S. 50 f. **34** Q 1933, S. 145; vgl. auch Q 1937, S. 345 f; Q 1938 a, S. 260; Q 1940, S. 50. Diese Auffassung von der Nähe der Komödie zur Tragödie und vom tragischen Unterton des Humors führt auch dazu, der Charakter- vor der Situationskomik den Vorzug zu geben, weil das *deutsche* Lustspiel – wie das Trauerspiel – den ‹ganzen› Menschen ins Zentrum rücke; vgl. Q 1933, S. 145; Q 1936 a, S. 147 f. **35** Q 1934, S. 174. **36** Ebd., S. 175. **37** Vgl. Schlösser, Rainer: Tragik, Humor und Krieg. Zeit: wiederum heute. In: Die Bühne 6, 1940, H. 8, S. 102 f, dort S. 103.

Conrad Alberti (1862 – 1918)
Aus: Das deutsche Lustspiel (1893)

[…] Das Lustspiel ist die feinste und zarteste Erscheinungsform der literarischen Kunst. Darum kommt es auch sehr häufig zuletzt, wenn die tragische Kunst schon anfängt, dem Vergehen anheim zu fallen. Ein tüchtiges Stück nach Aeschylos und Sophokles marschirt erst Aristophanes. Jedenfalls erscheint es auf künstlerischer Höhe immer erst, wenn die Gesellschaft des Landes zu einem ganz bestimmten Zustande gelangt ist: wenn das Durcheinander der Bestrebungen, der Interessenkämpfe der Klassen sich gesetzt, wenn die Gesellschaft sich in Schichten geordnet hat, deren jede das Gefühl einer vorläufigen Sicherheit, eines gefestigten Zustandes erfüllt. Erst dann bilden sich die humoristischen Klassentypen, die Charaktere voll eigenwilliger Schrullen, von denen das Lustspiel lebt.

So lange eine Gesellschaft unsicher ist, so lange ihre Theile unablässig durcheinander gerüttelt werden, so lange auf keinem Gebiete ruhige Verhältnisse herrschen, sondern überall Kampf, Verfolgung, unablässige Veränderung, kurz, so lange es in ihr zugeht, wie unter den Infusorien eines Wassertropfens, – ist auch ein Lustspiel unmöglich. In einer solchen Gesellschaft wird sofort jeder komische Gattungstyp mit den lächerlichen Kennzeichen eines Standes, eines Gewerbes, zur Beleidigung einer Bevölkerungsklasse, und jeder Sonderling wird zur Verhöhnung ehrenwerther Bürger.

Selbstironie ist die oberste und feinste aller Gefühlsäußerungen. Zu eigenem Vergnügen kehrt der geistig Freie, was er Allzumenschliches an sich findet, hervor und giebt es dem allgemeinen Lachen preis, weil er sich in allem Wesentlichen als vollendeter Mensch fühlt. Höchste Erkenntniß, stärkstes Sicherheitgefühl, freiester Entschluß müssen sich zur Selbstironie vereinigen; sie ist geradezu das Kennzeichen der höchsten Geisteskultur.

Das Lustspiel, in dem die Gesellschaft sich selbst belacht, sich selbst ironisirt, ihre Schwächen mit Behagen preisgiebt, kann sich daher nur in einer Gesellschaft entwickeln, deren Zusammensetzung geordnet, deren Zusammenhalt gesichert ist oder scheint, die sich im Innern reich, nach oben frei, nach unten ungefährdet fühlt. [...]

Molière kam erst, als der große, von Ludwig dem Elften[1] begonnene Aufbau der französischen Gesellschaft beendet war und die noch folgenden politischen und sozialen Kämpfe nichts mehr stören konnten. Er ist die Kreuzblume auf dem Dome des royalistischen, nach ständischen Grundsätzen geordneten Frankreich. Als erstes von allen Ländern wurde Frankreich mit der bürgerlichen Reorganisation seiner Gesellschaft fertig und als erstes zeitigte es darum eine reiche, moderne Lustspielliteratur. In keinem Lande der Welt ist heute das Behagen am Dasein, der bewußte Genuß des Lebens so ausgebildet wie in Frankreich, nirgends sieht die Gesellschaft den schlimmsten politischen Gefahren mit solcher Ruhe entgegen; noch immer ist Frankreich, trotz Bontoux und Lesseps,[2] trotz der Commune[3] und Carmaux,[4] das gefestigteste Land Europas, und der Vicomte wie der kleine Rentier vererben die vom Großvater überkommenen Sitten und Gewohnheiten auf den Enkel.

Aber in Deutschland! –

Läßt ein Lustspieldichter einen Fleischer mit rothen Händen auftreten, so empört sich der ganze ehrwürdige Fleischerstand des Reiches. Verlege irgend eine drollige Geschichte an den Rhein, und Du bist unmöglich von Freiburg bis Xanten. Stelle einen beschränkten Bürgermeister dar, und du bist als Anarchist geächtet. Kurz, du kannst nach keiner Richtung deiner Laune die Zügel schießen lassen, ohne nach den verschiedensten anzustoßen und statt Lachen Empörung, statt Beifall Prügel und Gefängniß zu erwarten. Denn nichts ist in unserem gepriesenen Deutschland sicher und gefestigt, überall regirt ohne Unterlaß die Furcht, das Bangen der Ungewißheit. Es ist ein ewiges Interim. Jeder Stand, jeder Beamte, jeder Besitzende zittert in jedem Augenblick, der nächste werde alle Ordnungen umstürzen, die mit theurem Gelde geschaffenen Einrichtungen vernichten, den mageren, sauer erworbenen Besitz entwerthen und Ehre, Aufsehen, Ruhe rauben. [...] Nichts kann geschehen, was nicht als tötliche Gefahr für irgend einen Stand, eine Provinz mit Herzensangst erwartet würde: Alles ist locker, schwankend, ungesund, bedrohlich.

Ein fortwährendes Angstgefühl, ein unablässiges Ausspähen nach den von allen Seiten drohenden Gefahren schüttelt die deutsche Gesellschaft, eine unsagbare Furcht, im nächsten Augenblick könne Alles aus sein und die große allgemeine «*débàcle*» zur That werden.

Dieser Zustand ist nicht von heute und gestern, er währt nun schon, allmählich bis zur Unerträglichkeit gesteigert, seine dreißig Jahre, seit der Vollendung der bürgerlichen Ordnung, mit wenigen kurzen Pausen der Ruhe und des Übermuths. Alle Versuche zur Sicherung des Zustandes, wie die Gründung des Deutschen Reiches, sind ins Gegentheil umgeschlagen und haben die Unsicherheit, die Mißlage nur gesteigert, die feindlichen Elemente nur gestärkt.

Und so reitet das deutsche Bürgerthum denn auch wirklich heute noch immer auf den beiden einzigen humoristischen Gestalten herum, die es geschaffen. Mit erstaunlichem Spürsinn hat Gustav Freytag den einzigen Standpunkt gefunden, von welchem dem deutschen «Bürgerthum» eine heitere Seite abzugewinnen war, den einzigen Kontrast, der ihm einen leisen Zug des Selbstgefühls vorspiegeln konnte. Bolz und Schmock[5] sind die einzigen wirklich humoristischen Gestalten der neueren deutschen Literatur. Dem armseligen, kläglichen, vergeblich am steilen Felsen der deutschen Kultur aufkletternden polnischen Judenknäblein gegenüber fühlt sich der Erbe der herrschenden arischen Tradition sicher und stolz wie der Brahmine dem Paria gegenüber und betrachtet sein mühsames Kraxeln mit lächelnder Mischung von Mitleid und Spott. In der Zeit der Mosse und Ullstein[6] freilich fängt auch dieser Humor an zu verblassen, und bei jeder Aufführung der «Journalisten» kann man heute beobachten, wie das Publikum den Vorgängen auf der Bühne mit wachsender Kälte zuschaut und das Lustspiel «veraltet» zu finden anfängt. Die vormärzliche Gesellschaft hatte ihre

Kotzebue und Bauernfeld,[7] die aus der Fülle des gefestigten Lebens ihrer Zeit einen Typus nach dem andern ausschöpften. Die neue Gesellschaft hat seit dreißig Jahren nicht eine Lustspielgestalt zu schaffen vermocht! [...]

Q 1893. Mit seiner Meinung, daß die Misere des deutschen Lustspiels mit dem Zustand der Gesellschaft zusammenhänge, steht Alberti – als Kritiker, Roman- und Dramenverfasser eine der wichtigen Persönlichkeiten des Naturalismus – nicht allein. Abgesehen davon, daß auch schon früher so argumentiert wird (vgl. Q 1851, s. o. S. 148; Q 1862, s. o. S. 154f), greifen Komödientheoretiker bis weit in die zwanziger Jahre auf diese Erklärung zurück, wenn sie den Mangel an Lustspielen beklagen (vgl. Q 1912, S. 95ff; Q 1911, S. 200; Q 1922b; Q 1926, S. 189). Aus der Sicht dieser Autoren ist es weder durch die Reichsgründung von 1871 noch durch die nach dem Ende des Kaiserreichs sich konstituierende Weimarer Republik gelungen, jenen Typ einer in sich gefestigten und geordneten Gesellschaft hervorzubringen, der für die Komödie als unabdingbar erachtet wird. Für Alberti bietet der gesicherte Zusammenhalt einer Gesellschaft die Gewähr, sich im Gefühl der Stärke über die eigenen Schwächen humorvoll und selbstironisch zu erheben. Andere betrachten einen verbindlichen Bestand von Normen, Regeln und Umgangsformen als den «Nährboden» der Komödie, insofern man sich über sie lustig machen oder Triebe, Leidenschaften und Torheiten mit ihnen komisch kollidieren lassen könne. Umgekehrt halten aber beispielsweise Schorn und Lengerke (Q 1924) «das decentralisirende Leben des Deutschen, wie es sich allwärts in rivalisirenden kleineren Centren äußert» (Traugott Schorn: Die dramatischen Ideen der Gegenwart. In: Die Gegenwart 34, 1905, H. 8, S. 122), für den geeigneten Stoff der Komödie, die ihr «Angriffsfeld» verliere, wenn sich die «sociale Abstufung» mehr und mehr verwische (vgl. Lengerke, S. 17).

1 Ludwig XI. (1423–83) verstärkte die monarchische Gewalt durch Schwächung des Pariser Parlaments und durch wirtschaftliche Förderung des städtischen Bürgertums, das er auf diese Weise gegen den Adel auf seine Seite zog. Er schuf damit die Grundlage für den Absolutismus, der seine Blütezeit unter der

Regentschaft von Ludwig XIV. (1638–1715) erlebte. In dessen Regierungszeit entstehen die ersten Stücke Molières (1622–73). **2** Eugène Bontoux (1820–1904 oder 1905), französischer Ingenieur und Finanzmann, wurde wegen zweifelhafter Spekulationen im Zusammenhang mit dem Aufbau südosteuropäischer Eisenbahnlinien angeklagt und verurteilt. Ferdinand Lesseps (1805–94), Diplomat und ebenfalls Ingenieur, leitete von 1859–69 den Bau des Suezkanals, scheiterte danach mit dem Plan eines Durchstichs der Landenge von Panama. Er verstrickte sich dabei in finanzielle Machenschaften, für die er sich wie Bontoux vor Gericht verantworten mußte. **3** Nach der Niederlage Frankreichs im Deutsch-Französischen Krieg 1870/71 war die *Commune de Paris* am 18. März 1871 aus dem Widerstand der Pariser Nationalgarden gegen die weitgehend monarchisch eingestellte Nationalversammlung hervorgegangen. Von ihr getroffene Maßnahmen (Erlaß von Mietschulden, Arbeitsschutz, unentgeltlicher Schulbesuch) wiesen in die Richtung einer sozialen Republik. Die *Commune* mußte sich am 28. Mai 1871 nach verlustreichen Kämpfen mit den Regierungstruppen geschlagen geben. **4** In Carmaux (Département Tarn) gelang es den Bergleuten und Glashüttenarbeitern bei den Gemeindewahlen vom 1. Mai 1892, einen sozialistischen Kandidaten als Bürgermeister durchzubringen. Dieser Sieg war einer der ersten großen Erfolge der französischen Arbeiterpartei. **5** Konrad Bolz, Redakteur bei der *Union,* und Schmock, Mitarbeiter am Konkurrenzblatt *Coriolan,* sind zentrale Figuren in der 1852 uraufgeführten Komödie *Die Journalisten* von Gustav Freytag (1816–95). Der Gegensatz zwischen beiden, den Alberti als Initialzündung für komische Effekte beschreibt, spielt im Stück tatsächlich aber eine eher untergeordnete Rolle. **6** Der Hinweis Albertis auf Rudolf Mosse (1843–1920) und Leopold Ullstein (1826–99), die Begründer großer Zeitungs- und Buchverlage, unterstreicht den idyllischen und in der Ära der Entstehung großer Konzerne auch «veralteten» Charakter der zwischen den Blättern *Union* und *Coriolan* ausgetragenen Fehde. **7** August von Kotzebue (1761–1819) und Eduard von Bauernfeld (1802–90), die Alberti als repräsentativ für den Geist der Gesellschaft vor der März-Revolution von 1848 bezeichnet, waren zu ihrer Zeit überaus erfolgreiche Bühnenschriftsteller. In seinen über 200 effektvollen Rührstücken, Trauerspielen und Ritterdramen sparte Kotzebue zwar auch die Unzufriedenheit des Bürgertums mit den feudalistischen Zuständen nicht aus, entschärfte sie aber durch die Banalisierung der Konflikte. Damit bediente er wie der ebenfalls sehr produktive Bauernfeld, Schöpfer des Wiener Konversationslustspiels, vor allem das Unterhaltungsbedürfnis seines Publikums.

Franz Mehring (1846–1919)
Aus: Eine Diebskomödie (1893)

[...] Der «Biberpelz» ist endlich einmal eine Komödie im alten und echten Sinn des Wortes: eine lachende Geißelung der verkehrten Welt, worin wir leben und weben, dabei ganz frei von des spintisirenden Gedankens Blässe, ganz frei von den Mitteln und Mittelchen des hergebrachten Komödien-Apparats. Der Dichter bewegt seine heitere Welt selbst ohne den obligatorischen Drehzapfen der Geschlechterliebe. Ein bischen dünn und dürftig mag der Vorwurf wohl noch sein, aber der «Biberpelz» ist ja auch erst ein Anfangsschritt auf der Bahn des wahren Lustspieldichters, dem Platen den Beruf zuweist,

Volk und Mächtige zu geißeln, ein gefürchtet Haupt im Staat.[1]

So klein der Ausschnitt des Lebens sein mag, den uns der Dichter bietet, so sehr es sich für Hauptmann nur um die Verspottung eines schließlich ziemlich harmlosen Zusammenstoßes mit der Polizei handeln mag, so läßt er in dem winzigen Einzelfalle doch den ganzen komischen Widersinn eines Gemeinwesens aufquellen, das die Guten schützen und die Schlechten strafen will, aber thatsächlich die Guten straft und die Schlechten schützt.

In ihrer schablonenhaften Weise fühlt sich die bürgerliche Kritik ohne Ausnahme durch Hauptmann's «Biberpelz» an Kleist's «Zerbrochenen Krug» erinnert; ja, einzelne kühne Geister gehen so weit, auf ein mehr oder minder verhülltes Plagiat anzuspielen. Thatsächlich besteht die ganze Ähnlichkeit darin, daß beide Dichter versucht haben, das deutsche Lustspiel aus der Misere des alltäglichen Philisterklatsches herauszuheben und in den staatlichen Zuständen den komischen Widerstreit zwischen dem, was sein sollte und dem, was ist, aufzusuchen. Kleist hat vielleicht – wir können diese Frage hier nicht eingehend untersuchen – ein größeres Maß komische Kraft aufzuwenden gehabt, aber deshalb ist es nicht minder ungerecht, ihn als Meister und Hauptmann als einen womöglich noch perfiden Schüler hinzustellen. Die bürgerliche Kritik lernt eben nie, beim ästhetischen Urtheile den sozialen Untergrund

174

aller Dichtung in gebührenden Anschlag zu bringen. Kleist lebte in einer so trostlos eingeengten Zeit, daß er die Handlung seines Lustspiels nach Holland verlegen mußte. Sein grimmiger Spott über die patriarchalische Gerichtsbarkeit kam ihm selbst kaum zu halbem Bewußtsein und war sogar einem Mann, wie Goethe[2], ganz unverständlich. Sein Lustspiel blieb einsam in der deutschen Literatur und von Kleist galt nicht minder als von Platen selbst:

Größres wollt' er wohl vollenden, doch die Zeiten hindern es.

Nur ein freies Volk ist würdig eines Aristophanes.[3]

In den neunzig Jahren seit dem Erscheinen des «Zerbrochenen Kruges» sind wir nun freilich noch kein «freies Volk» geworden, aber etwas freieren Spielraum hat der Komödiendichter doch trotz aller Theaterzensur,[4] und so geht Hauptmann der preußischen Polizei resoluter zu Leibe, als Kleist der holländischen Justiz zu Leibe ging. Wie immer es um die individuelle Begabung der beiden Dichter stehen mag, der «Biberpelz» selbst ist an komischer Kraft dem «Zerbrochenen Krug» überlegen und Hauptmann begeht wahrhaftig kein Plagiat an Kleist, wenn die preußische Polizei heute noch ebenso lustige oder gar lustigere Böcke schießt, als die holländische Justiz vor hundert Jahren. […]

[…] Die Fabel der Komödie ist denkbar einfach und ergiebt sich von selbst aus den Charakteren der Personen. Wie der Amtsvorsteher hinter den Hochverräthern Fleischer und Krüger herjagt und dabei immer über die Diebe stolpert, ohne sie je trotz aller Beschwerden des Bestohlenen und trotz aller handgreiflichsten Indizien zu entdecken, das führt zu einer übersprudelnden Fülle komischer und völlig ungezwungener Szenen. Zweimal tobt die wilde Jagd, in den beiden ersten Akten um die gestohlene Fuhre Holz, in den beiden letzten um den gestohlenen Biberpelz, beide Mal mit dem gleichen Mißerfolge. Die Komödie schließt damit, daß der Amtsvorsteher der Mutter Wolff auf die Schulter klopft: «So wahr es ist, wenn ich hier sagte: die Wolffen ist eine ehrliche Haut, so sage ich Ihnen mit gleicher Bestimmtheit: Ihr Doktor Fleischer, das ist ein lebensgefährlicher Kerl.» Worauf die gutmüthige Diebesmutter: «Da weeß ich nu nich ...» Gegen diesen Schluß und überhaupt gegen die Komposition der Komödie hat die bürgerliche Kritik mancherlei auf dem Herzen, das sich wohl der Prüfung verlohnt. Sie klagt den Dichter des Verraths an den «ewigen Kunstgesetzen des Dramas» an, weil sein Stück sich im Kreise herumbewege, weil es zweimal hinter einander dieselben Vorgänge wiederhole und doch zu keinem Schlusse komme; ebensogut hätten drei Diebstähle der Mutter Wolff zu sechs oder vier zu acht Akten verarbeitet werden können und so ins Endlose. Und gewiß, in Wirklichkeit wird sich diese Diebskomödie wohl ins Unendliche fortspinnen. Aber auf der Bühne war der zweimalige Diebstahl gerade genug, nicht zu viel und nicht zu wenig. Nicht zu viel, denn zweimal mußten wir die Geschichte schon erleben, um die unergründliche Borniertheit des loyalen Patriotismus zu erschöpfen und zudem hatte der Dichter durch fesselnde Details für hinreichende Abwechslung gesorgt. Nicht zu wenig, denn einer weiteren Erleuchtung bedürfen wir freilich nicht, und jedes gute Ding will sein Ende haben. Und was den Schluß anbetrifft – je nun, welchen anderen Schluß soll die Komödie haben, als daß der Amtsvorsteher v. Wehrhahn in seiner hoffnungslosen Schneidigkeit so weiter wurstelt, wie er bisher gewurstelt hat? Soll etwa der Landrath oder Regierungspräsident auf der Bildfläche erscheinen, um ihn abzusetzen, Mutter Wolff ins Zuchthaus zu sperren und dem Rentier Krüger wieder den Glauben an irdische Gerechtigkeit beizubringen? Als ob die preußischen Landräthe und Regierungspräsidenten etwas Besseres als Wehrhahns in höherer Potenz wären! Eine Komödie, die ihrer Zeit Gebrechen lachend straft, darf gar nicht solchen Schluß haben, wie ihn die bürgerliche Kritik am «Biberpelz» vermißt – trotz klassischer Komödien, wie Lessing's Minna und Molière's Tartüffe. König Friedrich als *deus ex machina* am Schlusse der Minna[5] war auch nur satirisch gemeint, und wenn Molière am Schlusse des Tartüffe den Dragonaden-Ludwig[6] feierte:

Nous vivons sous un prince ennemi de la fraude
Un prince dont les yeux se font jour dans les coeurs,[7]

so hatte er dazu zwar gute, aber ganz gewiß keine künstlerischen Gründe. Seien wir doch froh, daß wir auf solch Brimborium endlich verzichten dürfen!

Schließlich ist der Kummer der bürgerlichen Kritik über den mangelnden Schluß des «Biberpelzes» auch nicht sowohl ästhetischen als sozialen Ursprungs. Die ganze Komödie ist ihr unheimlich, und sie ist darin nur das getreue Echo der bürgerlichen Welt. Das Premierenpublikum nahm die ersten Akte des Stücks sehr freundlich auf; es hatte lebhaftes Gefallen an der drastischen Komik und dachte wohl, daß die Diebe schließlich an den Galgen kommen würden. Als die Dinge aber nun so ganz anders kamen und aus der harmlosen Posse sich eine bitterböse Satire entwickelte, da schlug die Stimmung sofort um, und der «Biberpelz» hat schwerlich ein langes Leben auf der bürgerlichen Bühne zu erwarten.[8] [...]

Q 1893 a. Für Mehring, neben Karl Liebknecht und Rosa Luxemburg einer der Wortführer des linken Flügels der Sozialdemokratie und langjähriger Mitarbeiter an der *Neuen Zeit*, dem theoretischen Organ der Partei, ist die Enttäuschung gerade eines *bürgerlichen* Publikums über Hauptmanns *Biberpelz* ein Maßstab für das Innovative der Komödie. Mehrings Interpretation des Dramenschlusses zeigt dies exemplarisch. Er liefert in seinen Augen ein adäquates Abbild der sozialen und politischen Verhältnisse im Kaiserreich und setzt dadurch, daß er eine bestimmte (bürgerliche) Erwartungshaltung nicht befriedigt, ein Zeichen für den Funktionswandel der Komödie: Sie dient nicht mehr der Affirmation des gegenwärtigen Gesellschaftszustandes, sondern wird zu einem Instrument der Kritik an ihm. Durch diesen Blick auf den «sozialen Untergrund» des Lustspiels unterscheidet sich Mehring von Wille (1860–1928), dem es ebenfalls um eine Rechtfertigung der ‹neuen Technik› bei Hauptmann geht. Für Wille liegt das Fortschrittliche aber mehr in formalen, Gattungskonventionen mißachtenden Veränderungen, so etwa in der Verlagerung des Schwergewichts von der äußeren auf die innere Spannung, in der Gestaltung der Figuren «nicht nach alten Schablonen, wie Held und Bösewicht» (S. 1162), und in einem Ende, das weniger auf den Abschluß «der verwendeten *Begebenheiten*» zielt als auf «die künstlerische Entwicklung der Charaktere, die Ausbeute des humoristischen und satirischen Gehalts» (S. 1160).

1 Am Ende des 4. Akts von August von Platens (1796–1835) Lustspiel *Die verhängnisvolle Gabel* (1826) ist es der im Personenverzeichnis als «ein Jude und Chorus der Komödie» ausgewiesene Schmuhl, der diese Feststellung trifft. **2** Vgl. Goethes Brief an Adam Müller vom 28. 8. 1807. In: Goethes Briefe und Briefe an Goethe (Hamburger Ausgabe). Bd. 3. München ³1988, S. 52–54, dort S. 53. **3** S. Anm. 1. **4** Auf Initiative des damaligen Berliner Polizeipräsidenten Karl Ludwig Friedrich von Hinckeldey wurde am 10. Juli 1851 eine Verfügung erlassen, nach der öffentliche Theateraufführungen behördlich genehmigt sein mußten. Sie war auch im Kaiserreich noch rechtsverbindlich und ermöglichte das Verbot von Stücken, die im Verdacht sittenwidriger oder umstürzlerischer Tendenzen standen. Diese Präventivzensur konnte durch die Gründung privater Theatervereine umgangen werden, die mißliebige Stücke in geschlossenen Vorstellungen aufführten. Einer dieser Vereine war die 1890 gegründete *Freie Volksbühne*, deren Leitung Mehring 1892 übernahm. **5** Gemeint ist der Brief des preußischen Königs Friedrich II., durch den der in seiner Ehre gekränkte Major Tellheim rehabilitiert wird. **6** Mehring spielt hier auf die von Ludwig XIV. (1638–1715) angeordneten Zwangsmaßnahmen zur Bekehrung französischer Protestanten an. Sie wurden z. B. durch doppelte Einquartierung mit Dragonern unter Druck gesetzt, denen man außerdem Mißhandlungen und Plünderungen gestattete. **7** Tartüff (V, 7): «Denn uns beherrscht ein Fürst, der die Betrüger haßt, / Ein Fürst, der scharfen Blicks der Menschen Herz erforscht [...]» (übersetzt von Gustav Fabricius). **8** Seinen Siegeszug über die Bühnen begann der *Biberpelz* in der Tat erst mit der Inszenierung am Wiener Deutschen Volkstheater im April 1897.

Ernst von Wolzogen (1855–1934)
Aus: Das Lustspiel (1897)

[...] Was sich heutzutage Lustspiel nennt, zeigt ganz dasselbe altvertraute Gesicht, wie das, was vor zehn, zwanzig oder gar noch mehr Jahren so hieß, und was die ausgesprochen modernen Autoren bisher im heitern Genre geboten haben, das wagten sie nicht,

Lustspiel zu nennen. Es hat immer und wird immer eine große Sehnsucht nach Heiterkeit bestehen, sowohl bei den Schöpfern, mehr aber noch bei dem Publicum dramatischer Kunstwerke. *Es ist entschieden unbehaglich für den Culturmenschen, sich in großer Gesellschaft erschüttern zu lassen, wogegen es für den Wildesten wie für den Gebildetsten eine außerordentliche Steigerung der Heiterkeit bedeutet, in großer Gesellschaft lachen zu dürfen.* Gewiß wächst sich das Theater allmählich immer mehr in die hohe Aufgabe hinein, für die freiesten und feinsten Geister ein Tempel wahrer Erbauung, eine hohe Schule der Lebenskunst zu werden, und der sittliche Ernst, mit welchem die Besten der lebenden Dramatiker ihr freies Priesteramt erfassen, hat den Fortschritt der idealen Bühne nach diesem Ziele hin schon erheblich zu beschleunigen geholfen. Aber es kann nicht alle Tage Sonntag sein, und für die Werktagskost der Kunst ist sicherlich heitere Unterhaltung im gefälligen Spiel des Witzes und der Laune nichts Unwürdiges. Es war nur natürlich, daß die jungen Revolutionäre der Litteratur[1] zunächst einmal ihrer sittlichen Entrüstung freien Lauf lassen, alles Bestehende mit Keulenschlägen zu Brei zermalmen, durch unbarmherzige elektrische Beleuchtung von seiner Niederträchtigkeit zu überzeugen suchen und außerdem durch möglichst crasse Gegensätze zu dem Gewohnten in Stoff und Darstellungsart ihre Wirkungen zu erreichen suchen mußten. [...] Die Kapuzinerrolle ist ihnen zuwider geworden – daher die vielen Märchenspiele der letzten Jahre, die neuen Versuche mit der Historie und mit der Komödie.

Die Welt schreit nach Heiterkeit und die heutige Welt ganz besonders, diese nervöse, überhastete, überanstrengte Welt, die nach immer stärkeren Reizmitteln sucht, um sich in dem zerreibenden Kampf um's Dasein bei Kraften zu erhalten. Wie ist es möglich, daß dasselbe Publicum einen Hauptmann auf den Schild erheben und gleichzeitig an dramatischen Fabrikaten Gefallen finden kann, denen jede künstlerische Eigenschaft abgeht? Und wenn wirklich dieses Publicum, welches solch' untergeordnetem Kunst-Handwerk die großen Kassenerfolge verschafft, nur das ungebildete wäre, wie ist es möglich, daß die Sehnsucht des gebildeten Publicums im Verein mit dem reinsten Streben der wirklichen Dichter nicht schon ein heiteres Drama zu schaffen im Stande war, das jenen Plattheiten erfolgreiche Concurrenz machen könnte?

Ich sehe die Ursache darin, daß es in der Wirklichkeit zwar Tragödien genug, aber thatsächlich keine reinen Lustspiele giebt, und daß die Sinne der neuen Dichter-Generation so ausschließlich auf die Wirklichkeit dressirt sind, daß sie aus der freien Phantasie heraus keinen Stoff mehr zu gestalten vermögen, der sich mit rein realistischen Mitteln zum heiteren Drama umarbeiten ließe. Das Lustspiel ist in dem Sinne, den das Wort gegenwärtig noch behauptet, das Product einer Convention. Ich möchte es zu definiren versuchen als eine dramatische Gattung, welche menschliche Schwächen, Anschauungen und Einrichtungen in gutmüthiger Weise geißelt und die heitere Grundstimmung durchweg, wenn auch auf Kosten der Lebenswahrheit, aufrecht erhält. Das Aufrechterhalten der heiteren Grundstimmung von Anfang bis zu Ende, das ist die Hauptsache, und das ist nur möglich, wenn der Dichter mit äußerster Gutmüthigkeit mit den Thorheiten und Schwächen umspringt, die er zum Stoffe seiner dramatischen Gestaltung erwählt hat. Es liegt aber in dem Wesen unserer Zeit und in der Eigenthümlichkeit unserer jüngsten künstlerischen Entwickelung, daß die Gutmüthigkeit für eine Schwäche angesehen wird, deren ein ehrlicher Dichter sich schämt. [...] Aber *das Wesen des Lustspiels macht es zur unbedingten Nothwendigkeit für den Dichter, von seiner Beobachtungsgabe, von seinem satirischen Witz und von seiner sittlichen Ueberzeugung nur soweit Gebrauch zu machen, als er sicher sein darf, keinen Zuschauer zu verletzen.* Das ist aber natürlich unmöglich, ohne daß man wissentlich Fünfe gerade sein läßt – also sich jener fatalen Gutmüthigkeit befleißigt. Es liegt somit ein ganz respectabler Zug von Noblesse in der Thatsache, daß der modern fühlende Dichter sich nicht dazu hergeben mag, ein richtiges Lustspiel zu schreiben. Der Kern der Sache ist, um es noch einmal kurz

und scharf auszudrücken der, *daß der moderne Dichter von Quali-*
tät zu stolz ist, seine sittliche Ueberzeugung dem Behagen seines
Publicums zu opfern.

Ich möchte noch ein paar Schwierigkeiten erwähnen. Gewiß
giebt es im Leben eine Menge von komischen Figuren und drolli-
gen Situationen, welche in keiner Weise eine sittliche Entrüstung
herauszufordern und doch zur Verwendung für die Bühne ganz geeignet sind. Diese Charaktere und Situationen dürften sich so ungefähr in den sattsam bekannten Rubriken der «Fliegenden Blätter»[2] unterbringen lassen, und man wird zugestehen müssen, daß
es schwerlich den Ehrgeiz eines ernst strebenden Poeten befriedi-
gen könne, dieselben tausend und abertausendmal wiedergekäuten
Harmlosigkeiten immer von Neuem dramatisch auszubeuten, auch
wenn das Publicum genügsam genug ist, um an den «Fliegenden
Blättern» auf der Bühne noch Geschmack zu finden. Es ist ganz
selbstverständlich, daß für solche Beschäftigung nur leichtwie-
gende Feuilletontalente, geschickte Rechenkünstler, flinke Effect-
hascher zu haben sein werden. Ferner ist zu bedenken, daß zwar der
geborene Humorist, besonders wenn er schon im reiferen Lebens-
alter steht, weit eher als der junge Brausekopf, der seinen Witz an
der Wirklichkeit übt, in die er erst kürzlich hineingestolpert ist, ge-
neigt sein wird, die Narrheiten und Schwächen, die sich seiner Beobachtung aufdrängen, lächelnd zu verzeihen, daß aber unsere Zeit
im Allgemeinen nicht recht geeignet ist, solche echten Humoristen
zu züchten. Jeder echte Dichter, weß Bekenntnisses er sonst auch
sein mag, ist ein Freigeist, im besten Sinne des Wortes ein Fort-
schrittsmann – und solchen Leuten kann unter den gegenwärtigen
politischen Verhältnissen, unter den scharf zugespitzten socialen
Kämpfen nicht recht wohl werden, besonders aber muß ihnen der
reactionäre Wind auf die Nerven schlagen. [...]

Q 1897 a. Mit seinem 1892 erschienenen Stück *Das Lumpengesindel*
hatte Wolzogen sich als Komödiendichter ins Gespräch gebracht. Anläßlich einer Aufführung dieses Werks im Berliner *Deutschen Thea-*

ter schreibt der Kritiker Paul Schlenther, man müsse «Jahre lang berufsmäßig durch die unendlich öde und seichte Misere unserer deutschen Lustspiel-, Schwank- und Possenliteratur gewatet sein, um das Befriedigende und Befreiende dieser Wolzogen'schen Dichtung ganz zu empfinden»[3]. Was der «Lustspielbühne» nach dem naturalistischen «Pseudorealismus» fehle, habe Wolzogen ihr gegeben: den «Griff ins volle Menschenleben, das Packen des seelisch oder sozial Interessanten»[4]. Wolzogen rechnet sich selbst zur «Generation der von etwa 1848–60 Geborenen», die dem Naturalismus mit Skepsis begegnet sei und dessen «Pathos der sittlichen Entrüstung» nicht habe teilen können. Im zeit- und gesellschaftskritischen Impuls der «neuen Schule» und dem damit verbundenen Anspruch auf wahrheitsgemäße Darstellung der Wirklichkeit sieht Wolzogen die Ursache dafür, daß die Komödie ins Hintertreffen geraten sei. Daher zielt sein explizit eingestandenes Bestreben darauf, eine Gattungs*konvention* wiederaufleben zu lassen, «welche menschliche Schwächen, Anschauungen und Einrichtungen in gutmüthiger Weise geißelt und die heitere Grundstimmung durchweg, wenn auch auf Kosten der Lebenswahrheit, aufrecht erhält» (s. o. S. 180). Wolzogen liegt damit auf einer Linie mit Autoren, die den *Humor* – und zwar in seiner Funktion als ein auf «gemütvolle Betrachtung des irdischen Treibens» (Q 1903a, S. 161), auf einfühlendes Verständnis, lächelndes Verzeihen und Versöhnung bedachtes Element – in der Komödie für unverzichtbar halten (vgl. Q 1892, Q 1896a, Q 1906, Q 1906a, Q 1909, Q 1911b).

1 Gemeint sind die Naturalisten.   **2** Illustrierte humoristische Zeitschrift, die von 1844 bis 1944 erschien und wegen ihrer Karikaturen geschätzt wurde. Sie stammten u. a. von Moritz von Schwind, Carl Spitzweg, Wilhelm Busch, Arthur Oberländer, Frank von Stuck und Thomas Theodor Heine, die zeittypische Verhaltensweisen des deutschen Bürgertums satirisch aufs Korn nahmen. **3** Schlenther, Paul: Die Berliner Theatersaison 1894 / 95. In: Preußische Jahrbücher 81, 1895, S. 547.   **4** Ebd.

Carl Sternheim (1878–1942)
Molière, der Bürger (1912)

Er ist nicht größer als Shakespeare und Goethe, er ist unserer Zeit
nur näher, weil seine Epoche in Frankreich der unseren in Deutschland erstaunlich ähnlich sieht. Eine Herrschaft der gemeinsten
Bourgeoisie nannte der Herzog von Saint Simon die Regierung des
Sonnenkönigs.[1]

Richelieu und Mazarin[2] hatten die Macht des Adels gebrochen.
Der zu Reichtum und in fette Ämter gelangte Bürger protzte. In
zwanzig Jahren hatte er den Baronen ihre Art, zu spucken und zu
schneuzen, abgesehen, steckte sein Taschentuch in die Rockman-
schette und kannte den Gebrauch des Zahnstochers. Zu Erstauffüh-
rungen im Theater ging er im Frack.

Da trat *Er* auf. Das Genie sah nicht nur den Bourgeois, wie er jetzt
parfümiert flanierte, es sah vor allem Vergangenheit, wußte, woher
der kam, der nun schrankenlos praßte, und fühlte, es stand der um-
fassende Komplex tüchtigen Menschentums, den man Bürgerlich-
keit nennt, in Gefahr, durch Nachahmung der Talente höherer
Kreise die Hochachtung vor seinen eigenen Tugenden zu verlieren.

Der Sohn des Bürgerstandes, dem Stolz auf seine bürgerliche Art
in den Adern brauste, zerrte mit Leidenschaft seine Kaste auf das
Tribunal der Szene. Alles Licht seines erleuchteten Geistes stellte er
auf die Überraschten ein, daß sie ihre Eigenschaften, ihre Triebe
und faulen Sehnsüchte zum ersten Male erkannten, mit überle-
bensgroßen Zügen malte er sie geisterhaft an die Wand. Und während sie ihn mit Schmährufen und Pesthauch überschütten, stößt
er begeisterten Atems, brennend in Liebe zu ihnen, Warnungsruf
auf Warnungsruf aus, bis eine erschütternde Predigt: «O Bürger,
sei du!» die Reihe seiner bürgerlichen Dramen, auf der Szene steht.

Er war der Arzt seines Standes. Doch kam er nicht mit Sirupen
und Lavements, aber mit Sonde und Säge. In die Eingeweide der
Kranken griff er und preßt ihren überfüllten Magen, ihre aufgebla-
senen Venen von Giften leer. Dann aber, kraft seiner göttlichen Gewalt, tut er das Werk höchster Liebe an ihnen und bläst sanft schmei-

chelnd und überredend ein feines Feuer neuer Jugend in ihnen an. George Dandin[3], einem Helden höherer Molièrescher Ordnung (während in den Gestalten aus dem Beginn seines Schaffens nur erst das schlimme Beispiel aufgezeigt wird), fallen schon die Schuppen von den Augen. Er sieht, auf welch schiefen Boden er kam, da er in die Hürden eines saturierten Standes brach, der über das Sakrament der Ehe hinaus zu innerem Widerstand gegen das niedere Blut und Dandins Art zusammenhält. Seine Erkenntnis greift uns in dem historischen Schrei: «Tu l'as voulu, George Dandin!»[4] mit Krallen ans Herz.

Aber erst Alceste, der Misanthrop,[5] der von Anfang an von der Sucht besessen ist, fern von den Vielzuvielen, Allzugleichen ein anderes, eigenes Leben zu beginnen, ist der neue Bürger; das glorreiche Geschöpf Vater Molières.

Der Dichter wurde in der Nacht zum 22. Februar 1673 schleunigst eingescharrt, da Bürger auf dem Wege zum Friedhof Miene machten, sich an dem Toten feindselig zu vergreifen.

Q 1912 a. Obwohl Sternheim sich selbst in diesem Aufsatz noch nicht ausdrücklich in die Nachfolge Molières begibt und auch die eigenen Stücke unerwähnt läßt, trifft er hier zum ersten Mal Feststellungen, die für sein Verständnis von der Komödie programmatischen Charakter haben. Zum einen gilt das für sein Urteil über Molière als «Arzt seines Standes», der dem Bürgertum die Anpassung an den Adel als Degeneration ankreide und ihm als Therapie die Rückgewinnung der ständischen Identität als progressive gesellschaftliche Kraft verordne. Zum anderen ist für Sternheims Haltung aufschlußreich, daß in seiner Wertschätzung Alcest über Dandin rangiert. Beiden billigt er zu, aus sich heraus gehandelt zu haben oder zu handeln, allerdings in unterschiedlichem Maße. Der wohlhabende Bauer Dandin, dessen Einheirat in den Adel für ihn böse Folgen hat, gelangt zwar früh zu der Erkenntnis, seine Situation willentlich herbeigeführt zu haben, schafft es aber nicht, sich von seiner treulosen Frau und ihrem adligen Anhang zu befreien. Alcest hingegen – «der neue Bürger» – faßt nach bitteren Erfahrungen mit einer verlogenen und korrupten Gesellschaft den Entschluß, sich auf Erden einen Winkel zu suchen, wo er ein Ehrenmann sein kann. Von Sternheim wird ihm das nicht als Resignation ausgelegt, sondern als Zeichen seines Muts zu einem anderen, eigenbestimmten Leben. Es ist diese Doppelfunktion der Komödie: Fehlentwicklungen kritisch aufs Korn zu nehmen und zugleich an den Dramenhelden deren Mut zur Selbstverwirklichung zu demonstrieren, auf die Sternheim zur Erläuterung seiner Absichten, oft sich selbst zitierend, fortan immer wieder zurückkommt.[6]

1 Sternheim bezieht sich hier auf Schilderungen, die Louis de Rouvroy, Herzog von Saint Simon (1675–1755), in seinen vielbändigen, zwischen 1694 und 1749 entstandenen *Mémoires* von der Regierungszeit Ludwigs XIV. (1638–1715) gibt. Vgl. seinen *Rückblick* in: Die Memoiren des Herzogs von Saint-Simon. Hg. u. übers. v. Sigrid v. Massenbach. Frankfurt/M. usw. 1977 [Auswahl in 4 Bdn.], dort Bd. 3, S. 279 ff.   2 Armand Jean du Plessis, Herzog von Richelieu (1585–1642), und Jules Mazarin (1602–61) standen als leitende Minister, Richelieu seit 1624 bis zu seinem Tod und Mazarin als sein Nachfolger, im Dienst der französischen Könige Ludwig XIII. (1601–43) und Ludwig XIV. Beide führten erfolgreich den Kampf gegen die sog. *Fronde*, eine Bewegung des Hochadels und des hohen Gerichtshofs (Parlaments), die gegen die absolutistischen Bestrebungen der Regierung opponierte.   3 Hauptfigur in Molières (1622–73) Komödie *George Dandin* (UA 1668).   4 «Du hast es so gewollt, George Dandin!» (I, 7).   5 Hauptfigur in Molières *Le Misanthrope* (UA 1666).   6 Vgl. außer den hier abgedruckten Texten: Molière. [1917] In: Gesamtwerk. Bd. 6. Neuwied, Berlin 1966, S. 29 ff; Kampf der Metapher! [1918], a.a.O., S. 38; Nachwort (zu *Ulrike*). [1918], a.a.O., S. 50; Lebenslauf. [1921], a.a.O., S. 218 ff; Inhalt meiner sämtlichen Dramen. [1923], a.a.O., S. 277 f; Privatkurage. [1924], a.a.O., S. 311 ff.

Carl Sternheim
Gedanken über das Wesen des Dramas (1914)

Über dem Werk des Dichters, über dem des Dramatikers, da er sich seiner größten Stoßkraft bewußt ist, insbesondere, steht Verantwortung. Da sein Urteil aus seiner Sichtbarkeit von der Szene unmittelbar und weithin wirkt, muß es, in hundert Gewissen gewogen, alle Eigenschaften eines göttlichen, für das Wohl der Menschheit gewollten Machtspruchs haben.

Der Dichter folgt keiner Neigung. Sucht ihn der Held, die liebenswürdigste Heldin seines Spiels zu irgendeinem Schritt zu überreden, hört er von ihren Lockungen fort auf den Ruf der Stimme, die, nicht immer leicht hörbar, ihm die himmlischen Ratschlüsse mitteilt. Mit der Erkenntnis des Schaffenden, an irgendeiner Stelle irdischer Werteordnung ist ein Schaden sichtbar klaffend geworden, setzt mit empörter und eifernder Liebe die Arbeit ein, hierhin die allgemeine Aufmerksamkeit zu rufen und aus den in der Dichtung gegebenen Aufschlüssen im Sinne neuer Erkenntnis Heilung zu schaffen.

Der dramatische Dichter ist der Arzt am Leibe seiner Zeit. Alle Eigenschaften des idealen Menschen blank und strahlend zu erhalten, ist ihm unabweisbar Pflicht.

Zur Erreichung seines hohen Ziels bedient er sich, wie der medizinische Helfer der allopathischen oder homöopathischen Methode. Er kann den Finger auf die kranke Stelle des Menschtums legen und den erkennenden Helden eine dagegen mit Einsetzung seines Lebens eifernde Kampfstellung einnehmen lassen (Wesen der Tragödie), oder er kann die moribunde Eigenschaft in den Helden selbst senken und ihn mit fanatischer Eigenschaft von ihr besessen sein lassen (Wesen der Komödie). In der Tragödie wird die Welt um den Helden, als das Übel verkennend, tragisch wirken, in der Komödie aus gleichem Grund der Held selbst. Der Eindruck auf den Zuschauer ist in beiden Fällen der gleiche: Hinabschauend in den Abgrund, sah er das verzweifelte Ringen zwischen dem Göttlichen und dem sich der Erkenntnis verschließenden Menschen und bleibt erschüttert und erleuchtet.

Q 1914. Die Eigenschaft, die Sternheim im *Molière*-Aufsatz von 1912 dem französischen Komödiendichter zuschreibt, «Arzt seines Standes» zu sein, verallgemeinert er hier zu einem Appell an den Dramatiker, sich als «Arzt am Leibe seiner Zeit»[1] zu verstehen. Wenn in diesem Zusammenhang von den Tugenden «des idealen Menschen» die Rede ist, die es «blank und strahlend zu erhalten» gelte, deuten Äußerungen Sternheims darauf hin, daß damit nicht eine irgendwie moralisch oder ideell qualifizierte ‹bessere› Menschheit ins Auge gefaßt werden soll. Sein Eingeständnis, «keinen *Standpunkt*» zu haben und seinen Figuren «ohne Werturteil» zu begegnen[2], dazu seine verschiedentlich bekräftigte Position, daß die Literatur «für des Menschen ‹höhere Forderungen› nie und unter keinen Umständen eine Lanze [bricht]», nicht «erzieht, erhebt, verbessert»[3], sind Anzeichen dafür, daß Sternheim augenscheinlich wenig daran interessiert ist, die Selbstbestimmtheit seiner Figuren mit Vorgaben zu belasten, «die einseitig nach sittlichem Verdienst messen»[4]. Für Sternheim hat der Schriftsteller nicht nur die Verantwortung, gesellschaftliche Mißstände aufzudecken, sondern auch Wege zu ihrer Beseitigung zu zeigen. Tragödie und Komödie, von ihm mit allopathischen und homöopathischen Behandlungsmethoden verglichen, bieten dafür unterschiedliche, in ihrem «Eindruck auf den Zuschauer» aber ähnliche Möglichkeiten. So soll es im Sinne der Tragödie liegen, durch die Darstellung des Konflikts zwischen dem Protagonisten, der unter Einsatz seines Lebens gegen den erkannten «Schaden» kämpft, und der uneinsichtigen Umwelt eine heilsame Wirkung zu erzielen. Die Komödie dagegen verlagere den sozialen Defekt, die «moribunde Eigenschaft», in den Helden selbst, und indem sie ihn davon besessen zeige, bringe sie im Publikum einen Prozeß der Selbsterkenntnis in Gang.

1 In *Molière* (1917), seinem zweiten Aufsatz über den französischen Komödiendichter, bezeichnet Sternheim auch ihn als «Arzt am Leibe seiner Zeit» (Gesamtwerk. Bd. 6. Neuwied, Berlin 1966, S. 31). Ein Teil dieses Textes ist fast wortwörtliches Selbstzitat aus *Gedanken über das Wesen des Dramas*. 2 Vgl. Vorkriegseuropa. In: Gesamtwerk. Bd. 10,1. Neuwied, Darmstadt 1976, S. 268. 3 Vgl.: Kampf der Metapher! [1918]. In: Gesamtwerk. Bd. 6. Neuwied, Berlin 1966, S. 37; weiter dazu: Nachwort (zu *Ulrike*). [1918], a. a. O., S. 50; Der deutschen Schaubühne Zukunft. [1918], a. a. O., S. 59; Privatkurage. [1924], a. a. O., S. 311 ff. 4 Nachwort (zu *Ulrike*), a. a. O.

Carl Sternheim
Aus: Das gerettete Bürgertum (1918)

Als neunzehnhundertundacht ein bürgerliches Lustspiel ich veröffentlichte,[1] kannte nach Gerhart Hauptmanns Naturalismus die
deutsche Bühne nur die Maskerade vom alten Fabelkönig, der jungen Königin und dem famosen Pagen, die unter mannigfaltigen
Verkleidungen neuromantisch[2] auftraten; reich kostümiert von
Wirklichkeit fort Glanz sprachen, Erhabenheit handelten. In meinem Stück verlor ein Bürgerweib die Hose, und von nichts als der
banalen Sache sprach in kahlem Deutsch man auf der Szene.

Ob solcher Einfalt fällte Welt das Urteil: wie war das Dichtung?
Eine bürgerliche Hose und fünf Spießer, die von ihr räsonierten?
Wo blieb gewohnter Glanz(ersatz) wo auch nur (Pseudo) Naturalismus? In einer Sprache redeten dazu von der Albernheit die Leute,
die in keinem Buch, keiner Zeitung stand, und die kein besserer Be-
kannter sprach.

Der Autor, offenbarer Absicht, ließ der Komödie eine Anzahl anderer folgen, die wesentlich Neues der ersten nicht hinzufügten.
Von durchschnittlichen Dingen sprach man weiter, handelte Bei-
läufiges mit Emsigkeit und einem Nachdruck ab, der vorher an bürgerliche Welt nicht gewandt war.

Doch diese Welt, die in der Öffentlichkeit keine Rolle spielen
mochte und anderen der Verantwortung Ehre und Bürde überließ,
blieb, als eines neugierigen Auges Scheinwerfer sie plötzlich auf
sich gerichtet sah, verwirrt und in den Strahlen wie ertappt; schrie
aus vollem Hals den Friedensstörer an, und die ergebene Presse zog
blank.

Um neunzehnhundertzehn las man in allen Feuilletons: Derartige Herzlosigkeiten verbitte man sich! Erlaubt sei von zurückge-
bliebenen Edelleuten und modernen Proletariern (als nicht «zur
Welt» gehörig) Darstellung. Der Bürger aber – da war hinter einem
Wall verabredeter Ideologien, Gaswolken von Apotheosen, Schüt-
zengräben von Metaphern, des Geschäfts der Tratten und des Ver-
rechnungsschecks riskierte Wirklichkeit.

Sieben Komödien schrieb ich von 1908–1913.[3] Die letzte, die des Vorkriegsjahres Namen trägt, zeigte, wohin, in aller Einfalt womöglich, des Bürgers Handel gediehen war. Vom Dichter gab es nichts, nur noch von Wirklichkeit hinzuzusetzen. Trotz vielfacher öffentlicher Darstellung und Verbreitung durch Druck hatte niemand gemerkt, wohin mit meinem Werk mein Wille ging. Der einzige Franz Blei[4] durch unbeherrschtes Entzücken drohte von Zeit zu Zeit größere Aufmerksamkeit gegen mich zu entfesseln, ehe die Zeit gleiche wirkliche Leistung vom Bürger wollte, die literarisch ab neunzehnhundertundacht in seinen stärksten Repräsentanten ich ihn vollbringen ließ. In des «bürgerlichen Heldenlebens» sämtlichen Komödien[5] ist wie in allen Erzählungen, die ihm folgten, und die als Chronik von des zwanzigsten Jahrhunderts Beginn alsbald vorliegen werden, mit des Helden Einschluß zwar alles Bürgertum der eigenen, bisher gehätschelten Ideologie inkommensurabel, vor der Vielzuvielen Hintergrund des jeweiligen Werkes Hauptfigur aber ein zu sich und ihm ursprünglichen Kräften gegen gesellschaftlichen Widerstand leidenschaftlich und heldisch Gewillter.

Durch klischierte und vom Dichter bis in die neueste Zeit besungene Bilderbuchtugenden ragt er gewiß nicht hervor, doch bringt statt seiner Umgebung pastos gemalter, spießbürgerlicher Vermoderung aus eigenen Quellen zu eigenen Zielen er fanatische Besessenheit mit. Schippel und Maske in dreifachem Aufguß[6] aber auch Meta und Busekow[7] sind nicht mehr wahnbefangene, nein, schon zu Wirklichkeit geweckte Deutsche, die ob ihrer eigentümlichen Art, Welt anzupacken, alsbald allgemeines Erstaunen weckten.

Also nicht Ironie und Satire, die als meine Absicht der flüchtige Reporter festgestellt hatte und Menge nachschwatzte, sondern vor allgemeiner Tat aus meinen Schriften schon die Lehre: daß Kraft sich nicht verliert, muß auf keinen überkommenen Rundgesang doch auf seinen frischen Einzelton der Mensch nur hören, ganz unbesorgt darum, wie Bürgersinn seine manchmal brutale Nuance nennt.

Einmaliger unvergleichlicher Natur zu leben, riet jedem Lebendigen ich, damit keine Ziffer, sondern Schwung zu ihrer Unabhängigkeit entschlossener Individuen Gemeinschaft bedeute, mit dem aus der Nation und der Menschheit ein Ziel allein erreichbar ist. [...]

Q 1918. Rückblickend auf die zwischen 1909 und 1913 erschienenen Komödien und auf das Unverständnis der Kritik reagierend, bündelt Sternheim in diesem Text noch einmal die Intentionen, die er mit seinen Stücken verknüpft. Wie er schon im *Molière*-Aufsatz von 1912 am Beispiel des Alcest deutlich macht (s. o. S. 183 f), ist es die Entschlossenheit seiner Dramenhelden, im Gegensatz zu den viel zu vielen Angepaßten «einmaliger unvergleichlicher Natur zu leben», an deren Hervorhebung ihm liegt. Diese grundsätzlich positive Haltung zum «revolutionären Freiheitsdrang»[8] seiner Figuren, selbst dort, wo sie ihren Egoismus rücksichtslos und schäbig ausleben, ist einmal mehr ein Indiz, daß Sternheim für eine moralisierende Betrachtung seiner Protagonisten offensichtlich so wenig Eifer zeigt wie für ihre Bloßstellung durch «Ironie und Satire». Wenn er ebenfalls auf das Befremdliche der ‹Kunstsprache› seiner Figuren eingeht (z. B. Mißachtung von grammatikalischen und syntaktischen Gesetzmäßigkeiten, Streichung von Artikeln, Pronomina und Konjunktionen), gibt er damit einen zusätzlichen Hinweis, daß für eine Reorganisation der Komödie nicht nur die Dramenstoffe zur Disposition stehen, sondern das «Wort sogar müsse erst im alten Sinn ausgespieen sein, ehe es neue, mögliche Deutung bekäme»[9]. In welche Richtung die angestrebte Veränderung der Dramensprache zielt, ist an Sternheims Aufsatz *Kampf der Metapher!* (1918) ablesbar: «Deutsche Welt, die in Worten lebt, von denen jedes, falsch gebildet, an allem Heutigen in phantastischer Weise vorbeigreift», benötige einen «wirkliche[n] Befreier, der die alten Schlagworte sprengt» und so «die in Begriffen festgelegte und allgemein akzeptierte Welt verändert».[10]

---

1 Sternheims Angabe ist ungenau. Die Arbeit an der von ihm hier angesprochenen Komödie *Die Hose*, dem ersten Stück des Zyklus *Aus dem bürgerlichen Heldenleben*, beginnt 1909 und wird 1910 abgeschlossen; im selben Jahr erscheint die Komödie im Druck. **2** Als «Neuromantiker» bezeichnet Sternheim in *Lebenslauf* (1921) Stefan George (1868–1933) und Rainer Maria Rilke (1875–1926). Vgl. Gesamtwerk. Bd. 6. Neuwied, Berlin 1966, S. 217.   **3** Auch diese Angabe ist korrekturbedürftig. Nach *Die Hose* (UA 1911) erfolgt bis 1913 die Niederschrift von vier weiteren Komödien: *Die Kassette* (UA 1911), *Bürger Schippel* (UA 1913), *Der Snob* (UA 1914) und *Der Kandidat* (UA 1915). Konzeption und Endfassung von *1913* (UA 1919) fallen in das Jahr 1914. Wenn Sternheim *1913* die «letzte» der bis dahin entstandenen Komödien nennt, kann also nur von sechs und nicht sieben Stücken die Rede sein. Vgl. dazu die Herausgeber – *Anmerkungen* in: Gesamtwerk. Bd. 1. Neuwied, Berlin 1963, S. 564 ff; Bd. 2, a. a. O. 1964, S. 549 ff.   **4** Nur *Die Hose* und *Der Rock* (Arbeitstitel einer frühen Fassung von *Die Kassette*) waren dem Erzähler, Dramatiker und Kritiker Franz Blei (1871–1942) bekannt, als er sich in der Berliner Zeitschrift *Pan* (Jg. 1, 1910/11, S. 271–275) als einer der ersten zu Sternheim bekannte und über seine Komödien urteilte, sie seien «ein Ereignis» und die Zeit sei sich in ihnen «künstlerisch bewusst geworden» (S. 275). Zu weiteren Äußerungen Bleis über Sternheim vgl.: Über die Komödie. In: Vermischte Schriften. Bd. 6. München, Leipzig 1912, S. 259–274; Sternheim. In: Über Wedekind, Sternheim und das Theater. Leipzig 1915, S. 84–96.   **5** Von den bis 1918 erschienenen Komödien tragen nur *Die Hose*, *Die Kassette* und *Der Snob* den von Sternheim hinzugefügten Obertitel *Aus dem bürgerlichen Heldenleben*. Zur Problematik, weitere Stücke dem Zyklus zuzuordnen, vgl. die Ausführungen von Wilhelm Emrich, dem Herausgeber des *Gesamtwerks*, in Bd. 1, S. 558 ff. **6** *Maske in dreifachem Aufguß:* Gemeint sind die Stücke der sog. *Maske*-Trilogie: *Die Hose*, *Der Snob* und *1913*, deren Protagonisten aus verschiedenen Generationen der Maske-Familie stammen.   **7** *Meta, Busekow:* Hauptfiguren in Sternheims gleichnamigen Erzählungen (Busekow. Leipzig 1914; Meta. Leipzig 1916).   **8** Inhalt meiner sämtlichen Dramen. Ein Vorspruch. [1923] In: Gesamtwerk. Bd. 6, a. a. O., S. 278.   **9** Der deutschen Schaubühne Zukunft. [1918] In: Gesamtwerk. Bd. 6, a. a. O., S. 59.   **10** Vgl. Kampf der Metapher! In: Gesamtwerk. Bd. 6, a. a. O., S. 34.

Iwan Goll (1891 – 1950)

Aus: Es gibt kein Drama mehr (1922)

Schicksal? Konflikte?

Die gibt es heute nicht. Die ganze Anstrengung des Menschen bezieht sich auf Kartoffel oder Villa. Der Handlungsreisende ist vollkommen emanzipiert. Der Gebildete natürlich. Gott ist gar kein Gesprächsstoff mehr. Um was also soll man kämpfen?

Vaterland: ist abgeschafft.

Vater, Frau, Braut, Familie: keine Konflikte, über die wir nicht die Achsel zucken. Liebt euch, Kinder, aber werdet mir nicht sentimental. «Der Sohn»[1] ist nur eine Pennälergeschichte: wie der ganze Expressionismus, der sich so nennt. Wen sollte ein uneheliches Kind erschüttern? Oder eine Abtreibung? Es gibt so viele Polikliniken.

Welche passionelle Tat? Eifersucht: ridikül. Haß: unmöglich, seit «der Mensch ist gut.»

Aha: das revolutionäre Drama? Gibt es nicht. Es kann heute nur eine wirtschaftliche Revolution gelten, keine des Muts und des Herzens! Das Wörtchen «rot» ist sogar schon kitschig geworden. Arbeiter in einer Straße vor Maschinengewehren, totaler Unsinn! Lenin war ein diplomatischer Geduldspieler. Was geht der den Dramatiker an, der einen *Heros* braucht! Toller ist groß im Gefängnis, zeitungs-langweilig auf der Bühne.[2]

Es kann heute kein Drama geben!

Die Menschen stehen viel zu tief dazu, sind viel zu unmoralisch, zu weich, zu verantwortungslos, zu schnell zum Kompromiß bereit. Und der Kompromiß ist Cyankali fürs Drama. Die Zeit zu merkantilistisch.

Selbst fluchen und zürnen hat keinen Sinn!

Was bleibt übrig? Die Zeit lächerlich machen. Die salzige, harte, böse Ironie. Die Peitsche. Die Unerbittlichkeit. Das Seziermesser bis auf die Knochen. Die Hosen runtergerissen. Die Schande offen ausgelacht. Die gesunde Rache der Kinder, die mit Steinen nachwerfen. A bas le bourgeois![3] Zerfetzt ihm seinen Regenschirm! Das ist bei Gott nicht dramatisch. Aber man lacht sich selbst ein bissel tot, und der Tod ist der letzte Kitzel, der unsere Langeweile noch etwas bemeistern kann.

Q 1922 a. Golls Reaktion auf «die deutsche Republik 1920» ist sein Eingeständnis, daß der Expressionismus und mit ihm der Glaube «an Brüderschaft und Gemeinschaft» eine Niederlage erlitten habe: «Wieder stirbt eine Kunst an der Zeit, die sie verrät.»[4] Für die tauglichste Waffe, der ‹Schieberepoche› auf der Bühne kritisch beizukommen, hält er den radikalen Bruch mit noch herrschenden Vorstellungen vom Drama. Die Stichworte, die in diesem Zusammenhang fallen, sind *Überrealismus* («die stärkste Negierung des Realismus») und *Alogik* als Elemente des *Grotesken*.[5] Sie sollen auf allen Ebenen eines Stücks zur Geltung kommen, wie es Goll in *Methusalem oder Der ewige Bürger* (1922) dann tatsächlich praktiziert. Im einzelnen bedeutet das zunächst die Zerstörung der «äußere[n] Form», hier zu verstehen als die «vernünftige Haltung, das Konventionelle, das Moralische, unseres ganzen Lebens Formalitäten»[6]. Sie ist ein erster Schritt in Richtung auf die «Negierung des Realismus», den Verzicht, im Theater Wirklichkeit zu imaginieren. Ihm folgt die prinzipielle Aufkündigung der Gesetze der Logik für die dargestellten Ereignisse und ihren Ablauf, das Agieren und Verhalten der Figuren, für Sprache und Dialog. Das Nebeneinander und die Gleichwichtigkeit heterogener Geschehnisse unterminiert die stringente Entwicklung und Einheit der Handlung. Charaktere erfahren keine psychologische Motivierung mehr; sie fungieren nur noch als Träger markanter Eigenschaften, die durch «physiognomische Übertreibungen» (Verwendung «undimensionierte[r] Gesichter-Masken») «grob-äußerlich schon erkennbar» sind.[7] Aber auch in dieser Funktion präsentieren sie sich nicht als mit sich selbst identische Charaktere, insofern «das zehnfache Schillern eines menschlichen Gehirns» gezeigt wird, «das das eine denkt und das andere spricht und sprunghaft von Gedanke zu Gedanke schweift, ohne den geringsten scheinbar-logischen Zusammenhang»[8]. Ebenfalls fügt sich die Kommunikation zwischen den Figuren nicht langer landläufigen Regeln. Sie soll in ihrer *Alogik* nicht nur «unsere Alltagssätze lächerlich machen»[9], sondern als Indiz problematisch gewordener Beziehungen ein Syndrom der Zeit aufdecken. Für Goll stehen diese Vorkehrungen des Dramatikers im Dienst einer Kunst, die, «sofern sie erziehen, bessern oder sonst wirken will, [...] den Alltagsmenschen zerschlagen, ihn erschrecken»[10] muß.

1 Mit der Gestaltung eines Generationskonflikts gehört Walter Hasenclevers (1890–1940) Drama *Der Sohn*, entstanden 1913–14 und uraufgeführt 1916, zu den klassischen Stücken des frühen Expressionismus. 2 Ernst Toller (1893–1939) wurde am 16. Juli 1919 zu fünf Jahren Festungshaft wegen Hochverrats verurteilt. Hintergrund war seine Beteiligung als einer der politisch Verantwortlichen an der Münchener Räterepublik. Sein expressionistisches Drama *Die Wandlung* wurde 1919 uraufgeführt, 1921 folgte *Masse Mensch*, in dem Toller seine Erfahrungen in München verarbeitet. 3 «Nieder mit dem Bourgeois!» 4 Vgl.: Der Expressionismus stirbt. [1921] In: I. G., Gefangen im Kreise. Hg. v. Klaus Schumann. Leipzig 1982, S. 346. 5 Vgl. Vorwort zu *Methusalem oder Der ewige Bürger*. [1922] In: Gefangen im Kreise, a. a. O., S. 171 f. 6 Das Überdrama. [1919] In: Gefangen im Kreise, a. a. O., S. 217. 7 Vgl. ebd., S. 219. 8 Vorwort, vgl. Anm. 5, S. 172. 9 Ebd., S. 171. 10 Das Überdrama, vgl. Anm. 6, S. 218.

Walter Hasenclever (1890–1940)/
Kurt Pinthus (1896–1975)
Aus: Komödie als Zeitkritik (1930)

HASENCLEVER [...] Wenn in Deutschland ein Stück aufgeführt wird, in dem sich die Leute nicht langweilen, entsteht sofort der Verdacht, mit dem Autor müsse etwas nicht stimmen. Ein richtiger Dramatiker hat problematische Stücke zu schreiben. Das Problem muß so problematisch sein, daß die Zuschauer vor lauter Problematik gar nicht zur Besinnung kommen. Ist das Leben nun wirklich so problematisch? Meist ist es so, daß ein Dramatiker, wenn er nicht mehr weiter kann, seine Personen Selbstmord begehen läßt. Der Vergleich mit der Wirklichkeit wäre erschreckend. So viel Selbstmorde gibt es gar nicht. Die Kunst der Gegenwart ist bestrebt, sich vom Pathos zu befreien. Sie strebt einer entpathetisierten Wirklichkeit zu.

PINTHUS Sehen Sie: grade die dramatische Form, die sich gegen das Pathos richtet, gegen die pathetische Auffassung von Welt und Mensch, das ist die Komödie!

HASENCLEVER Sie haben vorhin von den allgemeingültigen Typen Molières gesprochen. Ich möchte einen Komödienschreiber der Gegenwart erwähnen: Courteline[1]. Die Komödien von Courteline sind Variationen über das Thema: das kann jedem passieren. Beispielsweise: Ein Herr findet nachts eine Uhr. Er geht am nächsten Morgen aufs Polizeibüro, um sie abzugeben. «Wo haben Sie die Uhr gefunden?» fragt der Kommissar mißtrauisch. «Auf der Straße.» – «Wann?» – «Um drei Uhr nachts.» – «Was machen Sie um 3 Uhr nachts auf der Straße?» Jetzt wird der Herr böse, auch der Kommissar wird böse. Es folgt eine erregte Debatte. Schließlich wird der ehrliche Finder wegen Widerspenstigkeit eingelocht. Sein letzter Stoßseufzer ist: «Na, wenn ich nochmal eine Uhr finde!» In der deutschen Literatur der Gegenwart ist Carl Sternheim dieser Art von Komödie am nächsten gekommen. Sein Lustspiel «Die Hose»[2] fußt auf dem für jede Frau möglichen Zufall, daß eine junge Frau auf der Straße ihre Hose verliert. Sie sehen, lieber Pinthus, das Allzumenschliche, nicht das Übermenschliche ist interessant. Auch der Rasierapparat kann zum Schicksal werden. Und aus der Tatsache, daß jemand nicht imstande ist, sich morgens die Krawatte zu binden, können die schwersten Folgen entstehen.

PINTHUS Das sind gute Beispiele für Komödienwirkungen. Aber ich glaube, unsere Zuhörer könnten hier grade einwenden, daß diese Beispiele gegen die These unseres Themas «Komödie als Zeitkritik» sprechen. Denn sowohl die von mir vorhin erwähnten allgemeinen und ewigen Menschentypen Molières, wie die allgemeinen Beispiele aus dem täglichen Leben, die Sie eben anführten, bedeuten doch keine Zeitkritik. – Aber das scheint nur so. Denn in Wirklichkeit wird hinter diesen komödienhaften Hauptfiguren ihre ganze Zeit sichtbar, – durch die sie überhaupt erst möglich werden. Sodaß jeder wirkliche Komödiendichter in den Menschen, die er trifft, auch die Zeit trifft, die sie hervorbringt. [...] Die wirkliche Komödie ist niemals nur ein ästhetisches, artistisches Vergnügen für den Autor wie für das Publikum, sondern immer Menschenkritik, Zeitkritik, Kritik an unangenehmen Zeittypen und

Zeitumständen. Und noch mehr: die Komödie ist in ihrer Enthüllungssucht menschlicher Schwächen und in ihrer Angriffslust grade mit ihren Höchstleistungen auch immer politisches Theater gewesen, das, so aktuell es war, dennoch in seinen besten Beispielen seine Zeit überdauert hat. Ich will nicht wieder an Molière erinnern, sondern einmal an Gogol, der schon vor hundert Jahren, trotz der strengen zaristischen Zensur im «Revisor»[3], Korruption und Schlamperei der Beamtenschaft so kraß enthüllte, wie es grade heute wieder in Berlin aktuell wäre. Um noch ein letztes deutliches Beispiel aus der Vergangenheit anzuführen: Noch immer ist der großartigste Komödienschreiber der alten Griechen Aristophanes das beste Beispiel für das politische Zeittheater in Komödienform. [...]

Q 1930. Für die Premiere seines 1915 vollendeten Antikriegs-Dramas *Der Retter* an der Berliner *Tribüne* im September 1919 hatte Hasenclever sich ausbedungen, dem Stück ein von ihm selbst so bezeichnetes «Satyrspiel», *Die Entscheidung*, anzuhängen. In dieser einaktigen Komödie läßt er seinen Protagonisten aus *Der Retter*, einen pazifistisch gesonnenen *Dichter*, noch einmal als *Mensch* auftreten und konfrontiert ihn mit skrupellosen Schiebern, unfähigen Ministern und korrupten, gewalttätigen Revolutionsführern. Es ist dieses Desaster der im Aufbau begriffenen deutschen Republik, das den *Menschen* dazu bringt, seinem politischen Engagement abzuschwören. In ähnlicher Weise wie bei Goll (Q 1922) steht hier die Komödie im Dienst einer Totalabrechnung mit der Nachkriegsgesellschaft und zeigt Hasenclevers illusionslosen Abschied von den Idealen seiner expressionistischen Anfänge. Rückblickend auf «jene[] bewegte[] Zeit», schreibt er 1927 in *Mein Weg zur Komödie* (Q 1927 a) über seine Generation, sie habe inzwischen «gelernt, die Dinge von zwei Seiten zu sehen. Wir sind reif zur Komödie geworden». Die Konsequenzen, die Hasenclever für sich daraus zieht, legt er ein Jahr später in *Das Vorbild der Komödie* (Q 1928) dar. Er plädiert dafür, das Lustspiel von dem Lachen hinderlichen Problemen zu entlasten, und verlangt statt dessen die Darstellung des «Allzumenschliche[n]», das «jeden angeht». In dem Gespräch, das Hasenclever 1930 im Berliner Rundfunk mit dem Theater- und Literaturkritiker Pinthus führt und in dem er einiges von dem in *Das Vorbild der Komödie* schon Gesagten wiederholt, sind beide – wohl auch unter dem Eindruck der sich verschärfenden politischen Situation – auffällig darum bemüht, selbst dort, wo die Komödie von «allgemeinen und ewigen Menschentypen» und «allgemeinen Beispiele[n] aus dem täglichen Leben» handelt, auf ihrem zeitkritischen Gehalt zu beharren. Bezeichnend ist, daß Hasenclever sich in diesem Zusammenhang von seinen «früheren Komödien» (z. B. *Ein besserer Herr*, 1927; *Ehen werden im Himmel geschlossen*, 1928) distanziert und auf sein 1930 uraufgeführtes Lustspiel *Napoleon greift ein* verweist, mit dem er einen «schüchternen Versuch gemacht» habe, «bekannte Politiker und Staatsmänner unserer Zeit» auf die Bühne zu bringen (vgl. S. 339).

1 Courteline, Georges (1858 oder 1860–1929) verfaßte eine Vielzahl bühnenwirksamer Ein- und Zweiakter, in denen er Militär, Polizei, Justiz, Beamten- und Kleinbürgertum zur Zielscheibe seines Spotts machte. **2** Mit der 1911 uraufgeführten Komödie *Die Hose* beginnt Sternheim seinen Zyklus *Aus dem bürgerlichen Heldenleben*, s. o. S. 191, Anm. 5. Zu Sternheims Vorstellungen vom Lustspiel vgl. die in diesem Band abgedruckten Texte. **3** Gogol, Nikolaj Vasilevic (1809–1852): *Der Revisor* (UA 1836).

Lothar Sachs *(1887 oder 1889–1944)*
Aus: Komödiendichter an die Front (1933)

[…] Zugegeben: Deutschland war *nie* reich an begabten Komödiendichtern. Man konnte schon *vor* dem Kriege die erfolgreichen deutschen *Lustspiel*autoren an den fünf Fingern einer Hand aufzählen. *Nach* dem Kriege wurde der *deutsche* Lustspieldichter, der die Geschmacklosigkeiten einer degenerierten Erotik ablehnte, fast *völlig ausgeschaltet*. Er erreichte bestenfalls eine Uraufführung in der Provinz, aber die großen *Berliner* Bühnen, die *ausschließlich* und *ausnahmslos* unter jüdisch-marxistischem Einfluß standen, blie-

197

ben ihm – von der einen oder anderen Zufallsannahme abgesehen – verschlossen.

Aber nun ist auch für den *deutschen Komödiendichter* der Weg frei, allerdings unter der einen Voraussetzung, daß er die Zeichen der Zeit versteht und begreift, daß auch im Lustspiel die liberalistisch-bürgerliche Gesinnungs- und Gedankenwelt keine Daseinsberechtigung mehr hat. Ich weiß: es ist nicht ganz leicht, sich in seinem Schaffen von Vorstellungen zu lösen und freizumachen, die Generationen hindurch das gesellschaftliche Leben bestimmten, und nach *neuen* Stoffen, *neuen* Problemen, *neuen* Konflikten und *neuen* Lösungen zu suchen. Aber es hilft alles nichts, an der Tatsache ist nicht zu rütteln: das Gesellschaftslustspiel in der bisherigen Form ist erledigt aus dem ganz einfachen Grunde, *weil auch die Gesellschaft mit ihren gesellschaftlichen Anschauungen* in der bisherigen Form erledigt ist. Wer sich das einmal klar gemacht hat, wird einsehen, daß es z. B. heute im Theater keinen Menschen mehr interessiert, ob sich irgendein mit einem märchenhaft reichen Mann verheiratetes Luxusweibchen in der Ehe langweilt, ob und wie sie den berühmten «Dritten» findet und ob sie im dritten Akt zu ihrem Mann zurückkehrt oder es mit dem Hausfreund in einer neuen Ehe probiert. Das war doch – natürlich in Dutzenden von Varianten – Grundidee und Ablauf der meisten Lustspielhandlungen. Die «unverstandene Frau», der «Kavalier», der immer Zeit und immer Geld hat, der blasierte Lebejüngling, die geschminkte Modepuppe und sonstige Lustspielfiguren – man kann sie ruhig zum alten Eisen werfen oder in eine Mottenkiste. Es ist kein Staat mehr damit zu machen, außer in einer rückschauenden satirischen Beleuchtung. Ein anderes Geschlecht ist zur Ablösung an die Front des Weltgeschehens vorgerückt. Eine andere Zeit diktiert ihre ungeschriebenen Gesetze, denen sich auch der Komödiendichter unterzuordnen hat, wenn sein Werk zum Ohr und zum Herzen seiner Volksgenossen dringen soll. [...]

Q 1933 a. Wenn Sachs, vor und nach 1933 mit einigen Komödien hervorgetreten, seine Attacke gegen «die liberalistisch-bürgerliche Gesinnungs- und Gedankenwelt» im Lustspiel und gegen Unterhaltungsstücke richtet, die über die Darstellung von Liebes- und Ehekonflikten einer müßiggängerischen ‹besseren› Gesellschaft nicht hinausgelangt seien, dokumentiert er damit anschaulich, daß der vor 1933 wenig chancenreichen national-völkischen Komödie der Weg geebnet werden soll. Ihr gesteht Sachs zwar auch zu, für «Ablenkung, Entspannung, heitere Zerstreuung» im «anspannenden Daseinskampf» zu sorgen,[1] überträgt ihr aber mehr oder weniger unverblümt die Aufgabe ideologischer Indoktrination. In ähnlich militantem Ton wie Sachs formuliert Beyer seine Ablehnung des «französische[n] Ehebruchs-*Humor[s]*», der dazu gedient habe, «erst Frankreichs und jetzt auch Deutschlands Ehemoral und damit den Bestand des Volkes anzufressen»[2]. Er fordert statt dessen vom *deutschen* Lustspiel eine Komik, in der «ein Körnchen Erziehung und Selbstbetrachtung des Volkes liegen»[3] müsse. Aufschlußreich für den Sinneswandel in der Einschätzung des Lustspiels ist ein Vergleich mit den Ansichten über die Komödie, die Hanns Johst, vom Expressionisten zum nationalsozialistischen Parteigänger mutierter Schriftsteller und späterer Präsident der Reichsschrifttumskammer, der obersten Zensurbehörde im Dritten Reich, noch 1929 vertritt. Im Unterschied zur Tragödie, die von «Ordnung», vom «Glauben an den Helden», von «bekennerisch» gedachter und gefühlter «Weltanschauung» zehre, sei die Komödie, die sich mit «der Nichtswürdigkeit eines absoluten Leerlaufs» konfrontiere, «der pathetische, d. h. leidenschaftliche Verzicht, [...] das tragische Entsagen auf irgendeinen Entscheid, das Entsagen, das mit dem Gelächter des Wahnsinns verschüttet» wird.[4] Es versteht sich angesichts der veränderten Funktionszuweisungen an die Komödie von selbst, daß solche Positionen nach 1933 unverzüglich preisgegeben werden.

1 Vgl. S. 39.   2 Vgl. Beyer, Paul: National-Dramaturgie. Ein erster Versuch. Berlin [1933], S. 17; auch Q 1936 a, S. 148; Q 1940, S. 52, 53.   3 Beyer, a. a. O., S. 18.   4 Vgl. Q 1929 a, S. 154.

Walter Best (1905–1984)
Aus: Die Krise des Lustspiels (1940)

[…] Wir müssen ganz klar aussprechen, daß wir durch den unheilvollen Einfluß des Judentums auf die Gestaltung des 19. Jahrhunderts keine Traditionen von dorther mitnehmen können. Wir müssen wissen, daß der Ehebruch als solcher kein Lustspielobjekt ist, obwohl die Liebe zwischen Mann und Frau weiterhin die stärksten Impulse abgeben wird für das Schaffen der ernsten und der heiteren Muse. Wir müssen wissen, daß die Schwank- und Lustspieltype nichts anderes darstellt als die bestgetarnte Formulierung des volkszersetzenden Klassenkampfes.

Damit sind wir schon bei der «Krise des Lustspiels». Es ist durchaus der Fall, daß der nationalsozialistische Dichter, einerlei welcher Generation er angehört, fast zwangsläufig zum ernsten Drama hinstrebt. Der Frontkämpfer ringt noch heute um das Gestalten des Kriegserlebnisses, der Dichter, der sich früh dem Nationalsozialismus verschrieb, hatte sich ja damals damit von einer seichten, opportunistischen Lebenshaltung abgewandt und ist aus dem gewaltigen Erkennen des Ernstes der Lage, in der sein Volk sich befand, zum Führer gekommen. Dann fehlen dem deutschen Volk all jene Kräfte, von denen der Führer in seiner großen Nürnberger Rede sagte, daß die unmittelbare Gestaltung des Schicksals der Nation sie stärker erfaßte als eine mittelbare literarische Formulierung notwendiger Taten. Auch jene dichterischen Kräfte, die zwar den Weg zur Bewegung vor der Machtübernahme nicht gefunden hatten, aber als Deutsche ihrem Volk nicht fremd waren, hatten in den Jahren des Aufbaus sich ernstlich um ihre innere Einordnung in das Wesensgefüge des Nationalsozialismus zu bemühen.

So blieben denn für die Theaterware und damit für das Theaterlustspiel die Vielgewandten übrig, die – bei intakter Abstammung und nicht allzu großer parteipolitischer Vorbelastung – nunmehr versuchten, ihre altgewohnten Schablonen auf den neuen Stoff zu legen. Und dabei gerieten auch sie auf einmal «in Krise».

Wir erleben es mit jedem Jahr stärker, daß alle jene, die den Nationalsozialismus nicht begreifen können oder wollen, einer immer größeren inneren Unsicherheit verfallen. Es sind jene, die heute den 100prozentigen Staatsbürger markieren; sie zeigen sich vorschriften- und gesetzeshungrig in einem Ausmaß, daß ihr Gehorchenwollen fast schon wie Masochismus aussieht.

Zu dieser Sorte gehören auch jene übriggebliebenen Literaten, die heute mit ihrer Lustspiel- und Schauspielproduktion aufs Trokkene geraten sind. Für sie ist der Nationalsozialismus etwas Tierisch-Ernstes, in dem Humor – sie verstehen darunter Witzeln und Spötteln – sofort mit Konzentrationslager bestraft wird. Nachttischprobleme fallen außerdem aus, Schwindlertum als Nonplusultra der Systemkomödie[1] ist äußerst unerwünscht, folglich ist die Krise des deutschen Lustspiels da!

Und bleibt hoffentlich für diese Herrschaften bis zu ihrem sanften Verbleichen latent!

Der «fidele Bauer», der «schnoddrige Leutnant», der restlos blöde «Behördenvertreter», der stets besoffene «Polizeidiener», die «ehebrechende Hochstaplerin», der «Kraftprotz» und der «Gehirnakrobat», sie alle sind als Schablonenfiguren, als Typen für Volksschichten, für Berufsgattungen usw. heute äußerst unerwünscht. Die Volksgemeinschaft ist auf diesem Wege nicht mehr zu zersetzen, indem man einen Teil des Volkes über den anderen lachen läßt. Das Volk als Ganzes ist für den Dichter und den Schriftsteller nur in seiner Ganzheit zu erfassen. [...]

Ein Rückfall in überlebte Methoden ist völlig überflüssig, denn dem wahren Lustspieldichter bietet sich eine unerschöpfliche Fülle von Stoff.

Jedoch um das zu können, muß man leider nicht nur Schriftsteller und Literat, nicht nur ausgezeichneter Handwerker der szenischen Dramaturgie sein, nein, da muß man eben Nationalsozialist sein, der sich auf die Dramaturgie der völkischen Eigenart versteht und nicht bei jedem Manuskript ängstliche Blicke auf allerhöchste Dienststellen wirft, ob seine Art Humor «genehm» ist oder nicht.

Die Dramaturgie des deutschen Lustspiels ist uns in der Tat, in der Verschönerung unseres arbeitsreichen Alltags, übrigens schon längst gegeben worden. Sie sei hier noch einmal abgedruckt für Schreibbeflissene, die sie erst retortenmäßig zu finden glauben: «Kraft durch Freude»[2].

Es gibt kein Wort, das auch den tiefsten Sinn eines deutschen Lustspiels besser ausdeuten kann als dieses. In ihm schließt sich auch der unselige Zwiespalt von Kultur und Unterhaltung, der im 19. Jahrhundert aufgegriffen wurde, organisch zusammen.

Denn wenn die von der Bühne gespendete Freude dem Deutschen Kraft zu seiner Tagesarbeit, Kraft zu seinem Lebenskampf gibt, wenn sie ihn stark macht gegen alle niederdrückenden und einreißenden Einflüsse, gegen weltanschauliches Heuchlertum und gegen religiöse Muckerei, dann ist damit für die wahre Kultur des deutschen Menschen, dann ist für die Bildung der deutschen Seele Entscheidendes getan worden.

Erst der Dichter, der innerlich vollkommen frei geworden ist durch den Nationalsozialismus, erst der wird die Souveränität der Lustspielgestaltung besitzen ohne Reglement dazu. [...]

Q 1940. Auch bei Best, Dramatiker und Erzähler, muß der aus dem Propagandarepertoire nicht mehr wegzudenkende Hinweis auf die «jüdisch-liberalistische[] Kulturzersetzung» (S. 51) dazu herhalten, die Schwierigkeiten mit dem ‹neuen› Lustspiel zu erklären. Darüber hinaus teilt er mit anderen die Aversion gegen die ‹alte› Komödie, ihre Ehe- und Liebeskonflikte, ihre als Volkstypen chargierenden «Schablonenfiguren».[3] Wenig einfallsreich ist Best in der Unterbreitung konkreter Vorschläge zur Überwindung der Krise. Sie laufen bei ihm darauf hinaus, im Bekenntnis zum Nationalsozialismus und in vagen Vorstellungen von einer auf bestimmten Wirkungsintentionen («Kraft durch Freude») basierenden Lustspiel-Dramaturgie die Rettung zu suchen.

1 *System:* Im politischen Tageskampf zur Schmähung der Weimarer Republik von ihren Gegnern gebrauchtes Schlagwort.   **2** Innerhalb der Deutschen Arbeitsfront (DAF), die im Mai 1933 nach der Auflösung der Gewerkschaften ge-

gründet wurde, war die Dienststelle *Kraft durch Freude* (KdF) für die Urlaubs-
und Freizeitgestaltung zuständig.   **3** Vgl. Beyer, Paul: National-Dramaturgie.
Ein erster Versuch. Berlin [1933], S. 17; Q 1933a, S. 39; Q 1936a, S. 148.

V. DDR

Einleitung

Schon 1946 erklärt Herbert Jhering es zur Aufgabe der Komödie, den Zuschauer zur «Selbstkritik» zu führen, zum Gegenteil jenes «Überlegenheitsgefühls», in dem sich das Publikum der zahlreichen sog. Unterhaltungsstücke gefiel, die im Repertoire der Berliner Bühnen das Kriegsende überlebten:

«Lustspiel, Posse und Schwank sind notwendig. Ohne sie keine lebendige Bühne, keine mimisch-fruchtbare Schauspielkunst. Aber diese Heiterkeit wird alles Genießerische, alles Lukullische von sich abgetan haben. Sie wird nicht mondän, nicht Boulevardkunst sein, nicht einer gesättigten Zufriedenheit entspringen, nicht üppigem Müßiggang. Sie wird direkt, unmittelbar gesund, einfach, frisch, ja sogar optimistisch sein, aber optimistisch nach Überwindung schwerster Erlebnisse. So tun, als ob nichts geschehen wäre – geht nicht an. Ja sagen, trotzdem! Ja sagen – zum neuen Beginn! Heiterkeit aus Erkenntnis, aus erwachendem Lebensgefühl [...] Nein, wer heute als Dichter, Schauspieler und Publikum das Theater betritt, der hat sich vorher innerlich abgeschminkt, der ist durch Trümmer und verwaiste Straßen gegangen, die jede Maske[,] jede Äußerlichkeit ablehnen und verächtlich machen. Eine Kostümierung der Seelen, ein Faltenwurf der Gefühle, eine Verkleidung der Herzen, eine Maskierung des Verstandes würde heute unwirksam bleiben. Sie sind die Kunstmittel üppiger Zeiten, verschwenderischer Epochen, genießerischer Launen und selbstzufriedener Menschen. Wir aber legen an uns selbst die Sonde. Wir stellen uns selbst dem Gerichtstag.»[1]

Der Wunsch nach einer politisch bewußten Komödie, welche die «Spießerbelustigungen», den «alten, seichten, verstand-, phantasie- und gefühlverderbenden Amüsierkram»[2], ablösen sollte, ging selbst nach Meinung derer selten in Erfüllung, die darunter weniger Anspruchsvolles verstanden als Jhering. Zahlreiche Zeugnisse aus den fünfziger Jahren – besonders aus der sog. Tauwetterperiode, in der «seichte Operetten, Schwänke und Lustspiele» an den Theatern «wucherten»[3] – beklagen das um so mehr, als man zur Behandlung gesellschaftlicher Probleme mit der gewünschten «erzieherischen Wirkung» gerade «die Mittel des Lustspiels» (die «Waffe des Lustspiels») für besonders geeignet hält. Wie es aussehen könnte, zeigt folgender Vorschlag aus dem Jahre 1952:

«Aber auch in unserer Republik liegen Lustspielstoffe gleichsam in der Luft. Das Absterbende, das Überlebte gerät bei dem sich jetzt mit stürmischem Tempo vollziehenden Aufbau des Sozialismus mit dem Werdenden, dem Neuen an unzähligen Orten in Konflikt. Was ergeben sich für unsere Dramatiker allein für Möglichkeiten, die Vorgänge bei der Einrichtung der neuen Bezirksstädte zu beobachten. Bei der Reform unserer Verwaltung kommt es täglich zu Zusammenstößen zwischen den Verfechtern überlebter Prinzipien, die sich notwendigen Maßnahmen widersetzen, weil ihnen die Einsicht in die Notwendigkeit der großen gesellschaftlichen Veränderungen einfach fehlt. Sie mit den Mitteln des Lustspiels zu Erkenntnissen zu führen, ist Aufgabe unserer Bühnenautoren.»[4]

Dieser Vorschlag, der schon die nur selten (an erster Stelle in Müllers *Umsiedlerin*) vermiedene Gefahr ahnen läßt, den Komödien-Konflikt auf mangelnde «Einsicht» einzelner Akteure zu verkürzen, weist durch die benutzten Begriffe (‹das Absterbende›, ‹das Überlebte›) auf eine für die Komödientheorie der DDR kanonische Passage aus Marx' Schrift *Zur Kritik der Hegelschen Rechtsphilosophie* (s. o. S. 144ff). Beiläufig verwendet Marx den Begriff ‹Komödie› hier, um die letzte Phase im Untergang einer «Weltordnung» zu charakterisieren, nämlich deren lokal begrenztes Weiterleben, nachdem sie andernorts schon ihre Vernichtung erfuhr. Im Fall des Ancien régime, dessen Fortbestand im Vormärz-Deutschland Marx zu seiner These führt, ist der Anbruch der letzten Phase spätestens durch das Datum markiert, an dem bei den sog. «modernen Völkern» (England, Frankreich) das feudale System durch das bürgerliche ersetzt wurde. Der dadurch offenbar gewordene «Anachronismus» des deutschen Status quo läßt dessen Träger als «Komödianten» erscheinen, ihren Glauben an die fortgesetzte eigene Berechtigung als «Heuchelei», zumindest als Selbsttäuschung («Einbildung») und ihren Anspruch an die Mitwelt, diesen Glauben zu teilen, als lächerliche Anmaßung.

Während Marx den Begriff ‹Komödie› zur Charakterisierung wiederkehrender Phasen des historischen Prozesses nutzt, ist es in der DDR-Literaturkritik der ersten Jahrzehnte üblich, seine Überlegungen auf das «Komödie» genannte *literarische* Genre auszuweiten. Oft wird «Komödie» dabei als ein Verfahren beschrieben, das unter Marx' Begriff der «Kritik» fällt: als Denunzierung gegenwärtig bedrängender Verhältnisse aus einer Position des «Kampfes» und «Handgemenges» heraus. So spricht Wolfgang Heise mit Beziehung auf Aristophanes' *Frieden* von Komödie als einem «Ort des Austragens sozialer Gegensätze, als Waffe unter antagonistischen Verhältnissen».[5] Es ist ein aggressiver, auf «Vernichtung» zielender Komödien-Typus, dem man Stücke wie Friedrich Wolfs *Bürgermeister Anna* (1950) und Erwin Strittmatters *Katzgraben* (1953) zuordnen kann – freilich nur annäherungsweise und nur in solchen Partien, in denen sie die Machenschaften nicht assimilierbarer Klassenfeinde bloßstellen.

Ein andermal ist «Komödie» – in Anlehnung an das, was Marx «die zur Weltschau ausgestellte Nichtigkeit des ancien régime» nennt – der Name eines Genres, das aus heutiger sozialistischer Perspektive die Klassengesellschaft, an erster Stelle Phasen der nationalen Geschichte, so darstellt, daß das Handeln von Vertretern der jeweils alten (mitunter auch der jeweils neuen) Klasse nicht nur als empörend und abscheulich, sondern auch als in sich widersprüchlich und lächerlich erscheint. Die genrespezifische Zuschauerreaktion auf Stücke dieses in der DDR nur in den fünfziger Jahren aktuellen Typus (Brecht, Hacks[6]) wird als ein Lachen beschrieben, in dem sich das Gefühl der «Überlegenheit»[7] mit Emotionen wie Verachtung oder gar Empörung und Ärger mischt. Als Affekte, die seiner Hofmeister-«Komödie» angemessen seien, nennt Brecht «Verdruß» und «bitteren Zorn». Von der bei Marx erwähnten «Heiterkeit» («[…] damit die Menschheit *heiter* von ihrer Vergangenheit scheide […]») ist in solchen Beschreibungen wenig zu spüren.

Eine weitere Komödien-Konstellation wird zunehmend seit Beginn der sechziger Jahre wichtig, als – angeregt durch die Diskussionen der ersten Bitterfelder Konferenz (1959) über die Unterhaltungskunst – Stücke des sog. «heiteren Genres» in vorher nicht gekannter Zahl entstehen. Ihr Thema sind Probleme der «neuen Lebenswirklichkeit», des sozialistischen Alltags, Hemmnisse, die von Zeitgenossen ausgehen, die sich mit Recht Bürger des neuen Staates nennen: Standesdünkel, Protzsucht, Egoismus, Rechthaberei, «Trägheit und Gedankenfaulheit bei manchem sonst recht fortschrittlichen Menschen»[8]. Es sind Hemmnisse «subjektiver» Natur, die zunächst überwiegend als Relikte der Klassengesellschaft verstanden werden, als Belastung der neuen Gesellschaft durch die «kleinbürgerliche» Sozialisation eines Großteils ihrer Mitglieder. Einige Autoren zitieren ausdrücklich die Marxsche Wendung von den «Muttermalen» der alten Weltordnung, mit denen die junge behaftet bleibt.[9]

Doch nicht alles, was von der neuen Wirklichkeit zum Komödien-Thema wird, gilt auf diese Weise als Nachwirkung des Gestern. Wenn 1967 ein Kritiker berichtet, die sowjetische Komödie der dreißiger Jahre habe sich nicht damit begnügt, «Typen von gestern und vorgestern» zu verlachen, sondern Komisches «als Teil des dialektischen Entwicklungsprozesses der sozialistischen Menschengemeinschaft selbst» erkannt[10], so ist das Bestandteil einer vor allem gegen Ende der sechziger Jahre aktuellen Diskussion. Komödienstoff, versichern die Autoren offiziöser Texte[11] nun, sei «nicht nur kleinbürgerlich Überholtes»; vielmehr enthalte das neue Leben, der «schwierige und widerspruchsvolle Prozeß des Werdens des sozialistischen Menschen», «neue Quellen des Komischen».[12] Es versteht sich, daß mit der Abkehr davon, alle Fehler der alten Gesellschaft anzulasten, eine *systematische* Kritik an der neuen nicht einhergeht.

Ein weiteres Thema der theoretisierenden und programmatischen Texte ist der *Komödien-Schluß*. Besondere Aufmerksamkeit verdient die Forderung, die im engeren Sinn «sozialistische Komödie» mit einer sog. «Versöhnung» zu schließen. Vor allem in den späten sechziger Jahren, d. h. in der als «sozialistische Menschengemeinschaft» reklamierten späten Ulbricht-Zeit, wird diese Forderung vorgebracht. Die Auseinandersetzung der Konfliktpartner, heißt es, sei kein Kampf auf Leben und Tod; zwar verfehle der Held seine den Ansprüchen der Gesellschaft zuwiderlaufenden Ziele, doch dank der nicht-antagonistischen Struktur der Gesellschaft seien seine wahren, wohlverstandenen Interessen aufgehoben in den übergreifenden Interessen des Ganzen; am Ende werde er nicht verstoßen, sondern gelange – ebenso wie Angehörige seiner Mitwelt – zur Umkehr, zur Einsicht in sein Mißverständnis, auf das in den Gegenwartsstücken der mittleren und späteren sechziger Jahre die Widerspruchssubstanz fast immer reduziert wird (am deutlichsten in den auf Scheinkonflikten aufgebauten Dramen Helmut Baierls). Ausdrücklich stellen die (hier nur verkürzt referierbaren) offiziösen Dokumente einen Zusammenhang zwischen dem neuen Charakter der gesellschaftlichen Beziehungen und der Möglichkeit her, dem Zeitstück realistischerweise einen «positiven Ausgang» zu geben. So kann die Komödie gerade in den sechziger Jahren als *das* Genre der sozialistischen Dramatik beansprucht werden.[13]

Als zugehörige Zuschauerhaltung wird in den programmatischen Äußerungen dieser Phase überwiegend «Heiterkeit» genannt. Das Lachen sei «heiter», denn es sei ein Lachen vom «Standpunkt des Siegers», Ausdruck eines fundamentalen Einverständnisses, der «Überlegenheit der bewußten Gestalter des geschichtlichen Prozesses»[14]. Den Trägern des Komischen, den belachten Personen gegenüber empfinde der Zuschauer nicht Schadenfreude – nicht Genugtuung über deren Blamage (wie im Fall des verhöhnten Klassenfeindes) –, sondern ein «bejahendes», «wohlmeinendes», «herzliches» «Sich-solidarisch-Fühlen»; es sei ein «Lachen der Identifikation», «lachende soziale Selbstkritik», eine Haltung, für die in den sechziger Jahren zunehmend auch der Name «Humor» gebraucht wird.[15]

Zu dem Neuen, das die diffusere, auf knappem Raum schwer referierbare Komödien-Programmatik der siebziger und achtziger Jahre auszeichnet, gehört an erster Stelle die in der Zeit des 8. Parteitags (1971) wachsende Bereitschaft, als Komödien-Thema neben «Irrtümern» («Scheinkonflikten») auch (Interessen-)Widersprüche («wirkliche Konflikte») und die mit ihnen verbundenen sog. «Härten» zuzulassen. Begründet ist diese Lizenz in der damals wieder und wieder formulierten Einsicht in die Existenz sozialismus-eigener Widersprüche *struktureller* Art. Statt als «Makel» der Gesellschaft gelten diese als «Motor»[16] ihrer Entwicklung.[17] Im Rahmen einer 1971 in der Zeitschrift *Sonntag* geführten Diskussion zum Thema Lachen fordert eine Kritikerin, auch in der nicht-antagonistischen Gesellschaft ein Komisches aufzuspüren, das «geschichtlich-gesellschaftliche Bezüge» habe.[18]

Neu in der Komödien-Programmatik der Nach-Ulbricht-Ära ist weiterhin die – freilich halbherzige – Zulassung des *Grotesken* sowie absurder und surrealer Mittel. Im übrigen dominiert, wenn von Komödie die Rede ist, die Forderung nach Darstellung der sog. «*(prinzipiellen) Lösbarkeit*» – eine zurückhaltendere Forderung, verglichen mit der Forderung nach Vorführung der «Lösung», die in den sechziger Jahren zumindest in den offiziösen Dokumenten explizit oder implizit favorisiert worden war. Aktuell bleibt die Charakteristik der Autor- und Zuschauerhaltung als «Heiterkeit». Mit «Heiterkeit» ist nun allerdings weniger die triumphierende Einstellung des «Siegers der Geschichte» gemeint als eine «Heiterkeit trotzdem»[19], der zwar «optimistische», aber darum nicht selbstzufriedene Blick, der die Gegenwart, die Epoche des «Übergangs», nicht nur auf der Folie einer überwundenen Vergangenheit sieht, sondern auch auf Zukünftiges bezieht, eingeschlossen das Bewußtsein des noch nicht Erledigten, mitunter sogar des zur Zeit noch «Unlösbaren» (so Claus Hammel im Nachwort zu seiner 1975 uraufgeführten Komödie *Rom oder Die zweite Erschaffung der Welt*). Es sind Zeugnisse, die für eine Dämpfung der Heiterkeit plädieren, Bekenntnisse zu «Tschechows Komödienbegriff, der Zweifel, Bitternis und Fragen einschließt» (Helmut Bez[20]), freilich vage, von sehr unterschiedlichen Prämissen getragene Formulierungen, die über die Komödienpraxis, das Theaterrepertoire und die tatsächlichen Zuschauerreaktionen wenig aussagen.

Im Blick auf letztere sehen sich viele Autoren veranlaßt, vor einer «übertriebenen Hinwendung zum Heiteren» (Rudi Strahl 1975[21]) zu warnen. Die von einem Großteil des auf «Entspannung» und «Ablenkung» ausgehenden Publikums bevorzugten Lachstücke, so befürchtet man, liefen Gefahr, «mit ihrem Humor satter Selbstbestätigung strikt am Leben vorbei[zu]gehen» (Hans Kaufmann 1978[22]), zwar zu den sog. «Erscheinungen» der Gegenwart vorzudringen, aber «nur in Ansätzen zum Wesen» (Peter Reichel 1983[23]). Nicht gegen das Genre Komödie schlechthin, nur gegen dessen «oberflächliche» Spielart richten sich solche Warnungen.[24] Radikalere Zweifel an der Brauchbarkeit des Genres formuliert dagegen Heiner Müller um die Mitte der siebziger Jahre: «Wir sind im Moment so ganz auf Heiterkeit gestimmt, und ich glaube, so legitim das ist, können wir uns eine wirkliche Komödie über unsere Verhältnisse gar nicht leisten [...]. Das ist ein bißchen eine Ausflucht.»[25] Andere Äußerungen Müllers aus den achtziger Jahren lassen jedoch einen anspruchsvolleren Komödien-Begriff erkennen, unter den der Autor auch seine eigenen Werke subsumieren kann. Konstitutiv für diesen Begriff ist «Schadenfreude», der Genuß, den es bereitet, Destruktion zu bemerken und zu beschreiben.[26]

Es ist ein Komödien-Verständnis, durch das sich Müller von den übrigen Autoren weit entfernt. In Äußerungen aus den achtziger Jahren beschreibt Peter Hacks das Vergnügen am Komischen und an der Komödie als Freude am «erkennenden Drübersein»[27] (des Betrachters über eine bedrängende Situation), als Erleichterung, die sich einstellt beim «Zuwachs der Mittel, die wir gegen die Welt haben».[28] Aus demselben Jahrzehnt stammt eine Interviewäußerung Volker Brauns über seine Schiller-Kontrafaktur *Dmitri*: Die Bearbeitung der Fabel als «Komödie» entspringe einer Betrachtung, die «ein bißchen mehr durchschaut» als die historischen Dramenpersonen.[29] Auch in anderen Äußerungen aus den achtziger Jahren betont Braun «unser Mehrwissen», durch das «die alten Stoffe ja in ein anderes ästhetisches Wasser» kommen[30], von «Komödien» spricht er aber darum nicht. Statt seine Dramatik unter die Genrebegriffe ‹Komödie› und ‹Tragödie› zu subsumieren, unterscheidet er zwei Verfahrensweisen – einerseits die Herausarbeitung des Tragischen, andererseits den sog. «härteren Blick», der das (eher peinigende als vergnügliche) Komische hervorhebt[31] –, zwei Verfahrensweisen, die als einander durchdringende in ein und demselben Stück angewendet werden, um ihm «Vieldimensionalität»[32] zu geben. Damit ist ein Gedanke weitergeführt, den schon Brecht in Notaten der frühen fünfziger Jahre festhält, mit denen die folgende Dokumentation beginnt.

1 Q 1946, S. 104. **2** Q 1950, S. 8. **3** Harald Hauser in: Neue Deutsche Literatur 5, 1957, H. 4, S. 129. **4** E. Weeber-Fried in: Theater der Zeit 7, 1952, H. 19, S. 10. **5** Sonntag 1971, Nr. 31, S. 4. **6** Hierhin gehören Brechts *Hofmeister* (1950), sein Plan einer Komödie über den knechtseligen Ewigen Deutschen (s. u. S. 218, Anm. 25) sowie Hacks' *Schlacht bei Lobositz* (1956) und *Der Müller von Sanssouci* (1958). **7** Vgl. Hacks' Anmerkungen zu seinem *Müller von Sanssouci* in: NDL 6, 1958, H. 2, S. 63 f. **8** Peter Nelken: Lachen will gelernt sein. Berlin 1963, S. 73. **9** Z. B. Wolfgang Heise in Q 1964 b, S. 828. **10** Gerhard Schaumann in: Theater der Zeit 22, 1967, H. 19, S. 8. **11** Hier und im folgenden können die explizit oder implizit normativen Äußerungen der Kulturfunktionäre und Kritiker nur in einer egalisierenden Zusammenfassung referiert werden. Wegen des eingeschränkten Raums ließ sich weder die auf jeder historischen Stufe durchaus existierende Meinungsvielfalt berücksichtigen, noch konnten Zeugnisse abgedruckt werden. Aufgabe dieses Referats ist es, dem Leser ein Urteil darüber zu ermöglichen, wie sich die im folgenden wiedergegebenen Texte – sie stammen ausschließlich von Dramenverfassern (Brecht, Hacks, Müller, Braun) – in ihrem Komödien-Verständnis zu den gleichzeitigen offiziösen Positionen verhalten. **12** Vgl. Theater der Zeit 16, 1961, H. 4, S. 62, sowie Weimarer Beiträge 15, 1969, S. 734. Weitere Belege und detaillierte Literaturangaben in: Sek Profitlich 1978. **13** Vgl. dazu z. B. Q 1965 b sowie Sek Richter 1978, bes. S. 644–647 und Sek Profitlich 1978. **14** Kultur-Politisches Wörterbuch. Berlin 1970, S. 272. **15** Vgl. z. B. Manfred Jäger: Sozialliteraten. Düsseldorf 1973, S. 197–215. **16** Vgl. Kurt Hager: Zu Fragen der Kulturpolitik der SED. Berlin 1972, S. 40. **17** Das Ausmaß der den Autoren gewährten Freiheit erweist sich freilich weniger in den abstrakten Formulierungen der Programmatik als in der Auseinandersetzung um einzelne Stücke. Die dabei zutage tretenden beträchtlichen Tabuzonen zeigen, daß Schuld an der beklagten Unverbindlichkeit und Vordergründigkeit der Komödienliteratur nicht allein der spießige Geschmack der Publikumsmehrheit hat; hinzu kommt die Wirksamkeit der zensurierenden Instanzen, die weiterhin «übelnehmen», wenn die geforderte Herausarbeitung der «geschichtlich-gesellschaftlichen Bezüge» zu unerwünschten Resultaten gelangt. (Davon, daß «übelgenommen» werde, spricht Kurt Hager 1972 mit Bezug auf die unmittelbar zurückliegende Vergangenheit, vgl. Neues Deutschland 1972, Nr. 199, S. 5.) **18** Ursula Püschel in: Sonntag 25, 1971, Nr. 34, S. 3. **19** Gottfried Fischborn in: Theater der Zeit 35, 1980, H. 4, S. 37. **20** In: Theater der Zeit 34, 1979, H. 11, S. 75. **21** Theater der Zeit 30, 1975, H. 7, S. 38. **22** Sinn und Form 30, 1978, S. 175. **23** Weimarer Beiträge 29, 1983, S. 1420. Vgl. auch die von Reichel in Weimarer Beiträge 33, 1987, S. 1541 f gezogene Bilanz. **24** Dieselbe Haltung – grundsätzliche Hochschätzung der Gattung bei gleichzeitiger Kritik an den zeitgenössischen Entartungen – begegnet in Rudi Strahls Aufforderung, den «eigenen ästhetischen Anspruch» nicht der Komödie, aber «des Lustspiels» zu begreifen (Q 1977 a). **25** Q 1974 b, S. 33. **26** S. u. S. 223 f. **27** Q 1986 a, S. 8. **28** Ebd., vgl. auch Q 1984, S. 54. **29** Q 1982, S. 2. **30** Q 1988, S. 31. **31** Q 1988, S. 30. **32** Q 1982, S. 2.

Aus: Arbeitsjournal (1949)[1]
das *Kleine Organon*[2] kommt in eine zeit, wo die theater der fortschrittlichen länder für die erzeugung staatsgewünschter eigenschaften mobilisiert werden. der einfühlungsakt wird in helden der
arbeit[3] usw. gelegt. er empfiehlt sich durch seine primitivität; aber
in der tat macht er das ganze unternehmen primitiv. so wird die
wahl der gattung jetzt wichtig. die meisten stoffe der staatsbauen-
den art gehören in die gattung des lustspiels.

Aus: Die Dialektik auf dem Theater (1951–1956)[4]
Wir haben auch bezeichnet, worauf dieser Erzähler ausgeht: auf
den Spaß, den es seinem Publikum bereitet, menschliches Verhalten und seine Folgen kritisch das heißt produktiv zu betrachten.

Bei dieser Einstellung besteht für die scharfe Trennung der Genres kein Grund mehr – es sei denn, daß ein solcher gefunden wird.
Die Vorgänge nehmen jeweilig den tragischen oder komischen
Aspekt an, es wird ihre komische oder tragische Seite herausgearbeitet. Das hat wenig zu tun mit den komischen Szenen, die Shakespeare in seine Tragödien einstreut (und nach ihm Goethe in seinen
Faust).[5] Die ernsten Szenen selbst können diesen komischen
Aspekt annehmen (etwa die Szene, in der Lear sein Reich weg-
schenkt[6]). Genauer genommen, tritt in solchem Fall der komische
Aspekt im Tragischen oder der tragische im Komischen als Gegensatz kräftig hervor.[7]

Aus: Das Gesellschaftlich Komische (1952)[8]
Für Stücke wie den *Puntila*[9] wird man nicht allzuviel in der Rum-
pelkammer des *Ewig Komischen* finden. Zwar hat auch das *Ewig
Komische* – der mit großem Aplomb[10] ausmarschierende Clown
fällt auf die Nase – ein gesellschaftliches Element, jedoch ist dieses
verloren gegangen, so daß der Clownsturz als etwas schlechthin
Biologisches, als bei allen Menschen in allen Situationen Komi-

sches erscheint. Die Schauspieler, die *Herr Puntila und sein Knecht Matti* spielen, müssen die Komik aus der heutigen Klassensituation ziehen, selbst wenn dann die Mitglieder der oder jener Klasse nicht lachen.

Aus: Katzgraben-Notate (1952/53)[11]

Das Publikum braucht überhaupt keine Ansprüche aufzugeben.[12] Was ich von ihm erwarte, ist nur, daß es neue Ansprüche dazu anmeldet. Das Publikum Molières lachte über Harpagon[13], seinen Geizigen. Der Wucherer und Hamsterer war lächerlich geworden[14] in einer Zeit, in der der große Kaufmann aufkam, Risiken eingehend und Kredite aufnehmend. Unser Publikum könnte über den Geiz des Harpagon besser lachen, wenn es diesen Geiz nicht als Eigenschaft, Absonderlichkeit, «Allzumenschliches» dargestellt sähe, sondern als eine Art Standeskrankheit, als ein Verhalten, das eben erst lächerlich geworden ist, kurz als gesellschaftliches Laster. Wir müssen das Menschliche darstellen können, ohne es als Ewigmenschliches zu behandeln.

Aus: Katzgraben-Notate (1952/53)[15]

[...] es ist nicht alles darin[16] komisch, und was komisch ist, ist es in ihrer Art. Der Großbauer ist in einer Krise[17], das vor allem muß herausgearbeitet werden. Der Abfall des Ziehsohns bedeutet einen weiteren Schlag für ihn.[18] Zunächst muß das Publikum das merken. Wir stellen die großen Klassenkämpfe auf dem Lande dar. Sie können, wenn wir sie «rein komisch» darstellen, leicht als zu leicht aufgefaßt werden, und nichts wäre für den Kampf ungünstiger. Der Großbauer ist immer noch eine sehr gefährliche gesellschaftliche Erscheinung. Es ist nicht klug, einen Gegner auf die leichte Achsel zu nehmen; er könnte sich dort unangenehm bemerkbar machen. [...] Ich halte nichts von einer Dämpfung des Ganzen.[19] Der Großbauer ist der Dorffeind, wir haben das Recht, ihn zu verhöhnen, solange wir ihn noch als gefährlich darstellen. Ich glaube, wir sollten genau untersuchen, [...] wo die Komik die Figur des Großbauern für den *Klassenkampf* verzerrt. Fein oder grob, dick oder dünn spielt dann keine Rolle mehr.

Aus: Anmerkungen zu *Arturo Ui* (1953 / 54)[20]
Man hört heute[21] ganz allgemein, es sei unstatthaft und aussichtslos, die großen politischen Verbrecher[22], lebendig oder tot, der Lächerlichkeit[23] preisgeben zu wollen. Selbst das gemeine Volk, hört man, sei da empfindlich, nicht nur, weil es in die Verbrechen verwickelt wurde, sondern weil die Übriggebliebenen in den Ruinen nicht über derlei lachen könnten. Auch solle man nicht offene Türen einrennen, da es deren in Ruinen zu viele gäbe; die Lektion sei gelernt worden, wozu sie jetzt den Unglücklichen noch einreiben? Sei aber die Lektion nicht gelernt, sei es gefährlich, ein Volk zum Gelächter über einen Machthaber aufzufordern, das es ihm gegenüber sozusagen hat an Ernst fehlen lassen und so weiter und so weiter. [...] Die großen politischen Verbrecher müssen durchaus preisgegeben werden, und vorzüglich der Lächerlichkeit. Denn sie sind vor allem keine großen politischen Verbrecher, sondern die Verüber großer politischer Verbrechen, was etwas ganz anderes ist. [...] Der Lump im kleinen darf nicht, wenn ihm die Herrschenden gestatten, ein Lump im großen zu werden, eine Sonderstellung nicht nur in der Lumperei, sondern auch in unserer Geschichtsbetrachtung bekommen. Und im allgemeinen gilt wohl der Satz, daß die Tragödie die Leiden der Menschen häufiger auf die leichte Achsel nimmt als die Komödie.

Q 1949 u.a. Brechts schon aus der Vorkriegszeit bekannte Ablehnung der Tragödie verbindet sich in den Nachkriegsjahren zunehmend mit Sympathieerklärungen für die Komödie. Sich selber nennt er – allerdings mit einem einschränkenden «nur beinahe» – einen «Komödienschreiber»[24], und auf einige seiner Stücke wendet er die Begriffe ‹Komödie›, ‹Lustspiel› oder ‹komisches Spiel› ausdrücklich an, wenn auch nur ausnahmsweise als Untertitel. Für die Brauchbarkeit des Genres, dem auch die geplante «deutsche Nationalkomödie» angehören soll[25], nennt Brecht mehrere (miteinander zusammenhängende) Gründe: vor allem den «realistischen»[26] Charakter der Komödie und die ihr «sowieso» eigenen «Techniken der Verfremdung»[27], d. h. schauspielerische, aber auch textuelle Verfahren, die dazu dienen können, Leiden und Unvollkommenheiten einerseits «ernstzunehmen»[28], andererseits zu «historisieren», d. h. so vorzuführen, daß sie als «beseitigbar»[29] erscheinen, als «komisch, weil [...] historisch, d. h. durch eine andere Gesellschaftsordnung lösbar»[30]. Hinzu kommt die der Komödie zugeschriebene Fähigkeit, bestimmte Wirkungen auszulösen: dem Zuschauer «Distanz» und «Einsicht in die Zusammenhänge» zu vermitteln[31], ihn anzustecken mit dem Vertrauen, daß die Welt veränderbar ist, mit einem «Lebensgefühl»[32], aus dem nicht nur die «Lust» entspringt, an der Veränderung aktiv teilzunehmen, sondern auch «Heiterkeit» und «Humor».

Ein größeres Gewicht als den Genrebegriffen ‹Tragödie›, ‹ernstes Stück› und ‹Komödie› gibt Brecht den Begriffen ‹tragisch› und ‹komisch› (‹lächerlich›). Was er mit ihrer Hilfe charakterisiert, sind «Personen» und «Vorgänge», mitunter auch deren «Aspekte»: «Vorgänge» nehmen, werden sie mit der für das epische Theater charakteristischen «kritischen» Einstellung betrachtet, «jeweilig den tragischen oder komischen Aspekt an» – mit der Folge, daß der wichtigste Grund für die «scharfe Trennung der Genres» wegfällt.[33] Den Begriff ‹tragisch› benutzt Brecht dabei in einem relativ unspezifischen Sinn (‹krisenhaft›, ‹ernst›[34]). Jedenfalls fehlt ihm dasjenige Element des Begriffs ‹Tragödie›, um dessentwillen Brecht das Genre «Tragödie» weiterhin ablehnt: die dem Leid (der Katastrophe) zugeschriebene Unausweichlichkeit. Nur darum kann ein und derselbe Fall sowohl als «komisch» (d. h. als durch angemesseneres, weniger interessenwidriges Verhalten «lösbar») wie als «tragisch» vorgestellt werden.

Eine größere Zahl von Aufzeichnungen gilt der Frage, Komik *welcher Art* herauszuarbeiten ist – Brecht scheidet ein «Gesellschaftlich Komisches»[35] von einem «Ewig Komischen» (vgl. das 3. und 4. der abgedruckten Notate) – und welchen *Einschränkungen* die Stilisierung ins Komische unterliegt, wenn Verbrecher und Klassenfeinde auf die Bühne gebracht werden (vgl. das 5. und 6. der abgedruckten Notate).

1 Q 1949, S. 559, Eintrag vom 14. 11. 1949.   **2** Brechts *Kleines Organon für das Theater* (entstanden 1948, erstmals veröffentlicht 1949) beschreibt, ausgehend von der These, daß «ein bestimmtes lernen das wichtigste vergnügen unseres zeitalters» ist, das Theater «als ein ästhetisches unternehmen» (Q 1949, S. 518).   **3** *Held der Arbeit:* im engeren Sinn ein in der DDR seit 1950 verliehener Ehrentitel.   **4** Q 1951, S. 924, entstanden um 1954.   **5** *Eingestreute komische Szenen:* die Totengräberszene in Shakespeares *Hamlet*, die Torwächterszene in *Macbeth*, die Schülerszene sowie die in Auerbachs Keller spielende Szene aus Goethes *Faust* (über letztere vgl. Bert Brecht: Gesammelte Werke. Bd. 17. Frankfurt / M. 1967, S. 1278 f).   **6** Vgl. die erste Szene von Shakespeares *King Lear*.   **7** Das Typoskript schließt mit folgendem eingeklammerten Satz: «(Der Unterschied, der in diesem Punkt gelegentlich zwischen Komödie und Tragödie gemacht wurde, fällt damit weg.)» (Bert Brecht: Werke. Große kommentierte Berliner und Frankfurter Ausgabe. Bd. 23. Frankfurt / M. 1993, S. 300)   **8** Q 1952.   **9** Brechts Stück (entstanden 1940, veröffentlicht 1950), im Untertitel «Volksstück», im Prolog «ein komisches Spiel» genannt, handelt von der «Kluft» zwischen dem finnischen Gutsbesitzer Puntila, dem Vertreter eines aus der Sicht sozialistischer Geschichtsphilosophie «vorzeitlichen» Typus (Bd. 4, S. 1611), und seinen Knechten. – Zur «parteilichen» Verteilung der Komik auf das Personal vgl. die detaillierte Studie von Richard Semrau: Die Komik des Puntila. Berlin: Brecht-Zentrum 1981.   **10** *Aplomb* (frz.): ‹Selbstsicherheit›, ‹Dreistigkeit›.   **11** Q 1952 a, S. 834.   **12** Brecht antwortet mit diesen Äußerungen auf die Frage, ob das Publikum «den Anspruch auf blutvolle, allseitig interessante Menschen von eigenem Wuchs aufgeben» müsse.   **13** *Harpagon:* Der Protagonist von Molières *Der Geizige* (1668).   **14** *lächerlich geworden:* vgl. dazu Brechts Eintragung ins *Arbeitsjournal* vom 13. 9. 1953: Molières Stück verspotte «den geiz zu einer zeit, wo das bürgertum das geld produktiv zu benutzen versteht, neuerdings. geiz ist ganz unpraktisch geworden, steht dem gelderwerb im wege, ist also lächerlich (und erntet auch noch das gelächter der feudalität, die großzügig ist und mit den arbeitsprodukten der unterdrückten klassen nicht geizt.)» (Q 1949, Bd. 2, S. 599).   **15** Q 1952 a, S. 805 f.   **16** *darin:* in Erwin Strittmatters (1912–94) Stück *Katzgraben*, das 1953 am Berliner Ensemble uraufgeführt wurde. Die in den Jahren 1947 und 1948 spielende «historische Komödie» (Bd. 16, S. 780) über den aktuellen «Klassenkampf auf dem Lande» zeigt die widerspruchsvollen Schritte, mit denen die Kleinbauern des Dorfes Katzgraben, unterstützt durch Krafte von außen, ihre Interessen gegen den Großbauern durchsetzen.   **17** Über die dem «dialektischen Denken» entspringende Herausarbeitung von «Krisen» vgl. Bd. 16, S. 794 f u. 800.   **18** Der Adoptivsohn des Großbauern geht, u. a. weil er gern Traktorist würde, zur Partei der Kleinbauern über.   **19** Brecht antwortet hiermit auf den Vorwurf von Probenbesuchern, die «die komischen Effekte zu

217

kraß» fanden. Er besteht auf dem «kämpferischen Schluß» (Bert Brecht: Schriften zum Theater. Bd. 7. Frankfurt/M. 1964, S. 153). **20** Q 1953, S. 1176–1178. **21** *heute:* Brechts Bemerkung entstand vermutlich 1953/54.   **22** Das Stück *Der aufhaltsame Aufstieg des Arturo Ui* (beendet 1941, uraufgeführt 1958) schildert Stationen einer nach einem historischen Vorbild (Al Capone) modellierten Gangsterbiographie, die ähnliche und parallele Momente im Aufstieg Hitlers durchscheinen läßt.   **23** «Der Lächerlichkeit preisgegeben» wird Ui samt seinen gleichermaßen schäbigen, kleinbürgerlichen Komplizen v. a. dadurch, daß Brecht die Gangster redend, posierend und handelnd den «großen Stil» der klassischen Tragödie usurpieren läßt. Damit provozieren sie einen Maßstab, der ihr «Heldentum […] meßbar» macht (Bd. 17, S. 1176); «das Unadäquate ihres herrischen Auftretens [kommt] ans Licht der Rampe» (Bd. 4, S. 4 *). Einwänden sucht Brecht zuvorzukommen, wenn er vor «reiner Travestie» warnt: «das Komische darf nicht ohne das Grausige sein.» (Bd. 4, S. 1838)   **24** Vgl. Q 1949, S. 599 («[…] wäre ich im ganzen ein komödienschreiber, was ich beinahe bin, aber eben nur beinahe […]»).   **25** In ihr wollte Brecht seinen Landsleuten den knechtseligen «ewigen Deutschen» vorführen und ihnen «das Lachen über ihre miserable nationale Entwicklung beibringen» (Werner Mittenzwei: Das Leben des Bertolt Brecht. Bd. 2. Berlin, Weimar ³1988, S. 605).   **26** Als «realistische Kunstgattung» charakterisiert Brecht die Komödie z. B. in einem von Hans Mayer mitgeteilten Brief vom 25. 3. 1950. Im «realistischen» Charakter der Komödie sieht Brecht den Grund, aus dem die Klassiker diese Gattung vernachlässigten. *Der zerbrochene Krug* sei «vielleicht die Ausnahme, […] dafür aber auch das realistischste Werk Kleists» (Hans Mayer: Bert Brecht und die Tradition. München 1965, S. 54). Über Komik und Komödie bei Goethe vgl. auch Bd. 17, S. 1279, über die Affinität des epischen Theaters zum Komischen, das «immer materialistischer, niedriger eingestellt» sei, ebd., S. 999 (Erstdruck 1931).   **27** Vgl. Bertolt Brechts Dreigroschenbuch. Texte Materialien Dokumente. Bd. 1. Frankfurt/M. 1973, S. 194 (H. J. Bunge protokolliert ein Gespräch Brechts mit Giorgio Strehler aus dem Jahre 1955): «Brecht beruhigt Strehler, daß auch bei uns nur zum Teil episch gespielt wird. Am ehesten geht das immer noch in Komödien, weil dort sowieso verfremdet wird. Die epische Darstellungsweise ist dort leichter zu erlangen, und es ist deshalb vorzuschlagen, Stücke überhaupt auf die Komödie hin zu inszenieren.» – Vgl. auch Q 1949, Bd. 1, S. 111, Bd. 1, S. 169 u. Bd. 2, S. 558 («gewisse verfremdungen stammen aus dem zeughaus der komödie, das 2000 jahre alt ist.») sowie schon das aus den dreißiger Jahren stammende *Dreigespräch über das Tragische*, Bd. 15, S. 311.   **28** Vgl. dazu den Schluß der abgedruckten Bemerkung zu *Arturo Ui* (Bd. 17, S. 1178) sowie Bd. 16, S. 800.   **29** Vgl. Brechts aus dem Jahre 1954 stammende Bemerkung: «Alle beseitigbaren gesellschaftlichen Unvollkommenheiten gehören nicht in die Tragödie, sondern in die Komödie.» (Käthe Rülicke-Weiler: Bemerkungen Brechts zur Kunst. In: Weimarer Beiträge 14, 1968, Brecht-Sonderheft, S. 5–11, Zitat S. 6).   **30** Bd. 2, S. 489 (eine Notiz aus dem Jahre 1931).   **31** Vgl. eine von Ernst Schumacher mitgeteilte Gesprächsäußerung: «Er fuhr fort: ‹Die wirkliche Beeinflussung muß in einer größeren Tiefe vor sich gehen, zeitlich ungehemmter. Die Probleme von heute›, so spitzte er seine These zu, ‹sind vom Theater nur soweit erfaßbar, als sie Probleme der Komödie sind. Alle anderen entziehen sich der direkten Darstellung. Die Komödie läßt Lösungen zu, die Tragödie, falls man an ihre Möglichkeit überhaupt noch glaubt, nicht.› Er erinnerte an seinen *Puntila*. Die Komödie ermögliche, ja erzwinge die Distanz und damit die Einsicht in die Zusammenhänge.» (Ernst Schumacher, Er wird bleiben. In: Neue deutsche Literatur 4, 1956, H. 10, S. 18–28, Zitat S. 22)   **32** Über das «neue, ansteckende Lebensgefühl» vgl. v. a. Bd. 16, S. 780. Eine ausführlichere Version dieser Passage, die die Zugehörigkeit dieses «Lebensgefühls» zur «Komödie» deutlicher macht, erschien in: Junge Kunst 1, 1958, H. 1, S. 7: «Der Verfasser […] demonstriert sein neues, ansteckendes Lebensgefühl. Deshalb ist seine Historie eine Komödie. Er erzählt ein Stück Geschichte seiner Klasse als eine Geschichte der behebbaren Schwierigkeiten, der korrigierbaren Ungeschicklichkeiten, über die er lacht, ohne sie je auf die leichte Achsel zu nehmen.» (Vgl. Große kommentierte Berliner u. Frankfurter Ausgabe. Bd. 25, S. 423 f)   **33** Vgl. das zweite der abgedruckten Notate (Bd. 16, S. 924) sowie Bd. 17, S. 1221 («Auf diese Weise sind die Personen [des *Hofmeisters*] auch nicht entweder ernst oder komisch, sondern bald ernst, bald komisch.»). Aufschlußreich auch eine Bemerkung im *Messingkauf*, Bd. 16, S. 603.   **34** Vgl. z. B. die folgende in den *Katzgraben-Notaten* überlieferte Formulierung Brechts: «Wir haben jetzt alle Konflikte verschärft, alle Krisen vertieft; ich habe zuweilen den Ausdruck ‹bis zum Tragischen› verwendet und immerfort auf den Ernst der oder jener Lage oder Frage hingewiesen. Jetzt heißt es, alles in Komödie umzusetzen, die Schärfe mit der Leichtigkeit zu vereinen, zu amüsieren!» (Schriften zum Theater. Bd. 7. Frankfurt / M. 1964, S. 156)   **35** Vgl. dazu Q 1974.

Peter Hacks (geb. 1928)
Aus: Einige Gemeinplätze über das Stückeschreiben
(1956)

[...] Eine Tragödie ist die Darstellung eines gesellschaftlich typischen Konflikts mit notwendig letalem Ausgang. Ein Konflikt ist ein Widerspruch zweier einander ausschließender, aber berechtigter Ansprüche. Es gibt noch derartige Konflikte, es gibt also noch tragische Gegenstände, was ist abgeschafft? Abgeschafft ist die Vergötzung des Konflikts als eines ewigen. Die Unauflösbarkeit des Konflikts ist als vorübergehend erkannt. Der tragische Fall ist entlarvt als historisch. Damit ist aber die Möglichkeit des tragischen Vergnügens[1] abgeschafft, alle Schliche der Lustgewinnung aus Greueln versagen. Die eherne Fatalität (das Erhabene) ist zum schleunigst zu beseitigenden Skandal geworden. Es hat sich gezeigt, daß die Befindlichkeit zwischen zwei Mühlsteinen eine dem Menschen nicht eigentümliche Befindlichkeit ist: man kann nicht umhin, auf einen Greuel zu reagieren wie auf einen Greuel. Mit dem Schicksal also ist auch die Tragödie aus dem Tempel geflogen. Die Perspektive[2] hat sie schon beerdigt. Wenn man sich bisher damit begnügte, in der Katastrophe eine neue Moral, einen höheren Sinn sich enthüllen zu lassen[3], verlangt man heute, daß die Katastrophe die Lösung enthülle. Der Sinn der tragischen Katastrophe muß die Möglichkeit ihrer eigenen Aufhebung sein. Tragische Gegenstände müssen, weil sie existieren, behandelt werden, aber offenbar in völlig neuartiger Weise: es hapert mit der tragischen Darstellung des Konflikts. Es hapert mit der tragischen Methode als einer Unterart des weinerlichen Vergnügens.

Exkurs über das weinerliche und das lächerliche Vergnügen: Sowohl das weinerliche als das lächerliche Vergnügen sind Mechanismen, um das Publikum unterschwelliger Unlustgefühle zu entladen. Beide Genres behandeln unlustige Vorfälle. Das weinerliche Genre arbeitet mit Schrecken (im miterlebenden Zuschauer) und Mitleid (im beobachtenden Zuschauer). Das lächerliche Genre arbeitet mit Witz (als einem kleinen Schreck, im miterlebenden Zu-

schauer) und Schadenfreude (im beobachtenden). Die Genres unterscheiden sich also nicht in den Anlässen, sondern in den Wirkungen. Die traurige Wirkung: die verborgene Unlust wird überschwellig und durch die ersatzweise Bewußtmachung abreagiert; man beweint sich anhand des beweinenswerten Vorfalls. Die heitere Wirkung: die Unlust wird überschwellig und intellektuell abgelehnt; man gewinnt sich selbst gegenüber eine Überlegenheit anhand der Überlegenheit gegenüber dem Vorfall. Wodurch ist die Verschiedenheit der Wirkungen möglich? Natürlich durch eine quantitative Verschiedenheit der Anlässe, die in eine qualitative Verschiedenheit der Reaktion umschlägt: über einen kleinen Schreck lacht man, von einem großen wird man niedergeschmettert; bei einem kleinen Ungemach ist Schadenfreude möglich, bei einem großen Mitleid am Platz. Aber es wäre ein metaphysischer Mißgriff, diese kleine Unlust und große Unlust als stabile Größen zu betrachten, der wirkliche, dialektische Meßwert einer Unlust ist der Grad ihrer Überwindbarkeit. Im weinerlichen Genre wird der unlustige Fall als nicht überwindbar dargestellt; der Beschauer erlebt leidend.[4] Im lächerlichen Genre wird der unlustige Fall als überwindbar dargestellt, und das Lachen ist um so weniger bloß blöd, je inhaltlich begründeter das Überlegenheitsgefühl des Lachers ist, je tatsächlicher abstellbar das belachte Übel oder die belachte Person.

Mithin, da ist ein direkter Weg vom lächerlichen Vergnügen zu der Kunst einer Klasse, welche damit beschäftigt ist, die Mißstände der Welt mittels technischer und gesellschaftlicher Unternehmungen objektiv zu überwinden. Es ist keiner dahin vom weinerlichen. […]

Q 1956. Entschiedener noch als bei Brecht ist das Plädoyer für die «Komödie» bei Hacks. Sein Eintreten für das Genre gründet in der besonders in den fünfziger Jahren akzentuierten Überzeugung, Aufgabe des Dramas sei es, Übel als «abstellbar», Widersprüche als «überwindbar» zu zeigen. Nicht immer allerdings nennt Hacks den

Stücktypus, der dies unternimmt, «Komödie». In dem hier auszugs-weise abgedruckten Aufsatz aus dem Jahre 1956 wählt er die Bezeichnung «lächerliches Genre», ein Jahr später «realistisches Theaterstück» (bei ausdrücklicher Zurückweisung des tradierten Musters «Komödie»[5]), während zwei etwa gleichzeitig veröffentlichte eigene Stücke (*Die Schlacht bei Lobositz*, entst. 1955, und *Der Müller von Sanssouci*, entst. 1957) im Untertitel «Komödie» und – ein ironisches Zitat – «bürgerliches Lustspiel» heißen.[6] Konsistenter als die Nomenklatur ist der in diesen frühen Äußerungen enthaltene Entwurf einer dramatischen Kunst, welche «die Erledigung des Negativen» in Aussicht stellt und dadurch «erheitert». Eben darin – selbst wo von «Komödie» keine Rede ist – wird die Leistung «wirklicher Komik» gesehen.[7] Wie hier Gedanken Brechts weitergeführt werden, zeigt am deutlichsten die abgedruckte Passage, in der das Plädoyer für das heitere Genre an die Ablehnung der «Tragödie» geknüpft ist. Auch darin folgt Hacks Brecht, daß er einräumt, Vermeidbarkeit des Leides könne oft erst für eine jenseits des Dramenhorizonts liegende Zukunft reklamiert werden, nicht schon für die szenische Gegenwart – ein Unterschied, der in der gleichzeitigen offiziösen Literaturprogrammatik der DDR oft ignoriert wird.

Als es Hacks zu Beginn der sechziger Jahre gelingt, sich von der Umklammerung Brechts zu lösen, entsteht ein neuer Stücktypus. Thema ist nicht mehr die auf «völlige Negativität» und «Miserabili-tät»[8] reduzierte, «Abscheu»[9] erregende Vorzeit, sondern der Widerspruch des «emanzipierten Menschen [...] zu einer nicht oder nicht vollkommen emanzipierten Gesellschaft».[10] Obwohl fast sämtliche Stücke der sechziger Jahre im Untertitel «Komödie» heißen, spielt in Hacks' eigenen Äußerungen zu seinem Konzept der sog. «sozialistischen Klassik» der Komödien-Begriff keine nennenswerte Rolle.[11] Der nächste längere und gewichtige Beitrag zu Fragen der «Komödie» stammt aus dem Jahr 1984.[12]

---

1 Hacks wählt hier ähnliche Ausdrücke wie Schiller in seinem bekannten Aufsatz *Über den Grund des Vergnügens an tragischen Gegenständen* (1792). An Kant anknüpfend, beschreibt Schiller dort, wie der Anblick des Erhabenen «Lust durch Unlust hervorbring[t]» (Schillers Werke. Nationalausgabe. Bd. 20, S. 137). **2** *Perspektive:* in der Literaturtheorie der DDR übliche Bezeichnung für den im Zuschauer oder Leser angeregten Blick in die jenseits des Werk-horizonts liegende Zukunft. **3** Vgl. z. B. Karl Jaspers: Von der Wahrheit. München 1947, S. 947: «Im Untergang des Endlichen schaut der Mensch die Wirklichkeit und Wahrheit des Unendlichen.» Helden, die im Leiden über sich hinauswachsen und einen «höheren Sinn» erfahren, finden sich z. B. unter den Dramenfiguren Schillers: Karl Moor, Gräfin Terzky, Mortimer, Maria Stuart, Jungfrau von Orleans, Cesar. **4** Anmerkung von Hacks: «Da wird der Zu-schauer nicht zum Helfen aufgerufen, nur zum Schmerzempfinden eingeladen, und je schmerzlicher er bewegt wird, um so reicher ist sein Beifall für den Spie-ler solcher Szenen.» Augustin, Confessiones III, 2. **5** Vgl. Q 1957, S. 95. **6** Noch 1960 in einem später zurückgezogenen Vorspiel zu *Die Sorgen und die Macht* muß – nach Abdankung der Tragödie – die Komödie die Rolle des aktu-ellen Genres mit der Historie teilen, im Fall der Begebenheit, von der *Die Sor-gen und die Macht* berichtet, sogar hinter ihr zurücktreten. **7** Vgl. Q 1957, S. 98. **8** So charakterisiert Hacks das in *Der Müller von Sanssouci* gezeigte friderizianische Preußen (in: P. H.: Die Maßgaben der Kunst. Düsseldorf 1977, S. 324). **9** Die Wendung «Abscheu vor der Vorzeit» gebraucht Hacks im Nachwort zur ersten Fassung seiner *Kindermörderin* (in: Junge Kunst I, 1957, H. 2, S. 23). **10** Die Maßgaben der Kunst, S. 114. **11** Eine Brücke können die Begriffe ‹komisch› und ‹Heiterkeit› (vgl. z. B. Die Maßgaben der Kunst, S. 378) schlagen. **12** Q 1984.

Heiner Müller (1929–1995)
Ich wollte lieber Goliath sein (1978)

Meine erste Erinnerung an Chaplin ist die Erinnerung an eine Irri-tation. Was mich anzog, war der Terror seiner kalten Schaden-freude auf der Rollschuhbahn oder am Fließband[1], was mich ab-stieß das Obszöne seiner Komik in der Angst vor dem feindlichen Riesen.[2] Ich mochte das nicht und ich mochte auch nicht, daß ich es nicht mochte. Wenn so viel zappelnde Selbstentblößung der Preis des Überlebens war, wollte ich wider mein besseres Wissen lieber Goliath sein. Ich wußte noch nicht und ich ahnte schon, daß man kein Indianer[3] bleiben kann, wenn man mit Kunst etwas ausrichten will. Wir schießen alle aus der Hüfte, und etwas ausrichten heißt in der Kunst etwas hinrichten, zuerst sich selber. Der berühmte Wat-schelgang war ein Gang zum Eisenhammer[4], der Brötchentanz[5] ein Tanz auf vulkanischem Boden. Wo Chaplin die Brüderlichkeit ent-deckte, weil der Boden aufbrach, ging es auf Kosten seiner Kunst. Sie wurde flügellahm über der Anstrengung, in einer schlimmen Welt gut zu sein. «Denn aller Trost ist trübe.» Seine Utopie war von Dickens.[6] Das Paradies liegt jenseits der «Erdbeben, die kommen werden».[7] Was uns von Chaplin bleiben wird, ist nicht der gute Mensch, sondern der böse Engel.

Q 1978 a. Aus dem Jahr 1974 stammt ein Interview, in dem Müller für ein Theater des Schreckens und der Erschütterung plädiert, während die Komödie – zumindest wie sie bei den «ganz auf Heiterkeit ge-stimmten» zeitgenössischen DDR-Autoren praktiziert werde – unge-eignet sei, das Publikum zu erreichen.[8] Die Absage an die Komödie radikalisiert Müller in demselben Interview und in Äußerungen der folgenden Jahre[9] zur Absage an die überlieferten Genres schlechthin: Tragödie wie Komödie hätten ihren Platz im «Theater der Indi-viduen», insofern in ihnen der individuelle Tod entweder verklärt (Tragödie) oder verdrängt bzw. die Angst vor ihm lächerlich gemacht (Komödie) werde; im Lehrstück dagegen werde aus der Sicht des Kol-lektivs der Tod des einzelnen als weniger Exzeptionelles, als «eine Ar-beit unter anderen» behandelt. – Im Gegensatz zu dieser radikalen Position legt Müller in einigen Interviewäußerungen der achtziger Jahre ‹Komödie› offenbar nicht auf ein nur vordergründiges Genre fest und versteht auch sich selber als Komödien-Autor – in dem Sinn, daß fast alle seine Stücke «relativ komisch» seien. Eine «wirkliche Komödie» sei nicht nur *Die Umsiedlerin,* auch *Quartett* und *Hamlet-maschine* müßten als Komödien begriffen werden. Durch eine «feier-liche Haltung dem Text gegenüber» sei das Publikum gehindert wor-den, die «ernste Maske», die der Autor sich aufgesetzt habe, zu durchschauen.[10] Mitunter läßt der Kontext dieser Äußerungen er-kennen, daß Müller hier ‹Komödie› nicht über ‹Heiterkeit› bestimmt, wohl aber über ‹Komik› (‹Komik› etwa in der Bedeutung von: ‹Pyr-rhussieg›, ‹Mißlingen von Anstrengungen durch Umschlag ins Ge-

genteil›, ‹Einschränkung eines Erfolgs durch eine damit verbundene
Einbuße› wie am Ende der *Umsiedlerin*). Als Motiv, an Abläufen ihr
Komisches herauszuarbeiten, nennt er eine als «infantil» bezeichnete
Regung: Schadenfreude. Diese sei «ein wesentlicher Grund zum
Schreiben», «die Quelle allen Humors, die Freude daran, daß etwas
schief geht und daß man in der Lage ist, das zu beschreiben.»[11] –«[...]
wenn man Stücke schreibt, ist der Hauptimpuls wirklich Destruktion
[...].»[12] Der abgedruckte Text, eine «Hommage à Chaplin» aus dem
Jahre 1978, zeigt Schadenfreude, den «höhnischen Blick»[13] als Be-
weggrund des Komödien-Autors Müller.

1 Chaplin auf Rollschuhen in *The Rink* (1916), auch in *Modern Times* (1936).
Arbeiter am Fließband ist Charlie in *Modern Times*. Er bespritzt Vorarbeiter,
Polizisten und Krankenwärter mit Öl. **2** Eine pantomimische Darstellung des
Kampfes zwischen dem kleinen David und dem Riesen Goliath enthält Chaplins
The Pilgrim (1922 / 23). **3** *Indianer:* der edle Wilde, der auch im Kampf einen
Ehrenkodex befolgt. **4** In Schillers Ballade *Der Gang nach dem Eisenhammer*
(1797) wird ein zu Unrecht verklagter Diener von seinem Herrn zu einem Ei-
senofen geschickt, wo er getötet werden soll. Er weiß nicht, was ihm droht, entgeht seinem Tod durch Zufall. **5** *Brötchentanz:* in Chaplins *The Gold Rush*
(1924) führt der Held in schlimmer Lage einen Tanz auf. **6** Der englische Ro-
mancier Charles Dickens (1812–1870) steht hier als Repräsentant der idealistischen Überzeugung, gesellschaftliche Übel seien durch Moral, d. h. die Wohl-
tätigkeit der Reichen, zu überwinden. **7** Endzeitvorstellungen, wie sie unter
anderem das Neue Testament enthält (Matthäus 24, Markus 13, Lukas 21). Auf
solche Vorstellungen bezieht sich Brecht in *Vom armen B.B.* (1922). Müller zitiert aus der letzten Strophe: «Bei den Erdbeben, die kommen werden, werde
ich hoffentlich / Meine Virginia nicht ausgehen lassen durch Bitterkeit.»
8 Mitgeteilt in Gerda Baumbach: Dramatische Poesie für Theater. Diss. Leipzig
1978, S. 33. **9** Ebd. S. 34 sowie Müller: Mauser. Berlin 1978, S. 68, und Müller:
Rotwelsch. Berlin 1982, S. 81. **10** Der Spiegel, 9. 5. 1983, S. 207; vgl. Theater
heute 25, 1984, H. 1, S. 61. **11** Q 1982 a, S. 3; vgl. Rotwelsch, S. 179. **12** Vgl.
das in *Gesammelte Irrtümer 3* (Frankfurt 1994) abgedruckte Gespräch, in dem
Müller die Hoffnung – nicht die Gewißheit – ausdrückt, das mit Lust betriebene
Destruieren der «Illusionen» könne einen Kern bloßlegen, «mit dem man dann
wieder etwas bauen kann» (S. 193). – Seine Affinität zu Chaplin, dem «bösen
Engel», bestätigt Müller in demselben Interview, S. 195. **13** Über den «höhnischen Blick» als «eine Möglichkeit der Komödie» spricht Müller anläßlich
seiner Inszenierung von *Macbeth*, vgl. Q 1985, S. 360.

Volker Braun (geb. 1939)
Aus: Arbeitsnotizen zu *Dmitri* (1979)

12. 8. 79

[...] aber mich reizt eine idee des ganzen, die teller[1] herausliest und
die schiller, mit seiner KUNST, eher wegdrängte als exemplifi-
zierte: der fälschlich etablierte zar dmitri stellt die hierarchische
welt selbst radikal zur debatte: indem er sich an sie klammert. «ist
er nicht viel mehr der unbewußte hochstapler, der mit untaugli-
chen, selbst pervertierten mitteln das ‹schicksal› der falschen pla-
ziertheit anderer zu korrigieren versucht, mithin die gesetzte herrschende ordnung? kann man nicht jeder solchen ‹anmaßung›, vor
allem inmitten lauter mächtig privilegierter, wie sie das stück vorführt, den eindruck abgewinnen, hier stellt einer das herrschende
maß in frage?»[2] der fall dmitris und des zufälligen kosaken, der an
schillers großartigem schluß das spiel wiederholen will[3], als thea-
tralischer feldzug gegen das legitimitätsprinzip aller klassengesellschaft, der kehraus der tragödie, der hinterm rücken schillers und
seiner figuren begann, die fabel als komödie, die den «saturiert-me-
chanischen entwicklungsglauben»[4] zerfledert: das wäre ein grund
für einen *DMITRI*. schillers text wäre ganz beiseite zu lassen, aber
von seiner konstruktion unendlich viel zu lernen.

3. 12. 79

schillers großartige vorarbeit ist zum teil für die katz, weil ich seiner konstruktion angestrengt mißtraue. gerade die motive, die er
mit saurem schweiß gebastelt hat, lasse ich fallen (die rache des fabricator doli[5], der den falschen demetrius präpariert und ins feuer
schickt; die intrige der marina[6]). die bloß privaten anlässe der
handlung, die gekränktheit des unbelohnten mörders, der ehrgeiz
der braut, drücken nicht die geschichtliche möglichkeit aus (die soziale bedingung). ich bin also in der not, die erfindungen möglich
macht. die genaue fabrikation des hochstaplers erklärt sein er-

scheinen weniger als sein auftauchen aus dem nichts: er lag in der luft, die zeit der wirren[7] schrie nach ihm. auf dem reichstag in polen stelle ich nicht den sichtbaren mann hin sondern das gerücht, das im nu gestalt annimmt. eine ungreifbare und deshalb unangreifbare gestalt, die ideologie gebiert ihn, das bloße brauchen macht ihn zur tatsache, die hysterie der versammlung legitimiert seinen krieg, eh er an ihn denkt. das ist eine wendung ins realistische (das wie immer mit weniger «realem» auskommt), und es ist eine wendung ins komische: das härter ist. die tragische sicht (auf den *einen*) schwächt den fall ab – hebt ihn vom sozialen boden. das *bauerninteresse* muß ein hauptpunkt sein: gerade indem es nicht tangiert wird. dmitri, selbst mit einem angenommenen reformprogramm[8] (als ein polnischer napoleon) greift nicht in den dreck, in dem das volk steckt. wenn schiller sagt in seiner fabel, demetrius entwickle «bei dieser gelegenheit die mächtigsten kräfte der menschheit»[9], so antworte ich: irrtum, fritz. die mächtigsten kräfte werden gar nicht angerührt, noch etwa geweckt; der fall spielt sich über den köpfen ab und ändert das leben der masse nicht. demetrius, der «die menschliche verderbniß zulezt erleidet», wird keine «tragische person», lieber freund, wir müssen den schmus abziehn aus der story.

Q 1979 b. Auch Braun nutzt ‹Komödie› zur Charakterisierung eigener Stücke nur ausnahmsweise – und dies meist nur vorübergehend[10] oder mit Vorbehalten, die oft zur Wahl zusammengesetzter Ausdrücke[11] führen. Vorbehalte gegenüber der Anwendbarkeit des Komödienbegriffs, zumindest des Begriffs ‹reine Komödie›, sprechen vor allem aus Brauns Überlegungen zu seinem *Dmitri*. Was dieses 1982 uraufgeführte Stück von Schillers *Demetrius* trennt, ist vor allem der als komödienspezifisch angesehene «härtere Blick»[12], eine Betrachtung des Geschehens, die es erlaubt, den «Irrwitz» im Verhalten der ehemaligen «Tragödien»-Personen derart bloßzulegen, daß es als «komisch wirken» muß, wenn diese «ernst», «leidenschaftlich» und «verzweifelt» Katastrophen beklagen, in denen sie nicht nur Opfer (Objekte) sind, sondern auch Komplizen, die selber «mitspielen». Andererseits sind ihre durch eigenes Tun mitverantworteten Schicksale so «fürchterlich» und verdienen so «ernst genommen» zu werden, daß von einer «Komödie im üblichen Sinn» keine Rede mehr sein kann.[13]

Zu den Texten, in denen Braun trotz solcher Einschränkungen auf ‹Komödie› nicht völlig verzichtet, gehören die beiden hier abgedruckten Notate. Brauns Ausgangspunkt ist eine Abhandlung Jürgen Tellers über Schillers *Demetrius*[14], die eine Deutung des Stücks «von unten» enthält, die Teller selbst als «eher einer möglichen Rezeption von heute als der wahrscheinlichen Absicht Schillers angemessen» beschreibt[15] (Schillers Held als jemand, der die Falschheit der feudalen Weltordnung zu korrigieren sucht). Diese Deutung wirft Fragen auf, die Braun seit je bewegen – Fragen nach der Legitimation von Herrschaft, nach der Berechtigung von Hierarchien –, und läßt ihn über eine Neubearbeitung des Stoffs als «Komödie» nachdenken.

1 Braun bezieht sich auf einen Aufsatz von Jürgen Teller: *Sturz vom letzten Gipfel: «Demetrius»*. Dieser Aufsatz erschien erst 1982 (in: Schiller. Das dramatische Werk in Einzelinterpretationen. Hg. v. Hans-Dietrich Dahnke und Bernd Leistner. Leipzig 1982, S. 268–296). In seinen 1979 niedergeschriebenen Notaten zitiert Braun aus einer früheren Fassung von Tellers Aufsatz, die mit der Druckfassung nicht völlig übereinstimmt.   **2** Der veröffentlichte Text Tellers enthält eine kürzere Version: «Ist er nicht […] Mitteln in das ‹Schicksal›, das heißt in das Machtgetriebe, eingreifen will?» (S. 291).   **3** In *Demetrius* (1804/1805) behandelt Schiller die Geschichte des Dimitrij, der 1605 mit dem Anspruch, der Sohn des Zaren Iwan zu sein, unterstützt durch ein polnisches Heer, Moskau erobert, zum Zaren gekrönt wird und ein Jahr später bei einem Aufstand umkommt. Schiller läßt seinen Helden eine Zeitlang an seine hohe Abkunft glauben. Erst nachdem ihm dieser Glaube genommen wird – er erfährt den Tod des Zarensohns von dessen eigenem Mörder –, verliert er seine Selbstsicherheit und wird zum Despoten. Einen möglichen Schluß skizziert Schiller so: «Wenn alles hinweg ist, so kann einer von der Menge zurückbleiben, welcher das Czarische Sigel sich zu verschaffen gewußt hat oder zufällig dazu gelangt ist. Er erblickt in diesem Fund ein Mittel, die Person des Demetrius zu spielen […]. Dieser Monolog des 2ten Betrügers […] Demetrius kann die Tragödie schließen indem er in eine neue Reihe von Stürmen hinein blicken läßt und gleichsam das Alte […] von neuem beginnt.» (Schillers Werke. Nationalausgabe. Bd. 11. Weimar 1971, S. 225)   **4** In der veröffentlichten Fassung von

Tellers Aufsatz findet sich diese Formulierung nicht. Gemeint ist die den sog. «subjektiven Faktor» («menschliche produktivität») herunterspielende Ansicht, die Geschichte sei ein «Kontinuum», das sich «nicht aufsprengen» lasse (vgl. Q 1988, S. 202). Gerade indem Braun den Stoff als «Komödie» behandelt, kann er einen Beitrag zu seinem Ziel erhoffen, den «eisernen Geschichtsfatalismus aufzubrechen» (Q 1982).   **5** Der Mann, der zwei Jahrzehnte zuvor im Auftrag des damaligen Reichsverwesers Boris Godunow den Zarensohn umbrachte, wird von Schiller zum fabricator doli, zum «Urheber des ganzen Betrugs» gemacht: Um sich an seinem Auftraggeber zu rächen, von dem er beseitigt zu werden fürchtet, tut er alles, was den Glauben entstehen lassen kann, der Zarensohn lebe noch und sei ebenjener auf dem polnischen Reichstag auftretende Kronprätendent, der in Wahrheit der Sohn einer Wärterin des echten Demetrius ist.   **6** Marina, die ehrgeizige Tochter eines polnischen Magnaten, will durch Verbindung mit Demetrius den Zarenthron erobern.   **7** *Zeit der Wirren:* ein häufig benutzter Name für die Phase, in der die Demetrius-Handlung spielt.   **8** Schillers Demetrius verkündet ein soziales, auf Demokratisierung zielendes Programm, will «aus Sklaven [...] Menschen machen»(I, 1). **9** Dieses und die beiden folgenden Zitate in: Schillers Werke. Nationalausgabe. Bd. 11. Weimar 1971, S. 92.   **10** Der Untertitel «Komödie», den das Stück *Schmitten* (1982) in der Manuskriptfassung trug, wird später gestrichen. Auch die ursprünglich als «Komödie» etikettierte *Übergangsgesellschaft* (1987) wird in den Sammelausgaben ohne diesen Untertitel abgedruckt. Über den Sinn des Untertitels vgl. Q 1988 a, S. 500. Unwiderrufen bleibt die Genrebezeichnung dagegen im Falle der Bebel-Szenen aus *Simplex Deutsch* (1980).   **11** Zu zusammengesetzten Ausdrücken greift Braun im Falle von *Schmitten* («Tragödie Komödie»), *Tinka* («tragische Komödie», «tragikomisches Nachspiel» zu *Schmitten*) und *Dmitri* («Komödie *und* Tragödie, beides in einem»).   **12** Den Begriff ‹härterer Blick› gebraucht Braun in einem 1988 gegebenen Interview (Q 1988, auszugsweise abgedruckt in: U. Profitlich [Hg.]: Tragödientheorie. Reinbek 1999). Das diesem Blick entspringende poetische Verfahren beschreibt er dort mit der von Brecht zur Verdeutlichung des Phänomens «Verfremdung» benutzten Wendung «Nicht, sondern»: «Nach dem Prinzip des Nicht so – sondern so, damit die Komödie und Tragödie des Ablaufs herauskommt [...] beides in einem, es läßt sich nicht trennen.» Was dieses Verfahren herausarbeitet, nennt Braun mit ausdrücklichem Bezug auf *Dmitri* «die komödische Struktur im Tragischen», auch «die Komödie in der Tragödie». Das Wort «Komödie» ist hier offenbar kein Genrename, sondern bezeichnet eine Qualität des «Ablaufs», die auf die beschriebene Weise bloßgelegt wird: daß das Geschehen auch eine andere, weniger desaströse Wendung hätte nehmen können («Nicht so – sondern so»).   **13** Vgl. Q 1982 und dazu das sog. zweite Zwischenspiel des *Dmitri* (Q 1980): Zuschauer einer späteren Zeit nehmen die tödlichen Mechanismen

229

der «alten» Geschichte als «komisch» wahr und reagieren – statt mit dem Tra-gödien-Affekt «Mitleid» – «teilnahmslos», «kühl, ja eisig, oder mit offnem Hohn». «Belustigt» – allerdings noch nicht «verlegen grinsend» – ist schon der Rückblick der auf einer weiteren Zeitebene (1918) angesiedelten Zuschauer, dreier Bolschewiki, die Braun im sog. ersten Zwischenspiel mit Texten Trotzkis, Lenins und Alexandra Kollontais zu Wort kommen läßt. Wichtige Klarstellun-gen – die Forderung nach teilnehmendem Interesse an der «menschlichen Sub-stanz» der Figuren, an ihren als «anrührend» beschriebenen Lebensplänen und «Selbstversuchen» – enthalten Brauns Notate des Jahres 1984 anläßlich der DDR-Uraufführung in Schwerin (vgl. bes. Texte. Bd 6. Halle 1991, S. 230 f, aus-führlicher in: Jürgen Teller [Hg.]: Schiller *Demetrius* – Braun *Dmitri*. Leipzig 1986, S. 193). **14** Vgl. Anm. 1. **15** Ebd., S. 291.

VI. Die Nachkriegsjahrzehnte im Westen

Einleitung

Seit in den fünfziger Jahren die während der NS-Zeit und der unmittelbaren Nachkriegszeit zu Zwecken ideologischer Indoktrination, kruder Unterhaltung und Ablenkung mißbrauchte Komödie aufgewertet wird und – oft in einer ins Schmerzliche («Tragische», «Tragikomische») changierenden Spielart – zu einem bevorzugten «Instrument der Zeitdeutung» aufsteigt [1], werden Plädoyers für dieses Genre mit einer Vielfalt von Gründen vorgebracht, von denen die wichtigsten in dem Programm zusammenkommen, den Zuschauer mit der Wirklichkeit bekannt zu machen («der Wirklichkeit auszusetzen» [2]). Autoren und Kritiker, die im Namen dieses Ziels argumentieren, weisen auf strukturelle Eigentümlichkeiten des Komödiengenres hin, die es für die Darstellung der Gegenwart prädestinieren und seine Überlegenheit über die bisweilen im selben Atemzug für unbrauchbar erklärte Tragödie begründen. Heben die einen (Arntzen, Giese [3]) dabei die komödienspezifische Gewohnheit hervor, Konflikte als lösbar, Katastrophen als (prinzipiell) vermeidbar zu präsentieren – die sog. «utopische Intention» des Genres –, empfiehlt sich die Komödie für andere durch ihr Vermögen, die der Wirklichkeit eigene «Absurdität» herauszuarbeiten.[4] Nicht als «Absurdität», sondern als «Paradoxie» wird das, was Realität und Komödienwelt verbindet, dagegen von Dürrenmatt bestimmt, der daran ein Plädoyer für die Verwendung des Zufalls als Auslöser der zum «Komödien»-Merkmal erklärten «schlimmst-möglichen Wendung» knüpft.[5]

Ein weiteres Moment ist die seit je gerade der Komödie zugeschriebene Fähigkeit zur Entlarvung, ihre *satirische* Intention. In den Anmerkungen zum *Besuch der alten Dame* gibt Dürrenmatt, der im Feld der Komödientheorie kreativste Dramatiker, eine Ad-hoc-Definition von ‹Komödie› als der «kritischen» Darstellung einer Gemeinschaft, die das Recht zur Anstimmung eines feierlichen Chores nur usurpiert.[6] Durch diese Fähigkeit, dem «falschen Pathos» und «falschen Ernst»[7] entgegenzutreten, eignet sich die Komödie nicht allein zum Ausdruck des für das erste Nachkriegsjahrzehnt charakteristischen sog. totalen Ideologieverdachts; auch in den sechziger und siebziger Jahren wird satirische Bloßstellung als Motor des «Komödien»-Schreibens reflektiert (vgl. z. B. Äußerungen Hochhuths anläßlich seiner Komödien *Die Hebamme* und *Lysistrate*[8]), und noch zu Beginn der neunziger Jahre empfiehlt Florian Weyh die Komödie als «Waffe», sieht ihre Attraktivität in dem ihr eigenen (möglichen) «Röntgenblick» und rühmt sie, «aufgeweckter als alle anderen Genres» zu sein.[9]

Spricht aus einigen dieser Erklärungen die Hoffnung, die Komödie werde zu – wenngleich bescheidenen – sozialen Änderungen beitragen, beschränken sich andere Äußerungen (Essays, Interviews) auf Beschreibung der Haltung, die durch Betrachtung einer zur «Komödie» stilisierten Welt im einzelnen Zuschauer unmittelbar entsteht. Mehrere Autoren verwenden dabei die Vokabel «Heiterkeit», einen traditionsreichen (Schiller, Hegel, Marx u. a.), auch in der Komödien-Programmatik der DDR beliebten (s. o. S. 207 ff) Ausdruck mit freilich höchst gegensätzlichem, bald gesellschaftskritischem[10], bald affirmativem[11] Bedeutungsgehalt. Eine verwandte, ebenfalls häufig benutzte Kategorie ist «Distanz». Zu «Heiterkeit» steht sie in einem von Autor zu Autor wechselnden Verhältnis; mal handelt es sich um eine Distanz heiterer Art, mal um eine, die alles andere als heiter ist. Keineswegs heiter ist z. B. die «Distanz» genannte Haltung in komödientheoretischen Passagen des frühen Dürrenmatt. Ihnen zufolge ist, wer Komödien verfaßt oder anschaut, jemand, der, von fundamentalem Einverständnis mit der Welt weit entfernt, mit dem Rücken zur Wand steht und gegenüber der als chaotisch und bedrohlich erfahrenen «Wirklichkeit» eine gewisse «Freiheit» – eine ausschließlich «geistige» – zu bewahren sucht.[12] In ein völlig anderes Verhältnis sind die Beschreibungsbegriffe gerückt, wenn George Tabori von der «Heiterkeit der Verzweiflung» spricht[13] – die Lektüre kann hier nie behutsam genug sein.

«Heiterkeit» und «Distanz»-Gewinnung, aber auch satirische Aggression, Akzentuierung des Absurden und Paradoxen: all dies sind Anliegen, um derentwillen Autoren und Kritiker für die Herausarbeitung des *Komischen* plädieren [14], das weiterhin den meisten als komödien-konstitutiv gilt [15] – allerdings großenteils in der beklemmenden Gestalt des Grotesken (Grotesk-Komischen).[16] Grotesk-Komik ist inbesondere die Nuance, auf die hin eine der wichtigsten im Nachkriegstheater thematisierten Personengruppen stilisiert wird: die Nazi- und KZ-Verbrecher. Die um ihre Darstellbarkeit geführten Diskussionen haben ein Zentrum in der (v. a. am Beispiel von Brechts *Arturo Ui* und Chaplins *The Great Dictator*, auch von Walsers *Eiche und Angora* erörterten) Frage, ob die Stilisierung ins Grotesk-Komische nicht das Grauenhafte verharmlose.[17] Wird diese Frage verneint, ist das oft, wenngleich nicht immer, zugleich ein Plädoyer für die «Komödie». Diese, mit ihrer «Taktik des Sehens», der Konfrontation des Schrecklichen mit dem Lächerlichen, gilt mitunter als *das* Genre, das zur dramatischen Behandlung des bedrängendsten Themas der Nachkriegsliteratur zur Verfügung steht.

Äußerungen zum Grotesken entstammen vor allem den fünfziger und frühen sechziger Jahren (vgl. dazu den wichtigen, zu wenig bekannten Beitrag von Ingeborg Drewitz Q 1965). Etwa seit Mitte der sechziger Jahre, zur selben Zeit, als mit der Politisierung des Dramas komödienhafte Entwürfe seltener werden [18], tritt das Groteske zurück. Die Anwendung des «Kniffs der Groteske» [19] – definierbar als das Verfahren, die latente ‹Unmenschlichkeit› des Menschen dadurch aufzudecken, daß ein und dieselbe Person einerseits als (allzu)menschlich, als gemütlicher und komischer Biedermann, andererseits als gefährlich und schrecklich gezeigt wird – verliert nicht nur an Reiz durch übermäßigen Gebrauch; sie wird auch weniger notwendig, nachdem die in den ersten Nachkriegsjahrzehnten noch herrschende humanistische «Zuversicht» (Frisch) mehr und mehr schwindet, ebenjene Haltung, welche die Autoren zur grotesken Figurenstilisierung provoziert hatte.

Doch auch nach sparsamerer Verwendung dieses Verfahrens heftet sich das komödieneigene Komische nicht an Harmloses, und das reflektiert auch die Theorie: Weiterhin wird das Lachen des Zuschauers als ein Lachen über Schreckliches beschrieben, nur ist dieses Schreckliche nicht mehr an erster Stelle die ‹Unmenschlichkeit› des vermeintlichen ‹Menschen›, auf den trotz seiner anheimelnden Züge offenbar doch kein Verlaß ist, sondern schlicht «Unglück», Katastrophales jeder Art. Zunehmend vollziehen Autoren wie Regisseure und Kritiker eine Erfahrung, die bisher vor allem im Werk Becketts gestaltet und ausgesprochen war: daß Unglück schlechthin als «komisch» erlebt werden kann, etwas subtil Lächerliches besitzt. Es ist eine Erfahrung, die dem Lachen abermals eine andere Tönung gibt. In vielen Zeugnissen der siebziger, achtziger und neunziger Jahre beschreiben Dramatiker diese Verschränkung des Komischen mit dem Schrecklichen – manchmal heißt es auch: mit dem «Tragischen» – als prägend sowohl für ihre Wirklichkeitswahrnehmung wie für ihre dramatische Produktion.[20] Das bestätigen die Kritiker und Essayisten, wenn sie von den «dunklen Komödien unserer Zeit»[21] sprechen (bisweilen weiterhin unter Verwendung des diffusen Begriffs ‹grotesk›, der aber im ganzen mit größerer Zurückhaltung gebraucht wird). Noch 1997 ist der Zusammenfall des Katastrophalen und Komischen für Peter Turrini ein Grund, seine Stücke als «Komödien» zu verstehen:

«Es gibt eigentlich nichts Komischeres als die Katastrophe, deshalb sind alle meine schrecklichen Theaterstücke letztlich Komödien. Wenn ich manchmal meine Stücke auf deutschen Bühnen sehe, bin ich ganz enttäuscht, weil es so ernst zugeht. In Wahrheit sind sie noch viel ernster, aber man darf sie nicht ernst nehmen.»[22]

Schon diese wenigen Beispiele machen deutlich, daß die Vielfalt der für die Aktualität der Komödie beigebrachten Argumente nicht zuletzt der Heterogenität der zugrunde liegenden Komödien-Begriffe entspringt. Hier ist ein Terrain schillernder Äquivokationen, das die Diskutanten mitunter ausdrücklich reflektieren, manchmal mit dem Versuch, innerhalb des Begriffsfelds «Komödie» Distinktionen einzuführen. So setzen Autoren, die an «Komödie» als dem gegenwartsgemäßen Genre festhalten, den als aktuell reklamierten Typus nicht selten einer sog. «reinen (echten, wirklichen) Komödie» entgegen. Die Bedeutung des Ausdrucks «reine Komödie» ist dabei meist wenig konturiert; wie er jeweils verstanden wird, darüber gibt der Kontext im besten Fall vage Hinweise. Drei Momente, so scheint es, werden dieser «echten Komödie» an vorderster Stelle zugeschrieben: ein unbefragbar glückliches Ende, eine ungebrochene (wenig gebrochene), nicht ins Groteske oder andere zwielichtige Nuancen getriebene Komik, eine heitere Affirmation der Welt- und Gesellschaftsordnung. Die Vorstellung eines solchen «reinen» Komödientypus – offenbar eines Idealtypus – ist der Hintergrund der These, «Komödie» als der Gegenwart angemessene Genre löse nicht allein die «Tragödie» ab – dieses Theorem wird mit immer anderen Inhalten von den gegensätzlichsten Autoren weiterhin vorgebracht (Dürrenmatt, Arntzen, Giese[23]) –, sondern sei zugleich «Anti-Komödie» oder «Komödie über die Komödie» (Ionesco), ersetze also einen anderen Typus *desselben* Genres «Komödie», eben den «reinen» oder «alten»[24]. Es ist ein Typus, den zumindest seit den sechziger Jahren kaum noch jemand empfiehlt, während in den vierziger und fünfziger Jahren, neben den Verfechtern einer veränderten, «neuen» Komödie, noch traditionell-klassizistisch gesinnte Dramatiker, Kritiker und Essayisten in nicht kleiner Zahl hervortreten, welche die Krise, in die dieses «alte» Genre schon am Jahrhundertbeginn geriet[25], offenbar ignorieren.[26] (Für ihre konservativen Thesen erhalten sie ein öffentlichkeitswirksames Forum in vielen Stadttheater-Programmheften jener Jahre.)

Verbindet sich die Meinung, der überlieferte «alte» Typus sei nicht weiterzuführen, mit der Annahme, allein für ihn seien Begriff und Name «Komödie» («Lustspiel») zu reservieren, entsteht die These, dieser Begriff habe seine Aktualität, seine Anwendbarkeit auf Gegenwartsdramatik völlig eingebüßt. Das ist schon – zumindest implizit – das Resultat der als erstes Dokument abgedruckten Tagebuchaufzeichnung Frischs.[27] Wenn Frisch die von ihm eigentlich gewünschte zeitgemäße Lustspiel-Produktion für unmöglich erklärt, weil das genrespezifische grundierende Weltvertrauen geschwunden sei, dann ist er in seiner Zeitdiagnose von der Mehrzahl der Komödien-Befürworter kaum entfernt. Die abweichende Folgerung, zu der er gelangt, hat ihren Grund allein in seinem engeren, an der Überlieferung orientierten Lustspiel-Begriff.

Ähnliches läßt sich bei anderen Autoren beobachten, die, wenn ihnen «die Komödie» oder «das Lustspiel» als anachronistisch erscheinen, für das, was an deren Stelle treten soll, auch einen eigenen Namen vorschlagen. Einer dieser Namen ist «Tragikomödie», bevorzugt von Autoren der fünfziger Jahre, z. B. von Karl S. Guthke, dessen *Geschichte und Poetik der deutschen Tragikomödie* 1961 erscheint, oder

Hildegard Tornau, die in einem Essay Gedanken Dürrenmatts zustimmend paraphrasiert, aber, was der Autor als «Komödie» versteht, «Tragikomödie» nennt.[28] Die Komödie erscheint hier als ein Genre, das, statt ein anderes (die Tragödie oder eine «alte» Form der Komödie) abzulösen, selber abgelöst wird bzw. abgelöst werden muß. Auch an dieser These, der Abkehr von einem traditionsreichen geschichtsphilosophischen Modell, hat das leitende Verständnis des Begriffs ‹Komödie›, dessen Fixierung auf Merkmale des «alten» Typus, mitgewirkt. Eine dauerhafte Konvention konnten Versuche, zur Charakteristik aktueller Dramatik auf den Begriff ‹Tragikomödie› zurückzugreifen, allerdings nicht begründen. Schon dessen Ingrediens ‹Tragik› macht ihn suspekt – zumindest für diejenigen, die den Begriff ‹Tragik› in einem strengeren Sinn benutzen, der seine Applikation auf Phänomene der Gegenwart ausschließt oder einschränkt. Jedenfalls wird der Tragikomödie – wie auch immer definiert – in dem allgemeinen «Niedergang der ästhetischen Gattungen als Gattungen»[29] keine Ausnahmestellung zugestanden.

Es ist das Bewußtsein dieses «Niedergangs», das die im Lauf der letzten Jahrzehnte noch zunehmende Tendenz erklärt, wo Erfordernisse eines zeitgerechten Theaterstücks erörtert werden, auf die einst so brauchbaren Gattungsbegriffe zu verzichten. Mit anderen Worten: «Theorie der Komödie (der Tragödie, der Tragikomödie …)» findet zwar weiterhin in dem Sinn statt, daß historische oder systematische Typologien entwickelt werden (vgl. insbesondere einige Aufsätze in Sek Preisendanz / Warning 1976), immer weniger aber in dem Sinn, daß im Namen der «Komödie» Überlegungen zur Gegenwartsdramatik angestellt werden. Geschieht dies dennoch, handelt es sich zunehmend um aperçuhafte Äußerungen mit geringer Konsistenz und eingeschränkter Verbindlichkeit. Zwar begegnet das Etikett «Komödie» noch heute im Untertitel dramatischer Neuerscheinungen, und auch in Rezensionen und Gesprächen über diese hat es keineswegs ausgedient. Doch das sind punktuelle Verwendungsweisen, und meist meinen es die Benutzer der Vokabel «Komödie» selber nicht ganz ernst. Gering jedenfalls ist die Zahl derer geworden, die in nicht nur umfänglicheren, sondern auch konsistenteren und verbindlicheren Äußerungen Fragen des Gegenwartsdramas als Fragen der «Komödie» behandeln.[30]

Daß dies keinen Rückgang des Nachdenkens über die Erfordernisse einer zeitgemäßen Dramatik bedeutet, zeigt sich überall, wo Autoren, denen das Argumentieren mit Genre-Begriffen fernliegt, dieselben Probleme erörtern und zu ähnlichen Resultaten gelangen wie diejenigen, die für die «Komödie» noch eintreten. Wenn Martin Walser als erwünschte Wirkung des Theaters eine «Freiheit» beschreibt, die «augenblicksweise soweit getrieben werden [kann], daß wir alle lachen können über etwas, was wir sonst elend erleiden», und dies als «gut menschliche Art, einer Übermacht zu begegnen», preist[31], steht er einem Anliegen Dürrenmatts recht nahe, ist nur weit davon entfernt, seine Erwartungen im Namen der «Komödie» zu formulieren. Zu den früher im Rahmen der Komödiendiskussion erörterten Fragen, die nun überwiegend *ohne* Hinblick auf einen Genrebegriff diskutiert werden, gehören an erster Stelle Probleme, die sich aus der Mischung des Komischen mit anderen Elementen (dem Schrecklichen, «Ernsten», «Tragischen» …) ergeben, weiterhin die Frage nach der Heiterkeit[32] und dem Charakter des Lachens, das vom Dramenzuschauer erhofft wird[33] (eine oft enttäuschte Hoffnung[34]), nicht zu vergessen die ebenfalls traditionsreiche, ausgiebig seit Lessing diskutierte Frage nach der emotionalen Haltung des Zuschauers gegenüber den belachten Figuren (Hohn oder Mitleiden, Häme oder Solidarität[35]). Besonders an diesen Fragen zeigt sich die Kontinuität einer Diskussion, die mit dem Verbindlichkeitsverlust des Begriffs ‹Komödie› keineswegs abgebrochen ist. Komödientheorie wird abgelöst durch die Theorie des Komischen (und anderer Phänomene), ähnlich wie Tragödientheorie – beginnend schon im deutschen Idealismus – mehr und mehr in die Theorie des Tragischen übergeht.[36]

1 Vgl. Frank Trommler: Komödie und Öffentlichkeit nach dem Zweiten Weltkrieg. In: Die deutsche Komödie im 20. Jahrhundert. Hg. v. Wolfgang Paulsen. Heidelberg 1976, S. 154–168, Zitat: S. 165. Schon in den 40er Jahren (1945 bis zur Spielzeit 1949/50) sind allein unter den Zeitstücken mindestens 25 ausdrücklich im Untertitel als «Komödie» oder «Lustspiel» (gelegentlich auch «Groteske», «Schwank») etikettiert. Dazu kommen mindestens 26 weitere, die, obwohl ohne solche Etikettierung, als Komödien angesehen werden können. Diese Daten verdankt der Herausgeber seinem Kollegen Bernd Balzer (FU Berlin). **2** Friedrich Dürrenmatt: Theater-Schriften und Reden. Zürich 1966, S. 194. **3** Q 1968 und Q 1974. Zu diesen beiden Autoren vgl. Ulrich Profitlich:

Argumente für die ‹Komödie›. In: Festschr. f. Helmut Arntzen. Münster 1991, S. 516–518. **4** Zu den Autoren, die das sog. absurde Theater als Komödie verstehen, gehören z. B. Arntzen (Q 1969, S. 77) und Karlheinz Stierle (in: Sek Preisendanz / Warning 1976, S. 266). **5** Vgl. Dürrenmatt: Theater-Schriften (Anm. 2), S. 193. **6** Dürrenmatt: Der Besuch der alten Dame. Zürich 1980 (= Werkausgabe in 30 Bänden. Bd. 5), S. 139. **7** Dürrenmatt: Theater-Schriften (Anm. 2), S. 72. **8** Vgl. z. B. das Interview mit Hochhuth in: Sonntag 8. 1. 1978, S. 11 («Ich glaube, daß man Sozialkritik heute am wirksamsten in Form der Komödie vorträgt, weil die Leute dann am ehesten bereit sind zuzuhören.»). **9** Q 1991 a, S. 49 f. **10** Z. B. Q 1948, Q 1974. **11** Z. B. Q 1947 b, Q 1939 (wiederaufgelegt 1959). **12** Vgl. Dürrenmatt: Theater-Schriften (Anm. 2), S. 72, 123, 128, 135. **13** Vgl. Q 1991. **14** Vgl. Q 1955, Q 1958 a, Q 1977, Q 1979, Q 1979 a, Q 1979 c, Q 1980 d, Q 1987 a, Q 1991 u. a. **15** Vgl. dazu Sek Kost 1996, S. 34–41. **16** Vgl. z. B. Q 1952 c, Q 1955, Q 1965 a. Dazu vgl. Sek Heidsieck 1971, S. 465. **17** Vgl. z. B. Q 1962, Q 1963, Q 1966, Q 1967, Q 1991; dazu Sek Lamping 1994, S. 63. **18** Vgl. dazu Q 1979 c. **19** Dürrenmatt: Theater-Schriften (Anm. 2), S. 290. Weitere Literatur bei Ulrich Profitlich: Sittliche Schizophrenie. In: Festschrift Gerwin Marahrens. Edmonton 1994, S. 473–491. **20** An erster Stelle Bernhard (z. B. Q 1970 a) und Tabori (Q 1991). Sprechen Autoren von der «Verschränkung des Komischen mit dem Tragischen», hat dies in der Regel nichts zu tun mit den mystifizierenden Umschreibungen, die in den 40er und 50er Jahren den tragischen Untergrund der sog. «echten Komödie» beschwören (vgl. dazu auch den in Anmerkung 1 genannten Aufsatz von Frank Trommler). **21** Q 1987 a. **22** Q 1997, S. 223. **23** Vgl. dazu Q 1980 a, S. 10. **24** Vgl. Q 1987 a. **25** Vgl. Peter Haida: Komödie um 1900. München 1973. **26** Vgl. z. B. Q 1947 b, Q 1953 a, Q 1939 (wiederveröffentlicht 1959). **27** Q 1947 a. **28** Q 1958 b, S. 183. **29** Q 1970, S. 296. **30** Vgl. z. B. Q 1991 a. **31** Q 1964 d, S. 68. **32** Vgl. Hans-Jürgen Schings: B. Brecht oder die Heiterkeit der Kunst. In: Etudes Germaniques 44, 1989, S. 19–37 (mit weiteren Literaturangaben), sowie Petra Kiedaisch: Ist die Kunst noch heiter? Tübingen 1996. **33** Vgl. z. B. Q 1967, Q 1987 a, Q 1991; dazu Sek Lamping 1994, S. 63–65. **34** Vgl. z. B. Q 1962 b, Q 1967. **35** Vgl. z. B. Q 1952 c, Q 1965. **36** Dazu vgl. Peter Szondi: Versuch über das Tragische. Frankfurt / M. 1961.

Max Frisch (1911–1991)
Aus: Tagebuch 1946–1949 (1950)

[…] Nichts wäre schöner als ein Lustspiel, doch nicht ein antiquarisches, es müßte schon ein gegenwärtiges sein, meinetwegen in Kostüme verkleidet, ein Lustspiel um unsere Probleme. Ob das möglich ist? Das Verlangen danach wäre gewaltig, überhaupt das Verlangen nach einer fröhlichen und im Grunde zweifellosen Bejahung, einer Bejahung allerdings, die unseren wirklichen Fragen und unserem heutigen Bewußtsein nicht ausweicht. Das ist wohl entscheidend. Ein Lustspiel, das einfach ausweicht, kann bestenfalls zerstreuen; dann ist ein Trauerspiel, das unserem Bewußtsein standhält, immer noch tröstlicher, scheint mir –

Wieso gibt es dieses Lustspiel nicht?

Man kann drei Stunden lang lachen, von Witzen geschüttelt, und es ist kein Lustspiel. Witz genügt nicht. Der sogenannte Lacher ist stets ein Beiwerk, nie das Kennzeichen eines Lustspiels. Denkbar wäre eine Heiterkeit ohne jeden Witz, lustvoll-tröstlich, entspringend aus einer unwiderstehlichen Zuversicht, der gegenüber alle Leiden und Leidenschaften, die sich abspielen, unverhältnismäßig werden und insofern komisch. Das Lustspiel, glaube ich, ist nicht eine Frage der Fabel, sondern des Klimas. Es geht nicht ohne die große Zuversicht, ohne ein Gefühl, daß im Grunde doch alles zum besten bestellt sei und daß die Welt nur ein gutes Ende nehmen kann, ein erlösendes Ende, das ist der fromme Goldgrund, den wir so sehr ersehnen, und ohne ihn gibt es kein wirkliches Lustspiel … Bei Kleist, im Zerbrochenen Krug, steht hinter der Komik, daß Menschen über Menschen richten, das unerschütterte Vertrauen, daß es ein übermenschliches Gericht gibt, eines jenseits der Komik; Herr Gerichtsrat Walter, der dort den Goldgrund bringt, als Statthalter eines wirklich lieben Gottes. Daran ist nicht zu zweifeln. In der Minna von Barnhelm und in anderen wirklichen Lustspielen, es sind ja wenig genug, ist es nicht immer eine metaphysische Zuversicht; oft genügt schon der Glaube an eine gesellschaftliche Ordnung. Man lacht über ihre Entartungen, über ihre leidigen Auswüchse, aber im Grunde kann man sie bejahen; die Gesellschaft, der das Lustspiel gezeigt wird, ist die beste aller möglichen. Es gibt Grafen und Diener, und zuweilen, zeigt das Lustspiel, ist der Diener ein viel bessrer Kerl, edler als der Herr Graf[1], ja, der Diener verdiente schlechterdings, daß man ihn in den Adel erhöbe, und die Verteilung der Titel ist komisch, weil unverhältnismäßig, komisch in diesem Fall; aber daß es überhaupt Grafen und Diener gibt, Herren und Leibeigene, daran rüttelt das Lustspiel nicht. Sonst ist es aus mit der Lust. Die Gesellschaft wird mindestens in ihrer Idee bejaht, und zwar zweifellos; um so kecker darf man, ohne ketzerisch zu sein, über ihre ungenügende Verwirklichung lachen. Das Lustspiel ist fromm. Fromm wie Aristophanes[2]! Er glaubt an Athen, das ist zweifellos, sonst könnte er die Athener nicht dermaßen zerzausen, und er hat auch Grund, an seine Polis zu glauben; trotz Kleon[3] –. Aristophanes glaubt; sonst wäre er nicht Aristophanes geworden, sondern ein Hanswurst oder ein Tragiker. Das Mindeste ist natürlich, daß der Mensch bejaht wird, der Mensch schlechthin; das Mindeste oder das Höchste. Der Mensch als Gottes bestes Geschöpf, sein Meisterstück. Unsere Leidenschaften erscheinen im besonderen Fall vielleicht närrisch; der Mensch vertraut, wo er betrogen wird, und sein Vertrauen wird unverhältnismäßig, komisch, weil er es stets an die falsche Person vergeudet; aber auf der gleichen Szene steht eine andere Person, die ihn, wenn er es bloß merken möchte, zweifellos glücklich machte.[4] Zweifellos; das ist der Punkt. Man könnte glücklich sein! Oder wir lachen über den Heuchler, wissend, daß die Tartuffe[5] zuletzt doch nichts erreichen. Zuletzt; das kann im fünften Akt sein oder im Himmel. Die Tugend siegt immerdar; an diesem Goldgrund wird nicht gekratzt; er allein, und nicht einzelne Späße, er allein versetzt uns in die Lust, die dem Spiel schließlich den Namen gibt – Goldgrund der Zuversicht, daß Recht geschieht und alles einen Sinn hat, meinetwegen einen ewig-verborgenen, aber einen Sinn; ohne diese Zuversicht, die fromm und zweifellos sein muß, kann es nur eine Satire werden, witzig, aber nicht lustvoll-tröstlich … Don Quixote ist komisch, weil alles, was er redet und tut, unverhältnismäßig ist; er hat zuviel gelesen, der Gute, und nun sehen wir ihn, ausgestattet mit feudalen Redensarten, hinausreiten in eine ganz und gar bürgerliche Welt, ein Opfer der Belletristik, die zu allen Zeiten aus antiquarischen Redensarten besteht; alles ist anders als seine hehren Gespinste, nützlicher, häßlicher, minder großartig, aber lebbar und lebenswert. Die Welt, die den Ritter narrt, wird von Cervantes im Grunde bejaht. Es ist immerhin eine wirkliche Welt, eine mögliche Welt, und unser Erbarmen ist nicht mit den Wirten und Gänsedirnen, daß sie keine Prinzessinnen sind, sondern mit dem Edlen von La Mancha, der die Wirte und die Gänsedirnen immerzu verkennt. Was würde sein, wenn die Welt, die Don Quixote zum rührenden Narren macht, ebenfalls eine unmögliche wäre, ein leerer Spuk, vergangen, verloren, unwirklich und unlebbar, keiner Bejahung wert? Wo bliebe unsere Lust an seinem Irrtum – wenn es nicht einmal ein Irrtum wäre? […]

Woher aber die Zuversicht? Woher der Goldgrund? Die Botschaften höre ich wohl.[6] Das Einverständnis mit einer kommenden Gesellschaft, die ihre Lebbarkeit noch nicht bewiesen hat, ist selten heiter; der Wille zur Zuversicht, der den Revolutionär erfüllt, ist noch keine Zuversicht. Wie selten findet man einen Revolutionär, dem der Humor nicht ungeheuer wäre.[7] […]

Q 1947a. Frisch, der von seinen eigenen Stücken nur eines im Untertitel als «Komödie» bezeichnet (*Don Juan oder Die Liebe zur Geometrie*) und auf andere diesen Begriff gesprächsweise anwendet (*Biedermann und die Brandstifter, Biografie*), datiert die hier abgedruckte Passage auf den September 1947: Während einer Italienreise erlebt er, wie das Personal eines Grandhotels zu streiken droht. Die großenteils ausländischen Hotelgäste, durch diese Situation alle auf dieselbe Weise belästigt, rücken aneinander und werden sich plötzlich ihrer Zugehörigkeit zu einer «Klasse» bewußt. Frisch malt sich ein Szenario aus, in dem die Gäste das Bettenmachen, Kartoffelschälen und Tellerwaschen selbst übernehmen müssen, und fragt nach

dessen Brauchbarkeit als «Folie eines Lustspiels». Eine ausdrückliche Verneinung dieser Frage enthält der Text nicht, doch eine Gesellschaft, in der die einen streiken und die anderen, die zahlenden
Ausländer, sich darüber entrüsten, «daß es auch in diesem Land [Ita-
lien] solche Leute geben muß, Elemente genannt, die haben wollen,
was andere schon haben», ist ganz offenbar kein Anlaß für die fundamentale Bejahung, die Frisch als konstitutives Element seines bei
dieser Gelegenheit entworfenen «Lustspiel»-Begriffs auffaßt. Es
handelt sich um das angesichts «unserer wirklichen Fragen» uner-
füllbare Wunschbild eines entschieden affirmativen, aus dem Gebiet
der «Satire» herausgelösten Komödientypus, für den Frisch auch in
vergangenen Stationen der Gattungsgeschichte nur «wenige» Exemplare findet (die sog. «wirklichen Lustspiele»), die zudem einer
verengenden Interpretation unterzogen werden müssen.

1 Möglicherweise denkt Frisch an Hofmannsthals (1874–1929) Lustspiel *Der
Unbestechliche* (1923). 2 Zu den Eigenarten der antiken Komödie gehört, daß
in ihr auch die Götter komisch dargestellt sind. Frisch betont hier, daß diese für
ein christlich geprägtes Publikum respektlos und blasphemisch wirkende Gewohnheit keineswegs Zeichen fehlender ‹Frömmigkeit› des Aristophanes ist,
sondern im Gegenteil unmittelbar zur Sphäre des religiösen Dionysos-Kults
gehört. 3 *Kleon:* einer der einflußreichsten athenischen Politiker während des
Peloponnesischen Kriegs. Aristophanes bekämpfte ihn vor allem in den frühen
Komödien *Die Acharner* und *Die Ritter* als skrupellosen Demagogen und
Kriegstreiber. 4 Als Versuch, diese «Lustspiel»-Struktur wenigstens ansatz-
weise zu erfüllen, läßt sich Frischs Komödie *Don Juan* (1952/53) auffassen. Ihr
Protagonist ist ein (der) Mann, der «nicht glücklich» ist, dem aber, um – in den
Grenzen des Möglichen – «glücklich» zu sein, nichts weiter fehlt, als daß er
das «Lebbare» und «Lebenswerte» seiner Situation «bloß merken möchte».
5 Molières *Tartuffe* endet mit der Rettung des durch eine Intrige Tartuffes be-
drohten Orgon und mit Tartuffes Verhaftung im Namen des Königs. 6 Ver-
kürztes Zitat von Vers 765 aus Goethes *Faust* (Faust antwortet auf Osterglok-
ken und das «Christ ist erstanden» des Engelchors: «Die Botschaft hör' ich
wohl, allein mir fehlt der Glaube»). 7 Vgl. dazu Frischs Rezension von Dürrenmatts Komödie *Romulus der Große* (in: Die Weltwoche 6. 5. 1949, auch in:
Gesammelte Werke in zeitlicher Folge. Bd. 2. Frankfurt/M. 1976, S. 244–246).

Friedrich Dürrenmatt (1921 – 1990)
Anmerkung zur Komödie (1952)

Es liegt mir daran, festzustellen, daß einer der wesentlichsten Unterschiede der Kunst des Aristophanes zu jener etwa des Sophokles im Einfall liegt, der denn auch eines der wichtigsten Merkmale der alten attischen Komödie ist. Ich will damit nicht sagen, die Tragödienschreiber der Antike hätten keine Einfälle gehabt, wie das heute vorkommt, doch bestand ihre unerhörte Kunst darin, keine nötig zu haben. Das ist ein Unterschied. Eine Vorbedingung des Pathetisch-Dichterischen auf der Bühne ist ein Stoff, der allgemein bekannt ist. Diese merkwürdige Tatsache ist viel wichtiger, als man auf den ersten Blick glauben möchte: der Aufführung jener Tragödie des «Agathon», von der Aristoteles berichtet [1], ihr Inhalt sei als erster erfunden gewesen, wollte ich nicht unbedingt beigewohnt haben. Die «Braut von Messina» ist darum Schillers zweifelhaftestes Werk, weil er sie erfand, und auch Goethes ungleich dichterischere «Natürliche Tochter» leidet sehr an diesem Umstand. Aristophanes jedoch lebt vom Einfall, ist Einfall, insofern eine Merkwürdigkeit unter den griechischen Künstlern. Seine Stoffe sind nicht Mythen wie jene der Tragiker, sondern erfundene Handlungen, die sich nicht in der Vergangenheit, sondern in der Gegenwart abspielen. In den «Acharnern» schließt ein attischer Bauer mitten im peloponnesischen Krieg mit den Spartanern einen Privatfrieden, in einer seiner andern Komödien errichten die Vögel zwischen Himmel und Erde ein Zwischenreich und zwingen so Menschen und Götter zur Kapitulation, im «Frieden» steigt man mit einem Riesenkäfer in den Himmel, um den Frieden, eine Hure, der Menschheit zurückzubringen, in der «Lysistrata» gelingt es den Frauen, durch ein simples, aber erfolgreiches Mittel den Krieg zwischen den griechischen Männern zu beenden. Das gemeinsame all dieser Vorgänge liegt durchaus im Einfall, darin, daß sie vom Einfall leben, nur durch den Einfall möglich sind. Es sind Einfälle, die in die Welt wie Geschosse einfallen [um ein Bild zu brauchen], welche, indem sie einen Trichter aufwerfen, die Gegenwart ins Komische umgestalten: mit dem Reich der Vögel ist das tollkühne Sizilienabenteuer des Alkibiades gemeint, an dem Athen zu Grunde ging.[2] Diese Komödien sind Eingriffe in die Wirklichkeit, denn die Personen, mit denen sie spielen und die sie auftreten lassen, sind keine abstrakten, vielmehr gerade die konkretesten, die Staatsmänner, Philosophen, Dichter und Feldherren der damaligen Zeit: Kolon[3], Demosthenes, Euripides, über den sich Aristophanes nicht beruhigen kann, den er in immer neuen unerhörten Situationen lächerlich macht. Sokrates schließlich muß als des Aristophanes Opfer angesehen werden: hier wirkte der gefährliche Spott seiner Komödie «Die Wolken» tödlich.

Ferner ist der Verdacht auszusprechen, daß der Gegensatz, in dem sich die alte attische Komödie [Aristophanes] zur neuen attischen Komödie [Menander[4]] befindet, mehr sei als ein Familienzwist. Soweit die Akten einzusehen sind, besitzt die neue attische Komödie den zentralen, gewaltigen Einfall, diese Kraft, die Welt in eine Komödie zu verwandeln, nicht mehr. Sie ist nicht die Komödie der Gesellschaft, sondern die Komödie in der Gesellschaft, nicht politisch, sondern unpolitisch. In ihren Mittelpunkt treten nicht mehr bestimmte Persönlichkeiten des täglichen Lebens, sondern bestimmte Typen: die Kupplerin, der dumme Bauer, die Witwe, der Geizige, der großsprecherische Soldat. Ihre Technik ist jener der Tragödie angenähert.

Die neue attische Komödie konnte Schule machen wie alles, was nicht vom Einfall abhängig ist. Ihre Stoffe wurden von Dichter zu Dichter übernommen. Nicht der Einfall wurde wichtig, sondern die Einfälle, die Pointen, oft nur noch die Kunst der Ausführung, die Fähigkeit zur Variation und, immer entscheidender, die Psychologie. Sie nahm ihren Weg über Menander, Plautus zu Molière und findet in ihm ihren absoluten Höhepunkt. Er ist denn auch nicht der witzigste, aber der präziseste Dichter, der vollendetste in der Beherrschung der Mittel. Die Franzosen spielen ihn denn folgerichtig auch noch heute ganz von außen her, ohne daß seine Dämonie verloren ginge: nicht von innen her, wie wir dies im Deutschen tun müssen, wo wir ja seine Sprache, seine Präzision nicht haben. Derart hat sich die neue attische Komödie eine Dynastie errichtet, die noch heute vorhanden ist, die Dreieckskomödien des französischen Theaters stammen von ihr[5], Frys großartiger «Ein Phönix zu viel» ist einer ihrer letzten Triumphe.[6] Daß noch Aristophanes in sie einmündete[7], beweist, wie notwendig ihr Kommen war, wie legitim ihr Siegeszug ist.

Der Weg der alten attischen Komödie ist schwerer aufzuzeigen und wohl mehr Sache der Kriminalisten der Literaturgeschichte als gerade meine. Auch kennen wir von den anderen Dichtern, die mit Aristophanes zur alten attischen Komödie gehörten, nur Bruchstücke. Sie ist ihrem Wesen nach zu grotesk und eigenwillig, als daß sie sich unbeschadet in andere Zeiten hätte hinüberretten können. Zu politisch, um nicht von der Politik abhängig zu sein, und zu derb, um ihren Platz in der Ästhetik einzunehmen, verschwand sie mit ihrem Höhepunkt auf der Bühne. Daß die Kunst Gozzis[8], die Zauberpossen Raimunds, das Theater Nestroys[9] viel von ihr haben (aber gerade so viel auch von der neuen attischen Komödie), gebe ich zu: doch sehe ich keinen großen Sinn darin, der naheliegenden Versuchung nachzugeben, nun die Welt der Komödie in einen alten attischen und in einen neuen attischen Kontinent einzuteilen: wesentliche Gebiete würden als Inseln dazwischen liegen und in einen sinnlosen Krieg verwickelt. In den Komödien Shakespeares «Maß für Maß» und «Der Sturm» sehe ich vor allem gewaltige Neuschöpfungen in dieser Gattung, wie auch in Kleists Komödien «Amphitryon» und «Der zerbrochene Krug»: das sind Gleichnisse der menschlichen Situation, Komödien als Ausdruck einer letzten geistigen Freiheit, gerade weil sie nicht Tragödien sind. Doch gibt es Nachfahren des Aristophanes, daran zweifle ich nicht. Bei den Deutschen Wedekind[10], Brecht[11] und Karl Kraus[12], bei den Franzosen in vielem Giraudoux[13]. Aristophaneische Kunst kommt jedoch am reinsten in einer anderen Literaturgattung wieder zum Ausdruck: im Gargantua Rabelais' wird das Leben eines Riesen im damaligen Frankreich geschildert, bei Swift kommt Gulliver zuerst zu Zwergen, dann zu Riesen und strandet schließlich auf einer Insel, auf der die Pferde Verstand besitzen und die Menschen Tiere sind, Don Quichotte, der Ritter von der traurigen Gestalt, glaubt an die Riesen und Feen seiner Bücher, und Gogols Tschitschikof kauft tote Bauern ein[14]. Die Ähnlichkeit all dieser Geschichten mit einer Fabel des Aristophanes fällt auf. Wie bei ihm wird durch einen Einfall die Wirklichkeit verändert, ins Groteske gehoben. Wie beim Griechen ist der Einfall die Explosion, die diese Weltgebäude bildet.

Aktuell wird jedoch Aristophanes erst durch die Frage nach der Distanz. Die Tragödien stellen uns eine Vergangenheit als gegenwärtig vor, überwinden Distanz, um uns zu erschüttern. Aristophanes, dieser große Meister der Komödie – warum sollte man nicht einmal von ihm her, von seiner Position Prinzipien der Dramatik folgern, was man von den Tragikern her schon längst getan hat –, Aristophanes geht den umgekehrten Weg. Da sich seine Komödien in der Gegenwart abspielen, schafft er Distanz, und ich glaube, daß das für eine Komödie wesentlich ist. Daraus wäre zu schließen, daß ein Zeitstück nur eine Komödie im Sinne des Aristophanes sein kann: der Distanz zuliebe, die nun einmal in ihm zu schaffen ist, denn einen anderen Sinn als diesen kann ich mir für ein Zeitstück gar nicht denken.

Es ist wichtig, einzusehen, daß es zwei Arten des Grotesken gibt: Groteskes einer Romantik zuliebe, das Furcht oder absonderliche Gefühle erwecken will [etwa indem es ein Gespenst erscheinen läßt], und Groteskes eben der Distanz zuliebe, die *nur* durch dieses Mittel zu schaffen ist. Es ist nicht zufällig, daß Aristophanes, Rabelais und Swift kraft des Grotesken ihre Handlungen *in* ihrer Zeit abspielen ließen, Zeitstücke schrieben, *ihre* Zeit meinten. Das Groteske ist eine äußerste Stilisierung, ein plötzliches Bildhaftmachen und gerade darum fähig, Zeitfragen, mehr noch, die Gegenwart aufzunehmen, ohne Tendenz oder Reportage zu sein. Ich könnte mir daher wohl eine schauerliche Groteske des zweiten Weltkrieges denken, aber *noch* nicht eine Tragödie, da wir noch nicht die Distanz dazu haben können. Darum denn Don Quichotte und Sancho Pansa, aber auch die Vögel des Aristophanes. Diese Kunst will nicht mitleiden wie die Tragödie, sie will darstellen. So sind die grotesken Reisen des Gulliver gleich einer Retorte, in der durch vier verschiedene Experimente die Schwächen und die Grenzen des Menschen aufgezeigt werden. Das Groteske ist eine der großen Möglichkeiten, genau zu sein. Es kann nicht geleugnet werden, daß diese Kunst die Grausamkeit der Objektivität besitzt, doch ist sie nicht die Kunst der Nihilisten, sondern weit eher der Moralisten, nicht die des Moders, sondern des Salzes. Sie ist eine Angelegenheit des Witzes und des scharfen Verstandes [darum verstand sich die Aufklärung darauf], nicht dessen, was das Publikum unter Humor versteht, einer bald sentimentalen, bald frivolen Gemütlichkeit.[15] Sie ist unbequem, aber nötig ...

Q 1952 b. Dieser Essay, bei dessen Erscheinen schon drei Stücke Dürrenmatts uraufgeführt waren (*Es steht geschrieben, Der Blinde, Romulus der Große*) und die Premiere des vierten (*Die Ehe des Herrn Mississippi*) unmittelbar bevorstand, ist – neben dem wichtigen Beitrag des Autors zum Programmheft der Münchner *Mississippi*-Inszenierung (Q 1952 c) – der erste Text, in dem Dürrenmatt sein Komödienschreiben an Aristophanes und die Filiation seiner Nachfahren bindet. Das Bild, das er von der aristophanischen Filiation entwirft, ist zweifellos ein Idealtypus – mit der Folge, daß er mit Hilfe dieses Instruments recht verschiedenartige Dramatiker und Romanciers zu einer Gruppe zusammenbinden kann. Die Zuordnung der einzelnen Autoren zu dieser Gruppe kommt zustande, indem Dürrenmatt unter den Elementen des komplexen Konstrukts ‹aristophanischer Typus› – ‹zentraler Einfall›, ‹politische Komödie› («Komödie der Gesellschaft»), ‹Personalsatire›, Elementen, die ja nicht zwangsläufig an einander geknüpft sind – eine Selektion, und nicht immer dieselbe, vornimmt. Da der Essay für Dürrenmatts Schaffen aufschlußreiche Begriffe wie ‹Einfall›, ‹grotesk›, ‹Distanz›, ‹Experiment› einführt, wird er hier ungekürzt abgedruckt.

1 Aristoteles erwähnt im 9. Kapitel seiner Poetik eine Tragödie *Antheus* (oder *Anthos*) des Tragikers Agathon (2. Hälfte des 5. Jh. v. Chr.). **2** Aristophanes' Komödie *Die Vögel* wurde 414 v. Chr. bei den großen Dionysien aufgeführt. Im Jahr zuvor, 415 v. Chr., hatte Athen eine gewaltige Seestreitmacht zur Eroberung Siziliens ausgesandt, was 413 v. Chr. mit einer völligen Niederlage endete. Dürrenmatt folgt hier einer seinerzeit gängigen Praxis, Stücke von Aristophanes unmittelbar auf die politischen Zeitumstände zu beziehen. Tatsächlich finden sich aber in den *Vögeln* nur wenige sparsame Anspielungen auf die sizilianische Expedition, und in der neueren Forschung wird die gegenüber früheren Stücken auffällige größere Allgemeinheit und poetische Geschlossenheit dieser Komödie betont. **3** *Kolon:* Gemeint ist vermutlich Kleon. Über diesen s. o. S. 242. **4** Mit Menander (ca. 342–291) beginnt die (bis ins 2. Jh. v. Chr. reichende) sog. Neue (attische) Komödie. **5** *Französische Dreieckskomödien:* Dürrenmatt bezieht sich hier wohl auf die Théâtre d'amour-Tradition des französischen Boulevard-Theaters der Nachkriegszeit, v. a. auf die Stücke von André Roussin (1911–1987; z. B. *La petite hutte*, 1947) und Paul Géraldy (1885–1983). **6** Der Komödie *A Phoenix too Frequent* (1946) von Christopher Fry (geb. 1907) liegt ein «von Dichter zu Dichter übernommener», letztlich auf Petronius zurückgehender Stoff zugrunde. Fry akzentuiert «Psychologie» (die Wandlung der Heldin) und «Pointen» (v. a. Wortwitz). **7** Gemeint sind Aristophanes' letzte Werke mit ihrer Tendenz, statt bestimmter Personen allgemeinmenschliche Typen lächerlich zu machen: *Plutos* (388 v. Chr.) und *Die Ekklesiazusen* (392 v. Chr.). **8** Carlo Gozzi (1720–1806) schrieb Märchenspiele in der Tradition der Commedia dell'arte. **9** Über Raimund und Nestroy vgl. Dürrenmatts am 2. 4. 1953 in der *Weltwoche* erschienenen Aufsatz *Die alte Wiener Volkskomödie*, in dem allerdings deren «Unpolitik» akzentuiert wird, also ein Moment, das sie vom altattischen Typus entfernt (auch in: Theater-Schriften und Reden. Zürich 1966, S. 142–145). **10** Zu Dürrenmatts Wedekind-Bild vgl. seinen am 9. 8. 1952 in der *Tat* erschienenen Artikel *Bekenntnisse eines Plagiators*, wieder abgedruckt z. B. in: Theater-Schriften und Reden. Zürich 1966, S. 239–246. **11** *Brecht:* Zu denken wäre z. B. an *Mann ist Mann* (1926). **12** Über Karl Kraus' (1874–1936) *Die dritte Walpurgisnacht* (entst. 1933) vgl. Dürrenmatts am 3. 3. 1953 in der *Weltwoche* erschienene Rezension, wieder abgedruckt z. B. in: Theater-Schriften und Reden. Zürich 1966, S. 247–250. **13** Vielleicht denkt Dürrenmatt an Jean Giraudoux' (1882–1944) märchenhaftes Stück *Die Irre von Chaillot* (1945). **14** *Tschitschikof:* der Held von Nicolaj Gogols (1809–1852) Roman *Tote Seelen* (1842 u. 1855). Ein grotesker Einfall – der Kauf verstorbener Leibeigener – dient der satirischen «Verwandlung» einer ganzen gegenwärtigen «Welt». Dasselbe Verfahren in François Rabelais' (1494–1553) *Gargantua et Pantagruel* (1532–1564) und Jonathan Swifts (1667–1745) satirischem Reiseroman *Travels into Several Re-*

mote Nations of the World. By Lemuel Gulliver (1726).   **15** *Humor:* Das hier
dem «Publikum» zugeschriebene Verständnis von ‹Humor› ist ein anderes als
der ‹Humor›-Begriff, den Dürrenmatt selber zur Charakterisierung der von
ihm verfochtenen zeitgemäßen «Komödien»-Kunst bemüht (vgl. bes. Theater-
Schriften u. Reden, S. 72).

Friedrich Dürrenmatt
Aus: Theaterprobleme (1955)

[…] Doch die Aufgabe der Kunst, soweit sie überhaupt eine Aufgabe haben kann, und somit die Aufgabe der heutigen Dramatik ist,
Gestalt, Konkretes zu schaffen. Dies vermag vor allem die Komödie. Die Tragödie, als die gestrengste Kunstgattung, setzt eine ge-
staltete Welt voraus. Die Komödie – sofern sie nicht Gesellschaftskomödie[1] ist wie bei Molière – eine ungestaltete, im Werden, im
Umsturz begriffene, eine Welt, die am Zusammenpacken ist wie die
unsrige. Die Tragödie überwindet die Distanz. Die in grauer Vorzeit
liegenden Mythen macht sie den Athenern zur Gegenwart. Die Komödie schafft Distanz, den Versuch der Athener, in Sizilien Fuß zu
fassen, verwandelt sie in das Unternehmen der Vögel, ihr Reich zu
errichten, vor dem Götter und Menschen kapitulieren müssen.[2]
Wie die Komödie vorgeht, sehen wir schon in der primitivsten
Form des Witzes, in der Zote, in diesem gewiß bedenklichen Gegenstand, den ich nur darum zur Sprache bringe, weil er am deutlichsten illustriert, was ich Distanz schaffen nenne. Die Zote hat
zum Gegenstand das rein Geschlechtliche, das darum, weil es das
rein Geschlechtliche ist, auch gestaltlos, distanzlos ist und, will es
Gestalt werden, eben Zote wird. Die Zote ist darum eine Urkomö-
die, ein Transponieren des Geschlechtlichen auf die Ebene des Komischen, die einzige Möglichkeit, die es heute gibt, anständig darüber zu reden, seit die Van de Veldes[3] hochgekommen sind. In der
Zote wird deutlich, daß das Komische darin besteht, das Gestaltlose
zu gestalten, das Chaotische zu formen.

Das Mittel nun, mit dem die Komödie Distanz schafft, ist der Einfall. Die Tragödie ist ohne Einfall. Darum gibt es auch wenige Tragödien, deren Stoff erfunden ist. Ich will damit nicht sagen, die Tragödienschreiber der Antike hätten keine Einfälle gehabt, wie dies heute etwa vorkommt, doch ihre unerhörte Kunst bestand darin, keine nötig zu haben. Das ist ein Unterschied. Aristophanes dagegen lebt vom Einfall. Seine Stoffe sind nicht Mythen, sondern erfundene Handlungen, die sich nicht in der Vergangenheit, sondern in der Gegenwart abspielen. Sie fallen in die Welt wie Geschosse, die, indem sie einen Trichter aufwerfen, die Gegenwart ins Komische, aber dadurch auch ins Sichtbare verwandeln. Das heißt nun nicht, daß ein heutiges Drama nur komisch sein könne. Die Tragödie und die Komödie sind Formbegriffe, dramaturgische Verhaltensweisen, fingierte Figuren der Ästhetik, die Gleiches zu umschreiben vermögen. Nur die Bedingungen sind anders, unter denen sie entstehen, und diese Bedingungen liegen nur zum kleineren Teil in der Kunst.

Die Tragödie setzt Schuld, Not, Maß, Übersicht, Verantwortung voraus. In der Wurstelei unseres Jahrhunderts, in diesem Kehraus der weißen Rasse, gibt es keine Schuldigen und auch keine Verantwortlichen mehr.[4] Alle können nichts dafür und haben es nicht gewollt. Es geht wirklich ohne jeden. Alles wird mitgerissen und bleibt in irgendeinem Rechen hängen. Wir sind zu kollektiv schuldig, zu kollektiv gebettet in die Sünden unserer Väter und Vorväter. Wir sind nur noch Kindeskinder. Das ist unser Pech, nicht unsere Schuld: Schuld gibt es nur noch als persönliche Leistung, als religiöse Tat.[5] Uns kommt nur noch die Komödie bei. Unsere Welt hat ebenso zur Groteske[6] geführt wie zur Atombombe, wie ja die apokalyptischen Bilder des Hieronymus Bosch auch grotesk sind. Doch das Groteske ist nur ein sinnlicher Ausdruck, ein sinnliches Paradox, die Gestalt nämlich einer Ungestalt, das Gesicht einer gesichtslosen Welt, und genau so wie unser Denken ohne den Begriff des Paradoxen nicht mehr auszukommen scheint, so auch die Kunst, unsere Welt, die nur noch ist, weil die Atombombe existiert: aus Furcht vor ihr.

Doch ist das Tragische immer noch möglich, auch wenn die reine Tragödie nicht mehr möglich ist. Wir können das Tragische aus der Komödie heraus erzielen, hervorbringen als einen schrecklichen Moment, als einen sich öffnenden Abgrund[7], so sind ja schon viele Tragödien Shakespeares Komödien, aus denen heraus das Tragische aufsteigt.

Nun liegt der Schluß nahe, die Komödie sei der Ausdruck der Verzweiflung[8], doch ist dieser Schluß nicht zwingend. Gewiß, wer das Sinnlose, das Hoffnungslose dieser Welt sieht, kann verzweifeln, doch ist diese Verzweiflung nicht eine Folge dieser Welt, sondern eine Antwort, die er auf diese Welt gibt, und eine andere Antwort wäre sein Nichtverzweifeln, sein Entschluß etwa, die Welt zu bestehen[9], in der wir oft leben wie Gulliver unter den Riesen[10]. Auch der nimmt Distanz, auch der tritt einen Schritt zurück, der seinen Gegner einschätzen will, der sich bereit macht, mit ihm zu kämpfen oder ihm zu entgehen. Es ist immer noch möglich, den mutigen Menschen zu zeigen.

Dies ist denn auch eines meiner Hauptanliegen. Der Blinde, Romulus, Übelohe, Akki[11] sind mutige Menschen[12]. Die verlorene Weltordnung wird in ihrer Brust wieder hergestellt, das Allgemeine entgeht meinem Zugriff. Ich lehne es ab, das Allgemeine in einer Doktrin zu finden, ich nehme es als Chaos hin. Die Welt [die Bühne somit, die diese Welt bedeutet] steht für mich als ein Ungeheures da, als ein Rätsel an Unheil, das hingenommen werden muß, vor dem es jedoch kein Kapitulieren geben darf. Die Welt ist größer denn der Mensch, zwangsläufig nimmt sie so bedrohliche Züge an, die von einem Punkt außerhalb nicht bedrohlich wären, doch habe ich kein Recht und keine Fähigkeit, mich außerhalb zu stellen. Trost in der Dichtung ist oft nur allzubillig, ehrlicher ist es wohl, den menschlichen Blickwinkel beizubehalten. Die Brechtsche These, die er in seiner Straßenszene[13] entwickelt, die Welt als Unfall hinzustellen und nun zu zeigen, wie es zu diesem Unfall gekommen sei, mag großartiges Theater geben, was ja Brecht bewiesen hat, doch muß das meiste bei der Beweisführung unterschlagen werden: Brecht denkt unerbittlich, weil er an vieles unerbittlich nicht denkt.

Endlich: Durch den Einfall, durch die Komödie wird das anonyme Publikum erst möglich, eine Wirklichkeit, mit der zu rechnen, die aber auch zu berechnen ist. Der Einfall verwandelt die Menge der Theaterbesucher besonders leicht in eine Masse, die nun angegriffen, verführt, überlistet werden kann, sich Dinge anzuhören, die sie sich sonst nicht so leicht anhören würde. Die Komödie ist eine Mausefalle, in die das Publikum immer wieder gerät und immer noch geraten wird. Die Tragödie dagegen setzt eine Gemeinschaft voraus, die heute nicht immer ohne Peinlichkeit als vorhanden fingiert werden kann: Es gibt nichts Komischeres etwa, als in den Mysterienspielen der Anthroposophen [14] als Unbeteiligter zu sitzen. [15] [...]

Q 1955. Den Gedankengang der hier abgedruckten Passage beschreibt Dürrenmatt selbst mit dem Hinweis, er habe «von der behaupteten Gestaltlosigkeit der Welt auf die Möglichkeit [geschlossen], heute Komödien zu schreiben» (S. 124). Ausgangspunkt seines Arguments, dessen Stringenz Dürrenmatt für den Einzelfall, also auch für sein *eigenes* Schaffen, allerdings wieder einschränkt – «mit Allgemeinheiten soll nie Persönliches erklärt werden» –, ist eine Reflexion über die Gründe, aus denen das Drama Schillers, ja die geschichtliche Tragödie überhaupt, zum Anachronismus wurde. Die «Tragödie», erklärt Dürrenmatt, verlangt einen verantwortlichen Helden, ausgezeichnet durch einen großen Handlungsspielraum sowie Kenntnis der Folgen seines Tuns (Wallenstein, Napoleon). Der heutige Staat dagegen ist «unüberschaubar, anonym, bürokratisch» (Synomyne lauten «gesichtslos», «abstrakt», «ungestaltet», «nur noch statistisch darzustellen»). Dazu gehört: Die Machthaber sind «beliebig ersetzbar», ohne «Übersicht» und «Verantwortung», die Subalternen ein «vielverzweigter» Apparat, «Sekretäre» und «Hackmaschinen», die das ihnen abstrakt Anbefohlene gedankenlos «erledigen». Das Unheil, das aus dem Zusammenspiel dieser Instanzen erwächst, beschreibt Dürrenmatt als «verworren», «mechanisch» und «oft einfach auch allzu sinnlos» (119 f). Eine derart «ungestaltete» Welt verlangt nach einem anderen Genre, der «Komödie», der Dürrenmatt die Fähigkeit zur «Gestaltung» des «Ungestalteten» zuspricht.

1 Die Gesellschaftskomödie, wie Dürrenmatt den Begriff hier versteht, präsentiert als komisch einen Außenseiter. Die in der Majorität der nicht-komischen Mitfiguren sich zeigende Gesellschaft ist dagegen intakt, keineswegs «am Zusammenpacken». **2** S. o. S. 248. **3** Theodor Hendrik van de Velde (1873–1937), Sexualforscher, der Störungen in Ehebeziehungen untersuchte (*Die vollkommene Ehe*, 1926). **4** Eine Verdeutlichung dieser mißverständlichen und oft mißverstandenen Formulierung enthält Dürrenmatts *Ansprache anläßlich der Verleihung des Kriegsblinden-Preises* (1957), in: Theater-Schriften und Reden. Zürich 1966, S. 46–49, bes. S. 48. **5** Eine solche (nur) «persönliche Leistung» stellt Dürrenmatt in den Mittelpunkt seines *Besuchs der alten Dame* (1956): Der Held Ill übernimmt Verantwortung für die Folgen eines mehrere Jahrzehnte zurückliegenden Delikts. **6** Die unvermittelte Art, in der Dürrenmatt hier den Begriff ‹Groteske› einführt, zeigt, daß das Wort *Groteske*, wenn nicht mit *Komödie* gleichbedeutend, so jedenfalls eine Komödien-Spezies bezeichnet. Es ist die «unsentimentale» (nicht «mitleidende»), sondern «hohnlachende» («grausame», «ungemütliche») und darum «genaue» Präsentation von Katastrophen und Leiden, die beim Zuschauer nicht die der Tragödie eigene Reaktion «Mitgefühl» zu erwecken sucht (Zitate nach: Q 1952 c). **7** Beispiele aus Dürrenmatts eigenen Komödien: neben dem Tod Ills aus dem darum «tragische Komödie» genannten *Besuch der alten Dame* (vgl. Anm. 5) das Schicksal des Prokuristen Böckmann aus *Frank der Fünfte* (1958). Vgl. dazu Theater-Schriften und Reden, S. 351. **8** Zu Dürrenmatts These, die «Komödie» sei Ausdruck einer der «Verzweiflung» entgegengesetzten Haltung, vgl. Theater-Schriften und Reden, S. 72, sowie Q 1952 c. **9** Über ‹die Welt bestehen› als Gegenbegriff zu ‹die Welt retten› vgl. Theater-Schriften und Reden, S. 48 u. 63. **10** *Gulliver unter den Riesen:* In Swifts Roman *Gulliver's Travels* (s. o. S. 248 f) reist Gulliver nach Brobdingnag, ins Land der Riesen. **11** *Der Blinde, Romulus, Übelohe, Akki:* Figuren aus Dürrenmatts Stücken *Der Blinde* (1948), *Romulus der Große* (1949), *Die Ehe des Herrn Mississippi* (1952), *Ein Engel kommt nach Babylon* (1953). Die von Dürrenmatt genannten Figuren bilden, von ihrer «mutigen» Haltung abgesehen, keineswegs eine homogene Gruppe. **12** Zu Dürrenmatts Verständnis von ‹mutig› und ‹tapfer› vgl. Theater-Schriften und Reden, S. 69 u. 228. **13** *Straßenszene:* In dem Aufsatz *Die Straßenszene* (1938) beschreibt Brecht einen alltäglichen Vorgang als «Grundmodell für episches Theater»: An einer

Straßenecke demonstriert vor einer Menschenmenge der Augenzeuge eines Verkehrsunfalls, «wie das Unglück passierte», so daß die Umstehenden sich «ein Urteil bilden» können (Brecht: Gesammelte Werke. Bd. 16. Frankfurt/M. 1967, S. 546–558, Zitate: S. 546). **14** Solche Mysteriendramen schrieb Rudolf Steiner (1861–1925), der Begründer der Anthroposophie. **15** In diesem Zusammenhang besonders aufschlußreiche Erwägungen Dürrenmatts zum Publikum: Theater-Schriften und Reden, S. 103, 128, 188 f, 198 f, 221 sowie Q 1952 c.

Friedrich Dürrenmatt
Aus: Interview mit Artur Joseph (1966)

[...] Ich habe einmal behauptet, ob ein Stück Tragödie oder Komödie wird, sei eine Sache des Stoffes.[1] Ich glaube es heute aber nicht mehr. Ich glaube, es ist eine Sache des Bewußtseins. Wir sind heute in einem anderen Stadium des Bewußtseins als früher, auch beim Schreiben. Ein Mord auf der Bühne ist ein Mord auf der Bühne, nicht ein Mord in der Wirklichkeit, ich arrangiere ihn, und darum ist er im tiefsten Sinn nicht tragisch, das heißt, es geschieht alles im Zeichen der Komödie. Auch der größte Tragöde hat ein Vergnügen daran, eine tragische Rolle zu spielen. Wir wissen heute, daß wir als Komödianten damit verhaftet sind, und das meine ich, wenn ich sage: Es ist alles Komödie. Nehmen Sie mal den Schluß der *Physiker*, das ist für mich im tiefsten komisch – nicht schrecklich. Komisch nicht im Sinne von billig-lustig, sondern im Sinne eines höheren Humors. Der Mann, der sich selber fängt[2] – auch die schreckliche Geschichte mit Ödipus[3] ist heute komisch. Ich meine, früher waren diese Mythen da, das Theater war kultisch[4], unser heutiges Theater ist nicht mehr kultisch, und darum ist es Komödie, ist es ein anderes Bewußtsein. [...] Komödie ist im letzten gesehen gar nicht aus der Grundhaltung der Verzweiflung heraus zu machen. Man glaubt irrtümlich, es sei Verzweiflung, wenn etwas Schreckliches nicht tragisch, feierlich ist. Das ist der Grund, weshalb man glaubt, die letzten Dinge ließen sich nur sehr feierlich sagen. Humor wird bei uns eigentlich nur im Harmlosen akzeptiert. Dabei ist die Dimension des Humors total, es gibt kein Thema, das nicht durch Humor dargestellt werden kann. Humor ist im Grunde Distanz. Natürlich gibt es Grenzfälle. Kann man ein Konzentrationslager auf der Bühne darstellen? Ich glaube nicht. Diese Dinge entziehen sich der Kunst des Theaters. Es gibt schreckliche Dinge, denen gegenüber die Kunst immer schwächer ist als die Wirklichkeit. Ich kann mir aber ein entsetzliches Stück vorstellen, das Auschwitz anders behandelt, das zum Beispiel die Weihnachtsfeier der SS-Wärter zeigt. Da sind die Opfer ganz ausgeklammert, da ist die sentimentale Weihnachtsfeier der Henker, die singen ihre Lieder, diese Familienväter. Die Komödie kann sehr schrecklich sein. Ich frage immer wieder, wie stellt sie nun die Welt dar? Die Komödie stellt ja nicht alles direkt dar, sondern bricht es, verwandelt es, und deshalb kann sie die Dinge wieder zeigen. Die Komödie hat eine ganz bestimmte Taktik des Sehens und des Umgestaltens, der Verfremdung, wenn Sie wollen. Komödie kommt ohne Verfremdung nicht aus. [...]

Q 1966. In dem am 20. 5. 1966 geführten Interview erinnert Dürrenmatt an seine seit den *21 Punkten zu den Physikern*[5] (1962) oft wiederholte These, eine Geschichte müsse «zum möglichst bitteren Ende» geführt werden, und erklärt dies für eine Eigenheit der Komödie. Gefragt, ob das «möglichst bittere Ende» nicht eher die Tragödie auszeichne, läßt Dürrenmatt dieses strukturelle Element – als solches ist es jedenfalls in den *21 Punkten* bestimmt[6] – fallen und geht so weit, den Unterschied der Genres ganz ins «Bewußtsein» (des Autors und des Zuschauers) zu verlegen. Zumindest für ein paar Augenblicke; denn kaum erwägt er, die These von der Indifferenz der «Stoffe» erprobend, «schreckliche Dinge» (Beispiel: ein Konzentrationslager, ein andermal nennt er Vietnam[7]) als der Kunst schlechthin unerreichbare «Grenzfälle» auszunehmen, kommt er auf Möglichkeiten zu sprechen, das «Schreckliche» doch wenigstens der Komödie zugänglich zu machen, und was er dabei über das Komödien-Verfassen mitteilt, ist mehr als eine Beschreibung des zugehörigen «Bewußtseins». Gedanken aus der frühen *Anmerkung zur Komödie* (1952) aufgreifend[8], skizziert er ihre «Taktik des Sehens»: das Herausarbeiten des Grotesken, die Konfrontation des Schrecklichen mit dem Menschlichen, das im gewählten Beispiel (Konzentrationslager) etwas «Sentimentales» (die Weihnachtsfeier der Bewacher) ist.

1 Vermutlich meint Dürrenmatt die oben abgedruckte Passage aus den *Theaterproblemen*.   **2** Die «Komödie» *Die Physiker* (1962) nimmt ihre «schlimmstmögliche Wendung» nach Dürrenmatts Verständnis dadurch, daß der Held, der Physiker Möbius, Opfer eines seine Vernunft verhöhnenden, «nicht voraussehbaren» Zufalls wird: Beim Versuch, die von der Vernichtung bedrohte Welt zu retten, liefert er sie ausgerechnet derjenigen Person aus, die sie bedroht. Dürrenmatt versteht dies als «komisch», vgl. Q 1968 a, S. 7: «Möbius schätzt ab, was kommen kann; er will der Wirkung dessen entfliehen, was er erfunden hat; dann kommt das ‹Lustige›: er rennt in das falsche Sanatorium.»   **3** Über das gemeinsame Grundmuster in den Schicksalen des Möbius und des Oedipus vgl. den 9. der *21 Punkte zu den Physikern* und Dürrenmatts Gespräch mit Heinz-Ludwig Arnold. Zürich 1976, S. 25.   **4** Ausführlicher dazu Q 1966 b, S. 1223 f.   **5** Nachgedruckt zum Beispiel in: Theater-Schriften und Reden. Zürich 1966, S. 193 f.   **6** Vgl. ebd. S. 193 («Geht man von einer Geschichte aus, muß sie zu Ende gedacht werden. Eine Geschichte ist dann zu Ende gedacht, wenn sie ihre schlimmst-mögliche Wendung genommen hat. Die schlimmst-mögliche Wendung ist nicht voraussehbar. Sie tritt durch Zufall ein.»).   **7** Vgl. Q 1968 a, S. 8.   **8** Vgl. den Abdruck in diesem Band («Ich könnte mir daher wohl eine schauerliche Groteske des Zweiten Weltkrieges denken»).

Aus: Dramaturgische Überlegungen zu den *Wiedertäufern*
(1967)

I. Einleitung. Modell Scott:

Shakespeare hätte das Schicksal des unglücklichen Robert Falcon
Scott[1] doch wohl in der Weise dramatisiert, daß der tragische
Untergang des großen Forschers durchaus dessen Charakter ent-
sprungen wäre, Ehrgeiz hätte Scott blind gegen die Gefahren der
unwirtlichen Regionen gemacht, in die er sich wagte, Eifersucht
und Verrat unter den anderen Expeditionsteilnehmern hätte das
Übrige hinzugetan, die Katastrophe in Eis und Nacht herbeizuführen; bei Brecht wäre die Expedition aus wirtschaftlichen Gründen
und Klassendenken gescheitert, die englische Erziehung hätte Scott
gehindert, sich Polarhunden anzuvertrauen, er hätte zwangsläufig
standesgemäße Ponnys gewählt, der höhere Preis wiederum dieser
Tiere hätte ihn genötigt, an der Ausrüstung zu sparen; bei Beckett
wäre der Vorgang auf das Ende reduziert, Endspiel, letzte Konfrontation, schon in einen Eisblock verwandelt säße Scott anderen Eis-
blöcken gegenüber, vor sich hinredend, ohne Antwort von seinen
Kameraden zu erhalten, ohne Gewißheit, von ihnen noch gehört zu
werden: Doch wäre auch eine Dramatik denkbar, die Scott beim
Einkaufen der für die Expedition benötigten Lebensmittel aus Versehen in einen Kühlraum einschlösse und in ihm erfrieren ließe.
Scott, gefangen in den endlosen Gletschern der Antarktis, entfernt
durch unüberwindliche Distanzen von jeder Hilfe, Scott, wie ge-
strandet auf einem anderen Planeten, stirbt tragisch, Scott, eingeschlossen in den Kühlraum durch ein läppisches Mißgeschick, mitten in einer Großstadt, nur wenige Meter von einer belebten Straße
entfernt, zuerst beinahe höflich an die Kühlraumtüre klopfend, ru-
fend, wartend, sich eine Zigarette anzündend, es kann ja nur wenige Minuten dauern, dann an die Türe polternd, darauf schreiend
und hämmernd, immer wieder, während sich die Kälte eisiger um

ihn legt, Scott, herumgehend, um sich Wärme zu verschaffen, hüpfend, stampfend, turnend, radschlagend, endlich verzweifelt Tiefgefrorenes gegen die Türe schmetternd, Scott, wieder innehaltend, im Kreise herumzirkelnd auf kleinstem Raum, schlotternd, zähneklappernd, zornig und ohnmächtig, dieser Scott nimmt ein noch schrecklicheres Ende und dennoch ist Robert Falcon Scott im Kühlraum erfrierend ein anderer als Robert Falcon Scott erfrierend in der Antarktis, wir spüren es, dialektisch gesehen ein anderer, aus einer tragischen Gestalt ist eine komische Gestalt geworden, komisch nicht wie einer, der stottert, oder wie einer, der vom Geiz oder von der Eifersucht überwältigt worden ist, eine Gestalt komisch allein durch ihr Geschick: Die schlimmst mögliche Wendung, die eine Geschichte nehmen kann, ist die Wendung in die Komödie.

2. Der Fall Bockelson:

Zur Person[2]: Schneidergeselle, Schank- und Bordellwirt in Leiden in den Niederlanden, Mitglied einer Kammer der Rhetoriker – in den Schauspielen, die er entwarf, spielte er wohl selbst eine Rolle (Ranke) –, wird einer der Führer der Wiedertäufer in Münster, läßt sich nach dem Tode Jan Matthisons zum König ausrufen. Nachdem er während seiner kurzen Herrschaft eine christliche revolutionäre Bewegung lächerlich gemacht, siebzehn Weiber geehelicht, eine Stadt ins Verderben gestürzt und nach seiner Gefangennahme der Täuferei wieder entsagt hatte, wurde er, neunundzwanzigjährig, vom siegreichen Bischof Franz von Waldeck einem Gericht überwiesen, dreimal mit glühenden Zangen gezwackt und endlich erdolcht (1536). Sein Leichnam wurde, aufrechtstehend in einem eisernen Käfig, an der Westseite des Lambertiturmes aufgehängt, flankiert von den Käfigen mit Krechting und Knipperdollinck. Dramaturgischer Aspekt: Vorerst scheinen nur zwei Lösungen möglich, nämlich Bockelson entweder als einen positiven tragischen oder aber als einen negativen tragischen Helden darzustellen, entweder als einen der ersten christlich-kommunistischen Idealisten oder als einen klassischen Bösewicht, als einen vitalen nihilistischen Verführer einer christlichen Gemeinschaft. Beide Taktiken sind spektakulär. Die eine idealisiert, die andere dämonisiert. [...]

Wird Bockelson zum positiven Helden aufgewertet, wozu er gewisse Voraussetzungen besaß – «eine glückliche äußere Bildung, natürliche Wohlberedenheit, Feuer und Jugend» (Ranke) –, so erweckt er Mitleid mit beigemischter Furcht (man zittert um sein Schicksal) [...]. Wird Bockelson zum negativen Helden dämonisiert, so erweckt er Furcht mit beigemischtem Mitleid, aber auch mit beigemischter Bewunderung. [...]

5. Die Tragödie als das Theater der Identifikation:

Das Dilemma der Tragödie: Nur das Wirkliche berührt uns tragisch. Ein wirklicher Todesfall usw. Wir brauchen die Illusion, auf dem Theater werde «wirklich» gestorben, wollen wir uns durch einen Theatertod erschüttern lassen. Die Tragödie braucht die Illusion des Zuschauers, sein Mitspielen, für die Tragödie gilt: Theater = Wirklichkeit. Die Tragödie muß die Fiktion ablehnen, ohne die sie nicht möglich ist, denn jedes Theater ist eine Fiktion. Das Verhältnis der Tragödie zur Wirklichkeit ist naiv. Ihre Wirkung hängt von der Illusionskraft der Bühne ab, erreichte im Naturalismus letzte Höhepunkte, seitdem ist die Tragödie – da wir der Bühne ihre Illusionen nicht mehr so recht glauben – fast nur noch in Filmen heimisch.[3] Die Tragödie neigt dazu, sich als abgebildete «Wirklichkeit» auszugeben, das Tragische der «Wirklichkeit» zu entlehnen, sie will zeigen, was war (oder was ist) Tragödie heute: Hochhuth[4]: Endlose Belege, die geschichtlichen Fiktionen, die er macht, als «Wahrheit» zu installieren, statt sich auf die Wahrheit in der Fiktion zu verlassen. Sonderfall: Die Ermittlung von Peter Weiss[5] – trotz der literarischen Tünche –, indem nur noch zu Worte kommen, die nur noch das Wort haben, die Henker, identifiziert sich der Zuschauer mit jenen, die nicht mehr das Wort haben können, mit den Opfern. Eigentümlichkeit der Tragödie: Die Handlung wird irrelevant. Der Untergang des Helden findet nur statt, um seine moralischen Qualitäten aufleuchten zu lassen, die Intrigen und Irrtümer, die seinen Fall verursachen, sind unwichtig. Die Sprache wird irrelevant, die Handlung ist die Wäscheleine, an der die Sprache im tragischen Winde knattert. Dramaturgie: Seit Aristoteles[6] die Tragödie moralisch rechtfertigte (Katharsis, Reinwaschung des Zuschauers durch Furcht und Mitleid), wird mit den Kategorien des Identifikationstheaters das dramaturgische Handwerk an sich gemessen. Was nicht rührt, mit was man sich nicht identifizieren kann (und will), wird als unverbindliches Theater abgetan.

6. Der Verfremdungseffekt:

Aus Opposition gegen die Tragödie änderte Brecht den Bühnenstil. Sein Verfremdungseffekt[7] reißt den Zuschauer immer wieder vom Spiel los und stellt ihn dem Spiel gegenüber. Der Verfremdungseffekt ist eine Notbremse, welche die Handlung zum Stehen bringt und Überlegungen möglich macht. Brechts Theater ist ein Drama zwischen der erstrebten Nicht-Identifikation des Publikums mit dem Stück und dem dem Zuschauer innewohnenden Trieb, sich immer wieder zu identifizieren. Es ist das Drama jedes modernen Theaters. Der Zuschauer identifiziert sich unwillkürlich mit dem Geschehen auf der Bühne, während des Spiels nimmt er unwillkürlich an, das Geschehen sei «wirklich», aus dem simplen Grunde, weil er mitspielt.

7. Das Theater der Nicht-Identifikation:

Die Komödie. Beispiel Clown. Wir lachen über den Clown, weil er uns als ein so unbeholfener Mensch gegenübertritt, daß sich ihm jeder überlegen fühlt. Wir identifizieren uns nicht mit dem Clown, wir objektivieren ihn. [...] Es ist uns gleichgültig, ob das Komische erfunden oder «wirklich» sei, wir müssen gleichwohl lachen. Die

Illusion ändert am Komischen nichts, gerade darum ist sie beim Komischen legitim. Das Komische tritt nur ein, wo wir objektivieren, das heißt, wo wir eine Gestalt oder eine Handlung als Ganzes überblicken, was nur möglich ist, wo wir Distanz bewahren: Darum ist es gleichgültig, ob das als komisch Erkannte «wirklich» ist oder fingiert. Das Komische muß uns nicht «nahe gehen» wie das Tragische, um auf uns zu wirken, das Komische wirkt auf uns, weil wir von ihm Abstand nehmen, unser Gelächter ist die Kraft, die den komischen Gegenstand von uns wegtreibt.

8. Die drei Arten der Komödie:

Das Komische kann in der Gestalt und in der Handlung liegen, in der Gestalt allein und in der Handlung allein. Beim Clown liegt das Komische allein in der Gestalt, er sieht komisch aus und ist läppisch, er tut alltägliche Dinge, aber macht sie verkehrt. Bei der sogenannten Gesellschaftskomödie (von der attischen neuen Komödie bis zum heutigen Boulevard-Theater ein einziger komödientaktischer Trend) ist die Gestalt komisch – der Geizige, der Neureiche usw. – und die Handlung, die Situationen. Wird die Komödie zum Welttheater, braucht nur noch die Handlung «komisch» zu sein, die Gestalten sind im Gegensatz zu ihr oft nicht nur «nichtkomisch», sondern tragisch.

9. Dramaturgie der Komödie als Welttheater:

Liegt der Sinn einer tragischen Handlung darin, die Größe des Helden aufzuzeigen, wird die Handlung dadurch irrelevant, so wird eine Handlung dann komisch, wenn sie auffällt, wenn sie wichtig wird, wenn die Gestalten durch die Handlung ihren Sinn erhalten, nur durch sie interpretiert werden können. Die komische Handlung ist die paradoxe Handlung, eine Handlung wird dann paradox, «wenn sie zu Ende gedacht wird».[8] Die Komödie der Handlung und die Tragödie überschneiden sich, insofern als es auch Tragödien der

Handlung gibt: Oedipus rex. Auch in den Peripetien[9] der Tragödien: «In den Peripetien erreichen die Dichter, was sie erstreben, auf eine erstaunliche Weise. Denn dies ist gleichzeitig tragisch und menschlich. Das wird dann bewirkt, wenn etwa der Kluge, der schlecht ist, betrogen wird wie Sisyphos, oder wenn der Tapfere, der aber ungerecht ist, überwältigt wird. Denn dies entspricht der Wahrscheinlichkeit, wie Agathon sagt: denn es ist wahrscheinlich, daß vieles gerade gegen die Wahrscheinlichkeit geschieht» (Aristoteles[10]). Der Sinn der paradoxen Handlung «mit der schlimmst möglichen Wendung»: Er liegt nicht darin Schrecken auf Schrecken zu häufen, sondern darin, dem Zuschauer das Geschehen bewußt zu machen, ihn vor das Geschehen zu stellen. Der Verfremdungseffekt liegt nicht in der Regie, sondern im Stoff selbst. Die Komödie der Handlung ist das verfremdete Theater an sich (und braucht gerade deshalb nicht verfremdet gespielt zu werden, es kann es sich leisten, darauf zu verzichten). Erreicht wird erstens: Dadurch, daß eine Handlung paradox wird, ist ihr Verhältnis zur «Wirklichkeit» irrelevant, ob wirklich oder fiktiv, die Handlung wird paradox, das Verhältnis zur Wirklichkeit ist bereinigt, weil es im alten Sinne keine Rolle mehr spielt. Die Frage nach der «Wirklichkeit» stellt sich anders. Eine paradoxe Handlung ist ein Sonderfall, die Frage lautet, inwiefern sich in diesem Sonderfall die andern Fälle (der Wirklichkeit) spiegeln.[11] Die Tragödie als eine naive, die Komödie der Handlung als eine bewußte Theaterform. Zweitens: Die Identifikation, zu welcher der Zuschauer neigt, ist erschwert, weil der Zuschauer durch die paradoxe Handlung gezwungen wird, zu objektivieren, wird jedoch als Wagnis[12] möglich. Der Zuschauer kann sich die Frage stellen, inwiefern der Fall auf der Bühne auch sein Fall sei und sich so die Gestalten auf der Bühne wieder aneignen. Die Möglichkeit zu diesem Wagnis ist vorhanden, doch braucht sie vom Zuschauer nicht ergriffen zu werden, er wird dann eine Komödie der Handlung als eine reine Groteske erleben oder als eine übersteigerte Tragödie. Die Komödie der Handlung ist die Theaterform, die Brecht von unserem Zeitalter der Wissenschaft fordert unter der Berücksichtigung der Tatsache, daß der Zuschauer zu nichts gezwungen werden kann. Das Theater ist nur insofern eine moralische Anstalt, als es vom Zuschauer zu einer gemacht wird. Darin, daß viele der heutigen Zuschauer in meinen Stücken nichts als Nihilismus sehen, spiegelt sich nur ihr eigener Nihilismus wieder. Sie haben keine andere Deutungsmöglichkeit.

10. Auf Bockelson bezogen:

Indem Bockelson zu einem Schauspiel gemacht wird («Nie nährte mich die Kunst, bescheiden bloß Zuhälterei / Nun mästet mich Religion und Politik: Doch sitz ich in der Falle / Ich wurde Täufer aus beruflicher Misere / Ich brachte, arbeitslos, verworrenen Bäckern, Schustern, Schneidermeistern / Rhetorik bei ... Ja wurde aus einem losen Einfall gar ihr König / Jetzt, hols der Teufel, glauben sie an mich»[13]), wird Bockelson «zu einem» schlimmst möglichen Fall: Er wird zu einer Fiktion. Dieser Fiktion wird die Geschichte unterworfen, der «historische» Bockelson wird in eine Fiktion verwandelt, wird zum «Theater» (Analog Scott im Kühlraum). Er wird zur komischen Gestalt und damit zum Sonderfall. Ihn treibt nicht die Machtgier, sondern die komödiantische Lust, die Theatralik, ohne die keine Macht auskommt, auszunützen. [...] Bockelson als Fiktion ist nicht gleich einer Wirklichkeit, nicht gleich Hitler[14] oder gleich irgendeiner historischen Persönlichkeit, er ist auch kein Parallelfall wie etwa Arturo Ui[15] ein Parallelfall zu Hitler ist, er verhält sich als Sonderfall nur zur Theatralik, die in jedem Mächtigen innewohnt. Bockelson ist ein Thema jeder Macht: Ihre Begründung durch Theatralik.

11. Bockelson als Thema:

Die Dramatik – wie die übrige Kunst – hat einen bestimmten Weg eingeschlagen: Den Weg in die Fiktion. Ein Theaterstück stellt eine Eigenwelt dar, eine in sich geschlossene Fiktion, deren Sinn nur im

Ganzen liegt. Die Aussagen des Dramatikers sind nicht Sätze, nicht Moralien oder Tiefsinn, der Dramatiker sagt Stücke aus, sagt etwas aus, was nicht anders gesagt werden kann als durch ein Stück. Die Sätze, welche die Personen des Stücks aussprechen, sind verständlich allein durch das Stück, verständlich nur durch die Situation, in der sie sich befinden. Sie sind weder Wahrheiten «an sich» noch Provokationen, sondern der Ausdruck der dramaturgischen Ironie, die das Stück fingiert und lenkt. Das Theater als Fiktion kann nichts anderes sein als Theater, ein Gleichnis, immer wieder neu zu erdenken, für die Tendenzen der Wirklichkeit. [...]

Q 1967 a. *Die Wiedertäufer,* Dürrenmatts 1967 uraufgeführte Dramatisierung der Münsteraner Wiedertäuferbewegung (1533–1536) als «Komödie», sind eine durchgreifende Neufassung von *Es steht geschrieben* (1947), seinem ersten aufgeführten Stück, das im Untertitel «Ein Drama» hieß. In den bei der Neufassung angestellten *Dramaturgischen Überlegungen* – es ist Dürrenmatts wichtigste komödientheoretische Äußerung der sechziger Jahre – geht der Autor ebensowenig wie im Interview mit Artur Joseph so weit, den Unterschied der Genres «rein psychologisch» auf das Gegeneinander von ‹Illusion der Wirklichkeit› und ‹Fiktionalitätsbewußtsein› zu beschränken. Zwar ordnet er dem Begriff ‹Tragödie› weiterhin den Bestandteil ‹Illusion› zu (samt den daraus folgenden emotionalen Wirkungselementen, die er mit den Ausdrücken «Mitfühlen», «tragisches Berührtsein», «Erschütterung», «Furcht», «Bewunderung» beschreibt); doch im Fall des Begriffs ‹Komödie› erklärt er das Wirkungselement «Distanz» («Überblick» über «eine Gestalt oder eine Handlung als Ganzes», Überlegenheitsgefühl gegenüber den Figuren) für unabhängig davon, «ob das Komische erfunden oder ‹wirklich›» ist. Mit dem Merkmal ‹Komik› tritt ein strukturelles Element hinzu, das allerdings, weil Dürrenmatt «Komisches» nicht nur in den Figuren («Gestalten»), sondern auch in den «Handlungen» lokalisiert, gleich zu einer «Überschneidung» führt: Es «überschneidet» sich eine Art der Tragödie, die sog. «Tragödie der Handlung», in der die Handlung, statt «irrelevant» zu sein, durch eine Peripetie die Aufmerksamkeit auf sich zieht (Beispiel: *König Oedipus*), mit einer der drei von Dürrenmatt aufgezählten Arten der Komödie, der sog. «Komödie der Handlung» (Beispiel: *Die Physiker*), in der der Held – oft jemand, den Dürrenmatt geradezu als «tragisch», als zur Tragödie disponiert bezeichnet – einer sog. «komischen Handlung» ausgesetzt wird. Durch dieses Element ‹komische Handlung› (‹Peripetie›) sind «Komödien der Handlung» und «Tragödien der Handlung» in ihrer Struktur kaum unterscheidbar.

Indem Dürrenmatt als «komische Handlung» eine Handlung versteht, die «auffällt» – einen durch «Paradoxie» und «Unwahrscheinlichkeit» ausgezeichneten Ablauf, meist ein Versehen oder Pech, das einen schmählichen Ausgang unausweichlich macht –, beansprucht er offenbar den «Komödien»-Charakter für einen Stücktypus, der in seinem eigenen Schaffen seit Ende der fünfziger Jahre an Bedeutung zunimmt (in gewissem Sinn schon in der Zweitfassung des *Romulus*, dann in *Das Versprechen*, in Episoden des *Frank*-Stücks, spektakulär in den *Physikern*). Regelmäßig «fällt» in diesen Werken oder Werkpartien die Handlung dadurch «auf», daß allein in ihr – nicht in Eigenschaften, Denkweisen, Entscheidungen der Protagonisten – das desaströse Ende gründet. Die früheren Stücke bis zu *Der Besuch der alten Dame*, *Frank der Fünfte* (Haupthandlungsstrang) und *Herkules und der Stall des Augias* (Haupthandlungsstrang) gehören dagegen dem Typus «Komödie der Handlung» noch nicht an; es sind «Komödien der Gestalt». Zwar nehmen auch die Geschicke der Abderiten *(Der Prozeß um des Esels Schatten)*, Elier *(Herkules)*, Babylonier *(Ein Engel kommt nach Babylon)*, Güllener *(Der Besuch der alten Dame)* und der Bankangestellten *(Frank der Fünfte)* eine schlimme, ja «schlimmst-mögliche» Wendung, doch an dieser tragen «auffallende» Handlungsmomente, die «unwahrscheinlichen» Zufälle höchstens eine Mitschuld. Unvorhersehbare Störfaktoren sind hier nicht der definitive Faktor, der völlig die Regie an sich reißt, sondern Bestandteile der Fabelexposition, so plaziert, daß menschlichem Entscheiden und Handeln eine Chance bleibt. Wenn die Akteure diese versäumen, gründet das in ihren eigenen Defekten, in ihrer Unfähigkeit zum Verzicht, ihrer Halbheit, ihrer Umfälschung der Entweder-oder-Situation in ein bequemeres Sowohl-als-Auch. Die Veränderungen in Dürrenmatts komödientheoretischen Äußerungen von der frühen *Anmerkung zur Komödie* und den *Theaterproblemen* zu den *Wiedertäufer*-Überlegungen korrespondieren so mit Veränderungen in seinem eigenen Komödienschaffen.

1 Der britische Polarforscher Robert Falcon Scott (1868–1912) erreichte am 18. 1. 1912 als nur Zweiter, vier Wochen nach dem Norweger Amundsen, den Südpol und kam auf dem Rückweg im Schneesturm um. **2** *Zur Person:* Im folgenden entwirft Dürrenmatt sein Bild des historischen Bockelson, den er zur Hauptperson seiner *Wiedertäufer* macht. Ebenfalls zum Personal seines Stücks gehören Matthison, Krechting und Knipperdollinck (alle sind Täufer) und der Bischof Franz von Waldeck, der, von den Täufern aus Münster vertrieben, eine schließlich siegreiche Allianz der Fürsten gegen die Täufer aufbaut und die Stadt zurückerobert. – Das als Quelle genannte Werk Leopold von Rankes (1795–1886) ist dessen *Deutsche Geschichte im Zeitalter der Reformation* (1839–47, bes. Bd. 3. Leipzig ^{6}1881, S. 361–405). Weitere Quellen nennt Dürrenmatt in einer 1980 geschriebenen *Anmerkung* (vgl. F. D.: Es steht geschrieben. Der Blinde. Zürich 1985, S. 249). **3** Vgl. hier nicht abgedruckte Partien des Interviews mit Artur Joseph Q 1966, bes. S. 244, sowie Dürrenmatts Vorwort zu Markus Imhoffs Film *Das Boot ist voll,* in: Dürrenmatt: Versuche. Zürich 1988, bes. S. 161. **4** Dürrenmatt denkt vermutlich an Rolf Hochhuths (geb. 1931) *Der Stellvertreter* (1963). **5** Peter Weiss' (1916–82) Oratorium *Die Ermittlung* (1965), das Partien des Frankfurter Auschwitz-Prozesses auf die Bühne bringt, gehört wie Hochhuths *Stellvertreter* zum sog. dokumentarischen Theater. **6** Über die Wirkung der Tragödie vgl. das 6. Kapitel der Aristotelischen *Poetik.* Im selben Kapitel auch Passagen, die – anders, als Dürrenmatt es hier ausführt – die Wichtigkeit der «Handlung» hervorheben. **7** Zum Begriff ‹Verfremdung› vgl. z. B. Brecht: Gesammelte Werke. Bd. 16. Frankfurt / M. 1967, S. 553, 610 ff, 680 f sowie Q 1949, Bd. 1, S. 113, eine der Äußerungen, in denen deutlich wird, daß Verfremdung im Verständnis Brechts nicht allein eine Frage der Schauspieltechnik, sondern schon in Elementen des Textes selbst begründet ist (Stückkomposition, Fabelbau, Einbau einer reflektierenden Ebene usw.). **8** Mit den Begriffen ‹paradoxe Handlung›, ‹schlimmst mögliche Wendung› und ‹eine Geschichte zu Ende denken› verwendet Dürrenmatt Kategorien aus den *21 Punkten zu den Physikern.* In einem Moment ist er dort noch expliziter: indem er die «schlimmst mögliche Wendung» als Produkt des «Zufalls» bestimmt (Theater-Schriften und Reden. Zürich 1966, S. 193). Gemeint ist nicht der Zufall schlechthin, sondern ein Zufall, der «auffällt», d. h. durch extreme «Unwahrscheinlichkeit» ausgezeichnet ist. Die Kategorie ‹Wahrscheinlichkeit› / ‹Unwahrscheinlichkeit›, auf die Dürrenmatt in den *Wiedertäufer*-Überlegungen anläßlich des Aristoteles-Zitats zu sprechen kommt, erlaubt es, die beiden Schriften aufeinander zu beziehen. **9** *Peripetie:*

Zu diesem Begriff (‹Umschlag› der Handlung ins Gegenteil des Bezweckten) vgl. das 11. Kapitel von Aristoteles' *Poetik.* **10** Vgl. ebd., 18. Kapitel. **11** Zu dieser Frage vgl. v. a. Dürrenmatts *Standortbestimmung zu Frank der Fünfte,* abgedruckt in: Theater-Schriften und Reden, S. 184–186, sowie ebd. S. 63 u. 233. **12** Über dieses «Wagnis» vgl. ebd. S. 189 und den Prolog zu *Frank der Fünfte* (F. D.: Komödien II und frühe Stücke. Zürich o. J., S. 200). **13** Dürrenmatt zitiert aus der 14. Szene der *Wiedertäufer,* aus dem Monolog Bockelsons, in dem dieser sich nicht mehr wie in *Es steht geschrieben* als «ein triebhafter Dämon», sondern als ein «Schauspieler ohne Engagement» präsentiert. Sein Versuch, in der vorzüglichen Theatertruppe des Bischofs eine Anstellung zu finden, ist wegen seines schauspielerischen Dilettantismus gescheitert (vgl. F. D.: Kritik. Zürich 1980, S. 154). **14** *nicht gleich Hitler:* Dürrenmatt kann dies sagen, obwohl er keineswegs leugnet, daß in Bockelsons «beruflicher Misere» Hitlers Zurückweisung durch die Wiener Kunstakademie (Anspielung darauf in der zwölften Szene, vgl. auch Dürrenmatts Äußerungen in Theater heute 7, 1966, H. 2, S. 12 sowie im Gespräch mit Heinz Ludwig Arnold. Zürich 1976, S. 67 f), in der Glaubensbereitschaft der Münsteraner der Fanatismus der Bevölkerung während des Dritten Reichs durchscheinen soll. Wogegen er mit der Formulierung «nicht gleich Hitler» protestiert, ist die Deutung dieses Durchscheinens als eines Zug um Zug durchgeführten Parallelfalls. Der Anspruch der «Komödie» ist bescheidener: Sie akzentuiert unter Mißachtung aller Proportionen nur eine «Tendenz» des Wirklichen («*ein* [Hervorhebung U. P.] Thema jeder Macht»). **15** *Arturo Ui:* s. o. S. 218.

Theodor W. Adorno (1903–1969)
Ist die Kunst heiter? (1967)

1

Der Vers «Ernst ist das Leben, heiter ist die Kunst» beschließt den Prolog zu Schillers Wallenstein. Er ist einer Wendung aus den Tristien des Ovid nachgebildet: Vita verecunda est, Musa jocosa mihi.[1] Man wird dem anmutig durchtriebenen antiken Dichter dabei eine Absicht unterschieben dürfen. Er, dessen Leben so heiter war, daß es dem Augusteischen Establishment untragbar dünkte, mochte

seinen Gönnern zublinzeln, indem er seine Munterkeit in die literarische der Ars amandi zurückdichtete und reuig des Lebens ernstes Führen [2] als Haltung seiner Person durchblicken ließ. Ihm ging
es um Begnadigung. Von solcher lateinischen Schlauheit wollte der
Hofpoet des deutschen Idealismus nichts wissen. Seine Sentenz
hebt zweckfrei den Zeigefinger. Dadurch wird sie vollends ideologisch, einverleibt dem bürgerlichen Hausschatz, bei passendem
Anlaß zitierfähig. Denn sie bestätigt die verfestigte und allbeliebte
Zweiteilung zwischen Beruf und Freizeit. Was auf die Qual pro-
saisch unfreier Arbeit und den im übrigen keineswegs unberechtig-
ten Abscheu vor ihr zurückgeht, sei ein ewiges Gesetz der beiden
reinlich getrennten Sphären. Keine soll mit der anderen vermischt
werden. Gerade durch ihre erbauliche Unverbindlichkeit wird die
Kunst dem bürgerlichen Leben als dessen ihm widersprechende Ergänzung eingefügt und unterworfen. Schon ist die Freizeitgestaltung abzusehen, die einmal daraus wird. Sie ist der Garten Ely-
sium, wo die himmlischen Rosen wachsen, welche die Frauen ins
irdische Leben flechten sollen [3], das so abscheulich ist. Dem Idealisten verdeckt sich die Möglichkeit, es könne real einmal anders
werden. Er hat dabei die Wirkung der Kunst im Auge. Bei aller Noblesse der Gebärde nimmt er insgeheim jenen Zustand vorweg, der
in der Kulturindustrie [4] Kunst als Vitaminspritze für müde Ge-
schäftsleute verordnet. Hegel war, auf der Paßhöhe des Idealismus,
der erste, der wie gegen die auf das achtzehnte Jahrhundert, Kant
eingeschlossen, zurückdatierende Wirkungsästhetik so auch gegen
jene Ansicht von der Kunst Einspruch erhob mit dem Satz, diese sei
kein horazisch angenehmes oder nützliches Spielwerk. [5]

2

Dennoch kommt der Platitude von der Heiterkeit der Kunst ihr
Maß an Wahrheit zu. Wäre sie nicht, wie immer auch vermittelt,
für die Menschen eine Quelle von Lust, so hätte sie in dem bloßen
Dasein, dem sie widerspricht und widersteht, nicht sich erhalten

können. Das aber ist ihr nichts Äußerliches sondern ein Stück ihrer eigenen Bestimmung. Die Kantische Formel von der Zweckmäßigkeit ohne Zweck[6] spielt, obgleich sie die Gesellschaft nicht nennt, darauf an. Das Ohne Zweck der Kunst ist ihr Entronnensein aus den Zwängen von Selbsterhaltung. Sie verkörpert etwas wie Freiheit inmitten der Unfreiheit. Daß sie, durch ihr bloßes Dasein, aus dem herrschenden Bann heraustritt, gesellt sie einem Glücksversprechen, das sie irgend selbst mit dem Ausdruck von Verzweiflung ausdrückt. Noch vor den Spielen Becketts hebt sich der Vorhang wie vor dem weihnachtlichen Zimmer. Vergebens arbeitet die Kunst, im Bestreben, ihres Scheinhaften sich zu entäußern, daran sich ab, jenes Restes von Beseligendem ledig zu werden, in dem sie den Verrat wittert an die Jasagerei. Die These von der Heiterkeit der Kunst ist indessen sehr genau zu nehmen. Sie gilt für die Kunst als ganze, nicht für die einzelnen Werke. Diesen mag Heiterkeit gründlich abgehen, nach dem Maß des Schreckens der Realität. Das Heitere an der Kunst ist, wenn man so will, das Gegenteil dessen, als was man es leicht vermutet, nicht ihr Gehalt sondern ihr Verhalten, das Abstrakte, daß sie überhaupt Kunst ist, aufgeht über dem, von dessen Gewalt sie zugleich zeugt. Darin bestätigt sich der Gedanke des Philosophen Schiller, der die Heiterkeit der Kunst in ihrem Wesen als Spiel[7] erkannte und nicht in dem, was sie, auch jenseits des Idealismus, an Geistigem ausspricht. Kunst ist a priori, vor ihren Werken, Kritik des tierischen Ernstes, welchen die Realität über die Menschen verhängt. Indem sie das Verhängnis nennt, glaubt sie es zu lockern. Das ist ihr Heiteres; freilich ebenso, als Veränderung des jeweils bestehenden Bewußtseins, ihr Ernst.

3

Aber die Kunst, die gleich der Erkenntnis all ihr Material und am Ende ihre Formen von der Realität, und zwar der gesellschaftlichen, empfängt, um sie zu verwandeln, ist dadurch verstrickt in ihre unversöhnlichen Widersprüche. Ihre Tiefe mißt sich danach, ob sie durch die Versöhnung, die ihr Formgesetz den Widersprüchen bereitet, deren reale Unversöhntheit erst recht hervorhebt. In ihren entlegensten Vermittlungen zittert der Widerspruch nach wie im äußersten Pianissimo der Musik das Dröhnen des Schrecklichen. Wo der Kulturglaube ihr eitel Harmonie nachrühmt, wie bei Mozart, bekundet diese die Dissonanz zum Dissonierenden und hat es zur Substanz. Das ist Mozarts Trauer. Nur durch die Verwandlung des gleichwohl als negativ Erhaltenen, Widersprüchlichen vollbringt Kunst, was verleumdet wird, sobald man es zu einem Sein jenseits des Seienden verklärt, unabhängig von seinem Gegenteil. Pflegen die Versuche, Kitsch zu definieren, zu scheitern, so wäre jedenfalls der nicht der schlechteste, der zum Kriterium von Kitsch macht, ob ein Kunstprodukt, und wäre es durch den Nachdruck des Gegensatzes zur Realität, das Bewußtsein des Widerspruchs ausprägt oder darüber betrügt. Unter solchem Aspekt ist von jeglichem Kunstwerk sein Ernst zu fordern. Kunst vibriert zwischen ihm und der Heiterkeit als der Realität Entronnenes und gleichwohl von ihr Durchdrungenes. Allein solche Spannung macht Kunst aus.

4

Was es mit der widerspruchsvollen Bewegung von Heiterkeit und Ernst in der Kunst – ihrer Dialektik – auf sich hat, dürfte einfach sich erläutern durch zwei Distichen Hölderlins, die der Dichter wohl mit Absicht nahe zusammenrückte. Das erste, ‹Sophokles› betitelt, lautet: «Viele versuchten umsonst das Freudigste freudig zu sagen / Hier spricht endlich es mir, hier in der Trauer sich aus.» Die Heiterkeit des Tragikers wird nicht im mythischen Inhalt seiner Stücke aufzusuchen sein, vielleicht nicht einmal in der Versöhnung, die er den Mythen angedeihen läßt, sondern darin, daß er es sagt, daß es sich ausspricht; beide Ausdrücke werden in Hölderlins Versen mit Emphase verwandt. Das Glück ist bei der Sprache, die über das bloß Seiende hinausweist. – Das zweite Distichon trägt die Überschrift ‹Die Scherzhaften›: «Immer spielt ihr und scherzt? ihr müßt! o Freunde! mir geht diß / In die Seele, denn diß müssen Verzweifelte nur.»[8] Wo Kunst von sich aus heiter sein will, und damit zu jenem Gebrauch sich schickt, zu dem Hölderlin zufolge nichts Heil'ges mehr taugt[9], wird sie eingeebnet aufs Bedürfnis der Menschen und ihr Wahrheitsgehalt verraten. Ihre verordnete Munterkeit paßt in den Betrieb. Sie bekräftigt die Menschen darin, ihn weiter über sich ergehen zu lassen, mitzutun. Das ist die Gestalt objektiver Verzweiflung. Nimmt man das Distichon schwer genug, so richtet es alles affirmative Wesen von Kunst. Es hat seitdem, unter dem Diktat der Kulturindustrie, zur Allgegenwart, der Scherz zur grinsenden Fratze von Reklame schlechthin sich entwickelt.

5

Denn das Verhältnis des Ernsten und Heiteren von Kunst unterliegt einer historischen Dynamik. Was irgend heiter an ihr genannt werden darf, ist ein Entsprungenes, undenkbar in archaischen Werken oder solchen strikt theologischen Ortes. Das Heitere an Kunstwerken setzt etwas wie städtische Freiheit voraus, nicht erst im frühen Bürgertum wie Boccaccio, Chaucer, Rabelais, der Don Quixote, sondern bereits als das, was späteren Epochen klassisch hieß, von der Archaik sich sondert. Womit Kunst dem finster-ausweglosen Mythos sich entringt[10], das ist wesentlich Prozeß, keine unveränderlich zugrunde liegende Wahl zwischen ernst und heiter. Im Heiteren der Kunst wird Subjektivität ihrer selbst inne und bewußt. Durch Heiterkeit zieht sie aus dem Verstrickten sich auf sich selbst zurück. Das Heitere hat etwas von bürgerlicher Freizügigkeit, gerät allerdings damit auch in die geschichtliche Fatalität des Bürgertums. Was einmal Komik war, stumpft unwiederbringlich sich ab; die spätere ist verderbt zum schmatzend einverstandenen Behagen. Am Ende wird sie unerträglich. Wer jedoch könnte danach noch über den Don Quixote lachen und den sadistischen Spott über den, welcher vorm bürgerlichen Realitätsprinzip versagt? Was gar an den heute wie damals genialen Komödien des Aristophanes komisch sein soll, ist zum Rätsel geworden, die Gleichsetzung des Derben mit dem Komischen nur noch in der Provinz nachzufühlen. Je gründlicher die Gesellschaft jene Versöhnung schuldig bleibt, die der bürgerliche Geist als Aufklärung des Mythos versprach, um so unwiderstehlicher wird Komik in den Orkus gerissen, Lachen, einst Bild von Humanität, zum Rückfall in die Unmenschlichkeit.[11]

6

Seitdem die Kunst von der Kulturindustrie an die Kandare genommen wird und unter die Konsumgüter sich einreiht, ist ihre Heiterkeit synthetisch, falsch, verhext. Nichts Heiteres ist vereinbar mit dem willkürlich Angedrehten. Das befriedete Verhältnis der Heiterkeit zur Natur schließt aus, was diese manipuliert und kalkuliert. Der Unterschied, den die Sprache zwischen Witz und Witzelei macht, legt davon recht präzise Rechenschaft ab. Wo Heiterkeit heute auftritt, ist sie entstellt als anbefohlene, bis in das ominöse Jedennoch jener Tragik hinein, die damit sich tröstet, daß das Leben nun einmal so sei. Kunst, die anders als reflektiert gar nicht mehr möglich ist, muß von sich aus auf Heiterkeit verzichten. Dazu nötigt sie vor allem anderen, was jüngst geschah. Der Satz, nach Auschwitz lasse kein Gedicht mehr sich schreiben[12], gilt nicht blank, gewiß aber, daß danach, weil es möglich war und bis ins Unabsehbare möglich bleibt, keine heitere Kunst mehr vorgestellt werden kann. Objektiv artet sie in Zynismus aus, mag immer sie die Güte menschlichen Verstehens sich erborgen. Übrigens ist solche Unmöglichkeit von der großen Dichtung, zuerst wohl bei Baudelaire[13], fast ein Jahrhundert vor der europäischen Katastrophe gespürt worden, dann auch bei Nietzsche und in der Absage der George-Schule an den Humor.[14] Dieser ist übergegangen an die polemische Parodie. Dort findet er temporäre Zuflucht, solange, wie er unversöhnlich verharrt, ohne Rücksicht auf den Begriff der Versöhnung, der einst an den Begriff Humor sich heftete.[15] Nachgerade ist die polemische Gestalt des Humors ebenfalls fragwürdig geworden. Sie darf nicht mehr mit solchen rechnen, die sie verstünden, und wenn irgendeine künstlerische Form, vermag Polemik nicht ins Leere zu zielen. Vor einigen Jahren gab es eine Debatte darüber, ob der Faschismus komisch oder parodistisch dargestellt werden dürfe ohne Frevel an den Opfern.[16] Unverkennbar das Läppische, Schmierenkomödiantische, Subalterne, die Wahlverwandtschaft Hitlers und der Seinen mit Revolverjournalismus und Spitzeltum. Lachen läßt darüber sich nicht. Die blutige Realität war nicht jener Geist oder Ungeist, dessen der Geist zu spotten vermöchte. Das waren noch gute Zeiten, mit Schlupfwinkeln und Schlamperei mitten im System des Grauens, als Hašek den Schwejk schrieb.[17] Komödien über den Faschismus[18] aber machten sich zu Komplizen jener törichten Denkgewohnheit, die ihn vorweg für geschlagen hält, weil die stärkeren Bataillone der Weltgeschichte gegen ihn stünden.[19] Die Stellung des Siegers zu beziehen, ziemt am letzten den Gegnern der Faschisten, welche die Pflicht haben, in nichts denen zu gleichen, die in jener Stellung sich verschanzen. Die geschichtlichen Kräfte, welche das Grauen hervorbrachten, stammen aus der Gesellschaftsstruktur an sich. Es sind keine der Oberfläche und viel zu mächtig, als daß es irgendeinem zustünde, sie zu behandeln, als hätte er die Weltgeschichte hinter sich, und die Führer wären tatsächlich die Clowns, deren Gedalber[20] ihre Mordreden nachträglich erst ähnlich wurden.

7

Weil indessen das Moment von Heiterkeit in der Freiheit der Kunst vom bloßen Dasein besteht, die noch die desperaten Werke, und sie erst recht, bewähren, wird das Moment von Heiterkeit oder Komik geschichtlich nicht einfach aus ihnen ausgetrieben. Es überlebt in ihrer Selbstkritik, als Komik der Komik. Die Züge des kunstvoll Sinnlosen und Albernen, die an den gegenwärtigen radikalen Kunstwerken den Positiven soviel Ärgernis geben, sind weniger Rückbildung der Kunst auf ein infantiles Stadium als ihr komisches Gericht über die Komik. Wedekinds Schlüsselstück gegen den Verleger des Simplizissimus führt den Untertitel: Die Satire der Satire.[21] Verwandtes enthält Kafka, dessen Schockprosa manche seiner Deuter, auch Thomas Mann[22], als Humor empfanden und dessen Verhältnis zu Hašek slowakische Autoren erforschen. Vollends vor Becketts Stücken überantwortet die Kategorie des Tragischen ebenso sich dem Gelächter, wie sie allen einverstandenen Humor abschneiden. Sie bezeugen einen Bewußtseinsstand, der die gesamte Alternative Ernst und Heiter nicht mehr zuläßt und auch nicht das Gemisch Tragikomik. Tragik zergeht vermöge der offenbaren Nichtigkeit des Anspruchs der Subjektivität, die da tragisch sein sollte.[23] Anstelle von Lachen tritt das tränenlose, verdorrte Weinen. Die Klage ist zu der von hohlen, leeren Augen geworden. Gerettet wird der Humor in Becketts Stücken, weil sie anstecken mit dem Lachen über die Lächerlichkeit des Lachens und über die Verzweiflung.[24] Dieser Prozeß verbindet sich mit dem der künstlerischen Reduktion, einer Bahn zum Existenzminimum als dem Minimum von Existenz, das übrig ist. Dies Minimum diskontiert[25], vielleicht um sie zu überleben, die geschichtliche Katastrophe.

8

In der zeitgenössischen Kunst zeichnet ein Absterben der Alternative von Heiterkeit und Ernst, von Tragik und Komik, beinahe von Leben und Tod sich ab. Kunst verneint damit ihre gesamte Vergangenheit, darum wohl, weil die gewohnte Alternative einen zwischen dem Glück des fortdauernden Lebens und dem Unheil gespaltenen Zustand ausdrückt, welches das Medium seiner Fortdauer bildet. Kunst jenseits von Heiterkeit und Ernst mag ebenso Chiffre von Versöhnung wie von Entsetzen sein kraft der vollendeten Entzauberung der Welt. Solche Kunst entspricht sowohl dem Ekel vor der Allgegenwart offener und verkappter Reklame fürs Dasein wie dem Widerstreben gegen den Kothurn[26], der durch die

Überhöhung des Leidens abermals Partei für seine Unabänderlichkeit ergreift. So wenig Kunst mehr heiter ist, so wenig mehr ist sie, angesichts des Jüngstvergangenen, ganz ernst. Zweifel werden wach, ob sie je so ernst war, wie die Kultur den Menschen es einredet. Sie darf nicht mehr, wie Hölderlins Dichtung, die mit dem Weltgeist sich fühlte, das Sagen der Trauer dem Freudigsten gleichsetzen. Der Wahrheitsgehalt der Freude scheint unerreichbar geworden. Daß die Gattungen sich verfransen, daß die tragische Gebärde komisch dünkt und die Komik trübselig, hängt damit zusammen. Tragik verwest, weil sie Anspruch auf den positiven Sinn von Negativität erhebt, jenen, den die Philosophie positive Negation nannte. Er ist nicht einzulösen. Die Kunst ins Unbekannte hinein, die einzig noch mögliche, ist weder heiter noch ernst; das Dritte aber zugehängt, so, als wäre es dem Nichts eingesenkt, dessen Figuren die fortgeschrittenen Kunstwerke beschreiben.

Q 1967. Der abgedruckte Essay greift Gedanken einer Passage aus Adornos und Horkheimers in der amerikanischen Emigration entstandener *Dialektik der Aufklärung* (1947) auf, in der dem sog. «versöhnten Lachen» ein «falsches», «schlechtes», «schreckliches», «teufliches» gegenübergestellt wird, das wie jenes «Befreiung» anzeigt – aus leiblicher Gefahr oder aus den Fängen der Logik –, aber im Gegensatz zu jenem die Furcht «bewältigt [...], indem es zu den Instanzen überläuft, die zu fürchten sind. Es ist das Echo der Macht als unentrinnbarer.» Die Verfasser beschreiben dieses von der Kulturindustrie verordnete «Lachen» als «Verlachen», sehen in ihm eine Äußerung der «Schadenfreude», der «Befreiung vom Skrupel», einen Verrat der «Solidarität».[27] Die «barbarische» Gesinnung, die solches Lachen bekundet, ist eine der Haltungen, für die Adorno in dem hier abgedruckten Essay von 1967 das Wort «Heiterkeit» gebraucht. Entsprechend nennt er «heitere Kunst» eine solche, die darauf aus ist, im Rezipienten Lachen dieser Art, eine «falsche», «entstellte» Art von «Heiterkeit» zu erwecken. Soweit Kunst noch möglich ist, muß sie «auf [diese] Heiterkeit verzichten». – Formulierungen wie die, daß «Heiterkeit heute» «entstellt», «verhext» sei, lassen jedoch erkennen, daß Adorno das Wort «Heiterkeit» noch in anderer Bedeutung verwendet: zur Bezeichnung dessen, was vom Makel dieser als Ergebnis einer «historischen Dynamik» begriffenen Entstellung frei ist. Es ist eine Haltung, durch die «Kunst» schlechthin sich gegenüber dem archaischen «finster-ausweglosen Mythos» auszeichnet: ihr «Entronnensein aus den Zwängen von Selbsterhaltung», ihre Freiheit vom «bloßen Dasein». – Eine doppelte Bedeutung hat auch der Ausdruck «Komik». Angemessen ist Komik nur noch als reflektierte: als «Lachen über die Lächerlichkeit des Lachens», als «Komik der Komik». Ein Konstituens des Begriffs ‹Komödie› sieht Adorno in ‹Komik› allerdings nicht mehr, nachdem die Gattungen sich «verfranst» haben.[28]

1 Ovid (43 v. Chr.–12 n. Chr.) schrieb seine *Tristium libri V* in den Jahren 8–12 in Tomis am Schwarzen Meer, dem Ort seiner von Augustus ausgesprochenen Verbannung, in der Hoffnung, die Erlaubnis zur Rückkehr nach Rom zu erhalten. Zitat: *Tristia* II, 354: «mein Leben ist keusch, meine Muse locker» (übers. v. Georg Luck in: Ovid: Tristia. Bd. 1. Heidelberg 1967, S. 89). **2** Adorno zitiert einen *Spruch* Goethes: «Vom Vater hab' ich die Statur, Des Lebens ernstes Führen …» (Goethes Werke. Hamburger Ausgabe. Bd. 1, 7. Aufl. Hamburg 1964, S. 320). **3** «*Rosen […], welche die Frauen ins irdische Leben flechten sollen*»: Adorno zitiert aus Schillers Gedicht *Würde der Frauen* (1796) (in: Schillers Werke. Nationalausgabe. Bd. 1. Weimar 1943, S. 240): «Ehret die Frauen! Sie flechten und weben / Himmlische Rosen ins irdische Leben». **4** *Kulturindustrie* ist der Titel eines Kapitels von Adornos und Max Horkheimers *Dialektik der Aufklärung* (1947) (Adorno: Gesammelte Schriften. Bd. 3. Frankfurt/M. 1981). Aus dem Jahr 1963 stammt *Résumé über Kulturindustrie* (in: Ges. Schriften Bd. 10,1, S. 337–346). Zur Kritik der Kulturindustrie vgl. auch Q 1970, S. 32–35. **5** Anspielung auf Vers 333 (Aut prodesse volunt aut delectare poetae) aus Horaz' (65 v. Chr. – 8. n. Chr.) *Ars poetica* (14 v. Chr.). Hierauf bezieht sich Hegel in seiner *Ästhetik* (hg. v. Friedrich Bassenge. Berlin 1955, S. 92 f). **6** Vgl. Kants *Kritik der Urteilskraft* (1790), § 44. **7** Über «Spiel» und «Ernst» handelt Schiller, von Adorno hier respektvoller als «Philosoph», nicht mehr als «Hofpoet des deutschen Idealismus» bezeichnet, im 15. seiner *Briefe über die ästhetische Erziehung*. **8** Hölderlins *Sophokles* und *Die Scherzhaften*: entst. 1798–1800; vgl. Große Stuttgarter Ausgabe. Bd. 1,1. Stuttgart 1946, S. 305. **9** Adorno zitiert aus Hölderlins *Einst hab ich die Muse gefragt* (entstanden nach 1800); vgl. Große Stuttgarter Ausgabe. Bd. 2,1. Stuttgart 1951, S. 220 f. – Über Hölderlins Humorlosigkeit vgl. die oben referierte Passage aus *Dialektik der Aufklärung*. **10** Vgl. das 1. Kapitel von *Dialektik der*

Aufklärung. **11** Außer den in Anm. 27 genannten Passagen aus *Dialektik der Aufklärung* vgl. Adornos Essay *Versuch, das Endspiel zu verstehen.* In: Noten zur Literatur. Frankfurt / M. 1974 (= Ges. Schriften. Bd. 11), S. 300 sowie Q 1970, S. 356 u. 505. **12** Die These, nach Auschwitz ein Gedicht zu schreiben, sei barbarisch, hatte Adorno zuerst 1951 in dem Essay *Kulturkritik und Gesellschaft* (entstanden 1949) vorgebracht (vgl. Ges. Schriften. Bd. 10,1. S. 30). **13** Vgl. Charles Baudelaires (1821–67) Essay *De l'Essence de rire* (1855), dt. in: Sämtliche Werke / Briefe. Bd. 1. München 1977, S. 284–305, bes. S. 286–291. **14** Für die 1900 herausgegebene Jean-Paul-Anthologie *Jean-Paul-Stundenbuch für seine Verehrer* wählten Stefan George und Karl Wolfskehl nur in «hohem Stil» abgefaßte Passagen; komische schlossen sie aus. **15** Die Gewohnheit, ‹Versöhnung› als Element des Begriffs ‹Humor› anzusehen, entwickelt sich im 19. Jh. und wirkt in manchen heutigen Definitionen fort. **16** Über «das Unrecht [an den Toten], das alle heitere Kunst […] begeht», vgl. Q 1970, S. 66. – In die erwähnte «Debatte» gehört Adornos 1962 entstandener Aufsatz *Zur Dialektik des Engagements* (Q 1962). **17** In Jaroslav Hašeks (1883–1923) Roman *Die Abenteuer des braven Soldaten Schwejk während des Weltkrieges* (1921–23) kann der an die Front kommandierte Prager Hundehändler Schwejk gegen die Zugriffe des Militärapparats erfolgreichen Widerstand leisten. **18** *Komödien über den Faschismus:* Adorno denkt an erster Stelle an Brechts *Der aufhaltsame Aufstieg des Arturo Ui* und Chaplins *The Great Dictator,* vgl. Q 1962. **19** Adorno wendet sich gegen eine Tendenz der marxistischen Geschichts- und Literaturtheorie. Die Rede von der «Position des Siegers» ist ein Topos der DDR-Literaturprogrammatik und -kritik der 50er und 60er Jahre. **20** *Gedalber:* von *dalbern* (‹Unsinn, Albernes reden›). **21** Frank Wedekinds (1864–1914) *Oaha – Die Satire der Satire* (1908), angeregt durch Auseinandersetzungen mit dem Verleger Albert Langen, behandelt den Verfall der Satire unter den Bedingungen der wilhelminischen Gesellschaft. **22** Vgl. Thomas Mann: Dem Dichter zu Ehren. Franz Kafka und *Das Schloß* [1941]. In: Th. Mann: Gesammelte Werke. Bd. 10. Frankfurt / M. 1960, S. 771–779, bes. S. 772 f. **23** Zur These, Tragik sei «nicht mehr möglich», vgl. Q 1970, S. 49; dazu S. 295 f. **24** Über die Stücke Becketts, die «weder für tragisch noch für komisch gelten [dürfen]», vgl. noch einmal Q 1970, S. 505, über das Versiegen der Tränen den Essay *Versuch, das Endspiel zu verstehen* (vgl. Anm. 11), bes. S. 290. **25** *diskontieren:* eine später fällige Forderung unter Abzug von Zinsen ankaufen. Hier etwa im Sinne von ‹das noch Mögliche festhalten›. **26** *Kothurn:* der hohe Stiefel des antiken Tragödienschauspielers. In übertragener Bedeutung bezeichnet das Wort den der Tragödie zugehörigen «erhabenen Stil». **27** Die Dialektik der Aufklärung, S. 162 f, vgl. dazu S. 96 f u. 133. **28** Vgl. Q 1970, S. 505 u. 296.

Thomas Bernhard (1931–1989)
Aus: Monologe auf Mallorca (1981)

[...] Das Scherzmaterial ist ja immer da, wo's nötig ist, wo ein Mangel ist, irgendeine geistige oder körperliche Verkrüppelung. Über einen Spaßmacher, der völlig normal ist, lacht ja kein Mensch, nicht, sondern der muß hinken oder einäugig sein oder jeden dritten Schritt hinfallen oder (*lacht*) sein Arsch explodiert und schiaßt a Kerz'n heraus oder was. Darüber lachen die Leut', immer über Mängel und über fürchterliche Gebrechen. Über was anderes hat ja noch nie jemand gelacht, nicht? Oder wenn irgend eine alte Großmutter auf der Bühne sich jeden dritten Satz wiederholt und alle Augenblick' sagt «mein Eineizwilling» oder irgend sowas, dann lachen die Leut'. Aber über völlig Normales, sogenanntes Normales, hat ja noch nie jemand auf der Welt gelacht. Und selbst lachen tut man auch nur, wenn man sich einzwickt oder was, da lacht man hellauf. Wenn meine Großmutter sich an der Herdplatte verbrennt hat, hab' ich wahnsinnig gelacht, und wenn das wochenlang *nicht* war, war wochenlang Nichtlachen im Haus. War eigentlich völlig fad. Und wenn mir das zu fad war, bin ich in's Besenkammerl hinein – da war so ein Vorhang, wo die Besen g'standen sind – und *wenn* ich g'wußt hab', jetzt kommt die Großmutter, hab' ich die Hand herausfallen lassen, und sie ist mit einem schrecklichen Schrei, also fast vom Schlag getroffen umg'fallen, weil ich sie erschreckt hab', als Kind, weil mir langweilig war. Aber es sind immer Gebrechen und Entsetzen. Über einen faden Gymnasiallehrer, der jeden Tag *gleich* bei der Tür reinkommt, lehrt und wieder hinausgeht, hat noch nie ein Schüler gelacht. Nur wenn man ihn gezwickt hat, oder die Kreide versteckt, da haben wir gelacht.[1]

Wenn man *Frost*[2] liest zum Beispiel, ich hab' ja *immer* schon Material zum Lachen geliefert. Das ist eigentlich alle Augenblick' hellauf zum Lachen. Aber ich weiß nicht, haben die Leut' keinen Humor oder was? Ich weiß es nicht. Mich hat's immer zum Lachen gebracht, bringt mich auch heut' noch. Wenn mir fad ist, oder es ist irgendwie eine tragische Periode, schlag' ich ein eigenes Buch von mir auf, das bringt mich noch am ehesten zum Lachen. Oder verstehen Sie das nicht, daß das so ist? – Das sagt nicht, daß ich nicht auch ernste Sätze geschrieben hab', zwischendurch, damit die Lachsätze zusammengehalten werden. Das ist der Kitt. Das Ernste ist der Kitt für das Lachprogramm. Nur kann man natürlich auch sagen, es ist ein *philosophisches Lach*programm, das ich irgendwie aufgemacht hab' vor zwanzig Jahren, wie ich zum Schreiben angefangen hab'. Natürlich, eine trockene, *nur* ernste Philosophie ist nicht zum Lachen, das ist ja auch wahnsinnig fad. Aber beim Schopenhauer[3] kann ich auch lachen. Je verbissener er ist, desto mehr ist er zum Lachen, nur nehmen die Leut' das alles tragisch ernst. Aber wie kann man jemanden ernstnehmen, der mit einem Pudel verheiratet ist, den kann man ja von vornherein nicht ernstnehmen. Das ist ja ein *Lach*philosoph, nicht. Das sind die großen Spaßmacher in der Geschichte – Schopenhauer, Kant[4]. Also die Allerernstesten im Grund. Da gehört der Pascal[5] auch dazu, auf seine katholisch-mysteriös religiöse Art – das sind eigentlich die großen *Lach*philosophen. [...]

Q 1981. Daß Bernhard – wie auch seine Figuren – das Wort «Komödie» so oft benutzt, liegt schon daran, daß es in seinem Sprachgebrauch erst an zweiter Stelle ein literarisches Genre bezeichnet, an erster Stelle – gleichbedeutend mit «komisch» – ein Lebensphänomen, das Bernhard überall entdeckt[6]: «komisch» oder «eine Komödie» ist eine Situation oder (meist) eine Anstrengung, die den Interessen des handelnden Subjekts widerstreitet – und zwar im Gegensatz zu dessen eigener Einschätzung. So heißt es in *Alte Meister*: «Was denken wir und was reden wir nicht alles und glauben, wir sind kompetent und sind es doch nicht, *das ist die Komödie*». Die Fortsetzung dieses Satzes – «und wenn wir fragen, wie soll es weitergehn? *ist es die Tragödie*»[7] – ist für Bernhard ebenfalls bezeichnend: Das als «komisch» oder «Komödie» Wahrgenommene hat immer auch eine Seite, die Bernhard veranlaßt, zugleich von «Tragödie» oder «tragisch» zu sprechen. Sein Begriff des Tragischen ist dabei von den hochstilisierten Definitionen des Idealismus weit entfernt, «tragisch» bedeutet meist kaum anderes als «unerträglich», «entsetzlich» o. ä., wobei der Gedanke an den theatralischen Ursprung des Begriffs immer mitschwingt.

Die Verschränkung von Komik und Tragik führt Bernhard mehrfach zu der These, ob seine Dramen Komödien oder Tragödien seien, lasse sich nicht entscheiden: «Zuerst habe ich hundertprozentig eine Tragödie aufgeführt und dann eine Komödie und dann wieder eine Tragödie, und dann vermischte sich das Theater, es ist nicht mehr erkennbar, ob es eine Tragödie oder eine Komödie ist. Das verwirrt die Zuschauer.»[8] Das Verwirrende bereitet zugleich Genuß: «Es ist alles komisch. Genau wie bei meiner Prosa darf man nie genau wissen: soll man jetzt hellauf lachen oder doch nicht. Diese Seiltanzerei ist erst das Vergnügen.»[9] Der Unentwirrbarkeit der Aspekte zum Trotz gibt es – vor allem aus Bernhards letztem Lebensjahrzehnt – Äußerungen, in denen er eine Präferenz bekundet: zu akzentuieren wünscht er das «Lächerliche», «die Komödie». Motivierend für diese Absicht, «die fürchterliche Wirklichkeit letzten Endes niemals als Tragödie, sondern als Komödie»[10] zu präsentieren, ist das Bedürfnis, Distanz zu gewinnen, das Unerträgliche erträglich zu machen, letztlich der «Todesangst»[11] zu entkommen. Der Gedanke an den Tod spielt dabei offenbar eine doppelte Rolle: Einerseits motiviert er als «Todesangst» das Komödienverfassen, zugleich gibt er den Maßstab, unter dem die Welt als komisch wahrnehmbar wird.[12]

Der vorliegende Text ist der Mitschnitt eines Monologs, den der Autor «ohne Manuskript» 1981 gehalten hat. Neben dem gleichfalls monologischen Text *Drei Tage* (1971) ist er eine der wenigen Selbstaussagen, in denen Bernhard, der sich im Sprachduktus zugleich als typische Bernhard-Figur präsentiert, wichtige Aspekte seines ästhetischen Verfahrens halbwegs stringent darlegt. In einer dem abgedruckten Textausschnitt vorangehenden Passage gibt Bernhard als Movens seines Schreibens die Tatsache an, daß «vieles unangenehm ist» und «die Wut gegen die Mitmenschen» nie abbreche, wendet sich aber zugleich gegen die Annahme, seine Haltung zum Leben sei «nur negativ». In dieser ihm von der Öffentlichkeit zugeschriebenen «Rolle» als «negativer Schriftsteller» fühle er sich allerdings auch «ganz wohl».

1 Eine große Zahl solcher Lachanlässe enthält z. B. Bernhards «Komödie» *Die Macht der Gewohnheit* (1974). Der Jongleur zu Caribaldi: «[...] das ist es ja / worüber die Leute lachen / wenn ihm [dem Spaßmacher] die Haube / vom Kopf fällt.» (Die Stücke 1983, S. 335) **2** *Frost:* In diesem 1963 publizierten Roman-debüt Bernhards protokolliert ein junger Medizinstudent seine Unterhaltungen mit dem Maler Strauch, der in einem abgelegenen österreichischen Bergdorf lebt und zunehmend dem Wahnsinn zu verfallen scheint. Das Buch wurde in einer enthusiastischen Rezension von Carl Zuckmayer für seine «unheimliche», «bedrohliche» Atmosphäre gelobt, mittels deren der Autor «dem ‹Abgrund› Mensch, von dem Büchner sprach, neue Perspektiven erschließt.» (In: Die Zeit, 21. 6. 1963) **3** Bernhard bezieht sich hier auf Anekdoten, die über Schopenhauer und dessen Haustier kursierten. Arthur Schopenhauer (s. o. S. 141 ff) wird in Bernhards Werk mehrfach erwähnt. In: *Auslöschung* (1986) z. B. empfiehlt der Protagonist seinem italienischen Freund Schopenhauers Hauptwerk *Die Welt als Wille und Vorstellung* (vgl. die dort in § 13 gegebene Theorie des Komischen). Zur Bedeutung Schopenhauers für Bernhard vgl. Gernot Weiß: Auslöschung der Philosophie. Würzburg 1993, bes. S. 114 bis 121. **4** Immanuel Kant (1724–1804) steht im Mittelpunkt von Bernhards gleichnamigem Theaterstück (1978), in dem er ebenfalls, mittels Aufnahme verschiedener Anekdoten, als komische Figur präsentiert wird: als hochfliegender Geist, der durch physische Bedingtheiten, insbesondere durch die Hinfälligkeit des Körpers, fortwährend höhnisch widerlegt wird. Bernhard äußert dazu in einem Interview, Kants Satz, das Komische sei das verfehlte Erhabene, könne dem Stück als Motto dienen (Q 1878, S. 56). **5** Der von Bernhard oft zitierte Blaise Pascal (1623–62) zeichnet in seinem Hauptwerk *Pensées* (posthum 1669) ein Bild des Menschen als eines zerrissenen Wesens zwischen irdischer und göttlicher Sphäre. Zur Bedeutung Pascals für Bernhard vgl. Christian Klug: Thomas Bernhards Theaterstücke. Stuttgart 1991, S. 39–57, sowie Weiß (Anm. 3), S. 65–69. **6** Vgl. dazu z. B. Bernhard: Das Kalkwerk. Frankfurt/M. 1970, S. 146 f und 88 sowie Bernhard: Verstörung [1967]. Frankfurt/M. 1974, S. 136. Aufschlußreich ist auch der zusammenfassende Aufsatz von Alfred Barthofer: Vorliebe für die Komödie: Todesangst. In: Adalbert-Stifter-Institut des Landes Oberösterreich. Vierteljahresschrift 31, 1982, S. 77–100 sowie Wendelin Schmidt-Dengler: «Komödientragödien». In: Bernhard-Tage Ohlsdorf. Weitra 1994, S. 71 98. **7** Bernhard: Alte Meister [1985]. Frankfurt/M. 1988, S. 308. **8** Q 1976, S. 159. **9** Armin Eichholz. Morgen Salzburg. Interview mit T. B. in: Münchner Merkur 24./25. 7. 1976. Auch in: Von einer Katastrophe in die andere. Hg. v. Sepp Dreissinger. Weitra 1992, S. 41. **10** Q 1978, S. 62. **11** Vgl. Bernhard: Ungenach [1968]. Frankfurt/M. 1981, S. 84 («Vorliebe für die Komödie: Todesangst»). **12** Vgl. den oft zitierten Satz aus Bernhards Rede zur Verleihung des österreichischen Staatspreises von 1968: «Es ist nichts zu loben, nichts zu verdammen, nichts anzuklagen, aber es ist vieles *lächerlich*, es ist alles lächerlich, wenn man an den *Tod* denkt.» (Erstdruck: Neues Forum 15, 1968, H. 173, S. 349).

Bibliographie I
Quellentexte zur Theorie der Komödie

Es handelt sich um eine Auswahlbibliographie, die auch Titel verzeichnet, die in diesem Band nicht abgedruckt sind.

Die Ordnung folgt chronologisch den Erstveröffentlichungsdaten. Statt des Jahres der Erstveröffentlichung wird das Jahr der Entstehung zugrunde gelegt, wenn dieses als aussagekräftiger erscheint. Neben dem Erstdruck eines Textes werden wichtige spätere Ausgaben erwähnt, darunter auch preiswerte, die z. Z. (1997) erhältlich sind. Ist ein Text im vorliegenden Band abgedruckt, wird die als Druckvorlage verwendete Ausgabe mit «DV» gekennzeichnet.

In den Herausgebertexten wird auf diese Bibliographie Bezug genommen mit Hilfe der Sigle Q (= Quellenverzeichnis) und Angabe der am Rand der Bibliographie ausgeworfenen Zahl (= Jahreszahl der Erstveröffentlichung bzw. der Entstehung des Textes).

1624 Opitz, Martin: Buch von der Deutschen Poeterey. Breslau 1624. Neudruck: Tübingen 1963, ^{2}1966, S. 20. (DV)

1647 Harsdörffer, Georg Philipp: Poetischer Trichter [...]. Nürnberg 1647–53. Reprint: Darmstadt 1969. T. 2. (1648), VI: Von den Freuden- und Hirtenspielen, S. 93–112, bes. S. 93–97. (DV)

1664 Kindermann, Balthasar: Der deutsche Poet [...]. Wittenberg 1664. Reprint: Hildesheim, New York 1973, S. 240–245, bes. S. 242f. (DV)

1665 Buchner, August: Anleitung zur deutschen Poeterey [...]. Wittenberg 1665. Reprint: Tübingen 1966, bes. S. 7–10.

1666 Rist, Johann: Die AllerEdelste Belustigung Kunst- und Tugendliebender Gemüther / Vermittelst eines anmuthigen und erbaulichen Gespräches [...]. Hamburg 1666. Auch in: Sämtliche Werke. Bd. 5. Berlin, New York 1974, bes. S. 306–320, 379 380.

1679 Birken, Sigmund von: Teutsche Rede-bind- und Dicht-Kunst / oder Kurze Anweisung zur Teutschen Poesy [...]. Nürnberg 1679. Reprint: Hildesheim, New York 1973, S. 321–340, bes. S. 321f. (DV)

1681 Riemer, Johann: Uber-Reicher Schatz-Meister Aller Hohen / Standes und Bürgerlichen Freud- und Leid-Complimente [...]. Leipzig, Frankfurt 1681. Auch in: Werke. Bd. 4. Berlin, New York 1987, bes. S. 163.

1682 Morhof, Daniel Georg: Unterricht von der teutschen Sprache und Poesie […]. Kiel 1682. 2. Aufl. Lübeck, Frankfurt 1700. Neudruck: Bad Homburg v. d. H. usw. 1969, bes. S. 347–353.

1685 Weise, Christian: Neue Proben von der vertrauten Redens-Kunst. Vorrede. Dresden, Leipzig 1700, S. a2^r–a7^v. Auch in: Sämtliche Werke. Bd. 12,2. Berlin, New York 1986, S. 456–464.

1688 Rotth, Albrecht Christian: Vollständige Deutsche Poesie in drey Theilen […]. Bd. 3. Leipzig 1688, S. 75–150, bes. S. 82, 130–133. (DV)

1690 Weise, Christian: Vorrede [zu] Lust und Nutz der Spielenden Jugend […]. Dresden, Leipzig 1690, S. 2^r–6^v. Auch in: Sämtliche Werke. Bd. 8. Berlin, New York 1976, S. 417–429.

1695 Neukirch, Benjamin: Vorrede von der deutschen Poesie. In: B. N., Herrn von Hoffmannswaldau und andrer Deutschen auserlesener und bißher ungedruckter Gedichte erster Theil. Leipzig 1697 (Neue u. verb. 2. Aufl. d. Ausgabe v. 1695). Neudruck: Tübingen 1961, S. 6–22, bes. S. 12–20.

1704 Omeis, Magnus Daniel: Gründliche Anleitung zur Teutschen accuraten Reim- und Dicht-Kunst […]. Nürnberg 1704, S. 226–237, bes. S. 228f, 231f. (DV)

1708 Feind, Barthold: Deutsche Gedichte […]. Sammt einer Vorrede Von dem Temperament und Gemühts-Beschaffenheit eines Poeten und Gedancken von der Opera. Stade 1708, bes. S. 103f.

1708a Weise, Christian: An den geneigten Leser. In: Ungleich und gleich gepaarte Liebes-ALLIANCE […]. Görlitz 1708, S. a2^r– a7^r. Auch in: Sämtliche Werke. Bd. 15. Berlin, New York 1986, S. 319–325.

1725 Gottsched, Johann Christoph: [Komödie]. In: Die vernünftigen Tadlerinnen, 17. St. Halle 1725. Reprint: Hildesheim 1993, S. 129–136.

1727 Bodmer, Johann Jacob: Von dem Einfluß und Gebrauche Der EinbildungsKrafft […]. Frankfurt / M., Leipzig 1727, bes. S. 206–210.

1728 Gottsched, Johann Christoph: [Komödie.] In: Der Biedermann. T. 1, 22. Blatt. Leipzig 1728. Reprint: Stuttgart 1975, S. 85–88. Auch in: Gesammelte Schriften. Bd. 2. Berlin 1912, S. 171–178.

1730 Gottsched, Johann Christoph: Versuch einer Critischen Dichtkunst vor die Deutschen […]. Leipzig 1730, S. 585–603. (DV) Auch in: Schriften zur Literatur. Stuttgart 1972 (= Reclam UB 9361), S. 176–196. 2. Aufl. 1737. 3. Aufl. 1742 (auch in: Ausgewählte Werke. Bd. 6. Berlin 1973). 4. Aufl. 1751 (Reprint: Darmstadt 1962).

1734 Anonym: Versuch eines Beweises, dass eine Singespiel oder eine Oper nicht gut seyn könne. In: Beyträge zur Critischen Historie der Deutschen Sprache, Poesie und Beredsamkeit, .Bd. 2, 8. St., 1734, S. 648–661.

1734a May, Johann Friedrich: Abhandlung von der Schaubühne. In: J. F. M. (Hg.), Des berühmten Französischen Paters Poree Rede von den Schauspielen […] übersetzt. Leipzig 1734, bes. S. 79–85.

1740 Straube, Gottlob Benjamin: Versuch eines Beweises, daß eine gereimte Comödie nicht gut seyn könne. In: Beyträge zur Critischen Historie [...], Bd. 6, 23. St., 1740, S. 466–485.

1740a Schlegel, Johann Elias: Schreiben an den Herrn N.N. über die Comödie in Versen. In: Beyträge zur Critischen Historie [...], Bd. 6, 24. St., 1740, S. 624–651. Auch in: Ausgewählte Werke. Weimar 1963, S. 408–424.

1741 Richter, Adam Daniel: Regeln und Anmerkungen der lustigen Schaubühne. Annaberg 1741.

1741a Gottsched, Johann Christoph: Zufällige Gedanken über Herrn Adam Daniel Richters, Rektor zu Annaberg, Regeln und Anmerkungen über die lustige Schaubühne [Richters Aufsatz wird hier ebenfalls veröffentlicht]. In: Beyträge zur Critischen Historie [...], Bd. 7, 1741, 28. St., S. 572–604.

1741b Straube, Gottlob Benjamin: Andere Vertheidigung der nicht gereimten Comödien wider die Einwürfe des Hrn. Schl[egel]. In: Beyträge zur Critischen Historie [...], Bd. 7, 26. St., 1741, S. 287–313.

1743 Mylius, Christlob: Eine Abhandlung, worinnen erwiesen wird: Dass die Wahrscheinlichkeit der Vorstellung bey den Schauspielen eben so nötich ist, als die innere Wahrscheinlichkeit derselben. In: Beyträge zur Critischen Historie [...], Bd. 8, 30. St., 1743, S. 297–322.

1747 Krüger, Johann Christian: Vorreden. In: Sammlung einiger Lustspiele aus dem Französischen des Herrn von Marivaux übersetzt. Bd. 1. Hannover 1747, S. *2–*4, sowie Bd. 2. Hannover 1749, S.*2–*4. Auch in: Werke. Tübingen 1986, S. 521–525.

1747a Meier, Georg Friedrich: Beurtheilung der Gottschedischen Dichtkunst. Halle 1747. Neudruck: Hildesheim 1975, bes. S. 345–355.

1747b Schlegel, Johann Elias: Gedanken zur Aufnahme des dänischen Theaters [entst. 1747]. In: Werke. Bd. 3. Kopenhagen, Leipzig 1764, S. 259–298, bes. S. 276–278. (DV) Faksimile: Frankfurt / M. 1971. Auch in: J.E.S., Canut. Ein Trauerspiel. Stuttgart 1967 (= Reclam UB 8766), S. 75–111.

1750 Mylius, Christlob: Untersuchung, ob man in Lustspielen die Charaktere übertreiben solle? In: Beyträge zur Historie und Aufnahme des Theaters, 2. St. Stuttgart 1750, S. 266–272.

1751 Gellert, Christian Fürchtegott: Pro Comoedia Commovente. Leipzig 1751. – Übersetzt von Lessing in: Theatralische Bibliothek, 1. St. Berlin 1754, S. 47–78. Auch in: Lessing, Werke. Bd. 4. München 1973, S. 37–53. (DV) Auch in: Gellert, Gesammelte Schriften. Bd. 5. Berlin 1994, S. 146–173. Auch in: Gellert, Die zärtlichen Schwestern. Leipzig 1965 (= Reclam UB 8973), S. 117–137.

1751a Schlegel, Johann Adolf: Von der Eintheilung der Poesie. In: Batteux, [Charles]: Einschränkung der schönen Künste [...]. Leipzig 1751, S. 306–327, bes. 314–317. 2. Aufl. Leipzig 1759, S. 389–430, bes.

S. 405–408 (auch in: Die Entwicklung des bürgerlichen Dramas im 18. Jh. Hg. v. Jürg Mathes. Tübingen 1974, S. 1–6). 3. Aufl. Leipzig 1770, bes. S. 329–341.

1753 Curtius, Michael Conrad: Abhandlung von den Personen und Vorwürfen der Comödie. In: Aristoteles: Dichtkunst. Hannover 1753, S. 397–399. Auch in: Mathes (Q 1751a), S. 11–13.

1754 Lessing, Gotthold Ephraim: Abhandlungen von dem weinerlichen oder rührenden Lustspiele. In: Theatralische Bibliothek, 1. St. Berlin 1754, S. 1–7, 78–85. Auch in: Lessing: Werke. Bd. 4. München 1973, S. 12–14, 53–57. (DV)

1755 Nicolai, Friedrich: Briefe über den itzigen Zustand der schönen Wissenschaften in Deutschland. Berlin 1755, S. 113–123.

1755a Pfeil, Johann Gottlob Benjamin: Vom bürgerlichen Trauerspiele. In: Neue Erweiterungen der Erkenntnis und des Vergnügens, Bd. 6, 31. St. Leipzig 1755. Auch in: Mathes (Q 1751a), S. 48–57, bes. 55 f.

1756 Ramler, Karl Wilhelm: Einleitung in die Schönen Wissenschaften. Nach dem Französischen des Herrn Batteux. Bd. 1–4. Leipzig 1756–58. 3. verb. Aufl. 1769, Bd. 1, bes. S. VI f, 4. verb. Aufl. 1774, Bd. 1, bes. S. VI f.

1761 Möser, Justus: Harlekin oder Vertheidigung des Groteske-Komischen. [Hamburg] 1761. Neue verb. Aufl. Bremen 1777 (Neudruck: Bad Homburg usw. 1968).

1765 Mendelssohn, Moses: Briefe, die neueste Litteratur betreffend, T. 21, 312. Brief, S. 129–138. Auch in: Gesammelte Schriften. Bd. 5,1. Stuttgart 1991, S. 649–652.

1766 Herder, Johann Gottfried: Haben wir eine französische Bühne [entst. 1766]? In: Sämmtliche Werke. Bd. 2. Berlin 1877, S. 207–227.

1767 Lessing, Gotthold Ephraim: Hamburgische Dramaturgie. Hamburg 1767–1769. Auch in: Werke. Bd. 4. München 1973, bes. S. 263, 312 f, 330 f, 361 f, 363, 470, 672, 684 f. (DV) Auch in: Hamburgische Dramaturgie. Stuttgart 1981 (= Reclam UB 7738).

1767a Schmid, Christian Heinrich: Theorie der Poesie. Leipzig 1767. Neudruck: Frankfurt 1972, bes. S. 451 f.

1767b Sturz, Helfrich Peter: [Begleitschreiben zu] Julie, ein Trauerspiel. Kopenhagen, Leipzig 1767. Auch in: Schriften. Bd. 2. Leipzig 1782. Nachdruck: München 1971, S. 155–184, bes. S. 161 f.

1771 Sulzer, Johann Georg: Comödie. In: J.G.S.: Allgemeine Theorie der Schönen Künste [...]. [1. Aufl.] Erster Theil. Berlin 1771, S. 213–222, bes. 213–215. Auch in: Mathes (Q 1751a), S. 80–82.

1773 Goethe, Johann Wolfgang: Brief an Johann Daniel Salzmann v. 6. 3. 1773. In: Goethes Briefe. Hamburger Ausgabe. Bd. 1. Hamburg ²1968, S. 141–144.

1774 Lenz, Jakob Michael Reinhold: Anmerkungen übers Theater. Leipzig 1774. Auch in: Werke und Schriften. Bd. 1. Stuttgart 1966, S. 329–362, bes. S. 357–361. (DV) Auch in: Werke. Stuttgart 1992 (= Reclam UB 8755), S. 396–401.

1775 Lenz, Jakob Michael Reinhold: Recension des Neuen Menoza von dem Verfasser selbst aufgesetzt. In: Frankfurter Gelehrte Anzeigen, 1775, S. 459–466. Auch in: Werke u. Schriften. Bd. 1. Stuttgart 1966, S. 414–420, bes. S. 418 f. (DV) Auch in: Werke. Stuttgart 1992 (= Reclam UB 8755), S. 419 f.

1776 Bürger, Gottfried August: Aus Daniel Wunderliches Buch. In: Deutsches Museum, Bd. 1, Jänner bis Junius 1776, S. 440–450, bes. S. 442 f. Auch in: Mathes (Q 1751a), S. 87 f.

1777 Engelbrecht, Johann Andreas: Von dem rührenden Lustspiel. In: Wilhelm Cooke, Grundsätze der dramatischen Kritik. Lübeck, Leipzig 1777, S. 185–189. Auch in: Mathes (Q 1751a), S. 92–94.

1784 Bürger, Gottfried August: Lehrbuch der Ästhetik [Göttinger Vorlesungen 1784–1794]. Berlin 1825, bes. Bd. 2, S. 166–184.

1785 Schiller, Friedrich: Was kann eine gute stehende Schaubühne eigentlich wirken? In: Rheinische Thalia, 1785, H. 1, S. 1–27. Auch in: Werke. Nationalausgabe. Bd. 20. Weimar 1962, S. 87–100, bes. 94 f.

1792 Schiller, Friedrich: Gedanken über den Gebrauch des Gemeinen und Niedrigen in der Kunst [1792/93?]. In: Kleinere prosaische Schriften. T. 4. Leipzig 1802, S. 310–325. Auch in: Werke. Nationalausgabe. Bd. 20. Weimar 1962, S. 241–247, bes. 243 f.

1792a Schiller, Friedrich: Tragödie und Comödie [aus dem Nachlaß, entst. 1792/93?]. Auch in: Werke. Nationalausgabe. Bd. 21. Weimar 1963, S. 91–93. (DV)

1794 Schlegel, Friedrich: Über die weiblichen Charaktere in den griechischen Dichtern. In: Leipziger Monatsschrift für Damen, 4. Bändchen, 1794, Okt., I., S. 3–25; Nov., II., S. 103–121. Auch in: Kritische Friedrich-Schlegel-Ausgabe. 1. Abt., Bd. 1. Paderborn usw. 1979, S. 45–69, bes. S. 63–68.

1794a Schlegel, Friedrich: Von den Schulen der griechischen Poesie. In: Berlinische Monatsschrift, Bd. 24, 1794, Nr. 3, S. 378–400. Auch in: Kritische Friedrich-Schlegel-Ausgabe. 1. Abt., Bd. 1. Paderborn usw. 1979, S. 3–18, bes. S. 12–15.

1794b Schlegel, Friedrich: Vom ästhetischen Werte der griechischen Komödie. In: Berlinische Monatsschrift, Bd. 24, 1794, Nr. 3, S. 485–505. [Überarb. Fass. u. d. T.:] Vom künstlerischen Werte der alten griechischen Komödie. 1794. In: Sämtliche Werke. Bd. 4. Wien 1822, S. 25–45. Auch in: Kritische Friedrich-Schlegel-Ausgabe. 1. Abt., Bd. 1. Paderborn usw. 1979, S. 19–33 [Abdr. d. Fass. 1794 mit den Var. d. Fass. 1822]. (DV)

1795 Körner, Christian Gottfried: Von der Komödie des Aristophanes [entst. ca. 1795]. In: Joseph P. Bauke, C.G. K. und Friedrich Schlegel. In: Jahrbuch d. Deutschen Schillergesellschaft 7, 1963, S. 32 f.

1795a Schiller, Friedrich: [Brief] An Wilhelm von Humboldt. Jena, 29./30. 11. 1795. In: Werke. Nationalausgabe. Bd. 28. Weimar 1969, S. 115–122, bes. 119.

1795b Schiller, Friedrich: Über naive und sentimentalische Dichtung. In: Die Horen, Bd. 4, 1795, 11. St., S. 43–76. 12. St., S. 1–55 u. Bd. 5, 1796, 1. St., S. 75–122. Auch in: Werke. Nationalausgabe. Bd. 20. Weimar 1962, S. 413–503, bes. S. 441–446. (DV)

1797 Heydenreich, Karl Heinrich: Grundsätze der Kritik des Lächerlichen mit Hinsicht auf das Lustspiel. Leipzig 1797.

1798 Schlegel, August Wilhelm: Vorlesungen über philosophische Kunstlehre [Jena 1798]. Leipzig 1911, bes. S. 179–198. [Darin S. 319–371: «Beilagen zu A. W. Schlegels Vorlesungen über philosophische Kunstlehre» v. K. C. F. Krause, bes. S. 340–359.] Neudruck [ohne d. Beilagen u. Anm. Krauses] in: Kritische Ausgabe der Vorlesungen. Bd. 1: Vorlesungen über Ästhetik I [1798–1803]. Paderborn usw. 1989, S. 1–177, bes. S. 93–101. (DV)

1800 Schiller, Friedrich / Goethe, Johann Wolfgang: Dramatische Preisaufgabe. In: Propyläen 3, 1800, 2. St., S. 169–171. Auch in: Schillers Werke. Nationalausgabe. Bd. 22. Weimar 1958, S. 326 f.

1800a Schlegel, August Wilhelm: [Rezension zu: Évariste-Désiré de Forges, chevalier de] Parny [: La] guerre des Dieux [, ancien et modernes, en dix chants. Paris [1,2]1799]. In: Athenaeum, Bd. 3, 2. St., 1800. Reprint: Darmstadt 1983, S. 252–268, bes. S. 255–267.

1802 Görres, Joseph: Aphorismen über die Kunst [...]. Koblenz 1802. Auch in: Gesammelte Schriften. Bd. 2,1. Köln 1932, S. 57–164, bes. S. 127–136.

1802a Hegel, Georg Wilhelm Friedrich: Über die wissenschaftlichen Behandlungsarten des Naturrechts [...]. In: Kritisches Journal d. Philosophie, Bd. 2, 1802/03, 2. St., 1802, S. 1–88, u. 3. St., 1803, S. 1–34. Neudruck in: Gesammelte Werke. Bd. 4. Hamburg 1968, S. 415–485, bes. S. 459–462 [= 2. St., S. 79 ff]. Auch in: Werke in 20 Bdn. Bd. 2. Frankfurt / M. 1970, S. 434–530, bes. S. 496–500.

1802b Herder, Johann Gottfried: Das Lustspiel. In: Adrastea, 4. St., 1802, S. 362–382. Auch in: Sämmtliche Werke. Bd. 23. Berlin 1885, S. 391–404.

1802c Schelling, Friedrich Wilhelm Joseph: Philosophie der Kunst [Vorlesungen, Jena 1802/03, Würzburg 1804/05]. In: Gesammelte Werke. 1. Abt., Bd. 5. Stuttgart, Augsburg 1859. Reprint: Darmstadt 1976, bes. S. 355–362, 375–379. (DV)

1802d Schlegel, August Wilhelm: Vorlesungen über schöne Literatur und

Kunst [Berlin 1801–1804]. T. 1 (1801–1802), T. 2 (1802–1803), T. 3 (1803–1804). Heilbronn 1884. Neudruck des 1. u. 2. T. in: Kritische Ausgabe der Vorlesungen. Bd. 1: Vorlesungen über Ästhetik I [1798–1803]. Paderborn usw. 1989, S. 179–781, bes. [T. 2] S. 767–779. (DV)

1803 Schlegel, Friedrich: Geschichte der europäischen Literatur [Privatvorlesungen, Paris und Köln 1803, 1804]. In: Kritische Friedrich-Schlegel-Ausgabe. 2. Abt. (Schriften aus dem Nachlaß). Bd. 11. München usw. 1958, S. 3–185, bes. S. 86–96.

1804 Richter, Jean Paul Friedrich: Vorschule der Ästhetik. Hamburg 1804. 2. verb. u. verm. Aufl. Stuttgart, Tübingen 1813. Auch in: Werke. Bd. 5. München 1963, bes. S. 129–139, 156–161.

1805 Ast, Friedrich: System der Kunstlehre oder Lehr- und Handbuch der Ästhetik [...]. Leipzig 1805, bes. S. 212f, S. 231–250. Vgl. auch: F. A., Grundlinien der Ästhetik. Landshut 1813.

1805b Eberhard, Johann August: Handbuch der Ästhetik für gebildete Leser aus allen Ständen in Briefen. T. 1–4. Halle 1803–1805, T. 4, S. 232–257. 2., verb. Aufl. T. 1–4. Halle 1807–1820. Reprint: Frankfurt / M. 1972, bes. T. 4, S. 181–201.

1806 Bouterwek, Friedrich: Ästhetik. T. 1. 2. Leipzig 1806, bes. T. 2, S. 404–409. 2., in den Principien berichtigte u. völlig umgearbeit. Ausg. Göttingen 1815, bes. T. 2, S. 195–204, 209–219. 3., verb. Aufl. T. 1. 2. Göttingen 1825, bes. T. 2, S. 218–229.

1806a Müller, Adam: Über die dramatische Kunst [Vorlesungen, Dresden 1806 / 07]. Erstdruck in: Phöbus [Reprint: Stuttgart 1961] 1, 1808, 1. u. 4.-12. St. Zweitdruck [in anderer Anordnung als in 1808] in: Vermischte Schriften über Staat, Philosophie u. Kunst. T. 2. Wien 1812, S. 3–260. Neudruck [nach 1812 mit Var. d. Erstdrucks] in: Kritische, ästhetische u. philosophische Schriften. Kritische Ausgabe. Bd. 1. Neuwied, Berlin 1967, S. 139–291, bes. S. 233–248 (Ironie, Lustspiel, Aristophanes [= Phobus, 4. u. 5. St., April u. Mai, S. 56–67]), S. 274–284 (Italienisches Theater, Masken, Extemporieren [= Phöbus, 11. u 12. St., Nov. u. Dez., S. 40–47]).

1807 Hegel, Georg Wilhelm Friedrich: System der Wissenschaft [...]. Erster Theil, die Phänomenologie des Geistes. Bamberg, Würzburg 1807. Neudruck in: Gesammelte Werke. Bd. 9. Hamburg 1980, bes. S. 396–399. Auch in: Werke in 20 Bdn. Bd. 3. Frankfurt / M. 1970, bes. S. 540–544.

1808 Körner, Christian Gottfried: Über das Lustspiel. In: Ästhetische Ansichten. Leipzig 1808. Auch in: Gesammelte Schriften. Leipzig 1881, S. 117–127.

1808a Schlegel, August Wilhelm: Über dramatische Kunst und Literatur [Vorlesungen, Wien 1808]. Heidelberg 1809 (T. 1 u. T. 2, 1. Abt.), 1811 (T. 2, 2. Abt.). 2. Aufl.: Heidelberg 1817. 3. [postume] Aufl.: Leipzig 1846–47.

Neudruck auf d. Basis d. 2. Aufl.: Kritische Ausgabe. Bd. 1. 2. Bonn, Leipzig 1923. Neudruck auf d. Basis d. 3. Aufl. in: Kritische Schriften u. Briefe. Bd. 5 u. 6. Stuttgart usw. 1966 u. 1967.

1810 Krug, Wilhelm Traugott: System der theoretischen Philosophie. 3. u. letzter T.: Geschmackslehre oder Ästhetik. Königsberg 1810, bes. S. 231–244.

1812 Schlegel, Friedrich: Geschichte der alten und neuen Literatur [Vorlesungen, Wien 1812]. T. 1. 2. Wien 1815. 2. verb. u. verm. Aufl. in: Sämtliche Werke. Bd. 1. 2. Wien 1822. Neudruck in: Kritische Friedrich-Schlegel-Ausgabe. 1. Abt., Bd. 6. Paderborn usw. 1961 [mit Var. nach 1812], bes. S. 39–43, 58 f.

1813 Steigentesch, August Ernst, Freiherr von: Bemerkungen über das Lustspiel. In: A. v. St., Lustspiele. T. 1. Neue verb. u. mit neuen Stücken verm. Aufl. Leipzig 1813, S. 1–46.

1815 Solger, Karl Wilhelm Ferdinand: Erwin. Vier Gespräche über das Schöne und die Kunst. T. 1. 2. Berlin 1815, bes. T. 1, S. 248–262; T. 2, S. 90–97, 142 f. Neudruck: Berlin 1907. Reprint d. Ausg. Berlin 1907: München 1971 [enthält auch Q 1819].

1817 Schütze, Stephan: Versuch einer Theorie des Komischen. Leipzig 1817, bes. S. 118–123, 192–223, 248–256.

1819 Solger, Karl Wilhelm Ferdinand: [Rezension zu:] Über dramatische Kunst und Literatur, Vorlesungen von A. W. Schlegel. Heidelberg 1809–1811. In: Jahrbuch d. Literatur, Bd. 7, 1819, S. 80–155. Reprint in: Q 1815 (Erwin), Ausg. 1971, S. 395–471, bes. S. 404–409, 420–424, 429–431. Neudruck in: Nachgelassene Schriften u. Briefwechsel. Bd. 1. 2. Leipzig 1826, Bd. 2, S. 493–628, bes. S. 508–516, 535–543, 552–556.

1819a Solger, Karl Wilhelm Ferdinand: Vorlesungen über Ästhetik [Berlin 1819]. Leipzig 1829. Reprint: Darmstadt 1973, bes. S. 100–108, 309 f, 312–314, 317–319. (DV)

1820 Hegel, Georg Wilhelm Friedrich: Vorlesungen über die Ästhetik [Ästhetik oder Philosophie der Kunst, Berlin 1820/21, 1823, 1826, 1828/29]. In: Werke. Vollständige Ausgabe [...]. Bd. 10. Berlin 1835 (1. Abt.), 1837 (2. Abt.), 1838 (3. Abt.), bes. 10,3: S. 533–537, 559–562, 576–581. 2., verb. Aufl. Bd. 10. Berlin 1842 (1. Abt.), 1843 (2. u. 3. Abt.), bes. 10,3: S. 533–537, 559–562, 576–581. Reprint d. 1. Aufl. in: Sämtliche Werke. Jubiläumsausgabe. Stuttgart 1927–1930 [u. a. Aufl.], Bd. 12–14. Neudruck nach d. 2. Aufl. Berlin 1955 [weitere Aufl.]; nach Berlin 1955 auch [Auswahl]: Stuttgart 1971 (Reclam UB 7976–88). Neudruck nach d. 2. Aufl. auch in: Werke in 20 Bdn. Bd. 13–15. Frankfurt/M. 1970, bes. Bd. 15, S. 527–531, 552–555, 569–574. (DV)

1820a Hegel, Georg Wilhelm Friedrich: Vorlesungen über Ästhetik. Berlin

1820/21. Eine Nachschrift. I. Textband. Frankfurt/M. usw. 1995, bes. S. 321, 327–331.

1825 Richter, Jean Paul Friedrich: Kleine Nachschule zur ästhetischen Vorschule. In: Kleine Bücherschau. Breslau 1825. Bd. 2. Auch in: Werke. Bd. 5. München 1963, S. 457–514, bes. S. 480f.

1827 Goethe, Johann Wolfgang: Nachlese zu Aristoteles' Poetik. In: Über Kunst u. Altertum, Bd. 6, 1827, H.1, S. 84–91. Auch in: Werke. Hamburger Ausgabe. Bd. 12. Hamburg ^{5}1963, S. 342–345.

1827a Rötscher, Heinrich Theodor: Aristophanes und sein Zeitalter. Berlin 1827.

1828 Krause, Karl Christian Friedrich: Vorlesungen über Ästhetik oder über die Philosophie des Schönen und der schönen Kunst [Vorlesungen, Göttingen 1828/29]. Leipzig 1882, bes. S. 268–275. Vgl. auch: K. C. F. K., Abriß der Ästhetik oder der Philosophie des Schönen und der schönen Kunst. [Postum] Göttingen 1837, bes. S. 70–72.

1830 Ficker, Franz: Ästhetik oder die Lehre vom Schönen und der Kunst in ihrem ganzen Umfange. Wien 1830, bes. S. 463–470.

1830a Weisse, Christian Hermann: System der Ästhetik als Wissenschaft von der Idee der Schönheit. T. 1. 2. Leipzig 1830. Reprint: Hildesheim 1966, bes. T. 2, S. 318f, 329–332, 338–340, 344–346.

1837 Heine, Heinrich: Über die französische Bühne [...]. In: Allgemeine Theater-Revue 3, 1838, Dez. 1837, S. 155–248. Überarb. u. gek. Neudruck in: Der Salon. Bd. 4. Hamburg 1840, S. 151–342. Auch in: Säkularausgabe. Bd. 7. Berlin, Paris 1970, S. 233–289, bes. 238–246; und in: Hist.-krit. Gesamtausgabe [Düsseldorfer Ausgabe]. Bd. 12,1. Hamburg 1980, S. 227–290, bes. 235–243. (DV)

1837a Ruge, Arnold: Neue Vorschule der Ästhetik. Das Komische mit einem komischen Anhange. Halle 1837. Reprint: Hildesheim, New York 1975, bes. S. 253–258. Leicht veränd. Neudruck u. d. T. ‹Ästhetik des Komischen› in: Sämmtliche Werke. Bd. 10. Mannheim ^{2}1848, S. 181–343, bes. 337–343.

1837b Vischer, Friedrich Theodor: Über das Erhabene und Komische. Ein Beitrag zur Philosophie des Schönen. Stuttgart 1837. Neudruck in: Kritische Gänge. Bd. 4. 2., verm. Aufl. München 1922, S. 3–158. Auch in: F. Th. V., Über das Erhabene und Komische und andere Texte zur Ästhetik. Frankfurt/M. 1967, S. 37–215, bes. S. 183–212.

1841 Hebbel, Friedrich: Vorbemerkung [u.] Prolog [zu:] Der Diamant [entst. 1838–41]. Hamburg 1847. [Prolog zuerst in: Morgenblatt f. gebildete Leser, Juli 1843.] Auch in: Werke. Bd. 1. München 1963, S. 221, 223–236.

1844 Bohtz, August Wilhelm: Über das Komische und die Komödie. Göttingen 1844, bes. S. 129–266.

1844a Marx, Karl: Zur Kritik der Hegelschen Rechtsphilosophie. Einleitung.

In: Deutsch-Französische Jahrbücher. Paris 1844. Auch in: Karl Marx / Friedrich Engels, Werke (MEW). Bd. 1. Berlin 1970, S. 378–391, bes. S. 381 f. (DV)

1844b Prutz, Robert Eduard: Ludwig Holberg. In: Literarhistorisches Taschenbuch 2, 1844, S. 243–383, bes. S. 336–47.

1844c Schopenhauer, Arthur: Die Welt als Wille und Vorstellung. Zweiter Band, welcher die Ergänzungen zu den vier Büchern des ersten Bandes enthält. Leipzig 1844. 3., verb. u. beträchtl. verm. Auflage. Leipzig 1859 [= Ausgabe letzter Hand]. Auch in: Werke in 5 Bdn. Nach d. Ausgaben letzter Hand. Bd. 2. Zürich 1988, bes. S. 509 f. (DV)

1845 Vischer, Friedrich Theodor: Politische Poesie. In: Jahrbücher der Gegenwart 3, 1845, H. 3. Neudruck in: Kritische Gänge. 2., verm. Aufl. Hg. v. R. Vischer. Bd. 2. Leipzig 1914, S. 165–182.

1846 Vischer, Friedrich Theodor: Ästhetik oder Wissenschaft des Schönen. [...]. T. 1–3. Reutlingen, Leipzig 1846–1857. 2. Aufl.: Bd. 1–6. München 1922–1923, bes. Bd. 6, S. 305–307, 326–347.

1848 Mundt, Theodor: Dramaturgie, oder Theorie und Geschichte der dramatischen Kunst. Bd. 1. 2. Berlin 1848, bes. Bd. 1, S. 345–348, 402–410.

1849 Fischer, Kuno: Diotima. Die Idee des Schönen [...]. Pforzheim 1849, bes. S. 259–313.

1851 Keller, Gottfried: [Brief an Hermann Hettner.] Berlin, 4. März 1851. In: Der Briefwechsel zwischen Gottfried Keller und Hermann Hettner. Berlin, Weimar 1964, S. 44–50, bes. 46–49. (DV)

1851a Schopenhauer, Arthur: Parerga und Paralipomena. Bd. 1. 2. Berlin 1851 [= Ausgabe letzter Hand]. Auch in: Werke in 5 Bdn. Nach d. Ausgaben letzter Hand. Zürich 1988, Bd. 4. 5., bes. Bd. 5, S. 386 f, 388 ff.

1852 Hettner, Hermann: Das moderne Drama. Braunschweig 1852. Neudruck: Berlin, Leipzig 1924. Auch in: Schriften zur Literatur. Berlin 1959, S. 167–265, bes. S. 238–265.

1852a Marx, Karl: Der achtzehnte Brumaire des Louis Bonaparte. In: Die Revolution. Eine Zeitschrift in zwanglosen Heften. New York 1852, H. 1 [u. d. T.: Der 18te Brumaire des Louis Napoleon]. Neudruck: Hamburg ²1869, ³1885. Auch in: Karl Marx / Friedrich Engels, Werke (MEW). Bd. 8. Berlin 1978, S. 111–207, bes. S. 115–117.

1854 Carriere, Moriz: Das Wesen und die Formen der Poesie. Leipzig 1854, bes. S. 268–285.

1854a Eichendorff, Joseph von: Zur Geschichte des Dramas. Leipzig 1854. Auch in: Sämtliche Werke. Hist.-krit. Ausgabe. Bd. 8, 2. Regensburg 1965, S. 247–424, bes. S. 255–257, 268–273, 286 f, 320–322, 326 f, 412–420.

1858 Gottschall, Rudolph: Poetik. Breslau 1858, bes. S. 455–474.

1859 Carriere, Moriz: Ästhetik. T. 1. 2. Leipzig 1859, bes. T. 2, S. 613–617. [Weitere Aufl.]

1862 Eleonor, Julius: Das deutsche Lustspiel. In: Recensionen u. Mittheilungen über Theater, Musik u. bildende Kunst 8, 1862, Nr. 25, S. 385–387. (DV)

1863 Hillebrand, Karl Arnold: Des conditions de la bonne comédie [...]. Paris 1863. [Deutsch:] Die klassische Komödie und ihre Voraussetzungen [...]. In: Komödie und Gesellschaft. Hg. v. Norbert Altenhofer. Frankfurt / M. 1973, S. 25–126, bes. S. 85–126.

1864 Stahr, Adolf [Stahr, Karl]: Die Shakespearefeier in Weimar 1864. Sechs Briefe an Dr. Friedrich Babel in Berlin [1864]. In: Gesammelte Werke. Bd. 17. Kleine Schriften zur Lit. u. Kunst. Bd. 3. Berlin, Oldenburg 1875, bes. S. 244–254 [6. Brief; darin Teil eines Aufsatzes v. K. Stahr, dem Bruder A. Stahrs, zur modernen Komödie].

1870 Östersey, Hermann: Die Dichtkunst und ihre Gattungen. Breslau 1870, bes. S. 235–237.

1873 Vischer, Friedrich Theodor: Kritik meiner Ästhetik. In: Kritische Gänge. N. F. Bd. 2. Stuttgart 1873, H. 5, S. 1–156, H. 6, S. 1–131. Neudruck in: Kritische Gänge. Bd. 4. 2., verm. Aufl. München 1922, S. 222–419, bes. S. 415–417.

1873a Wackernagel, Wilhelm: Poetik, Rhetorik und Stilistik. Halle 1873, bes. S. 189, 203–205, 216–224.

1874 Wichert, Ernst: Über den Anspruch auf Originalität beim Lustspiel. In: Die Gegenwart 5, 1874, Nr. 14, S. 233–234; Nr. 16, S. 246–248; Nr. 17, S. 265–266. (DV)

1883 Klaar, Alfred: Das moderne Drama dargestellt in seinen Richtungen und Hauptvertretern. Leipzig, Prag 1883, bes. S. 236–242.

1887 Conrad, Hermann: «Was ihr wollt». In: Preußische Jahrbücher 60, 1887, S. 1–35, bes. S. 30–35.

1891 Anonym: Lustspiel und Posse. In: Der Kunstwart 4, 1891, St. 13, S. 193–196.

1892 Biltz, Karl: Warum die Deutschen keine Komödie haben. In: Die Gegenwart 42, 1892, Nr. 32, S. 84–88. Auch in: K. B., Dramatische Humoresken. Berlin 1893, S. 11–31.

1893 Alberti, Conrad: Das deutsche Lustspiel. In: Die Zukunft 1, 1893, Bd. 3, S. 609–612.

1893a Mehring, Franz: Eine Diebskomödie. In: Die neue Zeit 12 / 1, 1893 / 94, S. 17–20. (DV) Auch in: Gesammelte Schriften u. Aufsätze. Bd. 2. Leipzig 1929, S. 152–158. Auch in: Werkauswahl. Bd. 3. Darmstadt, Neuwied 1975 (= Slg. Luchterhand 198), S. 190–196.

1895 Dehmel, Richard: Der Mitmensch. Tragikomödie. Nebst einer Abhandlung über Tragik und Drama. In: Gesammelte Werke. 2., sehr veränd. Ausg. Bd. 9. Berlin 1909, S. 9–71, bes. S. 34 f.

1895a Ruederer, Josef: [Vorwort zu] Die Fahnenweihe. München 1895, S. 5–8.

1896 Bahr, Hermann: Das Lustspiel. In: Die Zeit, Nr. 105, 3. 10. 1896, S. 11.

1896a Welcker, Heinrich: Das deutsche Lustspiel und die moderne Dichtung. In: Deutsche Dramaturgie 3, 1896/97, H. 8, S. 229–232; H. 9, S. 262–264.

1897 Schnitzler, Arthur: [Brief an Otto Brahm]. Paris, 23. 5. 1897. In: Der Briefwechsel Arthur Schnitzler – Otto Brahm. Berlin 1953, S. 60 f.

1897a Wolzogen, Ernst von: Das Lustspiel. In: Nord u. Süd 83, 1897, S. 305–315. (DV) Auch in: E. v. W., Ansichten und Aussichten. 2. Aufl. Berlin 1908, S. 189–213.

1898 Bruchmann, Kurt: Poetik. Berlin 1898, bes. S. 355–365.

1899 Wolff, Eugen: Poetik. Oldenburg, Leipzig 1899, bes. S. 219–239.

1900 Hessen, Robert: Aristophanes und Hauptmann. In: Preußische Jahrbücher 102, 1900, S. 83–93.

1900a Maehly, Jacob: Das antike und das moderne Lustspiel. In: Deutsche Volksbühne 1, 1900, H. 3, Sp. 50–57; H. 4, Sp. 95–100.

1900b Weitbrecht, Carl: Das deutsche Drama. Berlin 1900, bes. S. 191–221.

1902 Lorenz, Max: Politik und Theater. In: Das litterarische Echo 5, 1902, H. 6, Sp. 369–375.

1903 Harlan, Walter: Schule des Lustspiels. Berlin 1903.

1903a Wolff, Eugen: Keime für ein deutsches National-Lustspiel. In: Bühne u. Welt 6/1, 1903/04, S. 156–161.

1904 Lothar, Rudolf: Die Schule des Lustspiels. In: Das litterarische Echo 6, 1904, H. 16, Sp. 1108–1111 [Rezension zu Q 1903].

1904a Moeller-Bruck, Arthur: Die Komödie. In: Die Rheinlande 4, 1904, H. 13, S. 512–514.

1905 Bloem, Walter: Drama – Tragödie – Komödie. In: Dramaturgische Blätter 1, 1905, S. 242 f.

1905a Scholz, Wilhelm von: Gedanken zum Drama und andere Aufsätze über Bühne und Literatur. München, Leipzig 1905, bes. S. 5 f.

1906 Bab, Julius: Komödien. In: Die Schaubühne 2, 1906, Nr. 48, S. 521–525.

1906a Hüttemann, Walter: Das deutsche Lustspiel. In: Masken 1, 1906, Nr. 37, S. 8–15.

1906b Röttger, Karl: Lachen oder Weinen? In: Masken 1, 1906, Nr. 38, S. 5–10.

1907 Hofmannsthal, Hugo von: [Notiz]. Alt-Aussee, 12. 9. 1907. In: H. v. H., Silvia im »Stern«. Bern, Stuttgart [1959], S. 113 f.

1909 Fontana, Oskar Maurus: Witz und Humor. In: Die Wage 12/1, 1909, S. 352–356.

1909a Schlag, Hermann: Das Drama. Essen [1909], S. 225–266.

1911 Kahane, Arthur: Vom deutschen Lustspiel. In: Blätter d. Deutschen Theaters 1, 1911/12, H. 13, S. 199 f.

1911a Levetzow, Karl Freiherr von: Zum Problem «Deutsches Lustspiel». In: Der Merker 2, 1911, H. 27, S. 1104–1107; H. 29, S. 1186–1191.

1911b Rath, Willy: Komödien. In: Das litterarische Echo 14, 1911/12, H. 12, Sp. 830–837.

1912 Ernst, Paul: Ein Credo. Bd. 1. Berlin 1912, bes. S. 95–101, 127–135.

1912a Sternheim, Carl: Molière, der Bürger. In: Blätter d. Deutschen Theaters 1, 1911/12, H. 17, S. 259 f. Auch in: Gesamtwerk. Bd. 6. Neuwied, Berlin 1966, S. 16 f. (DV)

1912b Wolff, Max J.: Komödie und Posse. In: Internationale Monatsschrift f. Kunst u. Technik 7, 1912/13, Sp. 215–222.

1914 Sternheim, Carl: Gedanken über das Wesen des Dramas. In: Die Argonauten, 1. Folge, 1914, H. 5, S. 238 f. Auch in: Gesamtwerk. Bd. 6. Neuwied, Berlin 1966, S. 19 f. (DV)

1915 Glück, Guido: Das Lustspiel als Problem. In: Das litterarische Echo 18, 1915/16, H. 22, Sp. 1380–1383.

1916 Jakob, Gustav: Mystifikation und Komödie. In: Das litterarische Echo 19, 1916/17, Sp. 86–90.

1918 Sternheim, Carl: Das gerettete Bürgertum. In: Die Aktion 8, 1918, Nr. 1/2, Sp. 15–17. Auch in: Gesamtwerk. Bd. 6. Neuwied, Berlin 1966, S. 45–47. (DV)

1919 Rohrer, Paul: Zurück zur Komödie. In: Blätter d. Burgtheaters 1, 1919/20, H. 8, S. 19–22.

1919a Rottauscher, Alfred: Österreichs Berufung zur deutschen Komödie. In: Blätter d. Burgtheaters 1, 1919/20, H. 11/12, S. 1–9.

1920 Angel, Ernst: Der Selbstmord der Satire. In: Das junge Deutschland 3, 1920, Nr. 4, S. 112–115.

1920a Müller, Robert: Wiedergeburt des Theaters aus dem Geiste der Komödie. In: Die Neue Bühne. Dresden 1920, S. 70–80. Auch in: Kritische Schriften 2. Paderborn 1995, S. 490–499.

1921 Benjamin, Walter: Schicksal und Charakter. In: Die Argonauten, 1. Folge, 1921, H. 10–12, S. 187–196, bes. S. 194 ff. Auch in: Gesammelte Schriften 2,1. Frankfurt/M. 1977, S. 171–179, bes. S. 177 ff.

1921a Hofmannsthal, Hugo von: Die Ironie der Dinge. In: Neue Freie Presse, 27. 3. 1921. Auch in: Gesammelte Werke. [Bd. 14:] Prosa IV. [Frankfurt/M.] 1966, S. 40–44. Auch in: Gesammelte Werke. [Bd. 9:] Reden u. Aufsätze II. 1914–1924. Frankfurt/M. 1979 (= Fischer Tb. 2167), S. 138–141.

1921b Poritzky, Johann Elias: Die politische Komödie. In: J. E. P., Die Erotiker. München, Berlin 1921, S. 393–406.

1922 Friedell, Egon: Das deutsche Lustspiel. In: Das neue Forum 1, 1922, H. 14, S. 219–222.

1922a Goll, Iwan: Es gibt kein Drama mehr! In: Die neue Schaubühne 4, 1922, S. 18. (DV) Auch in: I. G., Gefangen im Kreise. Dichtungen, Essays u. Briefe. Leipzig 1982, S. 215 f.

1922b Roosen, Max: Die Gesellschaft und die Komödie. In: Das neue Forum 1, 1922, H. 14, S. 213–215.

1923 Goldschmidt, Rudolph K.: Das Drama. München 1923, S. 81–108.

1923a Toller, Ernst: [Brief] an Kurt Wolff. Niederschönenfeld, 5. 2. 1923. In: Kurt Wolff. Briefwechsel eines Verlegers 1911–1963. Frankfurt/M. 1966, S. 330.

1924 Lengerke, Wolfgang von: Die Wiedergeburt der Komödie. In: Der Kritiker 6, 1924, H. 11, S. 16 f.

1926 Knöller, Fritz: Die Komödie in Deutschland. In: Die Literatur 29, 1926/27, H. 4, S. 189–191.

1926a Schöningh, Franz Josef: Neue Komödie. In: Hochland 24/1, 1926/27, S. 605–607.

1927 Eloesser, Arthur: Hasenclevers Komödie. In: Weltbühne 23/1, 1927, S. 510–512.

1927a Hasenclever, Walter: Mein Weg zur Komödie. In: Frankfurter General-Anzeiger, 12. 1. 1927. Auch in: Sämtliche Werke. Bd. 3,2. Mainz 1996, S. 25–28.

1928 Hasenclever, Walter: Das Vorbild der Komödie. In: Blätter d. Reinhardt-Bühnen, 1928/29, H. 3, S. 11 f. Auch in: Sämtliche Werke. Bd. 3, 2. Mainz 1996, S. 137–139.

1929 Hartung, Hugo: Vom Lustspiel: In: Das Prisma 6, 1929/30, H. 3, S. 17–19.

1929a Johst, Hanns: Die Tragödie und die Gestalt. In: Zeitwende 5/1, 1929, S. 147–158, bes. S. 154. Auch in: H. J., Standpunkt und Fortschritt. Oldenburg 1933, S. 33–54 (u. d. T.: Tragödie und Gestalt).

1930 Hasenclever, Walter/Pinthus, Kurt: Komödie als Zeitkritik [Gespräch im Berliner Rundfunk, 20. 4. 1930]. In: Sämtliche Werke. Bd. 5. Mainz 1997, S. 332–345.

1931 Russell, Juga: Neugeburt komödischer Dichtung. In: Die Hilfe 37, 1931, Nr. 32, S. 771–775.

1933 Leuteritz, Gustav: Die Problematik des deutschen Lustspiels. In: Die Literatur 36, 1933/34, S. 144–146.

1933a Sachs, Lothar: Komödiendicher an die Front! In: Freiburger Theaterblätter, 1933/34, S. 38 f.

1934 Hedler, Friedrich: Das Lustspiel als Kulturaufgabe des nationalen Theaters. In: Bausteine zum deutschen Nationaltheater 2, 1934, H. 6, S. 171–176.

1934a Ders.: Die Geburt der Komödie. In: Die neue Literatur 35, 1934, H. 11, S. 677–692 [literarhistorisch erweit. u. leicht veränd. Fassung von Q 1934].

1935 Weber, Peter von: Zur Rechtfertigung des Lustspiels. In: Freiburger Theaterblätter, 1935/36, S. 158.

1936 Franck, Hans: Komödie. In: Freiburger Theaterblätter, 1936/37, S. 110 f.

1936a Lampe, Jorg: Sinn und Aufgabe des deutschen Lustspiels. In: Die Literatur 39, 1936/37, S. 147–149.

1936b Stahl, Ernst-Leopold: Das neue deutsche Lustspiel. In: Hessisches Landestheater Darmstadt, Spielzeit 1936/37, S. 83–87.

1937 Bethge, Friedrich: Rede bei der Theatertagung der HJ in Bochum. In: Das innere Reich 4, 1937, H. 3, S. 335–354, bes. S. 344–347.

1938 Thomas, Walter: Vom Drama unserer Zeit. Leipzig 1938, bes. S. 44–50.

1938a Wanderscheck, Hermann: Deutsche Dramatik der Gegenwart. Berlin [1938], S. 258–261.

1939 Michel, Wilhelm: Geist der Komödie [entst. 1939/40]. In: W. M., Gewalten des Geistes. Darmstadt 1959, S. 85–89.

1940 Best, Walter: Die Krise des Lustspiels. In: W. B., Völkische Dramaturgie. Gesammelte Aufsätze. Würzburg 1940, S. 50–55.

1944 Wanderscheck, Hermann: Dramaturgische Appassionata. Leipzig 1944, S. 115–126.

1946 Jhering, Herbert: Wandlung des Theatergefühls. In: Aufbau 2, 1946, H. 1, S. 104 f.

1946a Jhering, Herbert: Selbstkritik und deutsches Lustspiel. In: Aufbau 2, 1946, H. 4, S. 421 f.

1946b Staiger, Emil: Grundbegriffe der Poetik. Zürich 1946, [6]1963, S. 192–201.

1947 Brodwin, Stefan: Die Komödie und ihre gesellschaftliche Bedeutung. In: Aufbau 3, 1947, H. 7, S. 21–28.

1947a Frisch, Max: Tagebuch 1946–1949 [Eintrag aus dem Jahr 1947]. Frankfurt/M. 1950. Auch in: Gesammelte Werke in zeitlicher Folge. Bd. 2. Frankfurt/M. 1976, S. 347–750, bes. S. 505–508. (DV)

1947b Heiseler, Bernt von: Über das Lustspiel. In: B. v. H., Gespräche über Kunst. Krefeld 1947, S. 42–53. Auch in: Gesammelte Essays. Bd. 2. Stuttgart 1967, S. 332–341.

1948 Roch, Herbert: Fragment über das Pilzsuchen. In: H. R., Bootsfahrten. Berlin 1948, S. 62–112.

1949 Brecht, Bertolt: Arbeitsjournal. Bd. 1 u. 2. Frankfurt/M. 1974, bes. Bd. 2, S. 559 u. 599 [Eintragungen vom 14. 11. 49 u. 13. 9. 53]. (DV)

1950 Jhering, Herbert: Über das Unterhaltungstheater. In: Sonntag 5, 1950, Nr. 20, S. 8.

1951 Brecht, Bertolt: Die Dialektik auf dem Theater [1951 ff]. In: Gesammelte Werke. werkausg. edition suhrkamp. Bd. 16. Frankfurt/M. 1967, S. 924. (DV)

1952 Brecht, Bertolt: Das Gesellschaftlich Komische. In: Theaterarbeit. Dresden 1952, S. 42. Auch in: B. B.: Werke. Große kommentierte Berliner u. Frankfurter Ausgabe. Bd. 24. Berlin/Weimar, Frankfurt/M. 1991, S. 312. (DV)

1952a Brecht, Bertolt: Katzgraben-Notate [1952/53]. In: Gesammelte Werke. werkausg. edition suhrkamp. Bd. 16. Frankfurt/M. 1967, S. 805, 806, 834. (DV)

1952b Dürrenmatt, Friedrich: Anmerkung zur Komödie. In: Die Weltwoche, 22. 2. 1952. Auch in: Theater-Schriften u. Reden. Zürich 1966, S. 132–137. (DV)

1952c Dürrenmatt, Friedrich: Etwas über *Die Ehe des Herrn Mississippi* und etwas über mich. In: Programmheft d. Münchner Kammerspiele 1951/52, Nr. 5. Auch in: F. D.: Die Ehe des Herrn Mississippi. Zürich 1985 (= Werkausgabe in 30 Bdn. Bd. 3), S. 217–219 (mit unrichtiger Datierung u. Kürzung des für den Dürrenmatt der frühen fünfziger Jahre bezeichnenden Schlusses). Zuverlässiger der Abdruck bei: Petzet, Wolfgang: Die Münchner Kammerspiele 1911–1972. München 1973, S. 442 f.

1952d Satlow, Ulrich: ‹Komische› Wissenschaft. Einige ernste Gedanken über die heitere dramatische Kunst. In: Theater d. Zeit 7, 1952, H. 16, S. 1–4.

1953 Brecht, Bertolt: Zu ‹Der aufhaltsame Aufstieg des Arturo Ui› [1953]. In: Gesammelte Werke. werkausg. edition suhrkamp. Bd. 17. Frankfurt/M. 1967, S. 1176–1178. (DV)

1953a Loschen, Walter: Wo bleibt die deutsche Komödie? In: Bühnengenossenschaft 4, 1953, Nr. 11, S. 235.

1954 Bloch, Ernst: Das Prinzip Hoffnung. Bd. 1–3. Berlin 1954–1959. Auch Frankfurt/M. 1974, bes. S. 499 f, 512–519.

1954a Knörrich, Otto: Tragödie und Komödie – heute. In: Welt u. Wort 9, 1954, S. 335 f.

1955 Dürrenmatt, Friedrich: Theaterprobleme. Zürich 1955. Auch in: F. D.: Theater-Schriften u. Reden. Zürich 1966, S. 92–131, bes. S. 119–124. (DV)

1956 Hacks, Peter: Einige Gemeinplätze über das Stückeschreiben. In: Neue deutsche Literatur 4, 1956, H. 9, S. 119–126, bes. S. 123 f. (DV)

1957 Hacks, Peter: Das realistische Theaterstück. In: Neue deutsche Literatur 5, 1957, H. 10, S. 90–104, bes. S. 95 f.

1958 Frisch, Max: Öffentlichkeit als Partner [1958]. In: Gesammelte Werke in zeitlicher Folge. Bd. 4. Frankfurt/M. 1976, S. 244–252, bes. S. 250.

1958a Theunissen, Gert H.: Das Lachen der Freiheit. Die Überwindung des unvernünftigen Verstandes. In: Theater u. Zeit 5, 1957/58, H. 8, S. 9–12.

1958b Tornau, Hildegard: Die Tragödie, in der man Tränen lacht. In: Die Volksbühne 8, 1957/58, H. 10, S. 182–184.

1959 Baum, Georgina: Humor und Satire in der bürgerlichen Ästhetik. Zur Kritik ihres apologetischen Charakters. Berlin 1959.

1959a Hacks, Peter: Brief an einen Dramaturgen [1959]. In: P. H., Zwei Bearbeitungen. Frankfurt/M. 1963. Auch in: P. H., Die Maßgaben der Kunst. Düsseldorf 1977, S. 326–328.

1960 Borew, Juri: Über das Komische. Berlin 1960.

1960a Dürrenmatt, Friedrich: Der Rest ist Dank [1960]. In: F. D.: Theater-Schriften u. Reden. Zürich 1966, S. 71–74.

1961 Marquard, Mara: Über das Komische. Zum Erscheinen des Buches von Juri Borew. In: Kunst u. Literatur 9, 1961, H. 8, S. 813–822.

1962 Adorno, Theodor W.: Zur Dialektik des Engagements. In: Die Neue Rundschau 73, 1962, S. 93–110. Auch in: Th. W. A., Noten zur Literatur. Frankfurt/M. 1981, S. 409–430, bes. S. 417f.

1962a Kaufmann, Hans: Bertolt Brecht. Geschichtsdrama und Parabelstück. Berlin 1962, bes. S. 127–142.

1962b Martin Walser: [Interview.] In: Theater heute 3, 1962, H. 11, S. I-II.

1963 Hochhuth, Rolf: Wie ist die heutige Welt auf dem Theater darzustellen? Antworten auf Fragen d. Zeitschrift *Theater heute*. In: Theater heute 4, 1963, Sonderheft, S. 73f. Auch in: R. H., Die Hebamme. Komödie, Erzählungen, Gedichte, Essays. Reinbek 1971, S. 317–326.

1963a Nössig, Manfred: Kann dieses Vergnügen genügen? In: Theater d. Zeit 18, 1963, H. 11, S. 4–6.

1964 Hacks, Peter: Götter, welch ein Held! Zu ‹Der Frieden›. In: Programmheft Deutsches Theater Göttingen, Nr. 286, August 1964. Auch in: P. H., Die Maßgaben der Kunst. Düsseldorf 1977, S. 341–345.

1964a Hammel, Claus: Lob des alten Huts oder Worüber lacht man? In: Sonntag 19, 1964, Nr. 14, S. 16.

1964b Heise, Wolfgang: Hegel und das Komische. In: Sinn u. Form 16, 1964, S. 811–830.

1964c Kühne, Erich: Mehrschichtigkeit und Vielseitigkeit des Komödienkonflikts. Gestaltungsfragen des zeitgenössischen deutschen Lustspiels, besonders von Baierls ‹Frau Flinz›. In: Weimarer Beiträge 10, 1964, H. 2, S. 163–183.

1964d Walser, Martin: Imitation oder Realismus [1964]. In: M. W., Erfahrungen und Leseerfahrungen. Frankfurt/M. 1965. ³1969, S. 66–93.

1965 Drewitz, Ingeborg: Groteske Literatur – Chance und Gefahr. In: Merkur 19, 1965, H. 205, S. 338–347.

1965a Kott, Jan: König Lear oder das Endspiel [1965]. In: J. K., Shakespeare heute. München 1980, S. 133–170.

1965b Wertheim, Ursula/Adling, Wilfried: Konflikte unserer Wirklichkeit. In: Theater d. Zeit 20, 1965, H. 13, S. 21f.

1966 Dürrenmatt, Friedrich: [Interview mit Artur Joseph v. 20. 5. 1966.] In: A. J., Theater unter vier Augen. Köln 1969, S. 15–26. Auch in: F. D., Gespräche. Bd. 1. Zürich 1996, S. 235–246, bes. S. 242–245. (DV)

1966a Neubert, Werner: Die Wandlungen des Juvenal. Berlin 1966.

1966b Sauter, F.: Gespräch mit Friedrich Dürrenmatt. In: Sinn u. Form 18, 1966, S. 1218–1232, bes. S. 1223–1225.

1967   Adorno, Theodor W.: Ist die Kunst heiter? In: Süddeutsche Zeitung, 15./16. 7. 1967, S. 71. Auch in: Th. W. A., Noten zur Literatur. Frankfurt/M. 1981, S. 599–606. (DV)

1967a Dürrenmatt, Friedrich: Dramaturgische Überlegungen zu den Wiedertäufern. In: Die Wiedertäufer. Zürich 1967, S. 101–109. (DV)

1968   Arntzen, Helmut: Die ernste Komödie. München 1968, bes. S. 9–19, 247–249.

1968a Dürrenmatt, Friedrich: Wie schreibt man böse, wenn man gut lebt? [Interview mit Siegfried Melchinger.] In: Theater heute 9, 1968, H. 9, S. 6–8.

1968b Guthke, Karl S.: Die moderne Tragikomödie. Göttingen 1968, bes. S. 53–100.

1968c Muschg, Adolf: Herr Leu und die Großen. In: A. M., Rumpelstilz. Zürich 1968, S. 72–78.

1969   Arntzen, Helmut: Komödie und Episches Theater. In: Der Deutschunterricht 21, 1969, H. 3, S. 67–77.

1969a Walser, Martin: Interview mit Artur Joseph. In: A. J., Theater unter vier Augen. Köln, Berlin 1969, S. 57–62, bes. S. 59 f.

1970   Adorno, Theodor W.: Ästhetische Theorie. Frankfurt/M. 1970 (= Gesammelte Schriften. Bd. 7), bes. S. 295 f, 505.

1970a Bernhard, Thomas: Nie und mit nichts fertig werden. In: Deutsche Akademie f. Sprache u. Dichtung Darmstadt. Jahrbuch 1970. Heidelberg, Darmstadt 1971, S. 83 f. Auch in: Büchner-Preis-Reden. Hg. v. Ernst Johann. Stuttgart 1972, S. 215 f.

1970b Komisches. In: Kultur-Politisches Wörterbuch. Berlin 1970, S. 270–272.

1970c Thurm, Brigitte: Gesellschaft, Kollisionen, Persönlichkeit. Gedanken zu Konfliktstrukturen u. Genrefragen unserer Dramatik. In: Theater d. Zeit 25, 1970, H. 5, S. 10–12.

1974   Giese, Peter Christian: Das ‹Gesellschaftlich-Komische›. Zu Komik u. Komödie am Beispiel d. Stücke u. Bearbeitungen Brechts. Stuttgart 1974.

1974a Martini, Fritz: Überlegungen zur Poetik des Lustspiels. In: F. M., Lustspiele – und das Lustspiel. Stuttgart 1974, S. 9–36.

1974b Müller, Heiner: [Interviewäußerungen, 1974.] In: Gerda Baumbach, Dramatische Poesie für Theater. Diss. Leipzig 1978, S. 33 f.

1976   Bernhard, Thomas: Der Keller. Salzburg 1976, bes. S. 156–160.

1977   Rühle, Günther: Komisch und sauer. In: Theater heute 18, 1977, H. 6, S. 14.

1977a Strahl, Rudi: Zum Dilemma zeitgenössischen Lustspiels. In: Neue deutsche Literatur 25, 1977, H. 7, S. 169–171.

1978   Bernhard, Thomas: Das Ganze ist im Grunde ein Spaß. Gespräch mit Brigitte Hofer [1978]. In: Von einer Katastrophe in die andere. Dreizehn

Gespräche mit Thomas Bernhard. Hg. v. Sepp Dreissinger. Weitra 1992, S. 42–62, bes. S. 56, 62.

1978a Müller, Heiner: Ich wollte lieber Goliath sein [1978]. In: H. M., Rotwelsch. Berlin 1982, S. 7. (DV)

1979 Apel, Friedmar: Komische Melancholie, lustige Entfremdung. In: Sprache im technischen Zeitalter 1979, H. 70, S. 145–170.

1979a Bohrer, Karl-Heinz: Sehnsucht nach einer deutschen Komödie. In: Frankfurter Allgemeine Zeitung, 21. 3. 1979.

1979b Braun, Volker: Arbeitsnotizen zu *Dmitri* [1979 ff]. In: Texte in zeitlicher Folge. Bd. 6. Halle, Leipzig 1991, S. 226–228. (DV)

1979c Rühle, Günther: Das verdrängte Lachen. Der vergangene Spaß am Theater. In: Frankfurter Allgemeine Zeitung, 28. 11. 1979. Auch in: G. R., Anarchie in der Regie. Frankfurt / M. 1982, S. 215–218.

1980 Braun, Volker: Dmitri [1980]. In: Gesammelte Stücke. Bd. 2. Frankfurt / M. 1989, bes. S. 93–96.

1980a Mainusch, Herbert: Überlegungen zur Komödie. In: Europäische Komödie. Hg. v. H. M. Darmstadt 1990, S. 1–12.

1980b Müller, Heiner: Schreiben aus Lust an der Katastrophe. Gespräch mit Horst Laube. In: H. M., Rotwelsch. Berlin 1982, S. 179–185, bes. S. 179.

1980c Schreiber, Ulrich: Größtmögliche Nöte zur Alltäglichkeit. In: Handelsblatt, 14. / 15. 3. 1980.

1980d Völker, Klaus: Lachen – aber wie? In: Theater heute 21, 1980, H. 1, S. 64.

1981 Bernhard, Thomas: Monologe auf Mallorca. In: ORF – Nachlese 1981, Nr. 4, S. 2–8. Auch in: Thomas Bernhard – Eine Begegnung. Gespräche mit Krista Fleischmann. Wien 1991, bes. S. 38–44. (DV)

1981a Müller, Heiner: Mauern. Gespräch mit Sylvère Lotringer [1981]. In: H. M., Rotwelsch. Berlin 1982, S. 49–86, bes. S. 81.

1982 Braun, Volker: ‹Der Dank gebührt Friedrich Schiller› [nicht autorisiertes Gespräch mit Jan Knopf]. In: Zeitung Badisches Staatstheater Karlsruhe, Spielzeit 1982 / 83, Nr. 3, Dezember 1982, S. 1 f.

1982a Müller, Heiner: Schreiben aus Schadenfreude … H. M., befragt v. Rolf Rüth u. Petra Schmitz. In: Theater heute 23, 1982, H. 4, S. 1–3, bes. S. 3.

1983 Tabori, George: Spiel und Zeit. In: Theater heute 24, 1983, H. 10, S. 1–3.

1984 Hacks, Peter: Die Geburt des Schwanks aus dem Geist der Tragödie. In: Neue deutsche Literatur 32, 1984, H. 11, S. 47–57.

1985 Müller, Heiner: Gespräch mit Heiner Müller über ‹Macbeth› [1985]. In: Dieter Kranz, Berliner Theater. Berlin 1990, S. 358–363, bes. S. 360.

1986 Dürrenmatt, Friedrich / Kerr, Charlotte: Rollenspiele. Zürich 1986, bes. S. 26, 43 f, 138, 200.

1986a Hacks, Peter: Die Kempner wäre nicht so komisch, wenn sie nicht so gut wäre [1986]. In: Friederike Kempner, Dichterleben, Himmelsgabe. Sämtliche Gedichte. Berlin 1989, S. 7–33.

1987 Lüdke, Martin: Verzweiflung ist die einzig würdige Lebenshaltung. Gespräche über Komik mit Dürrenmatt, Hildesheimer und Widmer. In: Frankfurter Rundschau, 15. 8. 1987.

1987a Rühle, Günther: Zeit für Komödien? In: Vorwort. Hg. v. Schauspiel Frankfurt. 1987, Nr. 8, S. 3.

1988 Braun, Volker: Die Kunst – als Streit der Interessen. Gespräch mit Peter von Becker u. Michael Merschmeier. In: Theater heute. Jahrbuch 1988, S. 29–32. Veränd. Abdruck in: V.B., Texte in zeitlicher Folge. Bd. 9. Halle 1992, S. 194–205.

1988a Braun, Volker: Gespräch mit Volker Braun, Thomas Langhoff und Herbert Hetterle [1988]. In: Dieter Kranz, Berliner Theater. Berlin 1990, S. 493–500.

1991 Tabori, George: Die Heiterkeit der Verzweiflung. In: Theater heute 32, 1991, H. 4, S. 71.

1991a Weyh, Florian Felix: Witz lach nach! In: Theater heute 32, 1991, H. 4, S. 45–51.

1997 Turrini, Peter: [Interview.] In: Der Spiegel, 2. 6. 1997, Nr. 23, S. 222 f.

Bibliographie II:
Forschungsliteratur zur Theorie der Komödie

Auf diese Bibliographie, die sich auf die Verzeichnung weniger autorenübergreifender Titel beschränkt, wird in den kommentierenden Passagen des vorliegenden Bandes durch die Sigle Sek sowie Angabe des Verfassernamens und Erscheinungsjahres verwiesen. Verzeichnet werden ausschließlich Forschungsarbeiten zur *Komödientheorie*. Literarhistorische Darstellungen zur Geschichte der Komödienpraxis sowie Arbeiten zum Komischen und Lachen sind nur aufgenommen, wenn sie Fragen der Komödientheorie in größerem Maße miteinbeziehen. Einige Titel, die im Hinblick auf das Thema ‹Komödientheorie› sowohl Forschungsliteratur sind als auch normative Positionen vertreten, sind schon der *Bibliographie I* eingegliedert.

Aikin, Judith P.: Happily Ever After. An Alternative Affective Theory of Comedy ... In: Daphnis 17, 1988, S. 55–76.

Aikin-Sneath, Betsy: Comedy in Germany in the First Half of the 18th Century. Oxford 1936, bes. S. 7–39.

Alt, Peter-André: Die soziale Botschaft der Komödie. Konzeption des Lustspiels bei Hofmannsthal und Sternheim. In: Dt. Vierteljahrsschrift f. Literaturwissenschaft u. Geistesgeschichte 68, 1994, S. 278–306.

Altenhofer, Norbert (Hg.): Komödie und Gesellschaft. Komödientheorien des 19. Jahrhunderts. Frankfurt/M. 1973.

Appel, Sibylle: Die Funktion der Gesellschaftskomödie von 1910–1933 im europäischen Vergleich. Frankfurt/M. usw. 1985.

Bardeli, Walter: Theorie des Lustspiels im 19. Jahrhundert. Diss. München 1936.

Bareiß, Karl-Heinz: Comoedia. Die Entwicklung der Komödiendiskussion von Aristoteles bis Ben Jonson. Frankfurt/M., Bern 1982.

Baum, Georgina: Humor und Satire in der bürgerlichen Ästhetik. Zur Kritik ihres apologetischen Charakters. Berlin 1959.

Beare, Mary: Die Theorie der Komödie von Gottsched bis Jean Paul. Diss. Bonn 1927.

Berghahn, Klaus L./Grimm, Reinhold (Hg.): Wesen und Formen des Komischen im Drama. Darmstadt 1975.

Borchardt, Frank L.: The Theory and Practice of Comedy in Sixteenth-Century Germany. In: Daphnis 17, 1988, S. 3–14.

Bouquet, Fritz: Das Problem der echten Komödie und ihrer übertragischen Momente in der ästhetisch-dramaturgischen Reflexion von Schiller bis Hebbel. Eine ideengeschichtliche Studie. Diss. Freiburg 1922.

Catholy, Eckehard: Das deutsche Lustspiel. Bd. 1.2. Stuttgart 1968 u. 1982, bes. Bd. 1, S. 7–13.

Cloetta, Wilhelm: Komödie und Tragödie im Mittelalter. Halle 1890.

Dedner, Burghard: Über das Vergnügen am Unerfreulichen in der Komiktheorie der Aufklärung. In: Jahrbuch d. Jean-Paul-Gesellschaft 19, 1984, S. 7–42.

Delbrück, Hansgerd: Kleists Weg zur Komödie. Tübingen 1974.

Denkler, Horst: Aufbruch der Aristophaniden. Die aristophanische Komödie als Modell für das politische Lustspiel im deutschen Vormärz. In: Paulsen, Wolfgang (Hg.), Der Dichter und seine Zeit im Spiegel der Literatur. Heidelberg 1970, S. 134–157.

Dietrich, Margarete: Europäische Dramaturgie im 19. Jahrhundert. Graz, Köln 1961.

Dithmar, Otto-Reinhard: Deutsche Dramaturgie zwischen Hegel und Hettner und die Wende von 1840. Diss. Heidelberg 1966.

Förster, Helmut: Studien zum jungdeutschen Begriff vom Drama. Ein Beitrag zur Geschichte des Dramas und der Ästhetik im 19. Jahrhundert. Diss. Breslau 1930.

Greiner, Bernhard: Die Komödie. Tübingen 1992, bes. S. 3–10.

Grimm, Reinhold (Hg.): Deutsche Dramentheorien. Bd. 1.2. Frankfurt/M. 1971. 3., verb. Aufl. Wiesbaden 1980.

Grimm, Reinhold: Neuer Humor? Die Komödienproduktion zwischen 1918 und 1933. In: Die deutsche Komödie im 20. Jahrhundert. Hg. v. Wolfgang Paulsen. Heidelberg 1976, S. 107–133.

Grimm, Reinhold/Hinck, Walter: Zwischen Satire und Utopie. Frankfurt/M. 1982.

Haberland, Paul Mallory: The Development of Comic Theory in Germany during the 18th Century. Göppingen 1971.

Haida, Peter: Komödie um 1900. Wandlungen des Gattungsschemas von Hauptmann bis Sternheim. München 1973.

Heidsieck, Arnold: Die Travestie des Tragischen im deutschen Drama. In: Sander, Volkmar (Hg.), Tragik und Tragödie. Darmstadt 1971, S. 456–481.

Hein, Jürgen: Komödien nach Kriegen. In: Kienecker, Friedrich/Wolfersdorf, Peter (Hg.), Dichtung. Wissenschaft. Unterricht. Rüdiger Frommholz zum 60. Geburtstag. Paderborn 1986, S. 153–165.

Herrick, Marvin T.: Comic Theory in the 16th Century. Urbana 1964.

Hinck, Walter: Einführung in die Theorie des Komischen und der Komödie. In: W. H. (Hg.), Die deutsche Komödie. Düsseldorf 1977.

Holl, Karl: Zur Geschichte der Lustspieltheorie I. Entwicklungsgeschichte in Einzelvertretern dargestellt bis Gottsched. Berlin 1911.

Joost, Jörg W.: Molière-Rezeption in Deutschland 1900–1930: Carl Sternheim, Franz Blei. Frankfurt/M. usw. 1980.

Jünger, Friedrich Georg: Über das Komische. In: Neue deutsche Rundschau 47.2, 1936, S. 900–928, bes. S. 901–907. 3. Aufl. Frankfurt/M. 1948.

Klotz, Volker: Bürgerliches Lachtheater. München, Wien 1980, bes. S. 7–19.

Knobloch, Hans-Jörg: Das Ende des Expressionismus. Von der Tragödie zur Komödie. Frankfurt/M. 1975.

Kohlermann, Otto: Der Dramenbegriff des jungen Deutschland. Diss. München 1920.

Kost, Jürgen: Geschichte als Komödie. Würzburg 1996.

Kunz, Hans-Peter: Die Komödie der Zwanziger Jahre. Diss. Köln 1992.

Lamping, Dieter: Ist Komik harmlos? In: Literatur für Leser 17, 1994, S. 53–65.

Malsch, Wilfried: Theoretische Aspekte der modernen Komödie. In: Paulsen, Die deutsche Komödie im 20. Jahrhundert, a.a.O., S. 70–106.

Malthan, Paul: Das junge Deutschland und das Lustspiel. Heidelberg 1930.

Martino, Alberto: Geschichte der dramatischen Theorien in Deutschland im 18. Jahrhundert. Bd. 1. Tübingen 1972.

McKenzie, John R. P.: Social Comedy in Austria and Germany 1890–1933. Bern usw. 1992.

Melchinger, Siegfried: Dramaturgie des Sturms und Drangs. Gotha 1929.

Paulsen, Wolfgang (Hg.): Die deutsche Komödie im 20. Jahrhundert. Heidelberg 1976.

Paulsen, Wolfgang: Carl Sternheim und die Komödie des Expressionismus. In: Paulsen, Die deutsche Komödie im 20. Jahrhundert, a.a.O., S. 70–106.

Pfister, Manfred: Bibliographie zur Gattungspoetik (3): Theorie des Komischen, der Tragödie und der Tragikomödie (1943–1972). In: Zeitschrift f. französische Sprache u. Literatur 83, 1973, S. 240–253.

Preisendanz, Wolfgang/Warning, Rainer (Hg.): Das Komische. München 1976.

Profitlich, Ulrich: Über Begriff und Terminus ‹Komödie› in der Literaturkritik der DDR. In: Lili 30/31, 1978, S. 190–205.

Profitlich, Ulrich: «Geschichte der Komödie». Zu Problemen einer Gattungsgeschichte. In: Zeitschrift f. deutsche Philologie 116, 1997, S. 172–208.

Richter, Karl: Vom Herrschaftsanspruch der Komödie. In: Jahrbuch d. Deutschen Schillergesellschaft 22, 1978, S. 637–656.

Rieck, Werner: Die Theorie des deutschen Lustspiels in der Periode von 1688–1736. In: Wissenschaftliche Zeitschrift d. Pädagogischen Hochschule Potsdam, Gesellsch.-sprachwiss. Reihe 9, 1965, S. 27–39.

Rogge, Alma: Das Problem der dramatischen Gestaltung im deutschen Lustspiel. Diss. Hamburg 1926.

Rommel, Otto: Komik und Lustspieltheorie. In: Dt. Vierteljahrsschrift f. Literaturwissenschaft u. Geistesgeschichte 21, 1943, S. 252–286. Auch in: Berghahn / Grimm, a. a. O., S. 39–76.

Schanze, Helmut: Theorie des Dramas im «Bürgerlichen Realismus». In: Deutsche Dramentheorien. Hg. v. R. Grimm. Frankfurt / M. 1971, Bd. 2, S. 374–393.

Schanze, Helmut: Drama im Bürgerlichen Realismus (1850–1890). Theorie und Praxis. Frankfurt / M. 1973.

Schild, Karl Adolf: Die Bezeichnungen der deutschen Dramen von den Anfängen bis 1740. Gießen 1925.

Schoell, Konrad: Das komische Theater des französischen Mittelalters. München 1975, bes. S. 16–19, 84–98, 234.

Schoell, Konrad: Die Komödie, das Komische und die Gesellschaft. In: K. S., Die französische Komödie. Wiesbaden 1983, S. 13–21.

Schoell, Konrad: Das französische Theater der fünfziger Jahre und die Komödie. In: Mainusch, Herbert (Hg.), Europäische Komödie. Darmstadt 1990, S. 224–249, bes. S. 224–228.

Schrimpf, Hans Joachim: Komödie und Lustspiel. In: Zeitschrift f. deutsche Philologie 97, 1978, Sonderheft, S. 152–181.

Schürer, Ernst: Die nachexpressionistische Komödie. In: Rothe, Wolfgang (Hg.), Die deutsche Literatur in der Weimarer Republik. Stuttgart 1974, S. 47–76.

Spies, Bernhard: Dramen der Selbstbehauptung. Aspekte der Komödie im Exil. In: Koch, Edita / Trapp, Frithjof (Hg.), Exiltheater und Exildramatik 1933–1945. Maintal 1991, S. 268–280.

Steinmetz, Horst: Der Harlekin. Seine Rolle in der deutschen Komödientheorie und -dichtung des 18. Jahrhunderts. In: Neophilologus 50, 1966, S. 95–106.

Stern, Martin: Zeitlose Komik ohne Satire? Gedanken zur Komödientheorie der Weimarer Klassik. In: Wittkowski, Wolfgang (Hg.), Verlorene Klassik? Tübingen 1986, S. 185–204.

Trapp, Frithjof: Deutsche Literatur zwischen den Weltkriegen. II. Literatur im Exil. Bern usw. 1983, S. 84–90.

Trautwein, Wolfgang: Komödientheorien und Komödie. In: Jahrbuch d. deutschen Schillergesellschaft 27, 1983, S. 86–123.

Ulshöfer, Robert: Die Theorie des Dramas in der deutschen Romantik. Berlin 1935.

Abdruckgenehmigungen

Theodor W. Adorno (S. 267–275) – aus: Noten zur Literatur, © Suhrkamp Verlag, Frankfurt am Main 1981, S. 599–606

Thomas Bernhard (S. 278–279) – aus: Krista Fleischmann: Thomas Bernhard – Eine Begegnung. Gespräche mit Krista Fleischmann, © 1991, Edition S., Verlag Österreich, Österreichische Staatsdruckerei AG, Wien

Walter Best (S. 200–202) – aus: Völkische Dramaturgie. Gesammelte Aufsätze, Würzburg 1940, S. 52 f, 54, mit freundlicher Genehmigung Konrad Triltsch Druck und Verlagsanstalt, Würzburg

Bertolt Brecht (S. 213–215) – aus: Arbeitsjournal Band 1 und 2, © Suhrkamp Verlag, Frankfurt am Main 1974, S. 559, 599; Gesammelte Werke edition suhrkamp, Band 16, © Suhrkamp Verlag, Frankfurt am Main 1967: «Die Dialektik auf dem Theater» S. 924, «Katzengraben-Notate» S. 805 f, 834; dto., Band 17, S. 1176–1178; Werke. Große kommentierte Berliner und Frankfurter Ausgabe, Band 24, © Suhrkamp Verlag, Frankfurt am Main 1991, S. 312

Friedrich Dürrenmatt (S. 243–247; 249–252; 254–255) – aus: Theater. Essays und Reden, Copyright © 1985 by Diogenes Verlag AG, Zürich

Friedrich Dürrenmatt (S. 254–255) – aus: «Theater unter vier Augen. Gespräche mit Prominenten» von Artur Joseph, © 1969 by Verlag Kiepenheuer & Witsch, Köln

Friedrich Dürrenmatt (S. 257–264) – aus: Die Wiedertäufer, Copyright © 1986 by Diogenes Verlag AG, Zürich

Max Frisch (S. 239–241) – aus: Tagebuch 1946–1949, © Suhrkamp Verlag, Frankfurt am Main 1950, S. 505–508

Iwan Goll (S. 191–192) – aus: Edition Yvan & Claire Goll. Hrsg. und komm. von Barbara Glauert-Hesse im Auftrag der Foundation Yvan et Claire Goll, Saint-Dié-des Vosges, © Argon Verlag GmbH, Berlin

Walter Hasenclever / Kurt Pinthus (S. 194–196) – aus: Sämtliche Werke Band 5, © v. Hase & Koehler Verlag, Mainz 1997, S. 335 f, 338

Heiner Müller (S. 223–224) – aus: Rotwelsch, 1982, S. 7 «Ich wollte lieber Goliath sein», alle Rechte vorbehalten durch den Suhrkamp Verlag

Carl Sternheim (S. 183–184, 185–186, 188–190) – aus: Carl Sternheim, Gesamtwerk, Band 6, 1966, S. 16 f, 19 f, 45–47, © 1966 Hermann Luchterhand Verlag GmbH & Co. KG, Darmstadt und Neuwied. Jetzt: Luchterhand Literaturverlag GmbH, München

307

Autorenregister

Sachregister

Eine Auswahl